文子校釋

［戰國］文子 著
李定生 徐慧君 校釋

上海古籍出版社

圖書在版編目(CIP)數據

文子校釋／(戰國)文子著；李定生，徐慧君校釋.
—上海：上海古籍出版社，2016.6
(中華要籍集釋叢書)
ISBN 978-7-5325-8097-2

Ⅰ.①文… Ⅱ.①文… ②李… ③徐… Ⅲ.①道家②《文子》—注釋 Ⅳ.①B223.9

中國版本圖書館 CIP 數據核字(2016)第 103260 號

中華要籍集釋叢書

文子校釋

[戰國]文 子 著
李定生 徐慧君 校釋
上海世紀出版股份有限公司
上 海 古 籍 出 版 社 出版
(上海瑞金二路 272 號 郵政編碼 200020)
(1) 網址：www.guji.com.cn
(2) E-mail：guji1@guji.com.cn
(3) 易文網網址：www.ewen.co
上海世紀出版股份有限公司發行中心發行經銷
常熟人民印刷有限公司印刷
開本 850×1168 1/32 印張 17.625 插頁 5 字數 450,000
2016 年 6 月第 2 版 2016 年 6 月第 1 次印刷
印數：1—1,500
ISBN 978-7-5325-8097-2

B·947 定價：68.00 元

《中華要籍集釋叢書》出版説明

中華文化博大精深，源遠流長。在中華民族發展的歷史長河中，代有英傑，人才輩出，曾經出現過許多堪稱經典的著作，涉及傳統文化的各個方面，包括哲學、政治、經濟、軍事、歷史、文學等各個學科。這些著作不僅在當時産生過巨大的作用，而且對後世産生了深遠的影響，已經成爲中華民族文化的瑰寶，其中蘊含的思想智慧已經成爲中華民族文化精神的體現。歷朝歷代的學者俊彦，或身體力行，或著書立説，爲之闡釋發揮，形成更爲豐富的思想文化寶庫。

由于年代久遠，這些經典連同歷朝歷代積累下來的注釋，對于現代的讀者來説，在時代背景和語言叙述方面都存在着不小的距離。隨着時代的發展，現代的學人也有義務有責任要爲這些經典及其注釋加以整理總結，爲新時期讀者所用。爲此，經王元化先生倡義策劃，上海市古籍整理出版規劃小組特主持并資助出版《中華要籍集釋叢書》，以總結二十世紀之前的學術成果，爲新千年的文化事業作出貢獻。

《中華要籍集釋叢書》入選的圖書，以中國傳統文化典籍爲主，包括哲學、歷史、文學等各個學科。叢書各種均選擇精良的版本加以校勘，以彙集前人注釋成果和體現當代學術水準爲主。叢書各種雖有大致統一的體例，但撰者在闡釋和評注方面可有各自的特色，以體現不同的風格及整理者的學術成果。

本叢書由錢伯城先生任主編，編輯出版工作由上海古籍出版社承擔。

上海古籍出版社

校釋説明

文子校釋是在文子要詮基礎上整理而成。

一九八八年，復旦大學出版社出版了我和徐慧君的文子要詮，這是在看到一九八一年文物第八期載定縣四十號漢墓出土竹簡簡介，重讀文子時的校注，論文子則是校讀文子時的一篇粗淺心得，以文子道論爲題，刊登於復旦學報一九八四年第三、四期。

由於文子要詮印刷數量不多（僅五千册），質量不高，這本帶有脱誤的書，很快銷售告罄，且常有讀者來函索取，我心中一直不安。後雖有出版社約我將文子今注今譯出版，因我對今譯持不同看法，而没有去做。

今年初，應上海古籍出版社之約，將文子整理校釋，作爲中華要籍集釋叢書之一出版，我欣然受命，得以藉此機會改正文子要詮中已發現的錯誤，爲讀者提供研究文子的材料。

在此，特別感謝高克勤先生對學術的敬業精神。

李定生

二〇〇二，八，廿三

於復旦二舍慧定書房

例言

一、文子校釋以台灣新文豐出版公司一九五七年出版的正統道藏徐靈府通玄真經注十二卷爲底本（道藏本），參校杜道堅通玄真經纘義十二卷本（纘義本）、朱弁通玄真經注七卷本（道藏七卷本）、道藏輯要本（輯要本）、商務印書館一九三六年出版四部叢刊縮印通玄真經十二卷本（叢刊本），并參攷了張元濟通玄真經校勘記。

二、文子校釋還參校了文選李善注、四部叢刊初編本羣書治要、太平御覽和藝文類聚所引文子。

三、文子校釋中所引經、史、子、集等書籍文章，將隨文注出。

四、文子校釋正文校改之字，加方括號；引老子之言，用引號標出。

五、文子校釋每篇按自然段分章，并在章末注内標出，注文序號以章爲單位。

六、以論文子代前言，在第一部分「文子真僞辨」後，增加「文子其人攷」作爲第二部分，這是一九九四年發表在道家文化研究第四輯中的專論。原第二部分「文子道論」改爲第三部分，順次，「文子在哲學史中的地位」，改爲第四部分。

七、將定州西漢中山懷王墓竹簡文子釋文一文作爲附録，置於書末。

目録

論文子(代前言)

文子這本書，過去一向被認爲是僞書，在中國哲學史上，也没有文子這個哲學家。一九七三年，河北定縣四十號漢墓出土的竹簡中，有文子的殘簡，其中與今本文子相同的文字有六章，不見今本文子的還有一些，或係文子佚文。這就使文子得以部分地恢復其本來面目，對研究文子的真僞及其哲學思想，具有重要的價值。

一、文子真僞辨

劉向七畧有文子九篇，漢書藝文志道家著録仍之。梁阮孝緒七録作十卷，隋書經籍志、舊唐書經籍志和新唐書藝文志均作十二卷，與今本相同。北魏李暹作文子注，唐代徐靈府注文子上進，詔封通玄真人，號曰通玄真經，文選李善注中也引文子，這説明自漢經隋至唐，確有文子這本書存在。

由於班固在録文子時自注説：「老子弟子，與孔子并時，而稱周平王問，似依託者也。」唐代柳宗元也曾作辯文子説：「文子書十二篇，其傳曰：老子弟子。其辭有若可取，其旨意皆本老子，然攷其書，蓋駁書也。其書渾而類者少，竊取他書以合之者多。」他懷疑：「不知人之增益之歟？或者衆爲聚斂以成其書歟？」（柳宗元集）我們知道，「駁書」不是「僞書」，衆爲聚斂而成的書，也不等於是僞書，如呂氏春秋、淮南子等就是。自宋以來，人們誤解班固之言，遂懷疑文子爲後世依託，認爲是一本僞書。

持僞書説者較多，有代表性的如黄震説：「文子者，云周平王時辛研之字，即范蠡之師計然，嘗師老子而作此書。其爲之注與序者，唐人默希子，而號其書曰通玄真經，然僞書爾。」他提出四點理由：第一，「孔子後於周平王幾百年，及見老子，安有生於平王之時者，先能師老子邪？范蠡戰國人，又安得尚師平王時之文子耶」？第二，「老子所談清虚，而計然之所事者財利」；第三，文子講「皇王帝霸」，而「霸」乃「伯」字，是後世轉聲爲「霸」，平王時「未有霸之名」；第四，文子中講到「相坐之法，減爵之令」，這都是秦的事，而書中以爲老子之言。因此，他認爲是默希子「自匿其姓名」僞爲文子的（黄氏日抄）。陶方琦肯定「文子非古書」，認爲現今屬於雜家的文子，與漢書藝文志屬於道家的文子不同。并提出「文子首章道原即淮南之原道，精誠即精神，上德即説林，上義即兵略，實相一致，而割裂矛盾之跡顯然」（漢孳室文鈔）。梁啓超則説文子自從班固起已疑其依託，「今本蓋非班舊，實僞中出僞也。其大半襲自淮南子」（飲冰室專集漢書藝文志諸子略攷釋）。章太炎説，今本文子「半襲淮南，所引老子亦多怪異，其爲依託甚明」。他從文選注引文子和張湛注列子對比，認爲今本文子與列子「同出一手」，「疑即張湛僞造」（葑漢微言）。錢熙祚文子校勘記云，文子出淮南子者十之九，取他書者不過十之一也。惟淮南子傳寫已久，間有淮南子誤，而文子不誤者。姚振宗隋書經籍志攷證云，錢氏校勘，將其剽竊之跡一一指出，證明文子取淮南子，非淮南子取文子。姚際恒肯定柳宗元辯文子所謂「駁書」，説「其書雖僞，然不全僞」。并認爲其僞的部分是北魏時注文子的李暹爲之（見古今僞書攷）。胡應麟也肯定柳宗元辯文子所謂文子是「駁書」。而不同意黄震所説是唐人徐靈府所僞撰，他認爲自漢至唐文子是存在的，「惟中有漢後字面，而篇數屢增，則或李暹輩潤益於散亂之後」（見四部正僞）。

認爲文子是僞書或不全僞的，其主要理由不外三點：一，依班固自注，文子是老子的學生，與孔子同時代人，而稱周平王問，孔子後於周平王幾百年，哪有與孔子同時的人能和周平王問答的？二，文子和淮南子很多辭句相同，究竟誰抄襲誰的？由於第一點理由，從而認爲是文子抄襲淮南子。三，文子内容龐雜，不像道家的文子，因而也認爲是抄襲淮南子。

在過去辨文子的真僞中，認爲文子不是僞書的爲數不多，唯孫星衍認爲漢書藝文志班固注言，「蓋謂文子生不與周平王同時，而書中稱之，乃託爲問答，非謂其書由後人僞託；宋人誤會其言，遂疑此書出於後世也」。他根據文子中稱「平王」而無「周」字，認爲是「班固誤讀此書」。提出爲什麽這個「平王」不是楚平王呢？并論證説：「文子師老子，亦或遊乎楚，平王同時，無足怪者。」對於文子和淮南子是誰抄誰的，他列舉淮南子謬引文子，認爲：「淮南王受詔著書，成於食時，多引文子，增損其詞，謬誤迭出。……則知文子勝於淮南。此十二篇必是漢人依據之本。」（問字堂集文子序）先秦古書見於漢書藝文志的，如黄帝四經、六韜、文子之類，過去都認爲是後世僞作，七十年代挖掘的西漢墓中所出古籍，證明很多是西漢初已有的古籍。一九七三年底，湖南長沙馬王堆三號漢墓出土的老子乙本卷前古佚書，據唐蘭先生研究攷證是漢書藝文志著録的先秦古籍黄帝四經。他從老子乙本卷前古佚書與其他古籍引文對照，指出好多戰國中晚期的著作如申子、慎子、管子、鶡冠子、韓非子以及國語越語等，對這本書都有引用，其中文子與黄帝四經比照相同的就有二十餘處。唐先生説：「文子中有很多内容爲淮南子所無，也應當是先秦古籍之一。」（馬王堆出土老子乙本前古佚書的研究見攷古學報一九七五年一期）今漢墓文子殘簡出，則僞託剽竊之説，不攻自破。

據定縣漢墓出土的竹簡，文子是漢初已有的先秦古籍無疑。

一九七三年河北定縣四十號漢墓出土的竹簡中，有多種古籍。其中論語是先秦古籍。由於它是儒家的重要經典，歷來爲人們所重視，變動也較少。但用簡文和傳本論語比較，「仍然有不少差異」，而在文字上「不同的地方就更多」。可人們不會懷疑論語是僞書。其中有儒家者言，「絶大部分内容，散見於先秦和兩漢時期的一些著作中，特别在説苑和孔子家語之内，但它比這些書保存了更多的較爲古老的原始資料」（見文物一九八一年第八期定縣四十號漢墓出土竹簡簡介）。過去人們也懷疑説苑是否是先秦的原始資料。儒家者言的發現，不但證明説苑是保存了先秦時期的原始面目，增强了説苑的史料價值，而且説明先秦古籍中有這麽一本書，現在稱之爲儒家者言。一般説來，隨葬的古籍是死者生前所喜愛和尊貴的東西。文子和論語、儒家者言等同時隨葬，不大可能論語、儒家者言是先秦古籍，而文子是抄襲淮南子的僞作。再則，漢武帝建元初淮南王入朝「獻所作内篇（按即淮南子），新出，上愛秘之」（漢書淮南王傳）。漢武帝「愛秘之」的淮南子，在當時也不大可能流傳。即使在漢武帝死後流傳了，但在當時的條件下，流傳是否這樣快，還是個問題。退一步説，即使淮南子流傳了，中山王是否會將一個因謀反罪而死的淮南王的淮南子，作爲尊貴的東西抄下來和論語等隨葬？西漢末年，光祿大夫劉向校定羣書時，還衹稱淮南，不敢稱「子」。到東漢末年，高誘注淮南子時，「睹時人少爲淮南者，懼遂湊遲」，他還衹是「朝餔事畢之間」爲之注釋（淮南子叙）。作爲皇子爲王的中山王，把謀反皇上而罪死的淮南王的書抄下來隨葬，這在當時是不可能的。因此，無妨這樣説，既然中山王用文子作爲隨葬品，想必西漢時已有先秦古籍文子在流傳，那末，淮南王也可能見文子，淮南子抄襲文子是完全可能的。

從簡文文子與今本相同的章節來看，「凡簡文中的文子，今本都改成了老子，并從答問的先生，變成了提問的學生。平王被取消，新添了一個老子」。如文子道德第五章，「文子問聖智。老子曰：聞而知之聖也；見而知之智也。……」簡文則爲：「平王曰：何謂聖智？文子曰：聞而知……。」又如第九章：「文子問曰：王道有幾？老子曰：一而已矣。文子曰：古有以道王者，有以兵王者，何其一也？……」而簡文則爲：「平王曰：王者幾道乎？文子曰：王者一道而已。平王曰：古者有以道王者……。」（以上見定縣四十號漢墓出土竹簡簡介）兩相比較，明顯地看出有這樣三個問題：第一，簡文的情況，完全與漢書藝文志所説相同；第二，文子是一本西漢已有的先秦古籍；第三，文子先於淮南子，今本雖經後人纂改，但不是僞書。胡應麟所謂文子中「有漢後字面，而篇數屢增，則或李暹輩潤益於散亂之後」，似有可能。

前已提及，宋人以來懷疑文子是僞書的，主要依據班固之言。孫星衍認爲，文子書中稱「周平王問」

乃是託爲問答，非謂其書由後人僞託。然而，漢書藝文志班固自注明白，這又如何解釋呢？我們認爲有三種可能：一、若班固所見文子是「稱周平王問」，那末，西漢流傳的文子不止一個版本。從今本文子來看，雖經後人潤益篡改，但還保留了一章，「平王問文子曰：吾聞子得道於老聃」。這也衹稱平王，而不稱周平王。再從定縣漢墓文子簡文來看，都是平王和文子問答，也不見「周」字。因此，根據簡文和今本文子，說班固所見是另一種版本，這衹是一種設想，并不能成立。二、班固注言，或經後人增益，而成周平王問。但這也無根據。三、根據今本文子，證之以簡文，則孫星衍所說「班固誤讀此書」的可能性最大，即把「平王」誤認爲就是「周平王」。

由於誤解班固之言，認爲文子是僞書的，又因文子和淮南子中很多辭句相同，於是說文子抄襲淮南子。我們認爲，文子是先於淮南子的先秦古籍，是淮南子抄襲文子。在淮南子之前，已有人引文子或文子之言。

文子是先秦古籍，在戰國末年，法家集大成者韓非就已看到。文子道原曰：「已雕已琢，還復於樸。」韓非子外儲說左上稱：「書曰：既雕既琢，還歸其樸。」韓非子内儲說上說：「賞譽薄而漫者下不用，賞譽厚而信者下輕死。其說在文子，稱若獸鹿。」「齊王問於文子曰：治國何如？對曰：夫賞罰之爲道，利器也，君固握之，不可以示人。若如臣者，猶獸鹿也，唯薦草而就。」韓非明白地說其說在文子，并稱齊王和文子問答如何治國，則韓非見到文子無疑。今本文子雖無「獸鹿」之說，但思想一致。如文子上義說：「法定之後，中繩者賞，缺繩者誅，雖尊貴者不輕其賞，卑賤者不重其刑。犯法者雖賢必誅，中度者雖不肖無罪，是故公道行而私欲塞也。」祇要「至賞不費，至刑不濫」，就可以做到「賞一人而天下趨之，罰一人而天下畏之」。這是「因民之所喜」，「因民之所憎」。在文子看來，猶獸鹿唯薦草而就一樣，人臣歸厚賞，能輕死而效命，「白刃交接，矢石若雨，而士爭先者，賞信而罰明也」。文子之言，分見於淮南子的主術、氾論、兵略。如加以對照，則可見淮南子抄襲文子而增益事例，潤色其辭而失其義者。

西漢吳王郎中枚乘書諫吳王劉濞說，揚湯止沸，不如絶薪止火，「不絶之於彼，而救之於此，譬猶抱薪而救火也」。枚乘之言，見於文子上禮：「故揚湯止沸，沸乃益甚，知其本者，去火而已。」文子精誠：「不治其本而救之於末，無以異於鑿渠而止水，抱薪而救火。」此言見引於淮南子精神訓和主術訓：「不直之於本，而事之於末，譬猶揚堁而弭塵，抱薪以救火也。」文選枚乘上書諫吳王李善注引文子同精誠。諫書又說，「禍生有胎」，如果「絶其胎，禍何自來」？他舉例說：「夫銖銖而稱之，至石必差，寸寸而度之，至丈必過。石稱丈量，徑而寡失。」（漢書枚乘傳）枚乘之言，見於文子上仁：「寸而度之，至丈必差，銖而解之，至石必過。石稱丈量，徑而寡失。大較易爲智，曲辯難爲慧。故無益於治，有益於亂者，聖人不爲也；無益於用，有益於費者，智者不行也。」文選枚乘上書諫吳王李善注引文子，除「解」字爲「稱」字，及加虛詞「也」字外，均同文子上仁。此言見引於淮南子泰族訓，除在「徑而寡失」後增「簡絲數米，煩而不察」外，又改「治」「亂」爲「治」「煩」，爲「無益於治，而有益於煩者」。治亂對文。可見淮南子抄襲之誤。

文子道德中，平王和文子問答「王者幾道」？今本篡改爲文子和老子問答。其中講到用兵有五：「有義兵，有應兵，有忿兵，有貪兵，有驕兵。誅暴救弱謂之義，敵來加己，不得已而用之謂之應，爭小故不勝其心謂之忿，利人土地，欲人財貨謂之貪，恃其國家之大，矜其人民之衆，欲見賢於敵國者謂之驕。義兵王，應兵勝，忿兵敗，貪兵死，驕兵滅。此天道也。」一九七三年長沙馬王堆漢墓出土的帛書老子乙本卷前古佚書中，十大經本伐也説：「世兵道三：有爲利者，有爲義者，有行忿者。」并解釋説：「所謂爲義者，伐亂禁暴，起賢廢不肖，所謂義也。義者，衆之所死也」（馬王堆漢墓帛書（壹））。據唐蘭攷證，十大經是先秦古籍，爲黄帝四經之一（馬王堆出土老子乙本卷前古佚書的研究見攷古學報一九七五年第一期）。春秋戰國時，諸侯稱霸兼併，戰爭頻繁，如何王天下，講究兵道是很自然的。十大經和文子與墨子不同，不是籠統地「非攻」，而講「義兵」「忿兵」，認爲義兵伐亂誅暴，是符合道的。所以衆之所死，義兵者王。而忿兵非道，所以忿兵敗。可見文子和十大經一樣，同是先秦古籍。文子的五兵之説，不見淮南子，但見於漢書魏相傳。西漢宣帝元康（公元前六五—前六二年）中，魏相上書諫稱：「臣聞之，救亂誅暴，謂之義兵，兵義者王；敵加於己，不得已而起者，謂之應兵，兵應者勝；争恨小故，不忍憤怒者，謂之忿兵，兵忿者敗；利人土地貨寶者，謂之貪兵，兵貪者破；恃國家之大，矜民人之衆，欲見威於敵者，謂之驕兵，兵驕者滅。此五者，非但人事，乃天道也。」所言五兵，明顯地看出是抄引文子的。在魏相諫書的後面，又引「軍旅之後，必有凶年」。唐顔師古注説：「此引老子道經之言。」但仔細攷察，就會發現顔師古注誤。因其所本老子是經後人增益過的。魏相所引，并非老子，而是本文子。

檢今傳王弼老子注本上篇（即道經）第三十章有：「師之所處，荆棘生焉，大軍之後，必有凶年。」王弼注説：「言師凶害之物也，無有所濟，必有所傷，賊害人民，殘荒田畝，故曰荆棘生焉。」祇注前兩句，不及後兩句。是知老子本無「大軍之後，必有凶年」兩句。這樣説是否有根據呢？我們認爲，除王弼注就是根據外，老子景龍、敦煌與道藏龍興碑等本，也無此兩句是其證。一九七三年馬王堆漢墓出土的帛書老子甲、乙兩本，都没有這兩句，就更是確證。所以説顔師古注誤，是説他所本老子是經過後人增益的。在唐代這兩句話已篡入老子正文。陸德明老子道經音義出「凶年」曰：「天應惡氣，災害五穀，盡傷人也。」春秋公羊傳定公五年徐彦疏：「老子曰，大兵之後，必有凶年。」所以顔師古注也説，「此引老子道經之言」。那末，魏相所引何由？應該説和「五兵」一樣，同是引自文子。在文子微明中有：「起師十萬，日費千金，師旅之後，必有凶年。故兵者不祥之器，非君子之器也。」如果顔師古原其本，則應注爲「此引文子之言」，或爲「此引文子老子之言」。因爲在後人篡改過的文子中，文子之言都成了「老子曰」。

文子中的「五兵」之言和「軍旅之後，必有凶年」，雖不見引於淮南子，但不能説明淮南子不是抄襲文子。漢書嚴助傳記載，西漢武帝建元六年，閩越復興兵擊南越，武帝準備興兵，淮南王劉安上諫書，其中説，「臣聞軍旅之後，必有凶年……此老子所謂師之所處，荆棘生之者也」。這裏，顔師古對老子所謂也有注説：「老子道經之言也。師旅行，必殺傷士衆，侵暴田畝，故致荒殘而生荆棘也。」由此可以看出這樣三個問題：第一，顔師古指出是老子道經之言，其注則本王弼。而他在魏相傳注中，衹是根據經後人增益過的老子，指出「此引老子道經之言」，而没有加以解釋，這不是偶然的。因爲西漢時老子并無「軍旅之後，必有凶年」之語。漢書所記也甚明。而且無王弼注可循。這不但説明顔師古注没有原本，而且説明魏相所引是本於文子。第二，淮南王劉安明確指出，師之所處，荆棘生之者也，是老子的話，他没有説「軍旅之後，必有凶年」也是老子的話。因爲他知道這兩句不是老子之言，而稱「臣聞」，當有所見。查其見聞，出於文子。第三，淮南王劉安前稱「臣聞」，後説「此老子所謂」，則文子和老子一樣，都是在淮南子前已有的先秦古籍。他上諫書與獻淮南子，時間相隔無幾，既能在諫書中引文子的話，爲什麽不能在淮南子中抄襲文子呢？而且淮南子本來就是非循一跡一路，守一隅之指，而是廣羅諸家之説，加以發揮，則其取文子宜也。因此，淮南子和文子很多辭句相同，恰正好説明是淮南子抄襲文子。

唐蘭先生在馬王堆出土老子乙本卷前古佚書的研究後説：「文子與淮南子很多辭句是相同的。究竟誰抄誰，舊無定説。今以篇名襲黄帝之言來看，（按：道原爲黄帝四經之一，文子首篇爲道原，淮南子首篇是原道。）文子當在前。文子道原説：『虚無者道之舍也，平易者道之素也。』本是摹仿此書（按：黄帝四經），道原篇裏的話，淮南子卻把它放在俶真訓去了。又畧有改寫，放入詮言訓，這更是淮南子抄襲文子的鐵證。」

從文子和淮南子同引老子看，文子接近古本。

文子道原引老子之言説：「故道可道，非常道也；名可名，非常名也。……多聞數窮，不如守中。」淮南子語在道應篇。除無虚詞「也」外。下文作「多言數窮，不如守中」。與世傳王弼注本相同。而帛書老子甲乙兩本都作：「多聞數窮，不若守於中。」可見文子所引同帛書本，古於淮南子所引。老子以水喻道，文子直喻水爲道。道原説：「天下莫柔弱於水。水爲道也……故曰：天下之至柔，馳騁天下之至堅，無有入於無間。」所引老子之言，與帛書老子相同。淮南子原道引作：「天下之物，莫柔弱於水……故老聃之言曰：天下至柔，馳騁天下之至堅，出於無有，入於無間。」不僅字有增脱，而且改變老子本義，成爲「出於無有，入於無間」。可見淮南子抄襲篡改之誤。又如文子精誠引老子之言説，「故不出於户，以知天下，不窺於牖，以知天道。其出彌遠，其知彌少。此言精誠發於内，神氣動於天也」。所引與帛書老子及韓非子喻老和吕氏春秋君守所引相同。文子的這段話見於淮南子道應，但改「知天道」爲「見天道」，這種文飾不符合老子本義。也許有人會説，王弼老子注傳本，不是也作「見天道」嗎？但細讀王注就可以知道，王弼老子注本的「見天道」，或爲後人據淮南子而改。因爲王弼注説：「故不出户窺牖而可知也。」可見原爲「知天下」、「知天道」甚明。因此，從文子和淮南子同引老子之言，文子比淮南子更接近古本來看，文子先於淮南子，祇能是後者抄襲前者。

説淮南子抄文子，還可以從其誤抄篡改而失其義可證。

王念孫讀書雜誌指出，文子上禮：「外束其形，内愁其德。」淮南子精神誤抄「愁」爲「總」，則失其義。「愁」與「揫」同，説文揫，束也。外束其形，内揫其德，其義相一。又文子下德「神明藏於無形，精氣反於真」，淮南子本經誤抄「精氣」爲「精神」，則失其義。精神與神明意義重複，當爲精氣反於身。故高誘注曰：「真，身也。」孫星衍問字堂集文子序指出，文子道原：「攝汝知，正汝度，神將來舍，德將爲汝容，道將爲汝居。」而淮南子道應誤作：「攝女知，正女度，神將來舍，德將來附若美而道將爲女居。」這裏「舍」、「容」、「居」，皆容受之意，淮南子誤讀「容」爲「容色」，而作「若美」，這就失其本義。文子道德：「君數易法，國數易君，人以其位達其好憎，下之任懼，不可勝理，故君失一其亂甚於無君也。」其本義是説人君應守道德，不妄以好惡，如以好惡，賞罰不當，下吏就懼而刑罰濫，故不可勝理。而淮南子詮言誤讀「任懼」

爲「徑衢」，就與原義不同了。又文子符言：「妄爲要中，功成不足以塞責，事敗足以滅身。」而淮南子詮言增「不」字，作「事敗不足以敝身」，其義正相反。

除前人已指出淮南子抄引文子失其義者外，還有很多篡改而自相矛盾的。如文子符言：「聖人不勝其心，衆人不勝其欲。」淮南子詮言誤改爲：「聖人勝心，衆人勝欲。」文子本來是説欲與性不可兩立，聖人內便於性，外合於義，損欲從性，心爲之制，衆人不勝其欲，所以是小人。淮南子説「衆人勝欲」，那末，衆人勝於聖人，就没有君子小人之别了。又如文子自然：「王道者，處無爲之事，行不言之教……言無文章，行無儀表，進退應時，動静循理。」這本來是道家的思想，而淮南子主術改作：「人主之術，處無爲之事，而行不言之教……言爲文章，行爲儀表於天下，進退應時，動静循理。」這不僅不符合道家思想，而且「言爲文章，行爲儀表於天下」，與「處無爲之事，而行不言之教」相矛盾。因此，從淮南子誤抄和篡改而失其本義和自相矛盾中，可以證明是抄文子。

此外，説淮南子抄襲文子，還可以從其抄襲脱漏，由注家補出來證明。文子上仁説：「故善建者不拔，言建之無形也。唯神化者，物莫能勝。中欲不出謂之扃，外邪不入謂之閉。中扃外閉，何事不節，外閉中扃，何事不成。」而淮南子主術作：「故善建者不拔。夫火熱而水滅之，金剛而火銷之，木强而斧伐之，水流而土遏之。唯造化者，物莫能勝也。故中欲不出謂之扃，外邪不入謂之塞。中扃外閉，何事之不節，外閉中扃，何事之不成。」兩相對照，可以看出淮南子抄襲時，有脱，有益，也有改。其中，在「善建者不拔」下，脱「言建之無形也」一句，然而高誘注出「言建之無形也」。這分明是高誘看到淮南子脱這一句，而以注的形式補出。如果説文子抄淮南子，那末，還應説是抄東漢末年高誘的注。然而這是不能成立的。因爲不但韓非見文子，而且西漢也有人包括劉安引文子之言，在高誘之前的王充也稱道文子，高誘以注補淮南子所脱，是很自然的。淮南子改「外邪不入謂之閉」的「閉」爲「塞」，其義則失。這一點，清人莊逵吉校刊時也已指出：「按吕覽作外欲不入謂之閉，據下中扃外閉云云，則此句疑當如吕覽。」也就是説，應當作「閉」，不應作「塞」。吕氏春秋君守與文子均作「閉」，這進一步説明，文子之言與先秦著作思想一致。

陶方琦曾以今本文子内容比較龐雜，認爲不是漢書藝文志列爲道家的文子，而説「文子非古書」。他并説文子雖冠以「老子曰」，中間有「故曰」，實引淮南子作爲老子的話，把淮南子作爲戰國時人問答的，也作爲老子的話，因此認爲文子是抄淮南子（見漢孳室文鈔）。錢熙祚文子校勘記云，文子出淮南子者十之九。但他又不得不承認這樣一個事實：間有淮南子誤而文子不誤者。姚振宗肯定錢氏之校勘，認爲文子是剽竊。漢墓文子殘簡出，則文子抄襲、剽竊淮南子之説，不攻而自破。從簡文證明，今本文子經後人篡改，凡文子都改成了老子。固此，「老子曰」實爲「文子曰」，説文子引淮南子語作爲老子語的説法就錯了。淮南子引文子的話而不冠「文子曰」。其引戰國時人問答的話，也正是文子的話，這就不足爲怪，而且是合情合理。那末，説文子十之九取淮南子的説法也錯了，正好説明文子十之九被淮南子抄襲了。如果以文子内容較雜與道家文子不同，而定「文子非古書」，就更没有道理。我們知道，道家莊子和老子不同，所以莊子之爲莊子，否則就不是莊子了。如果文子和老子或莊子相同，那末它也不成其爲文子了。不能以道家老子排斥仁義禮法，而文子講仁義禮法，就認爲不是道家文子。文子之爲文子，自有它的特色。須知春秋戰國時的百家争鳴，本來就存在着相互吸收的問題。文子内容龐雜，這正是哲學史要研究的課題。

綜上所説，文子是西漢時已有的先秦古籍，它先於淮南子。文子雖經後人篡改潤益，但不是僞書，可以作爲研究文子思想的主要資料。

二、文子其人攷

文子，姓文，尊稱子。佚其名字與國籍。

漢書藝文志録文子，班固注不謂其名字國籍，祇曰「老子弟子」。後人或以爲計然，或以爲文種，或以爲田文，皆非也。因史記貨殖列傳有范蠡師計然語，又因裴駰史記集解引徐廣曰：「計然者，范蠡之師也，名鈃。」范子曰：「計然者，葵丘濮上人，姓辛氏，字文子，其先晉國亡公子也。嘗南遊於越，范蠡師事之。」北魏李暹作文子注，其傳曰：「姓辛，葵丘濮上人，號曰計然。范蠡師事之。本受業於老子，録其遺言爲十二篇。」（見晁公武郡齋讀書志）遂以計然、文子合爲一人，文子乃有姓有名，謂子辛鈃。文選曹子建求通親親表曰：「臣聞文子曰，不爲福始，不爲禍先。」李善注引文子：「與道爲際，與德爲鄰，不爲福始，不爲禍先。范子曰：文子者，姓辛，葵丘濮上人，稱曰計然，南遊於越，范蠡師事。」宋人南谷子杜道堅通玄真經纘義序則依之曰：「文子，晉之公孫，姓辛氏，名鈃，字計然，文子其號，家睢之葵丘，屬宋地，一稱宋鈃，師老子學，早聞大道，著書十有二篇，曰文子。」通玄真經纘義所附文子傳仍之。孫星衍也説：「文子即計然無疑。李善、徐靈府亦謂爲是。」(問字堂集文子序)則文子不但有姓有名，且有字號與國籍，謬之甚矣。

或謂韓非稱「齊王問於文子」，齊國君稱王者，始於齊威王，而齊臣稱文子者，有齊湣王時之孟嘗君田文，史記中有稱其爲「文子」者，此齊王即齊湣王，文子當指田文。案此説非也。清人江瑔讀子巵言説：「古人稱子者，其例有二：一爲合姓而稱之，某姓即稱某，如孔子、莊子之類是也；一爲於名字之外，别以一己學問之宗旨或性情之嗜好，署爲一號，以示别於他人，亦稱某子，如老子、鶡冠子之類是也。二者之中，以前者爲通稱。古未有字爲某子者。文子道家，崇樸，亦無自號文子之理，故文子之文必爲姓。」此言誠是。然江氏認爲文子即是文種，則非也。

文子，與卜商子夏同時，而少於孔子。

班固説文子「與孔子并時。而稱周平王問」，後人發現，孔子後於周平王幾百年，與孔子并時的文子，不可能與周平王答問，從而認定「平王」乃是與孔子并時的「楚平王」。宋人杜道堅説「楚平王聘而問道，范蠡從而師之」(通玄真經纘義序)。宋元之際，馬端臨文獻通攷引周氏涉筆説：「其稱平王者，往往是楚平王。序者以爲周平王時人，非也。」清人梁玉繩漢書人表攷云，困學紀聞辨文子非周平王時人，檢文子道德平王問一條無「周」字，末云，「寡人敬聞命」，其非周平王甚審。梁氏没有肯定之説，而孫星衍文子序則說：「書稱平王并無周字，又班固誤讀此書，此平王何知非楚平王？」又說：「文子師老子，亦或遊於楚，平王同時，無足怪者。」（問字堂集）

說班固誤讀文子，稱「平王問」爲「周平王問」，那麼，文子書「平王」是否是「楚平王」？若據班固說文子「與孔子并時」，則文子與楚平王答問，有此可能。然而，這祇是推測。史記孟子荀卿列傳司馬貞索隱曰：「（劉向）別録云『今按墨子書有文子，文子即子夏之弟子，問於墨子。』如此，則墨子在七十子之後也。」今墨子雖無此文，然墨子至宋初缺篇尚罕，漢代劉向所云，必有所見。致於墨子之生卒年史載不詳，史記說：「或曰并孔子時，或曰在其後。」（孟子荀卿列傳）漢書藝文志班固注說：「在孔子後。」清人孫詒讓以今墨子五十三篇推校，攷定墨子「生於周定王初年」（公元前四六八年—前四四一年在位），「卒蓋在周安王末年（公元前四〇一—前三七六年在位），當八九十歲」（見墨子傳畧）。據此，文子不可能與楚平王答問。

文子問學於子夏，「卜商子夏，少孔子四十四歲」（史記仲尼弟子列傳）。孔子生於魯襄公二十二年（公元前五五一年），則子夏生於魯定公三年（公元前五〇七年），是年孔子四十四歲。文子也當生於魯定公初年，蓋與卜商子夏同時，而少於孔子，爲春秋末年和戰國初期人。其學成交遊在春秋戰國之交，其書稱「平王」，很可能是與「齊平公」（公元前四八〇年—前四五六年在位）答問。故韓非子稱齊王和文子問答如何治國，并說「其說在文子」。史載齊簡公四年（公元前四八一年），田常殺簡公，立簡公弟驁爲平王，田常爲相。「田常言於齊平公曰：德施人之所欲，君其行之；刑罰人之所惡，臣請行之。行之五年，齊國之政皆歸田常」（史記田敬仲完世家）。「齊王問於文子曰：治國何如？對曰：夫賞罰之爲道，利器也，君固握之，不可以示人。若如臣者，猶獸鹿也，唯薦草而就」（韓非子內儲説上）。文子以其師老子「國之利器不可以示人」説齊平公，也合情合理。説「齊王」是「齊平公」還有一佐證，莊子胠篋同樣記載「田成子一旦殺齊君而盜其國，所盜者豈獨其國邪，并與其聖知之法而盜之」。後引老子「故曰，魚不可脱於淵，國之利器不可以示人」。莊子發揮「絶聖棄知」的道理，文子以賞罰之道，國之利器，君固握之，説齊平公則更切實際。

或謂齊國稱王始於戰國齊威王因齊（公元前三五六年—前三二〇年在位），齊平公尚未稱王，而文子書稱「平王」何也。王爲當時或後人對君之泛稱，其例不鮮。如燕至易王始稱王，然戰國策記載「蘇秦將爲縱，北説燕文侯……燕王曰：寡人國小，西迫强秦，南近齊、趙……於是齎蘇秦車馬金帛以至趙」（燕策一）。燕文侯即史記燕召公世家記載的燕文公，「二十八年（前三三四年），蘇秦始來見，説文公。文公予車馬金帛以至趙，趙肅侯用之。……二十九年，文公卒，太子立，是爲易王」。戰國策所稱的「燕王」，就是易王之父燕文侯（公）。又如趙至武靈王始有王稱，然趙武靈王之父肅侯，戰國策稱其爲王曰：「（蘇秦）於是乃摩燕烏集闕，見説趙王於華屋之下，抵掌而談。趙王大悦，封爲武安君。」（秦策一）史記蘇秦列傳載，燕文侯資蘇秦車馬金帛以至趙，「説趙肅侯」曰：「今大王與秦則秦必弱韓、魏；與齊，則齊必弱楚、魏。」「願大王孰計之」，「竊爲大王計」。「趙王曰：寡人年少，立國日淺，未嘗得聞社稷之長計也……」。張儀列傳也載，「蘇秦已説趙王而得相約縱親……」趙王即趙肅侯，凡此皆其證。因此，韓非稱齊王，非必齊威王、齊湣王之屬。其實，韓非子本書就有證。外儲説左上「齊桓公好服紫，一國盡服紫」，下曰「齊王好衣紫，齊人皆好也」。這個齊王就是齊桓公。韓非這裏稱齊桓公爲齊王，爲什麼内儲説上不能稱齊平公爲齊王呢？文子與卜商子夏同時，而少於孔子，其壯年學成正當齊平公之時，韓非子記載齊王問於文子治國何如？不僅理順成章，而且與文子書「平王問」相合。

文子，老子弟子，又嘗問學於卜商子夏與墨子，是一位學無常師者。其學雖各有所受，然經其爐鞲治化，遂别生新義，乃過所承。世稱文子勤學蠹顏，故得道尤高，而卒歸本於老子。王充曾稱：「老子、文子，似天地者也。」（論衡自然）其崇尚如此。文子解説老子之言，闡發老子思想，繼承和發展了道家「道」的學説。明初宋濂曰：「予嘗攷其言，壹祖老聃，大概道德經之義疏爾……蓋老子之言宏而博，故是書雜以黄、老、名、法、儒、墨之言以明之。」（諸子辨）元代玄教嗣師吴全節説：「文子者，道德經之傳也。老子本易而著書，文子法老而立言，所以發明皇帝王伯之道。」（通玄真經纘義序）

文子學道早通，遊於楚，楚平王孫白公勝問「微言」。後遊於齊，齊平公問「治國何如」？文子縱談道德仁義禮法，其説在文子。齊之隱士彭蒙，從而師之。

文子，蓋楚人也。抑或不是，文子曾在楚，則可肯定。呂氏春秋精諭載：「白公問於孔子曰：人可與微言乎？孔子不應。白公曰：若以石投水奚若？孔子曰：没人能取之。白公曰：若以水投水奚若？孔子曰：淄澠之合者，易牙嘗而知之。白公曰：然則人不可與微言乎？孔子曰：胡爲不可！唯知言之謂者爲可耳。白公弗得也。知謂則不以言矣，言者謂之屬也。求魚者濡，争獸者趨，非樂之也。至言去言，至爲無爲，淺智者之所争則末矣。」淮南子道應訓和列子説符都有和吕氏春秋相同的記載，皆作白公問於孔子曰。攷白公勝於楚惠王二年（公元前四八八年）由吴返楚，史記楚世家記載：「惠王二年，子西召故平王太子建之子勝於吴，以爲巢大夫，號曰白公。」楚惠王十年（公元前四七九年）白公勝死。而孔子於魯定公十四年（公元前四九六年）離魯之陳，魯哀公十三年回到魯，凡十四年。據孔子世家記載：定公十四年，孔子年五十六，由大司寇行攝相事，齊人聞而懼，時魯定公怠於政事，子路説：「夫子可以行矣！」孔子遂行，離魯適衛，將適陳，過匡、蒲、曹、宋、鄭，遂至陳，孔子居陳三年，去陳、過蒲、適衛，往返於陳蔡之間。孔子絶糧陳蔡，楚昭王興師迎孔子，然後得免，此在楚昭王二十七年。是年，楚昭王死。楚狂接輿歌而過孔子，孔子欲與之言，弗得。於是孔子自楚反於衛，當魯哀公六年（公元前四八九年），孔子六十三歲。後自衛歸魯。這與陳杞世家記載：「湣公六年（前四九六年），孔子適陳。」十三年（前四八九年），楚昭王救陳，軍於城父，後卒於城父，「時孔子在陳」相一致。史記索隱按：「此十三年，孔子仍在陳，凡經八年，何其久也？」實際上孔子不是一直在陳，而是往返於陳蔡，「十三年」確切地説在蔡。上述白公勝於楚惠王二年，由吴返楚，而孔子在魯哀公六年去楚適衛而歸魯，時值楚惠王父昭王二十七年，白公勝和孔子不可能見面，何來白公問於孔子！再則，白公勝問「微言」，答曰「唯知言之謂者爲可」，「知謂則不以言矣」。這與孔子思想不合，孔子主張名正言順，所謂「至言去言，至爲無爲」乃道家思想，與儒家不類。

既然白公勝不可能問孔子「微言」，孔子也不會如此回答「微言」，那麽白公勝問誰？回答是唯有文仔。文子微明曰：「人可以微言乎？文子曰：何爲不可。唯知言之謂乎？夫知言之謂者，不以言言也。争魚者濡，逐獸者趨，非樂之也，故至言去言，至爲去爲，淺知之人，所争者末矣。夫言有宗，事有君，夫爲無知是以不吾知。」文子之言，簡明通順，吕氏春秋及淮南子和列子引述傳抄，張冠李戴爲白公問於孔子。孔子不應，後又應之曰，没人能取之，易牙嘗而知之，且發揮説，白公不得微言而死。并畫蛇添足，最爲明顯者，以「至爲無爲」解釋「至爲去爲」尚可，而改「至爲去爲」爲「至爲無爲」，則不知道家之「至爲去爲」和「無爲而無不爲」。莊子知北遊設顔淵問乎孔子，孔子曰：「至言去言，至爲去爲。齊知之所知，則淺矣。」「至言去言，至爲去爲」，乃道家思想之證。這或許是吕氏春秋及淮南子和列子引述傳抄爲孔子回答白公的因素。

既然白公問文子「微言」，那麽，文子如何能與白公答問？我疑文子本陳蔡一帶人。春秋戰國之際陳蔡先後爲楚所滅，故可稱文子爲楚人。這也許可尋范蠡思想的師承。文子遊齊，便把道家兼融仁義禮法的思想帶到了齊國，并傳授弟子，而發揚廣大，形成齊國特有的黄老之學。三十年代，謝扶雅在談到戰國時齊道家時説：「老聃思想一到了齊國，便大不同了。」這裏，他自己注説：「楚産的老學，何時、由誰，和怎樣被輸入於齊國？是一個歷史上待攷的問題。環淵是頗可疑的一個人，他是由楚入齊的一個道家。」(田駢和騶衍——戰國時齊道家底兩派，見古史辨第五册)不管文子是否楚國人，是文子把老子思想帶到齊國，彭蒙、田駢、慎到、環淵等皆其後學。

孫星衍説：「黄帝之言述於老聃，老聃之學存於文子。西漢用以治世，當時諸臣皆能稱道其説，故其書最顯。」(問字堂集文子序)由老子之學發展而來的黄老之學，「採儒墨之善，撮名法之要」(司馬談論六家之要指)，始於文子。文子遊齊，隱士彭蒙從而師之，田駢、慎到之屬，「皆學黄老道德之術，因發明序其指意」(史記孟子荀子列傳)。齊之稷下，黄老之學盛極一時，從而形成齊國的特有之學。西漢用以治學，也本於此。

據莊子天下篇，田駢「學於彭蒙，得不教焉」，則彭蒙當爲田駢之師。意林引尹文子有彭蒙曰：「雉兔在野，衆皆逐之，分未定也。鷄豕滿市，莫有志者，分定故也。」呂氏春秋慎勢引慎子曰：「今一兔走，百人逐之，非一兔足以爲百人分也，由未定，堯且屈力，而況衆人乎！積兔滿市，行者不顧，非不欲兔也，分已定矣，分已定，人雖鄙不争。」此蓋祖彭蒙之説，則慎到亦彭蒙之徒也。史記謂田駢、慎到皆學黄老道德之術，則彭蒙蓋黄老學之大師。

天下篇又説：「彭蒙之師曰：古之道人，至於莫之是莫之非而已矣。」然則，彭蒙之師何人？郭沫若稷下黄老學派的批判説：「彭蒙還有老師，也分明是道家。這位『彭蒙之師』應該是墨翟、子思同輩的人物……『彭蒙之師』或者也就是楊朱的弟子。」(見十批判書)北京大學王博對此作了研究，以爲「彭蒙之師就是文子」(見讀書雜攷三彭蒙之師攷，北京大學研究生學刊一九九一年第二期)。我認爲王博的彭蒙之師攷，論據扎實，立論可靠。我非常高興。這不僅因爲我們很多觀點一致，而且還因爲王博是一位很年輕的學者，有如此深厚的功基，從事着這種「吃力不討好」、然而在學術上具有重大價值的工作。

據淮南子人間訓説：「唐子短陳駢子於齊威王，威王欲殺之。」田駢并未被殺，而是逃到薛，在孟嘗君那裏，後來又回到齊。「宣王喜文學遊士之説，自如騶衍、淳于髡、田駢、接子、慎到、環淵之徒七十六人，皆賜列第，爲上大夫，不治而議論，是以齊稷下學士復盛，且數百千人。」（史記田敬仲完世家）彭蒙之徒「田駢之屬皆已死齊襄王時」（史記孟子荀子列傳）。據此，田駢活動於齊威王、宣王之時，齊襄王時田駢已死。其師彭蒙，當活動於齊桓公田午和齊宣公姜積之時。彭蒙之師文子，則應活動於齊平公驁前後（簡公壬——平公驁——宣公積），時值卜商子夏同時，也正與郭沫若推測「彭蒙之師」應該是子思（按：史記仲尼弟子列傳：「原憲，字子思。」家語説子思「少孔子三十六歲」。）同輩人物相符。

彭蒙其人，他書無徵。然田駢、慎到之徒，是其學生，業已攷定。且莊子天下篇將彭蒙、田駢、慎到合叙，師徒之間思想共通，因此，據天下篇的記載，可瞭解彭蒙思想及其和文子的關係。

第一，天下篇記載：「彭蒙之師曰：古之道人，至於莫之是莫之非而已矣。」這種認爲古之得道之人，達到不爲是非左右的境界，在文子那裏是顯而易見的。文子道原：「真人者，知大已而小天下，貴治身而賤治人，不以物滑和，不以欲亂情，隱其名姓，有道則隱，無道則見，爲無爲，事無事，知不知也，懷天道，包天心，噓吸陰陽，吐故納新，與陰俱閉，與陽俱開，與剛柔卷舒，與陰陽俯仰，與天同心，與道同體，無所樂，無所苦，無所喜，無所怒，萬物玄同，無非無是。」九守守弱：「聖人與陰俱閉，與陽俱開……所以然者，因天下而爲天下之要也，不在於彼而在於我，不在於人而在於身，身得則萬物備矣。故達於心術之論者，嗜欲好憎外矣。是故無所喜，無所怒，無所樂，無所苦，萬物玄同，無非無是。」符言：「不求可非之行，不憎人之非己，修足譽之德，不求人之譽己。……是故閑居而樂，無爲而治。」道德：「天下是非無所定，世各是其所善，而非其所惡，夫求是者，非求道理也，求合於己者也，非去邪也，去迕於心者，今吾欲擇是而居之，擇非而去之，不知世所謂是非也。……故通於道者如車軸，不運於己，而與轂致於千里，轉於無窮之原也；故聖人體道反至，不化以待化，動而無爲。」（微明）「所謂道者，無前無後，無左無右，萬物玄同，無是無非。」文子以上這些言論，與彭蒙之師曰不僅思想一致，而且語言也類，可知文子即彭蒙之師。

第二，天下篇所説彭蒙等「齊萬物以爲首」，這與文子完全一致。文子道原所謂：「道者一立而萬物生矣。故一之理，施於四海，一之嘏，察於天地……萬物之總，皆閲一孔，百事之根，皆出一門。」九守所謂：「天地運而相通，萬物總而爲一，能知一即無一之不知，不能知一即無一之能知也。」「廓然而虚，清静而無，以千生爲一化，以萬異爲一宗。」（守樸）上德所謂「陰陽交通，萬物齊同」，自然所謂「萬物齊一，無由相過」，「萬物變化，合於一道」。此皆齊萬物爲一之義也。文子所謂：「以天爲蓋，以地爲車……以天爲蓋則無所不覆也，以地爲車則無不載也。」「水爲道也……萬物不得不生，百事不得不成，大苞羣生而無私好，澤及蚑蟯而不求報……稟受萬物而無先後，無私無公，與天地洪同。」（道原）「道至高無上……包裹天地而無表裏，洞同覆蓋而無所礙。」「天爲蓋，地爲軫，善用道者終無盡；地爲軫，天爲蓋，善用道者終無害。」（符言）「天地之所覆載，日月之所照明，陰陽之所煦，雨露之所潤，道德之所扶，皆同一和也。」「道可以弱，可以强……可以包裹天地，可以應待無方。」（微明）「天之所覆，地之所載，日月之所照，形殊性異，各有所安……萬物一齊，無由相過，天下之物，無貴無賤。」（自然）此皆天覆地載，道能包之，而不能辨之，無所先後，無私好之義也。文子所謂：「大道無所不可，可在其理，見可不趨，見不可不去，可與不可，相爲左右，相爲表裏。」又謂「天不一時，地不一材，人不一事，故緒業多端，趨行多方……夫守一隅而遺萬方，取一物而棄其餘」，「故道立而不教」(自然)。此皆萬物有所可，有所不可，選則不編，教則不至，順道無遺之義也。

第三，天下篇在叙述彭蒙等齊萬物以爲首，道則無遺矣後，則叙慎到，然後説，「田駢亦然，學於彭蒙，得不教焉」。田駢思想與彭蒙更相一致，初學之時，自相契合，不待教之而後能。因此，根據田駢思想，更可瞭解彭蒙思想及其和文子的關係。漢書藝文志道家著録田子二十五篇。田子書已佚，而田駢思想他書有徵者也不多。吕氏春秋執一載：「田駢以道術説齊，齊王應之曰：寡人所有者，齊國也。願聞齊國之政。田駢對曰：臣之言，無政可以得政，譬之若林木，無材而可以得材。願王之自取齊國之政也。駢猶淺言之也，博言之，豈獨齊國之政哉！變化應求而皆有章，因性任物而莫不宜當。」文子微明載文子曰：「道無正而可以爲正，譬若山林而可以爲材，材不及山林，山林不及雲雨，雲雨不及陰陽，陰陽不及和，和不及道。道者，所謂無狀之狀，無物之象也，無達其意，天地之間，可以陶冶而變化也。」正，通政。文子之言是説，道不是政，政可因道而有。譬如木材是從山林中産生，材不及生材之山林，生材之山林不及生物之雲雨陰陽和氣，陰陽和氣不及道，道是無法表明的無狀之狀，無物之象，然而它可以産生化育天地萬物。田駢以此道術説齊國之政，願齊王按道爲政，也就是因性任物，無爲而治。田駢所説的道術，很可能就是通過他的老師彭蒙傳授文子的學説。「因性任物而莫不宜當」，也與天下篇叙述彭蒙、田駢「决然無主」，「趣物而不兩」，「於物無擇，與之俱往」相一致。

呂氏春秋用衆載：「田駢謂齊王曰：孟賁庶乎？患術而邊境弗患，楚魏之王辭言不説，而境內已修備矣，兵士已修用矣，得之衆也。」孟賁，古之勇士。田駢對齊王説，齊之邊境不以一個勇士孟賁爲患者衆也，楚魏之王不以言辭説與不説，而境内修兵備戰，得之衆也。這説明以衆勇，無畏乎孟賁，人主之所以立，出乎衆也，以衆者，君人之大寶也。這一思想也來源於文子。文子符言説：「能强者，必用人力者也，能用人力者，必得人心者也，能得人心者，必自得者也，自得者，必柔弱者。」得道者德柔弱，柔弱容衆，柔弱勝剛强之道術也。文子微明説：「用衆人之所愛，則得衆人之力，舉衆人之所喜，則得衆人之心，故見其所始，則知其所終。」文子自然説：「用衆人之力者即無不勝也，用衆人之力者烏獲不足恃也。」文子下德説：「積力之所舉則無不勝也，衆智之所爲則無不成也。千人之衆無絶糧，萬人之羣無廢功。」此皆言得衆力也。

淮南子人間訓記載：唐子短田駢於齊威王，威王欲殺田駢。田駢與其屬逃奔到薛，孟嘗君聽説田駢來薛，派人用車去迎接，并厚禮招待。後來孟嘗君問田駢説，你生長於齊，對齊有什麽思念嗎？田駢説，我思念唐子。孟嘗君感到奇怪，説唐子不是説你壞話的人嗎？你爲什麽思念他？田駢對曰：「臣之處於齊也，糲粢之飯，藜藿之羹，冬日則寒凍，夏日則暑傷。自唐子之短臣也，以身歸君，食芻豢，飯黍粱，服輕暖，乘牢良，臣故思之。」這裏可見，田駢除了講道家毁譽、禍福相互依伏的道理外，田駢在齊時還崇尚節儉的情況，與史記論述墨家生活所説「糲粢之飯，藜藿之羹」，措辭也完全一樣。這大概是文子

「問於墨子」，受到墨子刻苦自勵作風的濡染，通過彭蒙而傳給了田駢吧！

第四，天下篇載：「公而不當(黨)，易而無私，決然無主，趣物而不兩，不顧於慮，不謀於智，於物無擇，與之俱往，古之道術有在於是者，彭蒙、田駢、慎到聞其風而說之。」這種風尚的道術，可見於文子。道原說：「大苞羣生而無私好，澤及蚑蟯而不求報……稟受萬物而無先後，無私無公」，「依道廢智，與民同出乎公」，「循天者與道遊也……不謀而當，不言而信，不慮而得，不爲而成」。此公而不黨，易而無私，決然無主，不謀不慮之義也。「太常之道，生物而不有，成化而不宰，萬物恃之而生，莫之知德，恃之而死，莫之能怨。」此決然無主，趣物不兩，於物無擇，與物變化之義也。九守所謂「無所疏，無所親，抱德煬和，以順於天」(守虛)，「不與物遷，見事之化，而守其宗」(守樸)。此即公而無私，於物無擇之義也。符言所說「天道無親，唯德是與」，道德所謂「兼利無擇，與天地合」，此即無私無擇之義也。道德曰「無思無慮」，上德曰「辯士以智能困，能以智知，未能以智不知」，「愚者言而智者擇，見之明白，處之如玉石，見之黯黮，必留其謀」。此皆不謀於智，不擇於物之義也。自然謂：「去恩慧，捨聖智，外賢能，廢仁義，滅事故，棄佞辯，禁奸僞，則賢不肖齊於道矣。……神微周盈，與物無宰。」又謂：「守道周密，於物無宰。」此皆謂無智無慮，決然無主，趣物不兩，與物俱化，無擇無宰，齊於道矣。

從莊子天下篇叙述彭蒙、田駢、慎到所崇尚的道術，以及齊萬物以爲首的特點，從彭蒙之師曰的內容，以及其他文籍所保存的有關資料來看，不僅與文子思想一致，且語言亦類，可看出文子、彭蒙、田駢思想的師承關係。文子是彭蒙之師的可能極大，他是黃老學之始祖。

三、文子道論

文子解説老子之言，闡發老子思想，繼承和發展了道家「道」的學説。「道」作爲一個哲學範疇，是老子首先提出的。它不但是道家的基本問題，而且影響着整個中國哲學史。文子首篇道原，就開宗明義地解釋老子「有物混成，先天地生」的「道」説：「夫道者，高不可極，深不可測，苞裹天地，禀受無形，原流泏泏，沖而不盈，濁以静之徐清，施之無窮，無所朝夕，表之不盈一握，約而能張，幽而能明，柔而能剛，含陰吐陽，而章三光；山以之高，淵以之深，獸以之走，鳥以之飛，麟以之遊，鳳以之翔，星曆以之行；以亡取存，以卑取尊，以退取先。」文子的「道」，不僅是物之所道，而且引向人事，也是人之所由。

文子認爲，道是萬物的本原。「天地未形，窈窈冥冥，渾而爲一，寂然清澄，重濁爲地，精微爲天，離而爲四時，分而爲陰陽，精氣爲人，粗氣爲蟲，剛柔相成，萬物乃生。」（文子九守，以下衹出注篇名）這裏窈冥渾一的東西，就是包含陰陽的氣，也就是老子十四章所説「混而爲一」的東西，二十五章「有物混成，先天地生」的「道」。它是看不見，聽不到，摸不着，渾沌無形，恍恍惚惚。所以老子説它是「無狀之狀」，是謂「惚恍」。但「惚恍」和「混成」的概念一樣，比較含混，老子卻又説不清楚，有時就用「無形」、「無狀」或「無」來描繪。這就給後來唯心主義地解釋道開了門。文子則明確地説，渾而爲一的道，含陰而吐陽，分而爲陰陽的氣，「道者，所謂無狀之狀也」（微明）。它又叫做「一」，「無形者，一之謂也」（道原）。「一也者，無適之道也，萬物之本也」（德道）。認爲萬物都是從這裏產生的。

天地萬物的始初，道處於渾沌的狀態，是人們的感官所感覺不到，但又是可以被感官所感知的萬物的所產生的原始材料。這是先秦道家的共同認識。黃帝四經道原說：「恒無之初，迵同太虛。虛同爲一，恒一而止。」天地未形時的「太虛」和「一」是同一的，萬物得之以生，百事得之以成，「人皆以之，莫知其名，人皆用之，莫見其刑（形）。一者，其號也」。爲什麼把「道」別號爲「一」呢？因爲一者，萬物之所以從始也，它是萬物之本。故黃帝四經十大經本伐說：「一者，道其本也。」稷下道家也說「虛而（本作無，據王念孫校改）無形謂之道」，「道也者，動不見其形，施不見其德，萬物皆以得然」（管子心術上）。先秦道家把渾沌無形的道，稱作「虛」或「無」，并不是說它是絕對的虛無，而是說它渾沌不清，有形可見的實物，是從它產生的。這就是老子所謂：「天下之物生於有，有生於無。」（第四十章）文子所謂「無形者，一之謂也。一者，無止合於天下也。布德不溉，用之不勤，視之不見，聽之不聞，無形而有形生焉……故有生於無，實出於虛」（道原）。虛道是實物的太祖，「無」是「有」的本體。

在文子那裏，視之不見其形，聽之不聞其聲，窈窈冥冥的道，是不是精神性的本體呢？不是的。「幽冥者，所以論道，而非道也。」（上德）說它虛、無或幽冥，其實也就是「氣」。他認爲無狀之狀的道，「天地之間可陶冶而變化也」（微明）。是什麼東西陶冶變化呢？他說：「陰陽陶冶萬物，皆乘一氣而生。」（下德）可見，文子的「道」是「氣」。爲了强調它的無形和貫通一切，因而稱它爲「無」，爲了强調天地萬物由此而生，因而稱它爲「一」。它在陶冶萬物的過程中，包含陰陽的氣即「一」，分而爲陰陽，重濁的陰氣下滯爲地，輕清的陽氣上昇爲天，離而爲四時，精氣爲人，粗氣爲蟲，陰陽剛柔，相反相成，萬物乃生。「故曰：（按道藏七卷本有「故曰」）道生一，一生二，二生三，三生萬物。萬物負陰而抱陽，沖氣以爲和。」（九守）道是無形的實體氣，是構成萬物的本原。所以道原篇說：「含陰而吐陽，而章三光，山以之高，淵以之深，獸以之走，鳥以之飛，麟以之遊，鳳以之翔，星曆以之行。」這種思想，稷下道家也相類。管子内業說：「凡道，無根無莖，無葉無榮，萬物以生，萬物以成，命之曰道。」又說：「凡物之精，此則爲生。下生五穀，上爲列星，流於天地之間，謂之鬼神，藏於胸中，謂之聖人，是故民（名）氣。杲乎如登於天，杳乎如入於淵，淖乎如在於海，卒乎如在於己。是故此氣也……不見其形，不聞其聲，而序其成，謂之道。」稷下道家和文子一樣，也認爲「道」就是「氣」，并認爲無論是物質現象，還是精神現象，都是氣的變化的結果。所以又説，「化不易氣」。

文子的「道」是天地萬物之始，這不祇是從實體上説的，道還包含有規律的意思。文子說：「道者，物之所道也。」（微明）道是陰陽陶冶而變化萬物的必由之路。因爲道生萬物，「理於陰陽，化爲四時……與時往來，法度有常」（自然）。道是氣，而氣的運動變化有一定的次序，這就是陰陽對立的兩個方面，既是互涵的，又是相互轉化的。他說，「陽中有陰，陰中有陽」（微明），「陽氣盛變爲陰，陰氣盛變爲陽」（上德）。陰陽各自向相反的方面變化，構成道自身的恒常的運動，所謂「反者道之常也」（道原）。從道是物質實體「氣」來說，「陰陽和，萬物生矣」（精誠）。從道是規律性來說，「剛柔相成，萬物乃生」（九守）。文子的道的這兩方面的意義，到戰國末期的韓非作了更明確的説明。他說：「道者，萬物之所以然也，萬理之所稽也。

理者，成物之文也。道者，萬物之所以成也。」（韓非子解老）道家老子并没有明確説「道」是氣或是規律，文子對「道」的理解和説明，是韓非對老子關於「道」的理論的發展中的重要環節。

文子的「道」有哪些特性呢？文子認爲，道具有普遍性和連續性。他説：「道至高無上，至深無下，平乎準，直乎繩，圓乎規，方乎矩，包裹天地而無表裏，洞同覆蓋而無所礙。」（符言）這説明道無所不在，貫通一切，無論大小、方圓的東西，都是道所構成的。這裏所謂無表裏，就是説道「至大者無度量」，「至微甚内」（自然）。「至大」就是「無外之外」，「至微」就是「無内之内」（九守），所以無度量，無所礙。故文子又説：「萬物變化，合於一道。……至微無形，天地之始，萬物同於道而殊形。至微無物，故能周恤。至大無外，故爲萬物蓋；至細無内，故爲萬物貴。」（自然）這與黄帝四經道原所説：「天弗能覆，地弗能載，小以成小，大以成大，盈四海之内，又包其外。」以及管子心術所説：「道在天地之間，其大無外，其小無内。」是一個意思。文子認爲，道不但具有至高無上，至深無下的絶對性，而且具有無限性。他説：「大常之道，生物而不有，成化而不宰，萬物恃之而生莫之知德，恃之而死莫之能怨，收藏畜積而不加富，佈施禀受而不益貧，忽兮怳兮不可爲象兮，怳兮忽兮用不詘兮，窈兮冥兮應化無形兮，遂兮通兮不虚動兮，與剛柔卷舒兮，與陰陽俯仰兮。」（道原）道無意識無目的，畜積不完，施用不盡，恍惚窈冥，無形無象，在時間和空間上都是無限的。所以道原概括説：「夫道者，高不可極，深不可測，苞裹天地，禀受無形，原流泏泏，冲而不盈……施之無窮，無所朝夕。」

道家歡喜以水喻道，文子也説：「水爲道也，廣不可極，深不可測，長極無窮，遠淪無涯，息耗減益過於不訾，上天爲雨露，下地爲潤澤，萬物不得不生，百事不得不成，大苞羣生而無私好，澤及蚑蟯而不求報，富贍天下而不既，德施百姓而不費，行不可得而窮極，微不可得而把握，擊之不創，刺之不傷，斬之不斷，灼之不熏，淖約流循而不可靡散，利貫金石，强淪天下，有餘不足，任天下取與，禀受萬物而無所先後，無私無公，與天地洪同，是謂至德。」(道原)文子認爲，水德與道相符，他以水喻道，不但概括了「道」的上述特性，而且道出了道「無爲」的基本屬性。即道對由它産生的各種事物不是有意志的主宰，而是任其自然。正因爲道具備「無爲」的屬性，所以能成爲物之所道。「天致其高，地致其厚，日月照，列星朗，陰陽和，非有爲焉，正其道而物自然。」(精誠)所謂正其道，就是「道正在於剛柔之間」。即陰陽陶冶萬物，「化與成必得和之精」。因爲天地之氣，莫大於和，「和者陰陽調」，故積陽不生，積陰不化，「陰陽交接，乃能成和」(上仁)。也就是説，是道自身的矛盾統一生化萬物，是無爲而自然的。文子在解釋「大道無爲」時説，無爲則無有，無有不是什麽都没有，「無有者，不居也。不居者，即處無形。……無形者，視之不見，聽之不聞，是謂微妙，是謂至神，綿綿若存，是謂天地根」。道這種自然而然的産生天地萬物，老子稱之爲「妙」，文子稱之爲「微妙」，如果「强爲之形，以一句爲名，天地之道」(精誠)。

文子提出「聖人所由曰道」(上義)。「道」也是一個好的統治者的必由之路，統治者要能很好進行統治，就要修己而體道。文子説：「夫道，無爲無形，内以修身，外以治人，功成事立，與天爲鄰，無爲而無不爲。」(道德)統治者爲什麽要修道？因爲治國之本，「在於治身」。没有「身治而國亂」，或者「身亂而國治」者，祇有「修之身，其德乃真」(上仁)。道之所以奥妙，不是言論可及，也不是父子可以相傳的，要你修己而體道，然後纔能「循道行德」。在爲政治人時，「御之以道，養之以德」，人民就能歸服，建其功業。所以，「道之與人，無所不宜也。夫道者，小行之小得福，大行之大得福，盡行之天下服，服則懷之。故帝者，天下之適也，王者，天下之往也，天下不適不往，不可謂帝王」。相反，「失道者，奢泰驕佚，慢倨矜傲，見餘自顯自明，執雄堅强，作難結怨，爲兵主，爲亂首。小人行之，身受大殃，大人行之，國家滅亡。……夫罪莫大於無道，怨莫深於無德，天道然也」（道德）。

道無爲而無不爲，統治者循道，也要實行無爲而治。文子提出：「無爲者，治之常也。」無爲而治，不是什麼事都不幹，并非無所作爲。他說：「所謂無爲者，非謂其引之不來，推之不去，迫而不應，感而不動，堅滯而不流，卷握而不散。謂其私志不入公道，嗜欲不挂正術，循理而舉事，因資而立功，推自然之勢，曲故不得容，事成而身不伐，功立而名不有。」（自然）所謂無爲，就是不以主觀的成見和好惡而妨害道。也就是道原篇所說：「所謂無爲者，不先物爲也。無治者，不易自然也；無不治者，因物之相然也。」根據無爲而無不爲的原則，達到無治而無不治的目的，所以文子說：「執道以御民者，事來而循之，物動而因之，萬物之化無不應也，百事之變無不耦也。」

文子從唯物主義觀點對道作了比較明確的闡發，在中國哲學史中是一大貢獻，它影響到荀子、韓非，以及王充對老子「道」的理解。

四、文子在哲學史中的地位

繼承和發展老子「道」的學說的，在其門人中，以庚桑楚和文子最爲著名。莊子庚桑楚説：「老聃之役，有庚桑楚者，偏得老聃之道。」文子道德記載：「平王問文子曰：吾聞子得道老聃。」由於老子對「道」講得含混不清，所以後來對「道」的理解，也各不相同。抱朴子至理説：「夫道之妙者，不可盡書，而其近者，又不足説。昔庚桑胼胝，文子釐顔，勤苦彌久，及受大訣，諒有以也。」庚桑楚和文子，刻苦勤學，時間彌久，各得道的奧妙，都是有根據的。但他們各自向不同的方向發揮，從哲學史看，分成唯物和唯心兩大派别。

庚桑楚這一派，實際上就是莊子學派，所以莊子稱贊他「偏得老聃之道」。這一派道家，抓住老子的「道」既有物質實體、又有規律意義的含糊不清和不完整性，從而否定道的物質性。他們認爲，如果説道是渾沌未分的物質，那末，它仍然是「物」，在它之前就還應該有一個什麽東西，使它成爲這個「物」，「猶其有物也，猶其有物也，無已」。這樣推論下去，就没有止境。他們認爲，「物出不得先物」，産生物的「道」，它就不應該是「物」。所以結論是「物物者非物」（莊子知北遊）。既然道是非物，那末「道」就是「無有」。「萬物出乎無有，有不能以有爲有，必出乎無有。而無有一無有。聖人藏乎是。」（莊子庚桑楚）無有一無有，是絶對的「無」，道就成了空洞的概念，導致對物質的否定。這一派道家，企圖把「道」抽象爲一般，這在人類認識的途徑上，雖然是前進了一步，但他們不懂得一般與具體的關係。認爲事物都是從道産生出來的，對局部事物來説是形成了，但對道的整體來説是虧損了，最好保全道的完整獨立性。莊子齊物論自問自答地説：「道惡乎隱有真僞？」曰：「道隱於小成。」「其分也，成也；其成也，毁也。」他舉了一個鼓琴的例子説：「有成與虧，故昭氏之鼓琴也；無成與虧，故昭氏之不鼓琴也。」郭象的注解，深得其要，他説：「夫聲不可勝舉也，故吹管操弦，雖有繁手，遺聲多矣。而執籥鳴弦者，欲以彰聲也，彰聲而聲遺，不彰聲而聲全。故欲成而虧之者，昭文之鼓琴也，不成而無虧者，昭文之不鼓琴也。」因此，他們認爲，既然普遍性的道包括一切，它就不應該存在於局部的事物中，從而割裂了一般與具體的關係，把道看作超於一切物之外的獨立存在的實體。這一派道家，後經漢魏的何晏、王弼等人加以發揮，從唯心主義觀點理解老子的「道」。何晏説：「夫道者，惟無所有者也。」（列子仲尼張湛注引無名論）王弼説：「道者，無之稱也。無不通也，無不由也，況之曰道，寂然無體，不可爲象。是道不可體，故但志慕而已。」（邢昺論語注疏引論語釋疑）何晏、王弼祖述老、莊，實際上是沿着莊子這條綫進一步發揮老子。王弼就説，老子之書，可以一言以蔽之，「崇本息末而已矣」（老子指略）。他們認爲，「天地萬物皆以無爲本。無也者，開物成務，無往而不存者也」（晉書王弼傳）。他們的唯心主義觀點，對後世的影響很大。

文子這一派，是從唯物主義觀點繼承和發展老子道的學説。并在百家争鳴中，吸收了其他學派的思想，在道的思想中，融合了仁義禮法兵等思想。以稷下道家荀子、韓非，以及兩漢的賈誼、王充爲代表的唯物主義者，就是沿着文子這條綫去理解和發揮老子的。戰國中期興起到漢初盛行的黄老之學，則淵源於文子。所以自稱「雖違儒家之説」，而「合黄老之義」的王充稱贊説：「老子、文子，似天地者也。」(論衡自然)在哲學發展史中，文子繼老子之後，其作用和地位是重要的。

首先，老子講「道」和「德」，但不講「理」。文子則均有論述。文子認爲，「道」是一般規律，「理」是具體規律。道産生萬物，「萬物同情而異形」，不同的事物就各有其「理」，「故陰陽四時，金木水火土，同道而異理」。因此，天有「天理」，有時也叫「天道」，地有「地理」，社會有「人理」，有時也叫「人道」，事有「事理」。他要求人們「循理而舉事」(自然)。「舉事而順道」(微明)，「動静順理」，「循理而動」(符言)。這樣也就是「循自然之道」(下德)。能得自然之道，「萬舉而不失矣」(上義)。黄帝四經也很注重講「理」。經法論説：「物各合於道者，謂之理。理之所在，謂之順。物有不合於道者，謂之失理。失理之所在，謂之逆。」因此專立名理一篇，要人們「審察名理」，「循名究理」。這樣就可以「萬舉不失理，論天下而無遺策」(經法論約)。文子和黄帝四經都從老子的比較抽象的「道」，化爲比較具體的道(理)，進而研究社會人事。

但是，文子和黄帝四經還有不同，前者側重講「道理」，後者側重講「名理」。黄帝四經認爲，社會之理就是「法」，提出「道生法。法者，引得失以繩，而明曲直者也」。明曲直得失的辦法就是審察「刑名」。他説：「刑名立，則黑白之分已。」(經法道法)法家與此有直接的聯繫，講究「刑名法術」。文子雖然也認爲理就是「法」，他説「理治」，皋陶爲「大理」。但他不講「刑名」，而是講「循道理之數，因天地之然」(道原)。認爲王者「以道莅天下，柔弱微妙者，見小也，儉嗇損缺者，見少也。見小故能成其大，見少故能成其美」

（九守）。因此，文子强調治國在於治身，「修之身然後治民」，「理治然後可移官長」（微明），稷下道家與此比較接近，管子心術講「静因之道」，主張修「心」，因道應物。認爲「心處其道，九竅循理」，「心安是國安也，心治是國治也」。所以文子和稷下道家都講究「心術」。

老子講「道」和「德」，但兩者關係説得不明確。他説：「道生之而德畜之，物形之而器成之，是以萬物尊道而貴德。」（老子五十一章）又説，「失道而後德」（老子三十八章），這就引起誤解。文子講「道」和「德」的關係，説得比較明確。他説：「物生者道也，長者德也。」什麽是長呢？他説：「畜之、養之、遂之、長之，兼利無擇，與天地合，此之謂德。」道是構成萬物的原始材料，德是萬物各得於道的一部分，畜養成長爲具體的事物。一切事物都有所得於道，都各有其德。道對德來説，「夫道者，德之元。……萬物得之而生，得之而成」（道德）。德對道來説，「道散而爲德」（精誠）。道是整體，德是部分，是整體和部分、一般和具體的關係。道與德是「同道而異形」，「同道而異理」。文子認爲，一般性的道，并不是脱離具體事物的性質（德）而獨立存在，它是屬於萬物之中。他把道和德的關係作了一個譬喻説：「夫道之與德，若韋之與革。」（精誠）道是材料，德是此材料的成品。因此，「德之中有道，道之中有德」。如同「陽中有陰，陰中有陽，萬事盡然」（微明）。道德互含，它們之間不能分割，正如陰陽滲透，其本質是一氣。在事物的形成和發展過程中，道和德是基本的。没有道，萬物無所從出，没有德，萬物也就没有自己的性質。所以文子把老子的「尊道而貴德」合起來講，經常稱之爲「道德」。并將其推廣到社會人事，認爲「非道德無以治天下。……夫道德者，所以相養也，所以相畜長也」（道德）。

稷下道家進一步闡發了「道」和「德」的關係，認爲兩者在本質上是同一的。管子心術説：「虚而無形謂之道，化育萬物謂之德。」道是虚而無形的「氣」，它「遍流萬物而不變」，它可以成爲任何的東西，但本質還是氣。「德者道之舍，物得以生。」「故德者，得也。得也者，謂其所得以然也。」因此，從「舍之之謂德」來説，德是道的一部分，它和道在本質上是相同的。「故道之與德無間，言之者不别也。」

荀子的學生韓非，吸取了文子和稷下道家的思想，對「道」和「德」解釋説：「夫道者，弘大而無形。德者，核理而普至。至於羣生，斟酌用之，萬物皆盛，而不與其寧。」而且認爲，一般存在於具體中，而又不同於具體事物。他説：「道者，下周於事，因稽而命，與時生死，參名異事，通一同情。故曰：道不同於萬物。」（韓非子揚權）荀子的再傳弟子賈誼，是漢初著名的哲學家。他有一篇重要的哲學著作道德論，對「道」和「德」作了概括的説明。他説：「物所道始謂之道，所得以生謂之德。德之有也，以道爲本。……德生於道而有理，守理則合於道。」又説：「道者無形，平和而神。……德者，離無而之有。」道是無形，德是從無形到有形，如同水和冰的關係一樣，「道，冰凝而爲德，神載於德。德者，道之澤也。道雖神，必載於德」（賈誼集）。從老子的道和德，發展到道必載於德，一般寓於具體之中的過程中，文子是一個重要的環節。

其次，老子講道德，排斥仁義禮法，文子則兼而講之。

老子説：「失道而後德，失德而後仁，失仁而後義，失義而後禮。夫禮者，忠信之薄，而亂之首也。」（老子三十八章）文子認爲，仁義禮法都是屬於道，不過在程度上和作用上不同而已。他説：「古之爲道者，深行之，謂之道德，淺行之，謂之仁義，薄行之，謂之禮智。此六者，國之綱維也。深行之，厚得福，淺行之，薄得福，盡行之，天下服。古者修道德即正天下，修仁義即正一國，修禮智即正一鄉。」（上仁）什麼是道德仁義禮呢？文子説：「物生者道也，長者德也，愛者仁也，正者義也，敬者禮也。」他認爲，善爲政者，也要像道那樣，畜養遂長，無爲無私，澤滋萬物，這就是「德」。而仁義是兼愛無私，一度順理。文子又説：「何謂仁？曰：爲上不矜其功，爲下不羞其病，大不矜，小不偷，兼愛無私，久而不衰，此之謂仁。何謂義？曰：爲上則輔弱，爲下則守節，達不肆意，窮不易操，一度順理，不私枉撓，此之謂義。」文子的仁義，又與儒家的仁義不同。他主張兼愛無私，平正順理，反對愛有差等和輕重厚薄之分，所以又接近墨子。文子的「禮」，也與儒家有別，他説：「爲上則恭嚴，爲下則卑敬，退讓守柔，爲天下雌，立於不敢，設於不能，此之謂禮。」（道德）文子的禮，不但融進了以卑取尊、以退取先的「道」中，而且具有「法」的意思。他説：「爲禮者，雕琢人性，矯拂其情。目雖欲之禁以度，心雖樂之節以禮。……禮者，非能使人不欲也，而能止之。」（上禮）這種節制人欲禁以度的「禮」，是由禮到法的轉變。這一思想影響了以後的荀子。荀子就認爲，人生而有欲，欲而不得，就不能無求，求而無度量分界，就會争鬥。「欲雖不可去，求可節也。」（荀子正名）因此，聖人製「禮」以節欲，使「欲必不窮於物，物必不屈於欲」，兩者「相持而長」（荀子禮論）。這裏的「禮」，也就成了節人之欲的「度量分界」。

文子認爲，最好的政治是「御之以道，養之以德，無示以賢，無加以力」（道德）。這是治世的政教。及至衰世，出現了仁義，所以仁義「薄於道德」（上仁）。就衰世對治世而言，「仁義立而道德廢」。然而爲道者，淺行之謂之仁義，如有賢聖勃然而起，也不排斥仁義。「持以道德，輔以仁義」(上禮)。因爲仁義教化對刑殺之法來説，還不失爲治國之本。文子説：「明於天人之分，通於治亂之本……治之本，仁義也，其末，法度也。」這個本末不能倒置，「法之生也，以輔仁義。重法而棄義，是貴冠履而忘其首足也」(上義)。因此，不能專任法。即使行法，也要合乎義禮，「不知禮義，不可以行法」。因爲兩者的作用不同，「法能殺不孝者，不能使人孝；能刑盜者，不能使人廉」(上禮)。這裏可以看出，文子既主張仁義之教，又主張刑殺之法，但有一個本末和主次之分。他説：「治國，太上養化，其次正法。……利賞而勸善，畏刑而不敢爲非，法令正於上，百姓服於下，治之末也。」(下德)法雖是輔助的，次要的，但「立正法，塞邪道」，又是必要的。怎樣立法呢？文子説：「法生於義，義生於衆適，衆適合乎人心，此治之要也。法非天下也，非從地出也，發乎人間，反己自正。……夫法者，天下之準繩也，人主之度量也。懸法者，法不法也。」(上義)法産生於義，「義者，所以和君臣、父子、兄弟、夫婦人道之際也」(上禮)。義是調和人道之際即人與人的關係，法是根據這種關係，由人們自己制定而又反過來約束自己，用强制的辦法維護這種關係的。法定之後，就成了天下的準繩，一切斷之以法，以法法不法，不管尊貴或卑賤，中繩者賞，違者罰，「犯法者，雖賢必誅，中度者，雖不肖無罪」。這樣「公道行而私欲塞」，君主不得「横斷」，有司不得「專行」，「道勝而理得矣，故反樸無爲」(上義)。因此，文子認爲，法也是符合道的。這和黄帝四經所説「道生法。法者，引得失以繩，而明曲直者也。故執道者，生法而弗敢犯也，法立而弗敢廢也」(經法道法)，是相一致的。

文子的道德觀中，吸取了仁義禮法的思想，强調「明於天人之分，通於治亂之本」，認爲仁義禮法都是「爲道」，是治國所必要的，因而也是符合「道」的。稷下道家則進一步認爲，仁義禮法是必然之道。管子心術説：「虚而無形謂之道，化育萬物謂之德，君臣、父子，人間之事謂之義，登降揖讓，貴賤有等，親疏有（本作之，據丁士涵校改）體謂之禮，簡物小大（本作末，據丁士涵校改）一道，殺戮禁誅謂之法。」稷下道家認爲，道之與德無間，本質上是同一的，德是事物各有所得於道而各有其性質，因而就各有其理。在社會人事中，君臣父子人間之事也各有所「宜」，這種「宜」表現爲「義」，所以説「義者，謂各處其宜也」。這裏没有講到「仁」，因爲「義」也包括了「仁」，故經常「仁義」并稱。「禮」是「義」的具體表現，而加以文理規定，「禮者，因人之情，緣義之理，而爲之節文者也。故禮者，謂有理也。理也者，明分以諭義之意也」。它們之間的關係是，禮以義爲基礎，義以理爲基礎，理以道爲基礎，法是把不整齊的東西整齊起來，其具體辦法就是「殺戮禁誅」。「故禮出乎義，義出乎理，理因乎道（本作宜，據郭沫若校改）者也。法者，所以同出，不得不然者也。故殺戮禁誅，以一之也。」這裏的「出」，就是參差不整齊，「同出」就是「簡物小大一道」，用法來規定，把它們劃一起來。這是强制性的，是「不得不然者也」。稷下道家認爲，道德、仁義、禮、法，是一個發展過程。它們在這個過程中，都是必要的環節，都各有一定的地位。法也是這個過程中必然的結果，是與「道」相符合的。

從老子的失道而後德，失德而後仁，一個失了，纔有另一個的消極過程，到稷下道家認爲，一個發展到另一個的積極過程，從講道不講法，到道生法，其中間環節，正是文子。

再次，老子講「道」，没有明確講「術」，文子既講「道」，也很講究「術」。

什麼是「術」？文子説：「發一號，散無竟，總一管，謂之心。見本而知末，執一而應萬，謂之術。居知所爲，行知所之，事知所乘，動知所止，謂之道。」（微明）文子的「術」，不是如後人所理解的那樣是搞陰謀詭計。他和黄帝四經所説「不陰謀」（十大經順道），認爲「陰謀不祥」（十大經行守）一樣，是反對搞陰謀的。他説，「善治國者，不變其故，不易其常」，認爲「陰謀逆德」（下德）。在文子那裏，「術」是循規律認識事物和處事的方法的意思。因此，他經常講「道術」和「心術」。文子認爲，「萬物之總，皆閲一孔，百事之根，皆出一門」。事物的根本是道，「故聖人一度循軌，不變其故，不易其常，放準循繩，曲因其常」（道原）。這樣，「能知一即無一之不知也，不能知一即無一之能知也」（九守）。處事也就知道所爲所乘，行動之行止。這樣就能做到見本而知末，執一而應萬。所以文子要人們「治心術」，「修道術」。

在文子的「術」中，特别重視「心術」。他比喻説：「主者，國之心也。心治則百節皆安，心擾即百節皆亂。」（上德）認爲心術治，則「治道通矣」（符言）。心術是認識事物的方法，也就是思想方法。文子認爲，要如實地認識客觀事物，必須去掉主觀上的嗜欲和好惡，不要有主觀成見。他説：「達於心術之論者，即嗜欲好憎外矣。」（九守）治心術是主觀方面的修養，「不求於外，不假於人，反己而得矣」（符言）。

稷下道家進一步發揮了文子的思想。管子有心術上下篇，就是講「心術」的。它説：「人皆欲知，而莫索（本有之字）其所以知。其所知（本無此三字），彼也；其所以知，此也。不修之此，焉能知彼。修之此，莫能（如）虚矣。虚者，無藏也。故曰：去知則奚（本有率字，均據王念孫校改）求矣，無藏則奚設矣。無求無設則無慮，無慮則反覆虚矣。」這裏「修之此」，就是修其所以知的主觀方面，要做到「虚」，就是「無藏」。它包括兩個方面：一是「無求」，即對於所知，没有主觀欲求；二是「無設」，即没有主觀成見。要做到無求無設，這是不求於外，不假於人，是反己而得。如何反己自得呢？稷下道家認爲，除了做到心「虚」外，還要保持心「静」，故曰「静乃自得」。所以「有道之君，其處也，若無知，其應物也，若偶之，静因之道也」。稷下道家也像文子那樣比喻説：「心之在體，君之位也，九竅之有職，官之分也。」心如國君，耳目等是視聽之官，心處其道，虚静無爲，則官循其理而各盡其職。「故曰：心術者，無爲而制竅者也。」可是，耳目之官總是與物相接的，怎麽保持心的虚静呢？心術説：「專於意，一於心，耳目端。」這樣就可以「無以物亂官，毋以官亂心」。稷下道家虚静專一的「心術」，有其認識論方面的意義，但更側重的是説君道無爲，臣道有爲，君主在處理政治事務時要以虚制實，以静制動，執一君萬。

荀子又側重在認識論方面，繼承和發展了「心術」思想。他指出：「凡人之患，蔽於一曲而暗於大理。」認爲人們往往以偏概全，衹看到局部，不見全體。他作解蔽，企圖解決這個認識論的問題。荀子認爲，「蔽」的因素很多，但不外兩個方面：一是主觀方面的因素，「欲爲蔽，惡爲蔽」。主觀的好惡影響對事物的認識，「私其所積，唯恐聞其惡也；倚其所私以觀異術，唯恐聞其美也」。二是客觀方面的因素，始爲蔽，終爲蔽，遠爲蔽，近爲蔽，淺博、古今等等，都會影響對事物的認識，「凡萬物異則莫不相爲蔽」。無論主觀方面和客觀方面「蔽」的因素，都是「心術之公患也」。要解決人的思想方法所共有的毛病，不但主觀上要無好惡，没有成見，而且客觀上也要無始無終，無近無遠……即從各方面看問題，「兼陳萬物而中懸衡焉。是故衆異不得相蔽以亂其倫也」。兼陳萬物還不够，還必須「中懸衡」，即符合標準——

「道」。人要把握客觀的「道」，那就是靠「心」的作用。荀子說：「人何以知道？曰：心。心何以知？曰：虛壹而靜。」

「虛壹而靜」就是稷下道家說的虛靜專一。荀子認爲這是心知道的條件。但他認爲，稷下道家的虛靜專一，也有所「蔽」。稷下道家說：「虛者，無藏也。」無藏從無求無設不要有主觀好惡和成見來說，是對的，但無求無設而無慮，從人的認識論來說，這是不可能的。因爲人的認識總有慮，知識總是逐漸積纍起來的，知識的積纍就是「藏」，不可能和一個空空洞洞的倉庫那樣是空虛的。所以荀子說：「心未嘗不藏也，然而有所謂虛……人生而有知，知而有志。志也者，藏也。然而有所謂虛，不以所已藏害所將受，謂之虛。」祇要不以已藏有的知識而妨礙將接受的新知識，這就是「虛」。荀子認爲稷下道家講「專一」是對的，但并不排斥「兩」。他說：「心生而有知，知而有異。異也者，同時兼知之，同時兼知之，兩也。」爲什麽有所謂「一」呢？祇要「不以夫一害此一，謂之壹」。一與兩不是絶對的對立，「壹」意味着諸多的統一。稷下道家把「静」理解爲不變，「静則不變，不變則無過」（管子心術上）。荀子認爲這也是「蔽」，静和動不是絶對的對立。他舉例說，「心未嘗不動也」，人睡覺時心會做夢，閑散時思想會開小車，用心思時會謀慮，「然而有所謂静」，静就是「不以夢劇亂知」，即不以胡思亂想去擾亂正常的認識。由此可見，荀子的「虛壹而静」，很明顯是批判繼承了稷下道家的虛静專一。從文子的「心術」，經過稷下道家，到荀子的「心術」，是一脈相承的。

在過去的中國哲學史中，從老子提出「道」的學説，到荀子、韓非，以至王充這一條唯物主義的發展綫索，中間似乎脱了一個環節。於是有人把管子的心術上下、白心和内業四篇，作爲宋鈃尹文的思想，來串連這一綫索。但據先秦的孟子、莊子、荀子、韓非子等記載，宋尹的思想與管子四篇，大相徑庭，不能作爲宋尹的思想資料。這又當别論。其實，這一唯物主義的綫索，并不脱節。如果説這中間有一個環節的話，那不是宋尹，而是文子。由於文子過去一向被作爲僞書對待，文子在哲學史中的地位也被排除，這一綫索也就脱了節。從上述的道、道和德、道德和仁義禮法，以及由道到術的發展等側面來看，文子在中國哲學史中的地位，是很重要的。予雖不敏，敢竭駑鈍，論文子，或冀可表襮其萬一。

通玄真經序[一]

默希子　徐靈府

大道不振，其來已久，微波尚存，出自諸子，莫不祖述道德，彌縫百代。文子者，周平王時人也，著書一十二篇[二]。史記云：文子亦曰計然，范蠡師之。姓辛名妍，字文子。葵丘濮上人，其先晉公子也。嘗南遊蠡得而事之，老子弟子也[三]。平王問文子，曰：聞子得道於老君[四]，今賢人雖有道，賢人，文子也[五]。而遭淫亂之世，以一人之權，而欲化久亂之民，其能庸乎[六]？文子對曰[七]：道德匡邪以爲政，振亂以爲理。使聖德復生，天下安寧，要在一人。故積德成王，積怨成亡。而堯舜以是昌，桀紂以是亡。平王信其言而用之[八]，時天下治。然安危成敗，匪降自天，在乎君王任賢而已。故聖人怵怵爲天下孩，其人同於赤子[九]，欲以興利去害而安之，非欲有私己也。其書上述皇王帝霸興亡之兆，次叙道德禮義衰殺之由，莫不上極玄機，旁通庶品，其旨博而興，其辭文而真。故有國者雖淫敗之俗，可返樸於太素；有身者而患纍之質，可復至命於自然。大矣哉，君子不可不刳心焉[一〇]。洎我唐十有一葉皇帝[一一]，垂衣布化，均和育物，柔懷庶邦，殊俗一軌。故在顯位者，咸盡其忠慕，幽居者，亦安其業。默希以元和四載，投跡衡峯之表，攷室華蓋之前[一二]，追經八稔[一三]，風敦樸素之風，竊味希微之旨，今未能拱默[一四]，强爲注釋，是量天漢之高邈，料滄溟之淺深者，亦以自爲難矣。默希子序[一五]。

〔一〕通玄真經，即文子。杜道堅通玄真經纘義序：「唐玄宗時，徵士徐靈府隱修衡嶽，注文子之書上進，遂封通玄真人，號其書爲通玄真經。」

〔二〕文子者，周平王時人也。此本漢書藝文志班固注。漢書藝文志諸子畧道家：「文子九篇」注：「老子弟子，與孔子並時，而稱周平王問，似依託者也。」隋書經籍志子部道家：「文子，老子弟子。七畧有九篇，梁七録十卷，亡。」舊唐書經籍志道家：「文子十二卷。」新唐書藝文志道家：「文子十二卷。……徐靈府注文子十二卷，李暹訓注文子十二卷。」注：「天寶元年（七四二），詔號莊子爲南華真經，列子爲沖虚真經，文子爲通玄真經，亢桑子爲洞靈真經。」據王應麟漢書藝文志攷證謂李暹爲北魏人，則文子十二卷在隋前已形成，隋唐時已成定本。

〔三〕徐靈府自注，綜史記及其注解。史記貨殖列傳：「昔者越王勾踐困於會稽之上，乃用范蠡、計然。」裴駰史記集解引徐廣曰：「計然者，范蠡之師也，名研，故諺曰：『研桑心筭』。」駰案：范子曰：「計然者，葵丘濮上人，姓辛氏，字文子，其先晉國亡公子也。嘗南遊於越，范蠡師事之。」

〔四〕文子道德：「平王問文子曰：吾聞子得道於老聃……」「平王」問文子，無「周」字，幸有此章，以明班固誤讀「平王」爲「周平王」。一九七三年定縣漢墓出土文子殘簡，皆爲平王與文子問答，而無「周平王」字樣，得以正班固之誤。子，平王對文子的尊稱。老君，道德篇作「老聃」，道教及其經典多稱老子爲「老君」。舊唐書高宗本紀：乾封元年（六六六）「二月己未，次亳州，幸老君廟，追號曰太上玄元皇帝」。武則天革唐命，改國號爲周，改元爲天授，二年夏四月，「令釋教在道法之上，僧尼處道士女冠之前」。廢李唐玄元皇帝稱號，改稱老君。唐中宗神龍元年（七〇五），「復國號依舊爲唐」，「老君依舊爲玄元皇帝」。

〔五〕賢人，徐靈府自注：「賢人，文子也。」

〔六〕其能庸乎，道德篇作「其庸能乎」是。

〔七〕道德篇：「文子曰」，無「對」字。以下節引文子之言。

〔八〕道德篇章末：「平王曰：寡人敬聞命矣。」并未表明由此而天下治，此乃徐靈府推崇之言。

〔九〕老子四十九章：「聖人在天下，歙歙爲，天下渾其心，聖人皆孩之。」五十五章：「含德之厚，比於赤子。」

〔一〇〕刳心，澄清内心的雜念。莊子天地：「夫道，覆載萬物者也，洋洋乎大哉。君子不可以不刳心焉。」成玄英疏：「刳，去也，洗也。洗去有心之累。」

〔一一〕洎，及也，到達。葉，時期，猶世也、代也。及至唐朝十有一代，此指唐憲宗李純。下文「元和四載」，「元和」即憲宗年號。

〔一二〕默希，徐靈府自稱。徐靈府號默希子。投跡，止步。衡峯，南嶽衡山相傳山有七十二峯。表，外面。攷室，宮室落成。華蓋，雲笈七籤二十七三十六小洞天：「十八，華蓋山洞，周迴四十里，名曰容成大玉天，在温州永嘉縣，仙人羊公修治之。」

〔一三〕稔，年也。古代穀物一年一熟，故稱年爲稔。八稔，即八年。

〔一四〕希微，指「道」。老子十四章：「聽之不聞名曰希，搏之不得名曰微。」拱默，拱手而默無所言，這裏徐靈府點明自號「默希子」的原由。

〔一五〕杜道堅通玄真經纘義序説唐玄宗時（七一三—七四一），注文子上進，而徐靈府通玄真經序説元和四年（八〇九）投跡衡峯之表，歷經八載（七七六—七七七）强爲注釋，則文子注在唐憲宗時。

文子校釋卷第一

道原〔一〕

老子曰〔二〕：「有物混成，先天地生〔三〕，惟象無形，窈窈冥冥，寂寥淡漠，不聞其聲〔四〕，吾强爲之名，字之曰道。」〔五〕夫道者，高不可極，深不可測〔六〕，苞裹天地，禀受無形〔七〕，原流泏泏，沖而不盈，濁以静之徐清〔八〕，施之無窮，無所朝夕〔九〕，表之不盈一握〔一〇〕，約而能張，幽而能明，柔而能剛，含陰吐陽，而章三光〔一一〕；山以之高，淵以之深，獸以之走，鳥以之飛，麟以之游，鳳以之翔，星曆以之行〔一二〕；以亡取存，以卑取尊，以退取先〔一三〕。古者三皇，得道之統，立於中央，神與化遊，以撫四方〔一四〕。是故能天運地墆，輪轉而無廢〔一五〕，水流而不止，與物終始。風興雲蒸，雷聲雨降，并應無窮〔一六〕，已雕已琢，還復於樸〔一七〕。無爲爲之而合乎生死，無爲言之而通乎德〔一八〕，恬愉無矜而得乎和，有萬不同而便乎生〔一九〕。和陰陽，節四時，調五行，潤乎草木，浸乎金石，禽獸碩大，毫毛潤澤，鳥卵不敗，獸胎不殨〔二〇〕，父無喪子之憂，兄無哭弟之哀，童子不孤，婦人不孀，虹蜺不見，盜賊不行，含德之所致也〔二一〕。天常之道〔二二〕，生物而不有，成化而不宰〔二三〕，萬物恃之而生，莫之知德，恃之而死，莫之能怨〔二四〕。收藏畜積而不加富，布施稟受而不益貧〔二五〕；忽兮怳兮，不可爲象兮，怳兮忽兮，用不詘兮，窈兮冥兮，應化無形兮，遂兮通兮，不虚動兮，與剛柔卷舒兮，與陰陽俛仰兮〔二六〕。

〔一〕徐靈府曰：「且物之爲貴，莫先於人，然不能定心猨而朗照，裂愛網於通津，遂使性隨物遷，生與物化，至人哀之，故述大道之原，特標衆篇之首，俾尋原以階道，方觸事而即真，豈不有以者哉。」朱弁曰：「夫本相待者有原，體相證者有歸，大道無原，至理無歸。今推之道原，反在乎物象之内，但復物之性，原其遠乎。」高誘：淮南子原道注：「原，本也。本道根真，包裹天地，以歷萬物，故曰原道，因以題篇。」慧定案：原，本也。本老子之道，闡發道的學説。一九七三年長沙馬王堆漢墓出土的帛書老子乙本卷前古佚書黄帝四經，道原是其一。文子道原篇名同黄帝四經，列爲首篇。淮南子首篇爲原道。

〔二〕老子，春秋時哲學家，道家的創始人。姓李名耳，字聃。楚國苦縣（今河南鹿邑東）厲鄉曲仁里人。周守藏室之史。孔子曾向他問禮。著老子，亦稱道德經，是道家的經典。以下爲文子引老子之言。

〔三〕老子二十五章：「有物混成，先天地生，寂兮寥兮，獨立不改，周行而不殆，可以爲天地母，吾不知其名，字之曰道，强爲之名曰大。」王弼注：「混然不可得而知，而萬物由之以成，故曰混成也，不知其誰之子，故先天地生。」

慧定案：物，同老子二十一章「道之爲物」的「物」，即指「道」這個東西。混成，形容道是連續的混沌的東西，本書九守：「天地未形，窈窈冥冥，混而爲一。」徐靈府注曰：「凝湛常存，故言有物。陶冶萬物，故言混成。」朱弁注曰：「大道之爲義也，理宗自然，體本虛寂，不似於物，何以寄言？今稱有物者，欲明無物者。混爲能捨清濁，成爲不遺纖介者也。」

〔四〕老子二十一章王弼注：「窈冥，深遠之嘆。深遠不可得而見，然而萬物由之。」又二十五章注：「寂寥，無形體也。」

〔五〕老子二十五章王弼注：「名以定形，混成無形，不可得而定，故曰不知其名也，夫名以定形，字以稱可，言道取於無物而不由也，是混成之中可言之稱最大也。」

慧定案：以下是文子闡發老子有物混成的道。

〔六〕淮南子原道：「夫道者，覆天載地，廓四方，析八極，高不可際，深不可測。」高誘注：「際，至也。度深曰測。一曰盡也。」徐靈府曰：「既無形象可覩，豈有高深可測。」朱弁曰：「仰之彌高，俛之彌深，故知有極者非高，可測者非深。」

〔七〕苞，通「包」。裹也，容也。符言篇作「包裹天地」。莊子天運：「苞裹六極」，釋文：苞本或作包。稟，承，受。無形，指道，下文云，無形者，一之謂也。道德篇云，一也者，無適之道，萬物之本也。淮南子原道：「包裹天地，稟授無形。」「受」作「授」。高誘注：「稟，給也。授，予也。無形，萬物之未形者，皆生於道，故曰稟授無形也。」

〔八〕原，水泉本也，即泉水之所自出也。泏泏，水出貌。沖，湧也。盈，滿器也，引伸爲盡。徐，安行，緩慢。通玄真經纘義釋音：「汩，音汩，流通之義。」淮南子原道作：「原流泉浡，沖而徐盈，混混滑滑，濁而徐清。」高誘注：「原，泉之所自出也。浡，湧也。沖，虚也。始出虚，徐流不止，能漸盈滿，以喻於道亦然也。滑，讀曰骨也。」

〔九〕施，散布。周易彖傳：「雲行雨施，品物流行。」注：「使雲氣流行，雨澤施布，故品類之物，流布成形。」慧定案：所，處也。朝夕，旦暮。施之無窮，謂空間上無限；無所朝夕，謂時間上無限。

〔一〇〕表，俞樾讀文子云，表乃「衮」字之誤，古音衮與卷同，禮記王制：制三公一命卷。鄭玄注曰：卷，俗讀也，其通則曰衮。釋名釋首飾：衮，卷也，畫卷龍於衣也。衮之不盈一握，言卷之不盈一握也。此言微妙之道，不可把握。淮南子原道作「卷之不盈於一握」。高誘注：「不盈一握，言微妙也。」

〔一一〕約，縮。幽，暗。章，通「彰」。明，顯著。三光，指日、月、星辰。淮南子原道：「約而能張，幽而能明，弱而能强，柔而能剛，横四維而含陰陽，紘宇宙而章三光。」高誘注：「言道能小能大，能昧能明。弱而能强，柔而能剛，道之性也。横，讀桄車之桄。紘，綱也。若小車蓋，四維謂之紘，繩之類也。四方上下曰宇，古往今來曰宙，以喻天地章明也。三光，日月星。」

〔一二〕以，介詞。用也。之，代詞。指道。此言道是萬物之本。黄帝四經道原：「鳥得而飛，魚得而流，獸得而走。」淮南子原道：「山以之高，淵以之深，獸以之走，鳥以之飛，日月以之明，星曆以之行，麟以之游，鳳以之翔。」高誘注：「以，用也。游，出也。大飛不動曰翔也。」

〔一三〕徐靈府注曰：「謂遺生而後身存，自卑而人尊，自後而人先也。道性好謙，故以謙而受益。」慧定案：俞樾讀文子云，亡與存，卑與尊，皆相對，退與先不對，字必有誤。退當作後，以後取先，正與上兩句一律。後古文作逡。退古又作逻，兩形相近是以致誤也。備此一説，但字不必誤，以退取先，文子常語，道德：

「卑者所以自下，退者所以自後……卑則尊，退則先……此天道所成也。」上仁：「不敢行者，退不敢先也……夫道，退故能先。」皆其證。

杜道堅纘義：「道原於天，萬物斯長，道且强名，何名非强。是故生天地，育萬物，變化有無，不測其妙者，道也。安天下，撫兆民，進退存亡，不失其正者，聖人也。惟知道，則亡可存，卑可尊，退可先也。」

〔一四〕慧定案：三皇，傳説不一，指燧人，伏羲，神農。徐靈府曰：「三皇，伏羲，神農，黄帝。」朱弁曰：「三皇者，天地人皇也。呂氏春秋用衆高誘注：「三皇，伏羲，神農，女媧也。」淮南子原道作：「泰古二皇，得道之柄，立於中央，神與化遊，以撫四方。」高誘注：「二皇，伏羲，神農也。指説陰陽，故不言三也。撫，安也。四方，謂之天下也。」俞樾云：「『撫』讀爲『幠』」，説文巾部：「幠，覆也。」古書或以「撫」爲之。荀子宥坐：「勇力撫世，守之以怯。」楊倞注：「撫，掩也，猶言蓋世矣。」王先謙集解引盧文弨曰：「據注則『撫』乃『幠』字之誤。」備此一説。韓非子揚權：「事在四方，要在中央，聖人執要，四方來效。」

〔一五〕通玄真經纘義釋音：「墆，音垤，止也。」管子法法「財無砥墆」尹之章注：「墆，久積也。」淮南子「墆」作「滯」。原道：「是故能天運地滯，輪轉而無廢。」高誘注：「運，行也。滯，止也。廢，休也。」徐靈府注曰：「天運，動也。地墆，静也。」

〔一六〕興，起。蒸，上升。謂三皇法天地之動静，與萬物之終始，應變無窮。淮南子原道：「水流而不止，與萬物終始，風興雲蒸，事無不應，雷聲雨降，并應無窮。」高誘注：「應，當也。窮，已也。」

〔一七〕老子二十八章：「常德乃足，復歸於樸，樸散則爲器。」王弼注：「樸，真也。真散則百行出，殊類生，若器也。」雕，琢玉也。琢，治玉也。還，返。復，歸。樸，本，質。樸是没有加工的原始素材，指混沌無形的道。下文云，無形者作始也，作始者樸也。九守：「太渾之樸」。淮南子詮言：「渾沌謂樸。」老子三十七章：「無名之樸。」河上公注：樸，道也。韓非子外儲説左上：「書曰：『既雕既琢，還歸其樸。』」説苑談叢作「已雕已琢，還反於樸」。淮南子原道同説苑。莊子山木：「既雕既琢，復歸於樸。」郭注：「還用其本性也。」又應帝王「彫琢復樸」郭注：「去華取實。」成玄英疏：「彫琢華飾之務，悉皆棄除，直置任真，復於樸素之道也。」列子黄帝：「雕琢復樸，塊然獨以其形立。」張湛注：「向秀曰：『雕琢之文，復其真樸，則外事去矣。』」

〔一八〕道藏七卷本作「無爲爲之而合乎道，無爲言之而通乎德」。淮南子原道同七卷本。

慧定案：無爲爲之，即無爲。無心於爲，任物自然，則無爲而無不爲，生者不得不生，死者不得不死，皆自然而然，故合乎生死。如有心於無爲，則其意有所制，是制於無爲，就不是無爲。韓非子解老：「所以貴無爲無思爲虚者，謂其意無所制也。」無爲言之，即無言。精誠：「無言者，即静而無聲。」故下文曰，聖人執道虚静微妙以成其德。德，得道，道之用也。莊子天地：「通於天者道也，順於地者德也，行於萬物者義也。……無爲爲之之謂天，無爲言之之謂德。」

〔一九〕恬愉，清静無欲。矜，自大。和，陰陽調和，剛柔得適。有萬，萬有。指萬物。便，宜，安。生，性。淮南子原道「乎」作「於」，「生」作「性」。

〔二〇〕浸，亦作「寖」。漸漬。碩，大也。殰，亦作「牘」，胎敗也。管子五行：「羽卵者不段，毛胎者不牘。」注：「牘，謂胎敗漬也。」淮南子原道作「鳥卵不毈，獸胎不殰」。高誘注：「胎不成獸曰殰，卵不成鳥曰毈。言不者，明其成。」此謂動植禽獸各隨其性，不相殘害。淮南子原道：「其德優天地而和陰陽，節四時而調五行，呴諭覆育，萬物羣生，潤於草木，浸於金石，禽獸碩大，豪毛潤澤，羽翼奮也，角觡生也，獸胎不殰，鳥卵不毈。」高誘注：「優，柔也。和，調也。五行，金木水火土也。呴諭，温恤也。育，長也。奮，壯也。角，鹿角也。觡，麋角也。觡，讀曰格。」

〔一一一〕太平御覽卷十四引：「父無喪子之憂，兄無哭弟之哀，童子不孤，婦人不霜，虹蜺不見，盜賊不行，含德之所致也。」淮南子原道：「父無喪子之憂，兄無哭弟之哀。」高誘注：「言無夭死。」孤，淮南子高誘注：「無父曰孤，寡婦曰孀也。」孀，説文解字無「孀」字，御覽作「霜」，釋名釋天：「霜，喪也。」詩經周南桃夭正義引許慎注：「楚人謂寡婦曰霜。」虹蜺，即虹霓。雨霽天空所現顯的暈象，陽光射入水滴經折射反照而成弧形。内側的主虹稱虹，外側的副虹稱霓，古時將此不常見的自然現象看作是陰陽失調的不祥之兆。見，現。虹蜺不見，謂天象之和，盜賊不行，謂人事平和。淮南子「盜賊」作「賊星」，高誘注：「賊星，妖星也。含，懷也。」

慧定案：杜道堅纘義：上古之君，法天道爲治本，與造化以同遊，故道純德全，民康物阜，靡不各遂生成之性，道不悖則物無傷焉。

〔一一二〕慧定案：黄帝四經論約：「不循天常。」此「天常」即其下文「天地之恒道」。左傳哀公六年：「孔子曰：『楚昭王知大道矣，其不失國也宜哉。』夏書曰：『惟彼陶唐，帥彼天常。』」注：「逸書言堯循天之常道。」吕氏春秋大樂：「太一出兩儀，兩儀出陰陽，陰陽變化，一上一下，合而成章，渾渾沌沌，離則復合，合則復離，是謂天常。」高誘注：「兩儀，天地也。出，生也。章，猶形也。渾，讀如衮冕之衮。沌，讀近屯。離，散。合，會。天常，天之常道。」周易繫辭傳「易有太極」，帛書繫辭作「易有大恒」；老子「常道」，帛書作「恒道」；「恒」「常」相通，後人改「恒」爲「常」。大恒，即大常之道，本書上禮：「循大常」，即循大常之道，也即老子「常道」。天常之道，正統道藏通玄真經纘義（以下簡稱「纘義」）和四部叢刊景印上海涵芬樓借常熟瞿氏鐵琴銅劍樓藏宋刊本景印本（以下簡稱

「叢刊」)作「大常之道」。正統道藏通玄真經七卷本(以下簡稱「七卷」本)作「天之道」。俞樾讀文子云，天常二字無義，天當作「太」，字之誤也，常當作「上」，聲之誤也，淮南子原道正作「太上之道」。備此一說。

〔二三〕老子十章：「生而不有，爲而不恃，長而不宰，是謂玄德。」王弼注：「不塞其原，則物自生，何功之有？不禁其性，則物自濟，何爲之恃？」淮南子原道作：「生萬物而不有，成化像而弗宰。」高誘注：「不以爲己有者也。宰，主也。」朱弁注曰：「無心以生而生者自生，故不有也；無心以化而萬物自成，故不宰也。」

〔二四〕淮南子原道：「待而後生，莫之知德，待之後死，莫之能怨。」高誘注：「莫之知德，不因德之。莫之能怨，不怨虐之。」

〔二五〕淮南子原道：「收聚畜積，而不加富；布施稟授，而不益貧。」高誘注：「收聚畜積，國有常賦也。不加富者，爲百姓而不以爲己有也。布施稟授，匡困乏，予不足也。以公家之資，故不益貧也。」

〔二六〕老子二十一章：「道之爲物，惟恍惟惚，惚兮恍兮，其中有象，恍兮惚兮，其中有物，窈兮冥兮，其中有精。」王弼注：「恍惚，無形不繫之嘆。以無形始物，不繫成物，萬物以始以成，而不知其所以然，故曰恍兮惚兮，惚兮恍兮，其中有象也。窈冥，深遠之嘆。深遠不可得而見，然而萬物由之，其可得見以定其真，故曰窈兮冥兮，其中有精也。」淮南子原道：「忽兮怳兮，不可爲象兮，怳兮忽兮，用不屈兮，幽兮冥兮，應無形兮，遂兮洞兮，不虛動兮，與剛柔卷舒兮，與陰陽俛仰兮。」高誘注：「忽怳，無形貌也，故曰不可爲象也。屈，竭也。洞，達也。道動有所應，故曰不虛動也。卷舒，猶屈伸也。俛仰，猶升降也。」通玄真經纘義釋音：「詘，音屈，同義。」本書精誠曰：「不居者處無形。」

慧定案：以上第一章。

杜道堅纘義：「能生生而不自生，能化化而不自化，夫是之謂大常之道，聖人則之君天下而子庶民，化行道合盛德之世也。」

老子〔文子〕曰〔一〕：大丈夫恬然無思，惔然無慮〔二〕，以天爲蓋，以地爲車，以四時爲馬，以陰陽爲御〔三〕，行乎無路，遊乎無怠，出乎無門〔四〕。以天爲蓋則無所不覆也，以地爲車則無所不載也，四時爲馬則無所不使也，陰陽御之則無所不備也〔五〕。是故疾而不揺，遠而不勞，四支不動，聰明不損，而照見天下者，執道之要，觀無窮之地也〔六〕。故天下之事不可爲也，因其自然而推之，萬物之變不可救也，秉其要而歸之〔七〕。是以聖人内修其本，而不外飾其末，厲其精神，偃其知見〔八〕，故漠然無爲而無不爲也，無治而無不治也〔九〕。所謂無爲者，不先物爲也〔一〇〕；無治者，不易自然也；無不治者，因物之相然也〔一一〕。

〔一〕慧定案：老子曰，應爲文子曰。據一九七三年河北定縣四十號漢墓出土的文子殘簡，與今本文子相同的章節來看，凡簡文中的文子，今本都改成了老子。并從答問的先生，變成了提問的學生，平王被取消，新添了一個老子。因此，今本中的「老子曰」，應爲「文子曰」。故用方括號標出，下同。而老子之言，則用「故」或「故曰」引出，如下文六章：老子〔文子〕曰：大事生者應變而動，變生於時，知時者無常之行，故「道可道，非常道，名可名，非常名。」故引老子之言，用引號標出。

〔二〕道藏七卷本「惔」作「淡」。纘義本作「澹」。大丈夫，指有志氣有作爲的人。此指志於道者。莊子知北遊：「黄帝曰：『無思無慮始知道。』」恬，安静。惔，通「澹」，清静。此承上章言大丈夫無爲爲之，無爲言之，虚静無爲，無所制也。淮南子原道：「是故大丈夫恬然無思，澹然無慮。」高誘注：「大丈夫，喻體道者也。」徐靈府注曰：「大丈夫，能體道者。」朱弁注曰：「大丈夫，自得之稱。」

〔三〕太平御覽卷七〇二引：「大丈夫恬然無思，淡然無慮，以天爲蓋，以地爲輿。」道藏七卷本作：「以天爲蓋，以地爲車，四時爲馬，陰陽爲騶。」蓋，華蓋。原指禦雨蔽日的傘。周禮考工記：「輪人爲蓋」注：蓋者，主爲雨設也。車，輿之總名。馬，馬可役使，能負重行遠。上德：「時爲之使。」御，使馬車者。騶，駕車馬者。淮南子原道同七卷本，「車」作「輿」。高誘注：「御，騶御。」

〔四〕慧定案：俞樾讀文子云，行乎無路，遊乎無怠，出乎無門，無怠之義與無路、無門不一律。符言云：藏於無形，行於無怠，淮南子詮言作藏無形，行無跡，遊無朕。朕與跡，義皆可通，而與怠字形聲絶遠，以聲求之，或當爲垓之假字。淮南子俶真，設於無垓坫之宇，是其義也。垓從亥聲，廣韻怠音徒亥切，則聲固相近矣。

〔五〕道藏七卷本作「以天爲蓋即無不覆也，以地爲車即無不載也，四時爲馬即無不使也，陰陽御之即無不備也。」纘義本「御之」作「爲御」。淮南子原道同道藏七卷本，而「御之」作「爲御」，「車」作「輿」。高誘注：「陰陽次叙，以成萬物，無所缺也，故曰無不備。」

〔六〕慧定案：淮南子原道：「聰明不損」下作「而知八紘九野之形埒者，何也？執道要之柄，而遊於無窮之地」。與上文「何也」相應，句末應有「也」字。「照見天下」與「觀無窮之地」相一致，是無限也。「知八紘九野之形埒」與「遊於無窮之地」不相一致，是有限與無限的矛盾，且「執道要之柄」，要柄辭繁義重。觀，遊覽。俞樾云，既言

「要」，又言「柄」，於義未安；彼言「觀」，此言「遊」，文異而義同。王念孫讀淮南子雜志云：「四支不動」，「動」爲「勤」字之誤。「摇」、「勞」爲韻，「勤」、「損」爲韻。備此一説。

〔七〕道藏七卷本和纘義本「救」作「究」。淮南子原道也作「究」，末句作「秉其要歸之趣」。高誘注：「爲，治也。推，求也，舉也。趣，亦歸也。」

慧定案：「救」當作「究」，聲之誤也。因其自然而推之，即本書自然「推自然之勢」，順因自然的趨勢。秉其要而歸之，淮南子作「秉其要歸之趣」失當。高注：「趣，亦歸也。」秉其要，即「執道之要」，言執其要道，萬物皆歸也。此與上文「因其自然而推之」相對爲文，且「歸」、「推」爲韻，作「趣」則失其韻矣。

〔八〕本，指道。飾，著，好。末，指事物。厲通「礪」，磨礪。偃，息。知見，聞見。指耳目感知。淮南子原道：「是故聖人内修其本，而不外飾其末，保其精神，偃其智故。」

〔九〕纘義本無前「也」字。淮南子原道：「故漠然無爲而無不爲也，澹然無治也，而無不治也。」高誘注：「能無爲，故物無不爲之化。」

〔一〇〕淮南子原道：「所謂無爲者，不先物爲也；所謂無不爲者，因物之所爲。」高誘注：「順物之性也。」

慧定案：淮南子有「所謂無不爲者，因物之所爲」句，而道藏十二卷徐注本、七卷本及纘義本均無此句。無爲，因自然之勢，不先物爲。無爲不是無所作爲。自然：「所謂無爲者，非謂其引之不來，推之不去，迫而不應，感而不動，堅滯而不流，卷握而不散；謂其私志不入公道，嗜欲不挂正術，循理而舉事，因資而立功，推自然之勢，曲故不得容，事成而身不伐，功立而名不有」。先物爲，即先物行、先物動的主觀盲動。韓非子解老：「先物行先理動，之謂前識。前識者，無緣而妄意度也。」管子心術：「毋先物動，以觀其則。」

〔一一〕淮南子原道：「所謂無治者，不易自然也；所謂無不治者，因物之相然也。」高誘注：「然，猶宜也。」慧定案：無治，不改變自然，因自然而治。無不治，因物之相宜，因勢利導而治之。這是文子對老子「無爲」思想的新解釋，并引向「無爲而治」。

以上第二章。

杜道堅纘義：「道在吾身，與天爲一，夫國之有臣佐，猶天之有歲時也。大丈夫出佐明君，爲民司命，察天時，明物理，循自然之道，行無爲之化，則吾之身修，而政無不治矣。」

老子〔文子〕曰：執道以御民者，事來而循之，物動而因之；萬物之化無不應也，百事之變無不耦也〔一〕。故道者，虛無、平易、清静、柔弱、純粹素樸，此五者，道之形象也〔二〕。虛無者道之舍也〔三〕，平易者道之素也〔四〕，清静者道之鑒也〔五〕，柔弱者道之用也〔六〕。反者道之常也〔七〕，柔者道之剛也，弱者道之强也〔八〕。純粹素樸者道之幹也〔九〕。虛者中無載也，平者心無累也，嗜欲不載，虛之至也，無所好憎，平之至也，一而不變，静之至也，不與物雜，粹之至也，不憂不樂，德之至也〔一〇〕。夫至人之治也，棄其聰明，滅其文章，依道廢智，與民同出乎公〔一一〕。約其所守，寡其所求，去其誘慕，除其貴欲，損其思慮〔一二〕，約其所守即察，寡其所求即得，故以中制外，百事不廢，中能得之則外能牧之〔一三〕。中之得也，五藏寧，思慮平，筋骨勁强，耳目聰明〔一四〕。大道坦坦，去身不遠，求之遠者，往而復返〔一五〕。

〔一〕道藏七卷本「耦」作「偶」。「耦」與「偶」相通義同。本書九守守弱：「如此，則萬物之化無不偶也，百事之變無不應也。」因之，順依道，之，指道。應，合。耦，諧合，適時。管子心術上：「君子之處也，若無知，言至虛也。其應物也，若偶之，言時適也。」淮南子原道：「如是，則萬物之化無不遇，而百事之變無不應。」高誘注：「應，當之也。」

〔二〕道藏七卷本「道之形象」作道之形體。

慧定案：道之形象，形象道的，即形容道的。老子對道有種種描繪：道之爲物，惟恍惟惚。是謂無狀之狀，無物之象，是謂惚恍。然而認爲「道可道非常道，名可名非常名也。」莊子則進一步認爲，言之所盡，知之所至，極物而已。道是不能用言語表達的，「大道不稱」。文子形象道，認爲人能虛無平易清靜柔弱純粹素樸此五者，就得道之用，即有德，而可與言御民之道了。

〔三〕虛無，謂心無藏也，指無求無設。管子心術：「虛者無藏也。故曰去知則奚率求矣，無藏則奚設矣」。無求無設，皆指嗜欲，下文云，虛者中無載也，嗜欲不載，虛之至也。舍，居，歸宿。本書九守：「虛無者，道之所居。」黃帝四經道原：「虛其舍也。」淮南子俶真：「虛無者道之舍。」韓非子揚權：「去喜去惡，虛心以爲道舍。」

〔四〕平，易也。平易，平和寧静。莊子刻意：「聖人休休焉，則平易矣。平易則恬惔。」下文云，平者，心無累也；無所好憎，平之至也。素，原爲白色生絹，此謂本色無雜。莊子刻意：「素也者，謂其無所與雜也。」黃帝四經道原：「虛其舍也，無爲其素也。」淮南子俶真：「是故虛無者，道之舍；平易者，道之素。」高誘注：「素，性也。」又詮言：「反性之本，在於去載，去載則虛，虛則平，平者，道之素也，虛者，道之舍也。」

〔五〕鑒，鏡也。賈誼道德說：「鑒者，所以能見也。」九守：「人莫鑒於流潦，而鑒於澄水，以其清且静也。」澄水清静，可以照形，鑒有明察，照見之義。下文云，一而不變，静之至也。莊子刻意云，一而不變，静之至也。水之性不雜則清，莫動則平。鬱閉而不流，亦不能清，天德之象也。

〔六〕柔弱，與剛强相對。道家以柔弱爲道之用。老子：「弱也者，道之用也。」故下文云，柔者道之剛也，弱者道之强也。下文有錯亂，後句「純粹素樸者，道之幹也」，應接此句。

〔七〕老子四十章：「反者，道之動，弱者，道之用。」王弼注：「高以下爲基，貴以賤爲本，有以無爲用，此其反也。」反，相反的方面。常，經常，恒常。道家認爲，正反兩個方面，相反相成，道經常如此。老子：「天下皆知美之爲美，惡已，皆知善，斯不善矣，有無之相生也，難易之相成也，長短之相形也，高下之相盈也，音聲之相和也，先後之相隨也。恒也。」反，返也。老子二十五章：「吾不知其名，字之曰道，强爲之名曰大，大曰逝，逝曰遠，遠曰反。」

〔八〕柔弱剛强，相反相成。老子曰：「柔弱勝剛强。」（三十六章）「守柔曰强。」（五十二章）「堅强者，死之徒，柔弱者，生之徒。」（七十六章）

〔九〕慧定案：此句應在「柔弱者道之用也」句後，在「反者道之常也」句前。幹，體。淮南子原道：「純粹樸素，質直皓白，未始有與雜糅者也。」故下文云，不與物雜，粹之至也。杜道堅纘義：「大道無形，太平無象，而曰虚無、平易、清静、柔弱，純粹素樸，爲道形象者，其形豈其形，其象豈其象哉！惟不以形象執，而造虚玄之用者，乃可與言御民之道也。」

〔一〇〕淮南子原道：「故心不憂樂，德之至也；通而不變，静之至也；嗜欲不載，虚之至也；無所好憎，平之至也；不與物散，粹之至也。」高誘注：「變，更也。虚之至，不載於性。散，亂。粹，純。」莊子刻意：「虚無恬惔，乃合天德，故曰：悲樂者德之邪，喜怒者道之過，好惡者德之失。故心不憂樂，德之至也；一而不變，静之至也；無所於忤，虚之至也；不與物交，惔之至也；無所於逆，粹之至也。」中，内心，心中。虚者中無載也，即下文「嗜欲不載虚之至也」。故高誘注曰：「不載於性。」淮南子「不與物雜」作「不與物散」，「雜」誤爲「散」，由高注「散，亂」，可知「散」爲「殺」誤。説文解字：「殺，相雜錯也。」廣雅：「殺，雜也，亂也。」莊子齊物論：「樊然殺亂。」釋文：「徐，户交反，郭作散。」

〔一一〕羣書治要引同。淮南子原道：「是故至人之治也，掩其聰明，滅其文章，依道廢智，與民同出乎公。」高誘注：「至人，至道之人。公，正。」

慧定案：至人，至德之人。莊子天下：「不離於真，謂之至人。」逍遥遊：「至人無己。」郭注：「無己故順物，順物而至矣。」成疏：「至言其體，神言其用，聖言其名，故就體言至，就用語神，就名語聖，其實一也。」故至人、神人、聖人，其實相類，所言不同。出，參差不齊。同出，把參差不齊整齊劃一起來。管子心術：「法者，所以同出，不得不然者也。故殺僇禁誅，以一之也。」公，指公道。同出乎公，統一於道。老子雖講「無私」，但没有把「私」和「公」相對。老子後學，有所發展。文子提出「私志不入公道」，認爲「倍（背）道而任己」，就是「捨公而就私」（符言）。黄帝四經主張「使民之恒度，去私而立公」（道法），認爲「唯公無私，見知不惑」（名理），「去私而立公，人之稽也」（四度）。

〔一二〕羣書治要引「貴欲」作「嗜欲」。道藏七卷本和纘義本作「嗜欲」。文選鷦鷯賦李善注引文子作「去其誘慕，除其嗜欲」。約，要。約其所守，即守道之要。誘慕，指勢利名位。九守云，多約之人，莫宜乎勢利，誘慕乎名位。貴欲，疑爲「貪欲」之誤，俞樾讀文子：「貴欲二字不可通，貴乃貪字之誤。淮南子作除其嗜欲，貪欲與嗜欲，其義一也。」是也。

〔一三〕羣書治要引：「約其所守即察矣，寡其所求即得矣。」文選鷦鷯賦注引文子「約其所守即察」。察，明審。賈誼道術：「纖微皆審謂之察」。中，在人指内心，在國指君主。與外相對。牧，治也。上義曰：「治人之道，其猶造父之御駟馬也。……内得於中心，外合乎馬志，故能取道致遠，氣力有餘，進退還曲，莫不如意。」淮南子原道：「約有所守則察，寡其所求則得。……是故以中制外，百事不廢，中能得之則外能收之。」高誘注：「中，心也。外，情欲。收，養也。」淮南子作「收」，誤；由高誘注「收養也」，知「牧」誤刻爲「收」。

〔一四〕淮南子原道：「中之得則五藏寧，思慮平，筋力勁强，耳目聰明。」高誘注：「五藏寧者，各得其所。思慮平者，不妄喜怒。」

慧定案：中之得，指内心得道。稷下道家稱「中得」或「内德」，管子内業：「不以物亂官，不以官亂心，是謂中得。」心術：「無以物亂官，毋以官亂心，此之謂内德。」五藏，即五臟。下文八章云：「得其内者，五藏寧，思慮平，耳目聰明，筋骨勁强。故神明者，得其内也。」

〔一五〕淮南子原道：「大道坦坦，去身不遠，求之近者，往而復反。」高誘注：「近，謂身也。」

慧定案：淮南子「遠」作「近」，誤也。高誘本誤而注，誤甚。坦坦，平易。往，指求之遠者。返，指自身。謂大道平易，就在身邊。遠求不得，反求諸己，則中得之也。本書自然：「夫道至親，不可疏，至近不可遠，求之遠者，往而復反。」嚴遵道德真經指歸：「大道坦坦，不出門户，其出彌遠，其知彌寡，道在於身，不在於野，化自於我，不由於彼。」反求諸己，儒道相通。孟子離婁上：「孟子曰：『道在邇而求諸遠，事在易而求諸難。人人親其親，長其長，而天下平。』」

以上第三章。

杜道堅纘義：「文滅質博溺心，外重則内輕，是以大丈夫處其實，不居其華。至人之治無他，恭默無爲而已，返身而求，道豈遠乎哉！」

老子〔文子〕曰：聖人忘乎治人，而在乎自理〔一〕。貴忘乎勢位，而在乎自得，自得即天下得我矣〔二〕；樂忘乎富貴，而在乎和，知大己而小天下，幾於道矣〔三〕。故曰：「至虚極也，守静篤也，萬物并作，吾以觀其復。」〔四〕夫道者，陶冶萬物，終始無形，寂然不動，大通混冥〔五〕，深閎廣大不可爲外，折毫剖芒不可爲内〔六〕，無環堵之宇，而生有無之總名也〔七〕。真人體之以虚無、平易、清静、柔弱、純粹素樸，不與物雜，至德天地之道，故謂之真人〔八〕。真人者，知大己而小天下，貴治身而賤治人，不以物滑和，不以欲亂情〔九〕，隱其名姓，有道則隱，無道則見〔一〇〕，爲無爲，事無事，知不知也〔一一〕，懷天道，包天心〔一二〕，噓吸陰陽，吐故納新〔一三〕，與陰俱閉，與陽俱開〔一四〕，與剛柔卷舒，與陰陽俯仰〔一五〕，與天同心，與道同體；無所樂，無所苦，無所喜，無所怒，萬物玄同，無非無是〔一六〕。夫形傷乎寒暑燥濕之虐者，形究而神杜，神傷於喜怒思慮之患者，神盡而形有餘〔一七〕。故真人用心復性，依神相扶，而得終始，是以其寢不夢，覺而不憂〔一八〕。

〔一〕聖人，參見上章注一二。忘，通「亡」，亡乎治人，不在於治人。理，治也。淮南子原道作：「聖亡乎治人，而在于得道。」

〔二〕勢位，指勢利名位。本書九守：「多欲之人，莫宜乎勢利誘慕乎名位。」自得，謂無所不足於吾心。淮南子原道：「自得者，全其身者也。全其身則與道爲一矣。」徐靈府注曰：「自得者，我好之人亦好，以我情得彼情，故曰自得。自得則天下之情皆得於我也。」得我，以我得彼，彼得於我。本書符言：「能得人心者，必自得者也。」

〔三〕道藏七卷本「在」作「存」。樂，和。荀子樂論：「樂也者，和之不可變者也。」儒效：「樂言是其和也。」臣道：「調和，樂也。」大己，重己。即貴生。小，輕。幾，近也。老子：「故貴爲身於爲天下，若可以託天下矣。愛以身爲天下，如可以寄天下矣。」淮南子原道作：「樂亡乎富貴，而在于德和，知大己而小天下，則幾於道矣。」高誘注：「幾，近也。許由、務光是。」

〔四〕此引老子十六章。作，興起。復，返。老子：「夫物芸芸，各復歸其根，歸根曰靜，是謂復命。」此謂保持內心的虛靜，纔能認識事物的根本「道」。這是道家靜觀的認識方法。

慧定案：「故曰」，古書引語以結束本文之義，率冠以「故曰」，此古書之通例。由此可知本章首「老子曰」應爲「文子曰」。

杜道堅纘義：聖人無名，未忘其功，神人無功，未忘乎己，至人無己，非無吾身也，大己而小天下也。唯有所待而後行，故聖人之大寶曰位。

〔五〕陶冶，陶鑄。引申爲化育生成。寂然不動，謂無聲無形。精誠：「寂然無聲」，「無形者不動，不動者無言也，無言者即靜而無聲。」大通，符言：「同用無以名之，是謂大通。」又精誠：「故通於大和者，暗若醇醉而甘臥以遊其中，若未始出其宗，是謂大通。」莊子秋水：「始於玄冥，反於大通。」成疏：「玄冥，妙本也，大通，應跡也。……始於玄極而其道杳冥，反於域中，而大通於物也。」混冥，混混沌沌。莊子天地：「致命盡情，天地樂而萬事銷亡，萬事復情，此之謂混冥。」淮南子俶真：「大通混冥。」高誘注：「混冥，大冥之中謂道也。」

〔六〕道藏七卷本、纘義本「折」作「析」。其他本如子彙本等均作「析」，知「折」刻誤也。淮南子俶真也作「析」。深閎廣大不可爲外，謂至大無外。折毫剖芒不可爲內，謂至小無內。環堵，範圍，界限。宇，謂四方上下。此謂道的無限性。莊子天下：「至大無外，謂之大一，至小無內，謂之小一。」

〔七〕下文（十章）：「有名產於無名，無名者有名之母也。天之道，有無相生也，難易相成也。」道是無名有名的統一，是有無的總名。老子：「無名萬物之始也，有名萬物之母也。……兩者同出，異名同謂，玄之又玄，衆妙之門。」即此生有無之總名也，故徐靈府注云，言其無，則觸類森羅，言有則形兆莫覩，是無爲之精，有物之妙，總言萬物之名生於有無之間也。淮南子俶真作「而生有無之根。」

〔八〕纘義本「至德」作「至得」。「德」、「得」古通。文選南都賦、鵩鳥賦注引文子作「得天地之道，故謂之真人。」無「至」字。真人，體道之人。九守：「所謂真人者，性合乎道也。」莊子刻意：「能體純素，謂之真人。」故徐靈府注云，體同虛無，德合天地，故曰真人。

慧定案：杜道堅纘義：道無形，故能陶冶萬物，道無名，故能總括諸有，真人體道，虛心靜神，則天地之道得矣。

〔九〕滑，亂。此言真人貴身重己，不以物欲亂性情。淮南子原道：「聖人不以身役物，不以欲滑和。」高誘注：「不以身爲物役，不以情欲亂中和之道也。」又「故聖人不以人滑天，不以欲亂情。」高注：「天，身也。不以人事滑亂其身也，不以欲亂其清浄之性者也。」

〔一〇〕隱，與顯相對。見，通「現」。顯也。老子：「道隱無名。」故有道則隱，無道則顯。徐靈府注云：隱其名姓，與時沉浮，與世同流，而人不知，隱之至也。有道則隱，無道則見，時之有道則退而默然，時之無道則勸而修之。

〔一一〕老子六十三章：「爲無爲，事無事。」七十一章：「知不知，上。」爲無爲，以無爲爲居，即無爲。事無事，處無爲之事，即無事。知不知，以不知爲知，即知道。老子云，爲無爲則無不治，處無爲之事，行不言之教是也。

〔一二〕包，當作「抱」。精誠：「懷天心，抱地氣，執沖含和。」淮南子泰族作：「懷天氣，抱天心，執中含和。」是其證。此即下文「與天同心，與道同體。」

〔一三〕噓吸，呼吸，吐納。故，舊。莊子刻意：「吹呴呼吸，吐故納新。」成玄英疏：「吹冷呼而吐故，呴暖吸而納新。」

〔一四〕陽，開。陰，閉。文選甘泉賦、七發注皆引此言。謂與陰陽息消，大順自然。淮南子原道同。

〔一五〕此言卷舒有宜，屈伸從時。朱弁注曰：「順時而消息也。」

〔一六〕玄同，心無私宰與天道冥同。指上文「與天同心，與道同體。」微明：「所謂道者，無前無後，無左無右，萬物玄同，無是無非。」又九守：「達於心術之論者，即嗜欲好憎外矣。是故無所喜，無所怒，無所樂，無所苦，萬物玄同，無非無是。」淮南子原道：「是故無所喜而無所怒，無所樂而無所苦，萬物玄同也。」高誘注：「玄，天也。」

〔一七〕慧定案：究，窮。杜，閉塞。形，指形體。神，指精神。俞樾讀文子說：「形究而神杜，杜乃壯字之誤，淮南子俶真篇正作壯。」此說非也。這裏說寒暑燥濕之虐攻於外而傷形，形窮而神閉，喜怒思慮之患攻於内而傷神，神盡而形有餘。故徐靈府注曰：寒暑攻於外，喜怒作於内，精神將逝，餘形雖存，其能久乎。九守：「夫形者生之舍也，氣者生之元也，神者生之制也，一失其位即三者傷矣。」豈有形傷而神壯之理。淮南子引作「神壯」，足見其誤（或方言也）。高誘已見此誤，故注壯傷也。

〔一八〕復性，道藏七卷本和叢刊本均作「杖性」。杖，持也。真人重身貴己，不以物滑和，不以欲亂情，心無所欲，性有所適，心與神處，形與性調，此即用心杖性，形神相持，而得終始。故徐靈府注曰：真人知陰陽害正，去偏正之情，養恬漠之性，故得形神相持，憂夢不入也。莊子大宗師：「古之真人，其寢不夢，其覺無憂。」郭注：「無意想也。當所遇而安也。」成疏：「夢者，情意妄想也。而真人無情慮，絶思想，故雖寢寐，寂泊而不夢，以至覺悟常適而無憂也。」淮南子俶真：「其寐不寢，其覺不憂。」高誘注：「精神無所思慮，故不寢，志存仁義，患不得至，故不夢。」又精神：「是故其寢不夢。」高誘注：「其寢不夢，神内守也。」

慧定案：以上第四章。

杜道堅纘義：「外曲者，人之道也；内直者，天之道也。内直外曲，天人相應，未有不濟者矣。是以真人隱其姓名，有道則隱，不奪人之功也，無道則見，將救時之弊也。惟能與天同心，與道同體，故能復性，依神相扶，而得終始矣。」

孔子問道〔一〕。老子曰〔二〕：正汝形，一汝視，天和將至〔三〕；攝汝知，正汝度，神將來舍，德將爲汝容，道將爲汝居〔四〕。瞳兮，若新生之犢，而無求其故〔五〕，形若枯木，心若死灰〔六〕，真其實知而不以曲故自持，恢恢無心可謀〔七〕，「明白四達，能無知乎〔八〕？」

〔一〕孔子，春秋末思想家，儒家的創始人，姓孔名丘，字仲尼，魯陬邑（今山東曲阜南）人。史記孔子世家、老子列傳均載孔子適周：「問禮於老子。」禮記亦云然。莊子天運記「孔子行年五十有一，而不聞道，乃南之沛，見老聃。」知北遊載「孔子問於老聃曰，今日晏閒，敢問至道。」是孔子問禮與道於老子。

〔二〕老子曰，此爲文子借孔子曾問道於老子，而發揮其思想，實爲依託。莊子則託「齧缺問道乎被衣」。本章末兩句，是引老子之言。

〔三〕莊子知北遊：「齧缺問道乎被衣，被衣曰：若正汝形，一汝視，天和將至。」成玄英疏：「汝形容端雅，勿爲邪僻，視聽純一，勿多取境，自然和理歸至汝身。」正，端正。一，專一。天和，自然和氣。指下文道、德、神也。淮南子道應本莊子作：「齧缺問道於被衣，被衣曰：正女形，壹女視，天和將至。」

〔四〕莊子知北遊：「攝汝知，一汝度，神將來舍，德將爲汝美，道將爲汝居。」成疏：「收攝私心，令其平等，專一志度，令無放逸，汝之精神，自來舍止。」淮南子道應作：「攝女知，正女度，神將來舍，德將來附若美，而道將爲女居。」

慧定案：攝，收持。攝汝知，即上文一汝視之意，所視者專一，故所知者收攝。度，猶形也。正汝度，即上文正汝形之意。舍、容、居，皆受容之意。九守曰：「神者智之淵，神清則智明。」管子心術曰：「無爲之謂道，舍之之謂德。」又内業曰：「形不正，德不來，中不静，心不治，正形攝德。」德將爲汝容，莊子知北遊作「德將爲汝美。」按美，充實也。孟子盡心「充實之謂美」，淮南子道應作「德將來附若美」，則絶謬。是誤讀文子之「容」和莊子之「美」爲容色美麗。孫星衍問字堂集云：舍，容，居，皆受容之意。是也。淮南子抄襲誤矣。

〔五〕莊子知北遊：「汝瞳焉，如新生之犢，而無求其故。」成疏：「瞳焉，無知直視之貌。故，事也。心既虚夷，視也平直，故如新生之犢，於事無求也。」瞳兮，直視未有知貌。莊子作「瞳焉」，淮南子作「惷乎」。犢，初生之牛。故，巧故。即下文曲故。

〔六〕莊子知北遊：「形若槁骸，心若死灰。」成疏：「形同槁木之骸，心類死灰之土。」庚桑楚：「身若槁木之枝，而心若死灰。」成疏：「虛沖凝淡，寂然無情，同槁木而不榮，類死灰而忘照。」齊物論、徐无鬼：「形固可使如（若）槁木，而心固可使如（若）死灰乎？」郭注：「死灰槁木，取其冢（寂）莫無情耳。」成疏：「使形將槁木而不殊，心與死灰而無別，必有妙術。」形若枯木，言形不飾也。心若死灰，言心無載也。淮南子道應作「形若槁骸，心如死灰」。

〔七〕莊子知北遊：「真其實知，不以故自持，媒媒晦晦，無心而不可與謀，彼何人哉！」成疏：「形同槁木之骸，心類死灰之土，無情直任純實之真知，不自矜持於事故也。媒媒晦晦，息照遺明，忘心忘知，不可謀議，非凡所識，故云彼何人哉。」

慧定案：曲故，即智故，巧故，僞詐也。管子心術：「恬愉無爲，去智與故，言虛素也，其應非所設也，其動非所取也，此言因也。」呂氏春秋論人「去巧故」高誘注：「巧故，僞詐也。」恢恢，廣大容衆之貌。」俞樾讀文子：「恢恢上脱墨墨二字，當據淮南子道應篇補。莊子知北遊篇作媒媒晦晦，無心而不可與謀。」俞説不可從。淮南子抄襲有誤，作「直實不知，以故自持，墨墨恢恢，無心可與謀。」此於文子和莊子，皆失其義。

〔八〕慧定案：此引老子第十章中語。王弼注本作「明白四達，能無爲乎」。王弼注：「言至明四達，無迷無惑，能無以爲乎，則物化矣。」據此知王弼注本已將「無知」誤爲「無爲」。帛書老子乙本作「能毋以知乎」，則知老子原爲「無知」。淮南子引作「能無以知乎」，則知漢時尚未誤。上述與史記載老子對孔子説「去子之驕氣與多欲，態色與淫志」，思想一致。

以上第五章。

杜道堅纘義：「道有體用，聖無二心，玄聖素王，體用二而道則一也。孔子，天縱之聖，豈不知道，而乃問於老子，必有得於言外之意者，故有猶龍之嘆。」

老子［文子］曰：夫事生者應變而動，變生於時，知時者無常之行〔一〕。故「道可道，非常道，名可名，非常名。」〔二〕書者言之所生也，言出於智，智者不知，非常道也〔三〕；名可名，非藏書者也〔四〕。多聞數窮，不如守中〔五〕，絶學無憂，絶聖棄智，民利百倍〔六〕。人生而靜，天之性也，感物而動，性之欲也，物至而應，智之動也〔七〕；智與物接，而好憎生焉；好憎成形，而智出於外，不能反己，而天理滅矣〔八〕。是故聖人不以人易天，外與物化而內不失情〔九〕，故通於道者，反於清静，究於物者，終於無爲〔一〇〕。以恬養智，以漠合神，即乎無門〔一一〕，循天者與道遊也，隨人者與俗交也〔一二〕；故聖人不以事滑天，不以欲亂情〔一三〕，不謀而當，不言而信，不慮而得，不爲而成〔一四〕。是以處上而民不重，居前而人不害，天下歸之，奸邪畏之，以其無争於萬物也，故莫敢與之争〔一五〕。

〔一〕道藏七卷本無「生」和「之」字。淮南子道應同七卷本無「生」、「之」字。常，恒常不變。此承前章「事來而循之，物動而因之，萬物之化無不應也，百事之變無不耦也」。循因事物，應變適時，惟知時爲貴，豈有常行。

〔二〕此引老子一章語。道藏七卷本作「道可道者，非常道也，名可名者，非常名也」。

〔三〕書，指詩、書、禮、樂也。言，謂先王賢智之言也。書以載言，故曰言之所生，智以立言載之於書，故曰言出於智。智者不知道非常，但約所知以立言於書，不知應變，故書載之言，非常道也。韓非子喻老：「王壽負書而行，見徐馮於周塗，馮曰：『事者爲也，爲生於時，知者無常事；書者，言也，言生於知，知者不藏書；今子何獨負之而行？』於是王壽因焚其書而儛之。」淮南子道應本此作：「王壽負書而行，見徐馮於周，徐馮曰：『事者應變而動，變生於時，故知時者無常行；書者言之所出也，言出於知者，知者藏書。』於是王壽乃焚書而舞之。」淮南子抄脱「不」字，作「知者藏書」，誤矣。

〔四〕書載所知之言，是可名者也，且可物之名不常於一名，名生而有真僞，故非書之所能藏也。

〔五〕兩句語見老子五章。淮南子道應「多聞」作「多言」。聞，智也。數，理也。中，謂心也。魏源老子本義「中者，虛中，謂心也」，朱弁注曰：「多聞立言之書，滯之者數至窮屈，唯抱守中和，則常通矣。」

〔六〕語見老子十九、二十章。學，指俗學。聖智，指仁義禮樂。莊子在宥：「説聖邪，是相於藝也，説知邪，是相於疵也。」繕性：「繕性於俗，俗學以求復其初，滑欲於俗，思以求致其明，謂之蔽蒙之民。」故曰絶學無憂，絶聖棄智，天下大治，民利百倍。

慧定案：杜道堅纘義：書載言，言載道，貴書所以貴道也。是故知時者，事生而變，應變而動；知書者言出於智，智者不知，惟不泥於書而滯於事，絶其學，棄其智，始可與言應變之權。

〔七〕性，本質。荀子正名：「性者，天之就也。」又曰：「性之和所生，精合感應，不事而自然，謂之性。」性之欲也，道藏七卷本和淮南子原道作「性之害也」。

〔八〕接，接觸。接物以智，則生好惡。成形，表現出來。出於外，爲外所誘。反，返回本性，即復性。天理，自然本性，本然之性。謂好惡的感情表現出來，而智又被外物所誘，不能恢復本性，於是本然之性也就喪失了。道藏七卷本「智出於外」作「智怵於外」。淮南子原道「出」作「誘」。「怵」爲「訹」之假借。說文解字言部：「訹，誘也。」史記賈生列傳集解引孟康曰：「怵，爲利所誘怵也。」索隱引李奇曰：「怵者，誘也。」故淮南子作「誘」。高誘注：「誘，惑也。不能反己本所受天清淨之性，故曰天理滅矣。猶衰也。」禮記樂記：「人生而靜，天之性也，感於物而動，性之欲也，物至知知，然後好惡形焉。好惡無節於內，知誘於外，不能反躬，天理滅矣。夫物之感人無窮，而人之好惡無節，則是物至而人化物也。人化物也者，滅天理而窮人欲者也。」

〔九〕人，指人爲。天，指自然，不以人易天，不以人爲改變自然，莊子秋水曰：「無以人滅天，無以故滅命。」情，性也。九守：「外不亂內，即性得其宜。」莊子知北遊：「古之人外化而內不化，今之人內化而外不化。與物化者，一不化者也，安化安不化。」郭注：「常無心，故一不化；一不化，乃能與物化耳。化與不化，皆任彼耳，斯無心也。」成疏：「古之人純樸，合道者多，故能外形隨物，內心凝靜。安，任也。夫聖人無心，隨物流轉，故化與不化，斯安任之，既無分別，曾不概意也。」淮南子原道：「故達於道者，不以人易天，外與物化，而內不失其情。」高誘注：「天，性也。不以人事易其天性也。一說曰：天，身也。不以人間利欲之事易其身也。言通道之人，雖外貌與物化，內不失其無欲之本情也。」

〔一〇〕淮南子原道：「是故達於道者，反於清靜，究於物者，終於無爲。」高誘注：「反，本也。天本授人清靜之性，故曰反也。無爲者，不爲物爲也。」反於清靜，即反清靜之性。下文七章曰：「故不聞道者，無以反其性。」究於物者，即窮物者。此謂反性則達於道，無爲則窮物。

〔一一〕即乎無門，俞樾讀文子云，即乎無門，義不可通，當作即入乎天門，天誤作無，因誤作無耳。即猶則也。淮南子原道篇作以恬養性，以漠處神，則入於天門。可據以訂正。

慧定按：淮南子不足爲據，即乎無門，與上第二章「恬然無思，惔然無慮，以天爲蓋，以地爲車，以四時爲馬，以陰陽爲御，行乎無路，遊乎無怠，出乎無門。」的「出乎無門」相一致。即，廣韻即，捨也。即乎無門，即「舍乎無門」，無門，謂大道也。萬物所由從的道，常以「門」説明。如老子一章「衆妙之門」，王弼注：「衆妙皆從同而出，故曰衆妙之門也。」老子六章：「玄牝之門，是謂天地根。」王弼注：「門，玄牝之所由也，本其所由，與極同體，故謂之天地之根也。」老子十章：「天門開闔，能無雌乎。」王弼注：「天門，謂天下之所由從也。」老子五十二章：「塞其兑，閉其門。」王弼注：「兑，事欲之所由生。門，事欲之所由從也。」莊子庚桑楚：「有乎生，有乎死，有乎出，有乎入，入出而无見其形，是謂天門。天門者，无有也，萬物出乎无有，有不能以有爲有，必出乎无有，而无有一无有，聖人藏乎是。」郭注：「天門者，萬物之都名也，謂之天門，猶云衆妙之門也。」成玄英疏：「天者，自然之謂也。自然者，以無所由爲義，言萬物皆無所從，莫測所以，自然爲造物之門户也。」

〔一二〕循乎自然則神與化遊，不離大道而守虚静，順乎人事則智與物接，交於習俗而生好惡。淮南子原道：「以恬養性，以漠處神，則入於天門……循天者，與道遊者也，隨人者，與俗交者也。」高誘注：「循，隨也。遊，行也。」

〔一三〕不以事滑天，不以欲亂情，即上文「不以人易天，外與物化而内不失情」。淮南子原道：「故聖人不以人滑天，不以欲亂情。」高誘注：「天，身也。不以人事滑亂其身也，不以欲亂其清净之性者也。」

〔一四〕謀，思慮。此謂不先爲謀，隨時而當，知時應變，信在不言，得非役慮，成非有爲。淮南子原道：「不謀而當，不言而信，不慮而得，不爲而成。」高誘注：「詩云：『不識不知，順帝之則。』故曰『不謀而當，不慮而得』也。」

〔一五〕老子六十六章：「是以聖人處上而民不重，處前而民不害，是以天下樂推而不厭，以其不争，故天下莫能與之争。」「天下樂推而不厭」，文子作「天下歸之，奸邪畏之」。此文子意引老子也。重，猶累也。民不重，言民不以爲累也。淮南子原道：「是以處上而民弗重，居前而衆弗害，天下歸之，姦邪畏之，以其無争於萬物也，故莫敢與之争。」高誘注：「言民戴印而愛之也。」本書道德：「居上而民不重，居前而衆不害，天下樂推而不厭。」

慧定案：以上第六章。

杜道堅纘義：「天性本静，物欲滑之，静者動則天性鑿矣。惟聖人外與物化，心與天遊，物我玄同，何争之有。」

老子［文子］曰：夫人從欲失性，動未嘗正也，以治國則亂，以治身則穢〔一〕，故不聞道者，無以反其性，不通物者，不能清静〔二〕。原人之性無邪穢，久湛於物即易，易而忘其本，即合於其若性〔三〕。水之性欲清，沙石穢之，人之性欲平，嗜欲害之，唯聖人能遺物反己〔四〕。是故聖人不以智役物，不以欲滑和，其爲樂不忻忻，其於憂不惋惋〔五〕，是以高而不危，安而不傾〔六〕。故聽善言便計，雖愚者知説之，稱聖德高行，雖不肖者知慕之〔七〕；説之者衆而用之者寡，慕之者多而行之者少，所以然者，掔於物而繫於俗〔八〕。故曰：「我無爲而民自化，我無事而民自富，我好静而民自正，我無欲而民自樸。」〔九〕清静者德之至也，柔弱者道之用也，虚無恬愉者萬物之祖也，三者行則淪於無形〔一〇〕。無形者，一之謂也，一者，無心合於天下也〔一一〕。布德不溉，用之不勤，視之不見，聽之不聞〔一二〕，無形而有形生焉，無聲而五音鳴焉，無味而五味形焉，無色而五色成焉，故有生於無，實生於虚〔一三〕。音之數不過五，五音之變不可勝聽也，味之數不過五，五味之變不可勝嘗也，色之數不過五，五色之變不可勝觀也〔一四〕。音者宫立而五音形矣，味者甘立而五味定矣，色者白立而五色成矣，道者一立而萬物生矣〔一五〕。故一之理，施於四海，一之嘏，察於天地〔一六〕；其全也敦兮其若樸，其散也渾兮其若濁，濁而徐清，沖而徐盈，澹然若大海，氾兮若浮雲，若無而有，若亡而存〔一七〕。

〔一〕道藏七卷本後兩句倒作「以治身即穢，以治國則亂」。從，通「縱」。動，指行爲。包括治國和治身。穢，蕪也，污濁，淫亂。吕氏春秋爲欲：「不聞道者，何以去非性哉！無以去非性，則欲未嘗正矣。欲不正，以治身則夭，以治國則亡。」淮南子齊俗同道藏七卷本，無「人」字，「穢」作「危」。

〔二〕道藏七卷本無「其」字，作「無以反性」。淮南子齊俗同道藏七卷本作「是故不聞道者……」。慧定案：清静，無爲也。達道反性外物欲而無爲。上文六章曰：「通於道者，反於清静，究於物者，終於無爲。」是從肯定方面言，此從否定方面言。以上文又見本書下德第七章。

〔三〕本書下德七章：「以道本人之性無邪穢，久湛於物即忘其本，即合於若性。」原，本也，本，原也，以道本人之性。邪穢，蕪穢也。湛，浸漬。通玄真經纘義釋音：「湛，音沉，溺也。」忘其本，忘其本性，合於若性，謂被習俗所同化也。淮南子齊俗：「原人之性，蕪穢而不得清明者，物或堁之也。……人之性無邪，久湛於俗則易，易而忘本，合於若性。」高誘注：「堁，坋塵也。若性，合於它性，自若本性也。」

〔四〕遺物反己，外物反性。羣書治要引同。太平御覽卷五十八引：「水之性欲清，沙石穢之。」又卷三百六十引：「人之情欲平，嗜欲亂之。」「性」作「情」，「害」作「亂」。藝文類聚卷八引：「人之性欲平，嗜欲害之。」本書上德：「河水欲清，沙土穢之……人性欲平，嗜欲害之。」又下德：「故人性欲平，嗜欲害之，唯有道者能遺物反己。」遺物反己，外物反性也。淮南子齊俗作：「河水欲清，沙石濊之，人性欲平，嗜欲害之，惟聖人能遺物而反己。」

〔五〕羣書治要引：「不以智役物，不以欲滑和。」無「是故聖人」四字及後兩句。道藏七卷本「智」作「身」，「於」作「爲」。役物，役於物，爲物欲所使役。忻忻，開心。通玄真經纘義釋音：「惋，音腕，驚嘆也。」惋惋，内爍也。黄帝内經解精微論：「夫志悲者惋。」王冰注：惋，謂内爍也。謂憂樂不惋不忻，無憂無樂也。淮南子原道：「聖人不以身役物，不以欲滑和。是故其爲懽不忻忻，其爲悲不惙惙。」高誘注：「不以身爲物役，不以情欲亂中和之道也。忻忻，爲過制也。惙惙，爲傷性也。」

〔六〕道藏七卷本句末「傾」下有「也」字。羣書治要引有「也」字。

〔七〕羣書治要引「説」作「悦」。古通同。淮南子原道同。善言便計，疑爲「善言便利」。荀子非十二子：「辯説譬諭，齊給便利，」謂善言能辯也。説，通「悦」。聖德高行，德行高尚。

〔八〕羣書治要引：「悦之者衆，而用之者寡，慕之者多，而行之者少。」無後兩句。道藏七卷本「擘」作「牽」。擘，牽也。謂牽繫於世俗的物欲名利。淮南子原道：「説之者衆，而用之者鮮，慕之者多，而行之者寡。所以然者何也？不能反諸性也。」

〔九〕慧定案：此引老子五十七章語，言聖人適性而治，法此四者，上行下化。杜道堅纘義：「心静則明，水静則清，理也。學術不正，習與性成，則静者動，明者昏矣。遇賢師而聞善言，心有所悟，則可復其性初之天，合於大道，以之修身則身修，以之治國則國治，是以聖人之道，上無爲民自化，上無事民自富，上好静民自正，上無欲民自樸。」

〔一〇〕淮南子原道：「是故清静者，德之至也，而柔弱者，道之要也，虚無恬愉者，萬物之用也。肅然應感，殷然反本，則淪於無形矣。」淪，渾淪。無形，指無爲之道，即一也。

〔一一〕道藏七卷本：「無形者，一之謂也，一者，無止合於天下也。」「心」作「止」。淮南子原道：「所謂無形者，一之謂也，所謂一者，無匹合於天下者也。」「心」作「匹」。一，道的别號。道德：「一也者，無適之道，萬物之本也。」莊子天地：「一之所起，有一而未形，物得以生，謂之德。」一是天地形成的最初階段，處於渾淪一體尚未分化的道。黄帝四經道原：「恒先之初，迵同太虚。虚同爲一，恒一而止。……萬物得之以生，百事得之以成。人皆以之，莫知其名，人皆用之，莫見其形。一者，其號也。」十大經成法：「一者，道其本也。」故韓非子揚權曰：「道無雙，故曰一。」淮南子原道曰：「所謂無形者，一之謂也。」高誘注：一者，道之本。無心，俞樾讀文子曰：「心乃正字之誤。言其在天下無可匹合者，故謂之一也。淮南子原道篇正作匹。」此説非也。心乃止字之誤。道藏七卷本，作「止」，其證一也。道藏本徐靈府注曰：「一者，無也，言無定形，行於天下，周於萬物而無窮也。」而叢刊本徐靈府注曰：「正者，定也，言無定形，行於天下，周於萬物而無窮也。」檢兩本對徐靈府注各有錯脱。正者，定也。而原文未出「正」字，知「正」字刻有誤有脱。「正」乃「一」「止」二字誤合爲「正」。綜兩本注文當爲「一者，無也，止者，定也，言無定形……」其證二也。

〔一二〕道藏七卷本「溉」作「已」。溉，古「既」字，盡也。俞樾讀文子：「溉當作既，古字通耳，淮南子作『布施而不既』。」勤，見也。老子六章：「綿綿若存，用之不勤。」帛書老子勤作「堇」。于省吾老子新證云，勤應讀作「覲」。古代銅器銘文中，勤，覲都寫作堇。覲即見之意思，是説道雖綿綿若存，而不可見也。淮南子原道：「布施而不既，用之而不勤，是故視之不見其形，聽之不聞其聲。」高誘注：「既，盡也。勤，勞也。」高注「勤」爲「勞」，非也。

〔一三〕道藏七卷本「生」作「出」，出，生也。有生於無，有形生於無形。老子：「天下之物生於有，有生於無。」實出於虛，實，有。指有形的事物；虛，無，指虛而無形的道，即一。黄帝内經調經論：「有者爲實，無者爲虛。」黄帝四經道原：「唯聖人能察無形，能聽無聲，知虛之實，後能太虛。」淮南子原道同七卷本。高誘注：「無形，道也。有形，萬物也。」

〔一四〕道藏七卷本「不可勝聽也」，脱「也」字。淮南子原道三句「不過五」下有「而」字連接。五音，宫、商、角、徵、羽。五音相間，變化爲各種聲音。五味，甘、酸、鹹、辛、苦。五味相和，變化爲各種味。五色，白、青、黄、赤、黑。五色相間變化爲各種色。

〔一五〕宫，古代五聲音階的第一音級。第一音級是五音之本，本立而五音形。甘，五味之本。白，五色之本。一，道之本，本立而萬物生。淮南子高誘注：「宫在中央，聲之主也。形，正也。」「五味定矣」，淮南子「定」作「亭」。高注：「亭，平也。甘，中央味也。白者，所在以染之，故五色可成也。」徐靈府注曰：「已上皆宗一爲主。故物得一而有常，人得主而化光，道通爲一，萬物蕃昌也。」朱弁注曰：「一也者，無之謂也。夫數之衆寡，皆起於一，物之巨細，本生於無，原其無者，可得天下之形，處其一者，能總萬名之本，故立稱一，萬物生焉。」

〔一六〕道藏七卷本：「故一之理，施於四海，一之解，察於天地。」淮南子原道同七卷本「嘏」作「解」。而「察」作「際」，并無「於」字。高誘注：「理，道也。解，達也。際，機也。解，讀解故之解也。」

慧定案：理，道也。韓非子解老：「道，理之者也。」黄帝四經經法論：「物各合於道者謂之理。」嘏，大遠也。又予福也。黄帝四經十大經成法、淮南子原道均作「解」。高誘注：解，達也。解讀爲解故之解。按解與嘏，音相近，當作「嘏」。詩經卷阿：「純嘏爾常。」傳云：嘏，大也。箋云：予福曰嘏。

〔一七〕道藏七卷本：「其全也敦兮若樸，其散也渾兮若濁，濁而徐清，沖而徐盈，澹兮若大水，汎兮若浮雲，若無而有，若亡而存也。」淮南子原道：「其全也純兮若樸，其散也混兮若濁，濁而徐清，沖而徐盈，澹兮其若深淵，汎兮其若浮雲，若無而有，若亡而存。」高誘注：「樸，若玉樸也，在石而未剖。沖，虛也。盈，滿也。澹，定不動之貌。」其，代詞。指一，即道。全，整體。散，離。氾，動摇貌。老子十五章曰：「敦兮其若樸，渾兮其若濁，澹兮其若谷，濁而静之徐清，安以動之徐生，得此道者不欲盈。」

慧定案：以上第七章。

杜道堅纘義：「道無形而生有形，始乎無始，終乎無終，一元之氣肇於太易，太易其萬物之祖乎？一生二而陰陽分，五氣布而萬化興。聖人之心合於太易，清静虛無，德被四海，萬物歸焉而不爲主，道大無形與天爲一，若夫耳之於聲，目之於色，口之於味，則是與人同者也，聖人何容心哉！」

老子〔文子〕曰：萬物之總，皆閱一孔，百事之根，皆出一門〔一〕，故聖人一度循軌，不變其故，不易其常，放準循繩，曲因其直，直因其常〔二〕。夫喜怒者道之邪也，憂悲者德之失也，好憎者心之過也，嗜欲者生之累也〔三〕。人大怒破陰，大喜墜陽，薄氣發喑，驚怖爲狂，憂悲焦心，疾乃成積〔四〕，人能除此五者，即合於神明〔五〕。神明者，得其内也，得其内者，五藏寧，思慮平，耳目聰明，筋骨勁强，疏達而不悖，堅强而不匱，無所太過，無所不逮〔六〕。天下莫柔弱於水〔七〕，水爲道也，廣不可極，深不可測，長極無窮，遠淪無涯，息耗減益過於不訾〔八〕，上天爲雨露，下地爲潤澤，萬物不得不生，百事不得不成，大苞羣生而無私好，澤及蚑蟯而不求報〔九〕，富贍天下而不既，德施百姓而不費，行不可得而窮極，微不可得而把握〔一〇〕，擊之不創，刺之不傷，斬之不斷，灼之不熏〔一一〕，綽約流循而不可靡散，利貫金石，强淪天下，有餘不足，任天下取與〔一二〕，稟受萬物而無所先後，無私無公，與天地洪同，是謂至德〔一三〕。夫水所以能成其至德者，以其綽約潤滑也，故曰：「天下之至柔，馳騁天下之至堅，無有入於無間。」〔一四〕夫無形者，物之太祖，無音者，類之大宗〔一五〕，真人者，通於靈府，與造化者爲人，執玄德於心，而化馳如神〔一六〕。是故不道之道芒乎大哉，未發號施令而移風易俗，其唯心行也〔一七〕。萬物有所生而獨如其根，百事有所出而獨守其門，故能窮無窮，極無極，照物而不眩，響應而不知〔一八〕。

〔一〕黄帝四經十大經成法：「萬物之多，皆閲一空。」謂萬事萬物，皆出於道。老子六章：「玄牝之門，是謂天地根。」閲，説文：閲，具數於門中也。故古訓總，猶容也。淮南子原道高誘注：「總，衆聚也。皆出一門，道之門也。」參見前六章注十一。

〔二〕纘義本：「故聖人一度循軌，不變其故，不易其常，放準循繩，曲因其常。」叢刊本同，作「曲因其常。」淮南子原道同，「放」誤作「故」。

慧定案：軌，賈誼道術曰：「緣法循理謂之軌」。故，本也。常，經常，指道。放，依據。繩，謂準則。俞樾讀文子說，曲因其直，直因其常，二句義不可通，疑上直字乃宜字之誤，曲因其宜，直因其常，言曲直皆因乎物耳。此二句不可通是也，但上直字非宜字之誤。疑爲後人誤解而衍。原句爲「曲因其常」。檢徐靈府注曰：「各附所安，俱利其性，是曲因其常者也。」其證一。纘義和叢刊本均作「曲因其常」。其證二。當從纘義本是。

〔三〕生，性也。上章云：人之性欲平，嗜欲害之。淮南子原道：「夫喜怒者，道之邪也；憂悲者，德之失也；好憎者，心之過也；嗜欲者，性之累也。」高注：「道貴平和，故喜怒爲邪也。德尚恬和，故憂悲爲失。論語曰『其德坦蕩』是也。心當專一，中扃外閉，反有所好憎，故曰過。性當清靜，以奉天素，而反嗜欲，故爲之累也。」慧定案：本書九守守虛：「哀樂者德之邪，好憎者心之累，喜怒者道之過。」莊子刻意：「悲樂者，德之邪；喜怒者，道之過；好惡者，德之失。」成玄英疏：「違心則悲，順意則樂，不達違從，是德之邪妄。稱心則喜，乖情則怒，喜怒不忘，是道之過。無好爲好，無惡爲惡，此之忘心，是德之愆咎也。」據文子道原、九守及淮南子，校莊子刻意「好惡者德之失」誤，「德」應爲「心」之誤。是道貴平易，德貴和愉，心貴專一，性貴清靜，喜怒、憂悲、好憎、嗜欲，聖人不處也。

〔四〕墜，失也。黃帝内經陰陽應象大論：「喜怒傷氣，寒暑傷形，暴怒傷陰，暴喜傷陽。」王冰注云，怒則氣上，喜則氣下。故暴卒氣上則傷陰，暴卒氣下則傷陽。喑，即瘖，失音也。即不能言。狂，心亂不安。焦，燥。莊子在宥：「人大喜邪毗於陽，大怒邪毗於陰，陰陽並毗，四時不至，寒暑之和不成，其反傷人之形乎！」淮南子原道「喑」作「瘖」，「焦心」作「多恚」。高誘注：「怒者，陰氣也，陰爲堅冰，積陰相薄，故破陰。喜者，陽氣，陽氣升於上，積陽相薄，故曰墜陽也。」

〔五〕神明，謂精神清明。知人之所不知者神也，見人之所不見者明也。黃帝四經經法名理：「神明者，處於度之内而見於度之外者也。……神明者，見知之稽也。」合於神明，即合於道也。又曰：「道者，神明之原也。」五者，即上大怒、大喜等五者，能除此五者，即合於神明。淮南子原道從另一方面講「能此五者」：「故心不憂樂，德之至也；通而不變，静之至也；嗜欲不載，虚之至也；無所好憎，平之至也；不與物散，粹之至也。能此五者，則通於神明。」「散」爲「殺」誤。

〔六〕得其内，即「内得」，也即「中得」。見三章注十四，疏達，疏通。悖，謬。匱，讀作「鞼」，折也。逮，及也。淮南子原道：「通於神明者，得其内者也。是故以中制外，百事不廢，中能得之，則外能收之。中之得則五藏寧，思慮平，筋力勁强，耳目聰明，疏達而不悖，堅强而不鞼，無所大過，而無所不逮。」高注：「中，心也。五藏寧者，各得其所。思慮平者，不妄喜怒。悖，謬也。鞼，折。」

慧定案：杜道堅纘義：包衆妙，總萬物者，其道乎？神而明之，感而通之，顯幽闡微，無乎不在，是故物得之而昌，民得之而康，時君得之則可以體皇極而御四方。

〔七〕老子七十八章：「天下莫柔弱於水，而攻堅强者莫之能勝，以其無以易之。」王弼注：「其，謂水也。言用水之柔弱，無物可以易之也。」道家喜以水喻道，認爲水德與道相符。文子引老子語而闡發如下。

〔八〕太平御覽卷五十八引作：「水之爲道也，廣不可極，長極無窮，遠淪無涯，息耗減益過於不訾。」淪，原義爲小波，此謂波及之意。涯，邊際。訾，量，限也。過於不訾，淮南子原道作「通於不訾」。淮南子原道：「天下之物，莫柔弱於水，然而大不可極，深不可測，修極於無窮，遠淪於無涯，息耗減益，通於不訾。」高誘注：「測，盡也。訾，量也。」

慧定案：淮南子就水論水，文子以水喻道，直言「水爲道也」，「水之爲道也」。

〔九〕太平御覽：卷五十八引：「水之道也，大不可極，深不可測，上天爲雨露，下地爲潤澤。」通玄真經纘義釋音：「蚑蟯，上音歧，下音饒，小蟲之類。」淮南子原道：「上天則爲雨露，下地則爲潤澤，萬物弗得不生，百事不得不成，大包羣生，而無好憎，澤及跂蟯，而不求報。」高誘注：「跂，跂行也。蟯，微小之蟲也。而不求報，施而不有也。」

〔一〇〕贍，供給。既，盡。費，説文：散財用也。損耗之意。行，指水行，即流水。淮南子原道：「富贍天下而不既，德施百姓而不費，行而不可得窮極也，微而不可得把握也。」高誘注：「贍，足。既，盡也。德澤加於百姓不以爲己財費也。行而不可得窮極，流肓不止也。」

〔一一〕通玄真經纘義釋音：「創，音瘡。」灼，燔燃。熏，火烟上出也。灼之不熏，謂燒不傷。淮南子原道「灼之不熏」作「焚之不然」。高誘注：「水之性也。」

〔一二〕淮南子原道：「淖溺流遁，錯繆相紛，而不可靡散，利貫金石，强濟天下……有餘不足，與天地取與。」綽約，也作「淖約」，柔弱的樣子。靡，離散，損減。貫，穿。强淪天下，淮南子原道作「强濟天下」。高誘注，濟，通也。與，給與。任天下取與，任自然。

〔一三〕洪同，即「鴻洞」。無形之象。至德，最高之德。自然：「至德無爲」。淮南子原道：「授萬物而無所前後，是故無所私而無所公，靡濫振蕩，與天地鴻洞。……是謂至德。」高誘注：「前後皆與之。公私一也。鴻，大也。洞，通也，讀同異之同。言水之爲德最大，故曰至德。」

〔一四〕此引老子四十三章語。無有，無形。精誠：「無有者不居也，不居者即處無形。」間，隙。老子河上公注：「無有，謂道也。道無形質，故能出入無間，通神明，濟羣生也。」淮南子原道引作「出於無有，入於無間」。誤。

〔一五〕淮南子原道「太祖」作「大祖」，「類」作「聲」。高誘注：「無形生有形，故爲物大祖也。無音生有音，故爲聲大宗。

祖宗，皆本也。」上章云：「有生於無，實出於虛。」

慧定案：杜道堅纘義：「天一生水，善利萬物，功至博也。天不得水不運，地不得水不載，物不得水不生，民不得水不活。雨露四時，潤澤羣品，淖然流行，處下不争，禹德似之，故能順水之性，而地平天成。」

〔一六〕文選東都賦李注引「執玄德於心，化馳如神」。淮南子原道：「精通於靈府，與造化者爲人。……執玄德於心，而化馳若神。」高誘注：「爲，治也。玄，天也。馳，行也。若神，若有神化之也。」靈府，指心。莊子德充符：「不可入於靈府。」郭注：「靈府者，精神之宅也。」成疏：「靈府者，精神之宅，所謂心也。」造化，指天地，自然界。一曰道也。高注：爲，治也。誤矣。人，偶也，爲人，非治人也。爲人，爲偶也。玄德，謂無爲而無不爲也。老子曰：「生而不有，爲而不恃，長而不宰，是謂玄德。」化馳，化行。

〔一七〕淮南子原道：「是故不道之道，莽乎大哉！……未發號施令而移風易俗者，其唯心行者乎？」高誘注：「道不可道，故曰不道之道。」不道之道，即常道。老子曰：「道可道，非常道。」不道之道，即一章謂「太常之道」。心行，心的自然趨向。莊子天下謂宋鈃、尹文「語心之容，命之曰心之行」。成疏云，發語吐辭，每令心容萬物。即名此容受而爲心行。

〔一八〕獨如其根，俞樾讀文子：「如讀爲茹。詩七月正義：茹者，咀嚼之名，根言茹，門言守，於義殊精。作如者，假字耳。淮南子作萬物有所生而獨知守其根，百事有所出而獨知守其門。根與門并言守，失之矣。殆由如誤作知，淺人因增益其文耳。當從文子爲長也。」道藏七卷本和纘義本作「獨知其根」，「如」作「知」，七卷本作「響應而不止」。「知」作「止」。淮南子原道：「萬物有所生，而獨知守其根，百事有所出，而獨知守其門。故窮無窮，極無極，照物而不眩，響應而不乏，此之謂天解。」高誘注：「根，本也。門，禁要也。眩，惑也。天解，天之解故也，言能明天意也。」

慧定案：淮南子有「此之謂天解」句。「天解」與莊子的「懸解」相類，天然解脱之意也。莊子大宗師：「且夫得者時也，失者順也，安時而處順，哀樂不能入也，此古之所謂縣解也。」成玄英疏：「處順忘時，蕭然無繫，古昔至人，謂爲縣解。」又養生主：「適來夫子時也，適去夫子順也，安時而處順，哀樂不能入也，古者謂是帝之縣解。」郭注：「以有繫者爲縣，則無繫者縣解也。縣解而性命之情得矣，此養生之要也。」成疏：「帝者，天也。爲生死所繫者爲縣，則無死無生者縣解也。夫死生不能繫，憂樂不能入者，而遠古聖人謂之天然之解脱也。」

以上第八章。

杜道堅纘義：「道無定形，隨物賦形，變化見矣。德無常師，主善爲師，體用得矣。故真人者，蘊乎道德，通於神明，物有所生，獨知其根，事有所出，獨守其門，無窮無極，而與造化者爲人。」

老子〔文子〕曰：夫德道者，志弱而事强，心虚而應當〔一〕。志弱者柔毳安静，藏於不取，行於不能，澹然無爲，動不失時〔二〕。故「貴必以賤爲本，高必以下爲基。」〔三〕託小以包大，在中以制外，行柔而剛，力無不勝，敵無不陵，應化揆時，莫能害之〔四〕。欲剛者必以柔守之，欲强者必以弱保之，積柔即剛，積弱即强，觀其所積，以知存亡〔五〕。强勝不若己者，至於若己者而格，柔勝出於己者，其力不可量〔六〕。故「兵强即滅，木强即折。」〔七〕革强而裂，齒堅於舌而先斃〔八〕，故「柔弱者生之幹也，堅强者死之徒。」〔九〕先唱者窮之路，後動者達之原〔一〇〕。夫執道以耦變，先亦制後，後亦制先，何即？不失所以制人，人亦不能制也〔一一〕。所謂後者，調其數而合其時，時之變則間不容息，先之則太過，後之則不及，日迴月周，時不與人遊〔一二〕，故聖人不貴尺之璧，而貴寸之陰，難得而易失〔一三〕。故聖人隨時而舉事，因資而立功，守清道，拘雌節，因循而應變，常後而不先，柔弱以静，安徐以定，功大靡堅，不能與争也〔一四〕。

〔一〕德道，纘義本、道藏七卷本、道藏輯要本作「得道」。德、得，古通。老子三十八章：「上德不德，是以有德。」王弼注：「德者，得也。」陸德明老子德經音義：「德者，得也。」韓非子解老：「德者，内也。得者，外也。上德不德，言其神不淫於外也。」德是内心的平静，得爲得外物，不以得外物之志而擾亂内心的平静，故曰「上德不德」，是下德字爲「得」。楊樹達老子古義云，老子「上德不德」當作「上德不得」。淮南子原道：「故得道者，志弱而事强，心虚而應當。」高誘注：「弱，柔也。强，無不勝也。當，合也。」德道者，指得道者。事强，謂事無不勝。當，應變不失。管子宙合：「應變不失之謂當」。

〔二〕道藏七卷本，作「所謂志弱者，柔毳安静，藏於不敢」，有「所謂」，「取」作「敢」。淮南子原道：「所謂志弱而事强者，柔毳安静，藏於不敢，行於不能，恬然無慮，動不失時。」毳，細毛。柔毳，軟弱。不取，疑爲「不敢」。道藏七卷本和纘義本作「藏於不敢，行於不能。」朱弁注：「於行藏之間，無爲無跡。」黄帝四經十大經順道：「立於不敢，行於不能，戰示不敢，明勢不能，守弱節而堅之。」動不失時，謂時行則行，時止則止。

〔三〕老子三十九章：「故貴以賤爲本，高以下爲基。」淮南子原道作「是故貴者必以賤爲號，而高者必以下爲基」。高誘注：「貴者，謂公王侯伯稱孤寡不穀，故曰以賤爲號。基，始也。夫築京臺先從下起也。」

〔四〕淮南子原道：「託小以包大，在中以制外，行柔而剛，用弱而强。……所謂其事强者，遭變應卒，排患扞難，力無不勝，敵無不淩，應化揆時，莫能害之。」託，依託。小以包大，大以小爲本也。下篇精誠：「大以小爲本，多以少爲始。」九守云：「夫道，大以小而成，多以少爲主。」中，指内心。外，指事物。而，能也。陵，通凌，侮也。揆，度也。朱弁曰：「非有揆度而因時以應，故時不我失，物不我害也。」

〔五〕黄帝四經十大經雌雄節：「觀其所積，乃知禍福之鄉。」淮南子原道：「是故欲剛者，必以柔守之，欲强者，必以弱保之。積於柔則剛，積於弱則强，觀其所積，以知禍福之鄉。」高誘注：「鄉，方也。」

〔六〕淮南子原道：「强勝不若己者，至於若己者而同，柔勝出於己者，其力不可量。」「格」作「同」。高誘注：「夫强者能勝不如己者。同，等也。至於如己者則等，不能勝也。言强之爲小也，道家所不貴也。夫能弱柔勝己者，其力不能訾也。言柔之爲大也，道家所貴。」

慧定案：淮南子詮言：「强勝不若己者至於與同則格，柔勝出於己者，其力不可度。」高誘注：「言人力能與己力同也，己以强加之，則戰格也。」「至於與同」即「至於若己者」，原道「而同」，詮言「則格」。同，等也，格，相拒、相匹敵也。本書符言：「能勝不如己者，至於若己者而格，柔勝出於若己者，其事不可度。」詮言本此。此謂强者不可勝，弱者不可陵，柔弱能勝剛强。

〔七〕慧定案：老子七十六章：「兵强則不勝，木强則兵。」「折」作「兵」。陳柱老子集訓云，古文「折」字或有作[illegible]者，以「兵」字篆文作[illegible]形極近。高亨老子正詁亦謂古折作𣂚，上斤下艸，與「兵」形似，故譌爲「兵」字。文子作「折」，是，可校正通行本老子之誤。又案：列子黄帝記「鬻子曰：老聃曰：『兵强則滅，木强則折。』」與文子同。

〔八〕慧定案：道藏七卷本「斃」前有「之」字。淮南子原道同道藏七卷本，「斃」作「敝」。革强則裂，此句不見老子，然御覽卷七六六引文子作「木强即折，革强即裂。」可見這兩句是文子之言。本書上德曰：「老子學於常樅，見舌而守柔。」「舌之與齒，孰先弊焉？」說苑敬慎：常樅有疾，老子往問焉……常樅曰：「嘻，是已。」張其口而示老子曰：「吾舌存乎？」老子曰：「然。」「吾齒存乎？」老子曰：「亡。」常樅曰：「子知之乎？」老子曰：「夫舌之存也，豈非以其柔耶？齒之亡也，豈非以其剛耶？」淮南子繆稱：「老子學商容，見舌而知守柔矣。」

〔九〕老子七十六章：「故堅强者死之徒，柔弱者生之徒。」列子黄帝記：「鬻子曰：老聃曰：『兵强則滅，木强則折。柔弱者生之徒，堅强者死之徒。』」是知文子作「榦」誤矣。淮南子原道襲文子，也作「榦」。韓非子解老：「屬之謂徒也。」高誘注：「榦，質也。」也誤矣。

杜道堅纘義：「物備於我，道存乎心，知我之天，知人之天，而物之天者得矣。水至柔也，載舟則剛；民主弱也，載主則强。善用道者，可以守柔弱而勝剛强。」

〔一〇〕道藏七卷本兩句末有「也」字。淮南子原道：「先唱者，窮之路也，後動者，達之原也。」也有「也」字。高誘注：「先者隤陷，故曰窮也，後者以謀，故曰達也。」

檢呂氏春秋審應覽：「凡主有識，言不欲先。」高誘注：「淮南記曰：『先唱者窮之路，後動者達之原也。』故言動欲後。」則「路」字下無「也」字。唱，導也。導事多窮，持後不屈，因物常達也。

〔一一〕淮南子原道：「夫執道理以耦變，先亦制後，後亦制先，是何則？不失其所以制人，人不能制也。」「執道」作「執道理」，多一「理」字。「何則」作「是何則」。高誘注：「道當勝事爲變，不必待於先人。事當在後，趨時當居先也。」耦，合。夫事生者應變而動，變生於時，無常之行也，執道以耦變，動静得時，人莫能知，先發制人而人不拒，後發制人則合時宜。何即，何則。纘義和七卷本均作「何則」。即，通「則」。不失所以制人，謂處静而知變，則先可以制後，觀變而反静，則後可以制先，動静無爲，先後俱制，則制之在我，不爲人所制。十大經姓争：「毋逆天道，則不失所守。」

〔一二〕道藏七卷本作：「所謂後者，調於數而合於時也，時之變故間不容息，先之即太過，後之即不及，日廻而月周，時不與人遊。」淮南子原道：「所謂後者，非謂其底滯而不發，凝結而不流，貴其周於數而合於時也。夫執道理以耦變，先亦制後，後亦制先，是何則？不失其所以制人，人不能制也。時之反側，間不容息，先之則太過，後之則不逮。夫日回而月周，時不與人遊。」高誘注：「周，調也。數，術也。合於時，時行則行，時止則止也。言時反側之間，不容氣息，促之甚也。」數，理，情勢。吕氏春秋決勝：「知先後遠近縱舍之數。」高注：數，術也。情勢也。時之變則間不容息。俞樾讀文子云，變與反通，則乃側之假字，變則，猶反側也，淮南子原道篇正作「時之反側間不容息」。廻，同「迴」，本作「回」。運也。

〔一三〕道藏七卷本「貴寸之陰」作「重寸之陰」，句末「易失」後有「也」字。淮南子原道同道藏七卷本。御覽卷八〇六引作「聖人不貴璧，而貴寸陰」。璧，人之所貴，寸陰，人所忽視，時難得而易失，故惜寸陰。

〔一四〕道藏七卷本「守清道」作「守静道」，淮南子原道：「是故聖人守清道而抱雌節，因循應變，常後而不先，柔弱以静，舒安以定，攻大礦堅，莫能與之争。」説林有：「聖人者，隨時而舉事，因資而立功。」

慧定案：資，憑藉，這裏指時。清道，清静之道。拘，執持。雌節，柔弱。俞樾讀文子説，拘從淮南子作「抱」。不必也。文子原作「拘」，御覽卷四〇一引作「聖人隨時而舉事，因資而立功，守清道拘雌節，因循而應變，常後而不先」。功大靡堅，道藏輯要作「攻大靡堅」，叢刊本作「大堅固」，刻脱「功」字。纘義和七卷本同道藏本，以上第九章。

杜道堅纘義：「事至而應，道貴得中，過與不及，皆能害事。惟先後不失其時，則中道得而凡事濟矣。是以聖人出處以時，先後有度。夫我不失於制人，則人亦不能制我也。」

老子［文子］曰：機械之心藏於中，即純白之不粹，神德不全於身者，不知何遠之能壞［懷］〔一〕，欲害之心忘乎中者，即飢虎可尾也，而況於人乎〔二〕？體道者佚而不窮，任數者勞而無功〔三〕。夫法刻刑誅者，非帝王之業也，箠策繁用者，非致遠之御也，好憎繁多，禍乃相隨〔四〕。故先王之法非所作也，所因也，其禁誅非所爲也，所守也〔五〕，故能因即大，作即細，能守即固，爲即敗〔六〕。夫任耳目以聽視者，勞心而不明，以智慮爲治者，苦心而無功〔七〕。任一人之材難以至治，一人之能不足以治三畝之宅，循道理之數，因天地自然，即六合不足均也〔八〕。聽失於非譽，目淫於彩色，禮亶不足以放愛，誠心可以懷遠〔九〕。故兵莫憯乎志，鏌鋣爲下，冠莫大於陰陽，而枹鼓爲細〔一〇〕。所謂大冠伏尸不言節，中冠藏於山，小冠遯於民間〔一一〕。故曰：「民多智能，奇物滋起，法令滋章，盜賊多有。」〔一二〕去彼取此，天殃不起〔一三〕，「故以智治國，國之賊，不以智治國，國之德。」〔一四〕夫無形大，有形細，無形多，有形少，無形强，有形弱，無形實，有形虛，有形者遂事也，無形者作始也。遂事者成器也，作始者樸也〔一五〕。有形則有聲，無形則無聲；有形產於無形，故無形者有形之始也〔一六〕。廣厚有名，有名者貴全也，儉薄無名，無名者賤輕也；殷富有名，有名尊寵也，貧寡無名，無名者卑辱也；雄牡有名，有名者章明也，雌牝無名，無名者隱約也；有餘者有名，有名者高賢也，不足者無名，無名者任下也。有功即有名，無功即無名，有名產於無名，無名者有名之母也〔一七〕。夫道有無相生也，難易相成也，是以聖人執道，虛靜微妙，以成其德〔一八〕。故有道即有德，有德即有功，有功即有名，有名即復歸於道，功名長久，終身無咎〔一九〕。王公有功名，孤寡無功名，故曰：「聖人自謂孤寡」，歸其根本〔二〇〕。功成而不有，故有功以爲利，無名以爲用〔二一〕。古者民童蒙，不知東西，貌不離情〔二二〕，言不出行，行出無容，言而不文〔二三〕。其衣煖而無采，其兵鈍而無刃〔二四〕，行蹪蹪，視瞑瞑〔二五〕，鑿井而飲，耕田而食，不布施，不求德，高下不相傾，長短不相形〔二六〕。風齊於俗可隨也，事周於能易爲也〔二七〕。矜僞以惑世，軻行以迷衆，聖人不以爲民俗〔二八〕。

〔一一〕纘義本和道藏七卷本，「壞」作「懷」。淮南子原道作「懷」。本書上禮：「羣臣推上意而壞常。」淮南子覽冥：「羣臣準上意而懷當。」「壞」作「懷」。又本書微明：「中世守德而不懷」，淮南子繆稱：「中世守德而弗壞也。」「懷」作「壞」。壞、懷均從哀聲，故可通假也。機械之心，猶巧詐之心。九守曰：「機械智巧，不載於心。」下德曰：「機械詐僞，莫載乎心。」莊子天地云，有機械者，必有機事，有機事者，必有機心，機心存於胸中，則純白不備，純白不備，則神生不定，神生不定者，道之所不載也。據纘義和道藏七卷本作「懷」，懷，歸，來。淮南子原道作「故機械之心藏於胸中，則純白不粹，神德不全；在身者不知，何遠之所能懷。」高誘注：「懷，來也。」

〔二〕尾，追隨於後，謂無欲害之心，飢虎可隨後不害，況人能害之乎，淮南子原道作「何況狗馬之類乎」，誤矣。

〔三〕淮南子原道同此。佚，逸。數，計謀。體道者機械詐僞莫載於心，與道化治人，故逸而不窮。反之，則勞而無功。

〔四〕淮南子原道：「夫峭法刻誅者，非霸王之業也，箠策繁用者，非致遠之術也。」「憂悲多恚，病乃成積，好憎繁多，禍乃相隨。」法刻刑誅，嚴刑峻法。箠策，馬鞭。

〔五〕淮南子齊俗：「故先王之法籍，非所作也，其所因也，其禁誅，非所爲也，其所守也。」法，常則。作，興起，興造。因，依循。管子心術：「因也者，舍己而以物爲法者也。」此謂聖人之法，不是作爲，而是因守。

〔六〕淮南子泰族：「故因則大，化則細矣。」注：「能循則必大也，化而欲作則小矣。」慎子因循：「天道因則大，化則細。因也者，因人之情也，人莫不自爲也，化而使之爲我，則莫可得而用矣。」老子曰：「以守則固」，「爲者敗之」，大、細、固、敗，指社會效果的大小，成敗。

杜道堅纘義：「執機械，逐飢虎，幾不免虎口之患，惟我無機心，虎亦無傷焉。是故體道者佚，任數者勞，天下之理有不難見，易則易知，簡則易從。夫法無刑誅之刻，則易於治御，無箠策之繁，則能致遠，是以先王之法，因而不作，禁非止惡，守而不爲，故可以成久大之業也。」

〔七〕淮南子原道「勞心」作「勞神」。耳目視聽不免役於物，勞心惑神則不明，任智數爲治者，勞而無功，故體道者，不聽而聰，不視而明，無心而爲，不慮而成。

〔八〕纘義本、道藏七卷本，「至治」作「致治」。淮南子原道：「故任一人之能，不足以治三畝之宅也，脩道理之數，因天地之自然，則六合不足均也。」高誘注：「均，平也。」材，才。三畝之宅，指一家人。因天地自然，道藏七卷本作「因天地之然」。淮南子原道作「因天地之自然」。六合，上下四方。泛指天下。均，齊平也。

〔九〕纘義本「彩色」作「采色」，「放愛」作「防愛」。道藏七卷本「亶」作「亶」，誤也。「放愛」作「效愛」，通假也。淮南子齊俗：「聽失於誹譽，而目淫於采色。」「故禮豐不足以效愛，而誠心可以懷遠。」淫，亂。亶，誠信，厚也。放，效也。纘義作「防」，誤矣；道藏七卷本作「效」。誠心，神德全於身也。

〔一〇〕莊子庚桑楚：「兵莫憯於志，鏌鋣爲下，寇莫大於陰陽，無所逃於天地之間。非陰陽賊之，心則使之也。」成玄英疏：「兵戈鋒刃之徒，鏌鋣，良劍也。夫憯毒傷害莫甚乎心，心志所緣，不疾而速，故其爲損害甚於鏌鋣，以此較量，劍戟爲下。」淮南子主術：「兵莫憯於志，而莫邪爲下，寇莫大於陰陽，而枹鼓爲小。」高誘注：「小，細。憯，猶利也。以智意精誠伐人爲利。老子曰：『重積德則無不克。』以莫邪爲下也。寇，亦兵也。推陰陽虛實之道爲大，故以枹鼓爲小也。」憯，亦作「慘」，慘毒。志，在心爲志，即心志。鏌鋣，良劍名。吳越春秋云，吳王闔閭使干將造劍，劍有二狀，一曰干將，二曰莫邪。冠，即「寇」，敵也。枹鼓，也作「桴鼓」。鼓槌和鼓，古兵器。細，小。此謂心志慘毒。甚於兵器。

〔一一〕伏尸，橫尸在地，國策魏策：「伏尸百萬，流血千里」。遯，同「遁」。遁，逃避。纘義本「遯」作「藏」。

〔一二〕老子五十七章：「人多伎巧，奇物滋起，法令滋彰，盜賊多有。」傅奕古本篇作「民多知慧」。帛書本「法令」作「法物」。

〔一三〕彼，指智、法。此，指清静。天殃，天禍。黄帝四經經法四度：「雖無成功，亦無天殃。」經法國次：「過極失當，天將降殃。」

〔一四〕此引老子六十五章語。德作「福」。杜道堅纘義：「視聽勞則心不明，智慮重則事不理，任一人之材，而求爲治也難矣，志誠心可以懷遠，衆力可以成功，即天合不足均也。夫病乎身者陰陽寇之，賊乎國者奸宄寇之，不以智爲治乃爲國之福。」

〔一五〕老子二十八章：「樸散則爲器。」王弼注：「樸，真也。真散則百行出，殊類生者，器也。」又三十二章：「始制有名。」王弼注：「始制，謂樸散也。」遂事，徐靈府注曰：本乎無形，莫知其名，因物命名，曰遂事也。作始，老子曰：無名者萬物之始也，樸散則爲器，作始者樸也。

〔一六〕有聲，即有名有形。精誠：「無形者不動，不動者無言也，無言者即静而無聲。」故無形者有形之始，有形即有名。

〔一七〕纘義本和道藏七卷本均作「有名者尊寵也。」此脱「者」字。廣厚，殷富，雄牡，有餘，世之美名，俗者所貴。體道者貴清静，守謙卑，執德不遷。高以下爲基也，故無名者有名之母也。

〔一八〕名者跡著，名乃生也，無者跡微，非名所及也，世俗以有功爲美名，道以無名爲德，老子二章曰：「有無之相生也，難易之相成也，恒也。」故聖人執道以成其德。韓非子解老：「德者，道之功。」

〔一九〕無機械之心，全純粹之德，道德既修，功名自有，有非我有而自有也，即復歸無名之道，如此功名保全，終身無殃。杜道堅纘義：「天下之物無生有，有生無，故無形爲有形之始。道無名，物有名，而無名乃有名之母也。知名與身孰親，身與貨孰多，則名不必高，貨不必厚。是以聖人執道以成其德，功成身退，自古及今，其名不去。」

〔二〇〕孤寡，侯王之謙稱，王公立功名，而不自以爲有功名，故稱「孤寡」，守雌柔復純樸之本。老子四十二章曰：「人之所惡，唯孤寡不穀，而王公以爲稱。」又三十九章曰：「侯王無以貴高將恐蹶，故貴以賤爲本，高以下爲基，是以侯王自謂孤寡不穀，此非以賤爲本邪？非乎？」

〔二一〕老子三十四章：「功成不名有。」處盈而貴虚，功名而不有，唯有道者能此。此老子曰：「有之以爲利，無之以爲用也。」（十一章）

〔二二〕童蒙，愚昧。賈誼道術：「亟見窕察謂之慧，反慧爲童。」蒙，昧也。貌，指形也。貌不離情，謂形與神合，和順之至。纘義本和道藏七卷本「不知東西」作「不知西東」。

〔二三〕不出，齊一也。行出，道藏七卷本作「行步」。容，儀容也。文，文飾也。此謂言與行一，動與道合，尚質樸而不文飾。賈誼新書容經：行容：「行以微磬之容，臂不搖掉，肩不上下，身似不則（側），從容而任。」此爲行出有容，謂之「行容」。

〔二四〕纘義本和道藏七卷本作「衣致煖」，有「致」字。道藏七卷本「采」作「綵」。淮南子齊俗：「古者民童蒙，不知東西，貌不羨乎情，而言不溢乎行，其衣致煖而無文，其兵戈銖而無刃。」煖，温。采，文彩。兵鈍而無刃，謂不治凶器。

〔二五〕本書精誠：「其民童蒙，不知西東，視瞑瞑，行蹎蹎，侗然自得，莫知其所由。」蹎蹎，質重貌，瞑瞑，視不審貌。莊子馬蹄：「其行填填，其視顛顛。」郭注曰：「此自足於内，無所求及之貌。」成疏云：「填填，滿足之心，顛顛，高直之貌。填填而處無爲，自不外求，顛顛而遊於虚淡。」淮南子覽冥：「其行蹎蹎，其視瞑瞑，侗然皆得其和，莫知所由生。」高誘注：「蹎，讀填寘之填。」

〔二六〕鑿，道藏七卷本和叢刊本作「立」。高下不相傾，長短不相形，謂無高下，長短，各自足也。老子二章：「長短之相形，高下之相傾。」這已有形有名，已知東西。淮南子齊俗：「古者民童蒙……鑿井而飲，耕田而食，無所施其美，亦不求得……及至禮義之生……故高下之相傾也，短修之相形也，亦明矣。」

〔二七〕隨，順也。謂風俗齊一而順。周，遍也。易，簡也。謂事簡易爲也。淮南子齊俗：「故行齊於俗，可隨也，事周於能，易爲也。」

〔二八〕矜，自以爲是。矜僞，以詐僞爲事。通玄真經纘義釋音：「軻，音可，志不平貌。」軻行，轗軻之行，即坎坷之行，指行爲不平正。淮南子齊俗：「矜僞以惑世，伉行以違衆，聖人不以爲民俗。」又：「敖世輕物，不汙於俗，士之伉行也。」

慧定案：以上第七章。

杜道堅纘義：「古者民童蒙，不知西東，言無文，衣無綵，耕食鑿飲，不施不求，各足於己。是故王公大人，自稱孤寡而有道者，不以名殺身，不以政事殺民，不以貨財殺子，不以學術殺天下後世，不以功名利禄累其心，孰肯以矜僞惑世，軻行迷衆者哉。」

文子校釋卷第二

精誠[一]

老子[文子]曰：天致其高，地致其厚，日月照，列星朗，陰陽和，非有爲焉，正其道而物自然[二]。陰陽四時非生萬物也，雨露時降非養草木也，神明接，陰陽和，萬物生矣[三]。夫道者，藏精於内，棲神於心，静漠恬惔，悦穆胸中，廓然無形，寂然無聲[四]，官府若無事，朝廷若無人，無隱士，無逸民，無勞役，無冤刑[五]，天下莫不仰上之德，象主之旨，絶國殊俗，莫不重譯而至，非家至而人見之也，推其誠心，施之天下而已[六]。故賞善罰暴者正令也，其所以能行者精誠也，令雖明而不能獨行，必待精誠[七]，故總道以被民而民弗從者，精誠弗至也[八]。

〔一〕徐靈府曰：精者，明也；誠者，信也。誠者，天之性也；精者，人之明也。誠以志之，明以辯之，非天下至誠，安能盡人物之性，合天地之德。故曰：不精不誠，不能動人。斯之謂也。

朱弁曰：精者，研幾至性，誠者，全素至明，濟此二名，則可感於物，通於道也。

慧定案：莊子漁父：「真者，精誠之至也，不精不誠，不能動人。」精誠感物，通於道也。

〔二〕致，得也。其，指道。有爲，與「無爲」相對，謂用已而背自然。正其道，即道正。上仁云：「道正在於剛柔之間。」淮南子泰族作「天致其高，地致其厚，月照其夜，日照其晝，陰陽化，列星朗，非其道而物自然」。正其道作「非其道」，誤矣。

〔三〕淮南子泰族同此。「陰陽四時」前有「故」，「萬物生矣」前有連接詞「而」。非生，謂無心於生。非養，同此。神明，猶陰陽也。此謂陰陽四時，雨露時降，非有心生養萬物，是陰陽交接調和，四時不得不順，萬物不得不生，此即正其道而物自然。

〔四〕淮南子泰族「悦穆胸中」作「訟繆胸中」。注：「訟，容也。繆，静也。」

慧定案：「訟」乃「説」之誤，「説」古「悦」字。「繆」與「穆」同。「説繆胸中」，不改其樂也。棲，同「栖」，居處。栖神，即棲真，藏栖精神，即保其根本。穆，和悦。廓然，空虛貌。

〔五〕淮南子泰族：「聖主在上，廓然無形，寂然無聲，官府若無事，朝廷若無人，無隱士，無軼民，無勞役，無冤刑。」逸民，指遁世隱居者。此言治與道合，事不煩，政不苛，刑不濫，各司有職，百官之事，各有所攷，無爲而治也。荀子强國：「佚而治，約而詳，不煩而功，治之至也。」

〔六〕淮南子泰族：「四海之内，莫不仰上之德，象主之指，夷狄之國，重譯而至，非户辯而家説之也，推其誠心，施之天下而已矣。」

文選還舊園作見顔范二中書李善注引「絶國殊俗」，作「殊方偏國」。象，法也。絶國，邊遠之國。殊俗，不同風俗。

譯，説文譯，傳四夷之言者。即今謂翻譯。重譯，輾轉翻譯，此謂絶國語異俗殊，輾轉相告而來也。非家至而人見之，非親自家喻户曉，使人人知之。淮南子泰族作「非户辯而家説之也」。推其誠心，以精誠之心待人。

〔七〕淮南子泰族：「賞善罰暴者，政令也，其所以能行者，精誠也。故弩雖强，不能獨中，令雖明，不能獨行，必自精氣所以與之施道。」正令，政令。精誠，明信。非明與信，雖有政令，不能賞善伐暴也。

〔八〕慧定案：道藏七卷本作「故總道以被民弗從者，精誠不包也」。淮南子泰族作「故攄道以被民而民弗從者，誠心弗施也」。總道，凡道。被，服也。此謂凡以道服民而民不從者，是不至誠故也。

以上第一章。

杜道堅纘義：「古之聖人，官天地，府萬物，藏精存誠，無形無聲，正其道而任物之自然。當是時也，朝無倖臣，野無遺逸，國無遊民，干戈不起，勞役不興，四民樂業，故不待家至人曉，而坐致隆平。」

老子〔文子〕曰：天設日月，列星辰，張四時，調陰陽；日以暴之，夜以息之，風以乾之，雨露以濡之；其生物也，莫見其所養而萬物長，其殺物也，莫見其所喪而萬物亡，此謂神明〔一〕。是故聖人象之，其起福也，不見其所以而福起，其除禍也，不見其所由而禍除〔二〕，稽之不得，察之不虛，日計不足，歲計有餘，寂然無聲，一言而大動天下，是以天心動化者也〔三〕。故精誠內形，氣動於天，景星見，黄龍下，鳳凰至，醴泉出，嘉穀生，河不滿溢，海不波涌〔四〕。逆天暴物，即日月薄蝕，五星失行，四時相乘，晝冥宵光，山崩川涸，冬雷夏霜〔五〕。

天之與人，有以相通〔六〕，故國之殂亡也，天文變，世俗亂，虹蜺見〔七〕。萬物有以相連，精氣有以相薄，故神明之事，不可以智巧爲也，不可以强力致也〔八〕。故大人與天地合德，與日月合明，與鬼神合靈，與四時合信，懷天心，抱地氣，執沖含和，不下堂而行四海，變易習俗，民化遷善，若出諸己，能以神化者也〔九〕。

〔一〕設，施陳也。列，次序。張，陳設。調，和。暴，曬。息，蕃殖。乾，燥。濡，濕潤。神明，變化不測之必然。朱弁注：不測其由之謂神，變化必然之謂明。淮南子泰族同。莊子齊物論：「勞神明爲一，而不知其同也，謂之朝三。」郭注：「若勞神明以求一，而不知其本同也，是囿於目前之一隅，與朝三之説何異乎！」成玄英疏：「夫玄道妙一，常湛凝然，非由心智謀度，而後不二。而愚者勞役神明，邂逅言辯，而求一者，與彼不一無以異矣，不足類也。不知至理，理自混同，豈俟措心，方稱不二耶？」

〔二〕淮南子泰族：「聖人象之，故其起福也，不見其所由而福起，其除禍也，不見其所以而禍除。」象之，指法神明，即法天也。起，興也。尸子貴言：「天地之道，莫見其所以長物而物長，莫見其所以亡物而物亡，聖人之道亦然，其興福也，人莫之見而福興矣，其除禍也，人莫之知而禍除矣。」

〔三〕淮南子泰族：「遠之則邇，延之則疏，稽之弗得，察之不虚，日計無算，歲計有餘。……故易曰：『鳴鶴在陰，其子和之。』高宗諒闇，三年不言。四海之内，寂然無聲。一言聲然，大動天下，是以天心呿唫者也。」慧定案：淮南子因襲文子增益事例，潤色其辭，此引易，下引詩，以實其義。稽，攷也。攷禍福的興除，不得其所以。不虚，謂有禍福之實。日計不足，歲計有餘，謂興利除害，日不見其功，歲則見其績也。一言，謂聖人法天，處無爲之事，行不言之教，言則不失信，一言聲聞於外，天下動應也。或指精誠，不精不誠，不能動人。故精誠而動天下。天心，誠心，誠者天之性。子匯本作「無心」。莊子庚桑楚：「今吾日計之而不足，歲計之而有餘。」郭注：「夫與四時俱者，無近功。」陸德明釋文：「日計之而不足，向云：無旦夕小利也。歲計之而有餘，向云：順時而大穰也。」成玄英疏：「今我日計利益不足稱，以歲計至功其有餘。蓋賢聖之人，與四時合度無近功，故日計不足，有遠德，故歲計有餘。」淮南子俶真：「其道可以大美興，而難以算計舉也。是故日計之不足，而歲計之有餘。」高誘注：「言天地萬物，但可以大美興而育之，難以算計具也。以限計之，故有餘也，辟若梅矣，百梅足以爲百人酸，一梅不足爲百人酸也。」

〔四〕淮南子泰族：「故聖人者，懷天心，聲然能動化天下者也。故精誠感於內，形氣動於天，則景星見，黃龍下，祥鳳至，醴泉出，嘉穀生，河不滿溢，海不溶波。故詩云：『懷柔百神，及河嶠嶽。』」精誠內形，即下章「精誠形於內」。氣動於天，神氣動於天也。下文十章：「精誠發於內，神氣動於天也。」景星，德星也。史記天官書：「天晴而見景星。」論衡指瑞：「四氣和爲景星。」文選東征賦：「精誠通於明神。」李善注引文子：「精誠通於形，動氣於天。」御覽卷七引作「精誠內形，氣動於天，則景星見」。見，現也。黃龍，鳳凰，相傳爲祥瑞之物。醴泉，甘泉也。嘉穀，乾熟的美穀。波涌，也作「波湧」。

〔五〕淮南子泰族：「逆天暴物，則日月薄蝕，五星失行，四時干乖，晝冥宵光，山崩川涸，冬雷夏霜，詩曰：『正月繁霜，我心尤傷。』天之與人，有以相通也。」暴物，糟蹋物。薄，迫也。日月薄蝕，指日食月食。乘，作「乖」是也。晝冥，白天昏暗。宵光，夜裏光明。覽冥作「晝冥宵明」。涸，枯竭。

〔六〕天之與人，天人之間。謂天人相通，氣類相感。

〔七〕淮南子泰族：「故國危亡而天文變，世惑亂而虹蜺見。」殂，死也。道藏七卷本和叢刊本作「詛」。世俗亂，道藏七卷本作「世惑亂」，叢刊本作「世或亂」。或，惑，相通。虹蜺，見道原一章二十一注。

〔八〕淮南子泰族：「萬物有以相連，精祲有以相蕩也，故神明之事，不可以智巧爲也，不可以筋力致也。」管子内業：「凡物之精，此則爲生，下生五穀，上爲列星，流於天地之間，謂之鬼神，藏於胸中，謂之聖人。……是故此氣也，不可止以力，而可安以德，不可呼以聲，而可迎以音，敬守勿失，是謂成德，德成而智出，萬物果得。」韓非子解老：「凡德者，以無爲集，以無欲成，以不思安，以不用固。」

〔九〕淮南子泰族：「故大人者，與天地合德，日月合明，鬼神合靈，與四時合信。故聖人懷天氣，抱天心，執中含和，不下廟堂而衍四海，變習易俗，民化而遷善，若性諸己，能以神化也。詩云：『神之聽之，終和且平。』」慧定案：易乾卦文言：「夫大人者，與天地合其德，與日月合其明，與四時合其序，與鬼神合其吉凶。」下文十二章曰：「誠通其道而達其意，雖無一言，天下萬民禽獸鬼神與之變化，故太上神化。」神化，自然之化。

以上第二章。

杜道堅纘義：「天人一氣，隱顯相通，和氣致祥，沴氣致殃，未有不由人主者也。故夫逆天暴物，悖道敗德，皇天震怒，禍亦隨之，有如成王悔過，偃禾返風，宋君一言，火星退舍，是皆精誠格天，轉禍爲祥之徵。」

老子〔文子〕曰：夫人道者，全性保真，不虧其身，遭急迫難，精通乎天，若乃未始出其宗者，何爲而不成〔一〕；死生同域，不可脅淩，又況官天地，府萬物，返造化，含至和，而已未嘗死者也〔二〕。精誠形乎内，而外喻於人心，此不傳之道也〔三〕。聖人在上，懷道而不言，澤及萬民，故不言之教，芒乎大哉！君臣乖心，倍譎見乎天，神氣相應徵矣，此謂不言之辯，不道之道也〔四〕。夫召遠者使無爲焉，親近者言無事焉，唯夜行者能有之〔五〕，故卻走馬以糞，車軌不接於遠方之外，是謂坐馳陸沉〔六〕。夫天道無私就也，無私去也，能者有餘，拙者不足，順之者利，逆之者凶〔七〕。是故以智爲治者難以持國，唯同乎大和而持自然應者，爲能有之〔八〕。

〔一〕淮南子覽冥：「夫全性保真，不虧其身，遭急迫難，精通於天，若乃未始出其宗者，何爲而不成。」高誘注：「精通於天者，謂聖人質成上通，爲天所助。宗者，道之本也。謂性不外逸，生與道同也。」本篇下文又曰：「若未始出其宗，是謂大通。」淮南子高誘注：「宗，本也。若未始有形。」又精神訓：「人大怒破陰，大喜墜陽，大憂內崩，大怖生狂，除穢去累，莫若未始出其宗，乃爲大通。」莊子應帝王記壺子對列子説，鄉吾示之以「地文」、「天壤」、「太沖」、九淵三處，「壺子曰：『鄉吾示之以未始出吾宗。』」郭注：「雖變化無常，而常深根冥極也。」人道，與天道相對。指全生之道和爲人之道。全性保真，又作「全生葆真」。性，與生通。生的根本是身，故道家又稱「全形葆真」。莊子漁父曰：「真者，所以受於天也。」虧其身，虧者不全，即虧生也。呂氏春秋貴生云：「有全生，有虧生，有迫生」，「所謂全生者，六欲皆得其宜也，所謂虧生者，六欲分得其宜也，所謂迫生者，六欲莫得其宜也。」故全生爲上，虧生次之，迫生爲下。若乃，轉接連詞。宗，本。指道。謂遭急迫難，全性保真，不虧其身，精誠於心，性不外逸，與道通同，何爲而不成。

〔二〕死生同域，謂死生齊一。脅，畏迫。淩，侵犯。通「陵」，道藏七卷本作「陵」。官天地，任天地。府，聚。道藏七卷本和叢刊本及淮南子覽冥均作「懷」。莊子德充符：「而況官天地，府萬物，直寓六骸，象耳目，一知之所知，而心未嘗死者乎。」成疏：綱維二儀曰官天地，苞藏宇宙曰府萬物。返造化，造化指陰陽。俞樾讀文子說，返字無義，當作友，友誤作反，又誤作返耳，淮南子覽冥篇正作友造化。己，指己之心。官府兩化，混同萬物，造化含和，視死如生，何嘗死者。

〔三〕淮南子覽冥：「精神形於內，而外諭哀於人心，此不傳之道。」高誘注：「言能以精神哀悲，感傷人心，不可學而得之，故曰不傳之道也。」喻，同「諭」，導，明也。纘義和道藏七卷本作「諭」。不傳之道，即上説之不道之道，凡著於竹帛，鏤於金石，可傳於人者，皆其粗也；精誠之至，神化天下，非可傳也，反己自得而已。杜道堅纘義：「人之生也，受命於天者同，故性無不善。全性保真，不虧其身，精通於天，何爲不成，至若返造化，含至和而未嘗死者，夫是之謂真人。」

〔四〕淮南子覽冥：「故聖人在位，懷道而不言，澤及萬民。羣臣乖心，則背譎見於天，神氣相應徵矣。……所謂不言之辯，不道之道也。」高誘注：「聖人行自然無爲之道，故澤及萬民也。日旁五色氣，在兩邊外出爲背，外向爲譎，內向爲珥，在上外出爲冠。」慧定案：高誘注似有不一。呂氏春秋明理：「其日有鬥蝕，有倍僪，有暈珥。」高誘注：「鬥蝕，兩日共鬥而相食。倍僪暈珥，背日旁之危氣也，在兩旁反出爲倍，在上反出爲僪，在上內向爲冠，兩旁內向爲珥，暈，讀爲君國子民之君，氣圍繞日周匝有似軍營相圍守，故日暈也。」乖，背離。倍，通「背」。譎，乖變。指天象乖變。徵，驗。莊子齊物論：「夫大道不稱，大辯不言，大仁不仁，大廉不嗛，大勇不忮，道昭而不道，言辯而不及……故知止其所不知，至矣。孰知不言之辯，不道之道，若有能知，此之謂天府。」成疏云：誰知言不言之言，道不道之道，以此積辯用兹通物者，可謂合於自然之府藏也。

〔五〕淮南子覽冥：「故召遠者使無爲焉，親近者使無事焉，惟夜行者爲能有之。」高注云，欲致化四夷者，當以無爲，無爲則夷荒自至也，欲親近者，當以無事，無事則近人自親附之。

慧定案：王念孫讀書雜誌云「親近者使無事焉」，「使」當作「言」，無爲，無事，猶今人言無用也。此言使不足以召遠，言不足以親近，惟誠足以動之。王言是。管子形勢：「召遠者使無爲焉，親近者言無事焉，唯夜行者獨有也。」尹知章注：遠使無爲，所以優遠方也，親於近者，貴於恩厚，不在於虚言。夜行，謂陰行其德，則人不與之争，故獨有之也。夜行，謂陰行神化。高誘注曰：「夜行，喻陰行也，陰行神化，故能有天下也。一説，言入道者如夜行，幽冥之中，爲能有召遠親近之道也。」按鶡冠子有夜行篇。

〔六〕淮南子覽冥同，「車軌」前有連詞「而」。高誘注：「『郤走馬以糞』，老子詞也。止馬不以走，但以糞，糞田也，行至德之效也。一説，國君無道，則戎馬生於郊，無車止走馬以糞田也。故兵車之軌，不接遠方之外。兩輪之間爲軌。」語見老子四十六章：「天下有道，郤走馬以糞，天下無道，戎馬生於郊。」郤，驅也。韓非子解老：「凡馬之所以大用者，外供甲兵而内給淫奢也，今有道之君，外希用甲兵，而内禁淫奢，上不事馬於戰鬥逐北，而民不以馬遠通淫物，所積力唯田疇，積力於田疇，必且糞灌，故曰天下有道郤走馬以糞。」又喻老：「天下有道，無急患，則曰静，遽傳不用，故曰郤走馬以糞。」

慧定案：坐馳陸沉，高誘注曰：「言坐行神化，疾於馳傳，沈浮冥明，與道合也。」坐馳，神馳，謂身形不動而心馳於外。莊子人間世：「絶跡易，無行地難，爲人使易以僞，爲天使難以僞……瞻彼闋者，虚室生白，吉祥止止，夫且不止，是之謂坐馳。」陸沉，亦作「陸沈」。陸地無水而沉，比喻不爲人知。莊子則陽：「其口雖言，其心未嘗言，方且與世違，而心不屑與之俱，是陸沉者也。」御覽卷五十六引此三句同。

〔七〕纘義本和道藏七卷本，無「夫」字。淮南子覽冥作「夫道者，無私就也，無私去也，能者有餘，拙者不足，順之者利，逆之者凶」。高誘注：「天道無私就去，能行道，功有餘也。」夫天道不仁，無親疏之別，無去就之私，無欲則有餘，有欲則不贍，夫唯無私無爲，故無利無功，理合自然者利，逆之者凶。老子曰：「知常曰明，不知常，妄作，凶。」（十六章）莊子曰：「天有六極五常，帝王順之則治，逆之則凶。」注：「天假學可變，而天性不可逆也。」成玄英疏：「夫帝王者，上符天道，下順蒼生，垂拱無爲，因循任物，則天下治矣。而逆萬國之歡心，乖二儀之和氣，所作凶勃，則禍亂生也。」

〔八〕淮南子覽冥：「故以智爲治者，難以持國，唯通於太和，而持自然之應者，爲能有之。」高誘注：「能有持國之術。」大和，即太和，陰陽二氣對立統一的和氣，也即道也。正蒙太和：「太和所謂道，中涵浮沉、升降、動靜相感之性，是生絪緼相蕩，勝負、屈伸之始。」

慧定案：以上三章。

杜道堅纘義：「聖人懷道，澤及民祥，可見也；君臣乖心，見乎天殃，可見也，遠者無爲，近者無事，神氣應徵，有不待召而至矣。無私就，無私去，有餘不足，同乎大和，不言之教，自然而已。」

老子〔文子〕曰：夫道之與德，若韋之與革，遠之即近，近之即疏，稽之不得，察之不虛〔一〕。是故聖人若鏡，不將不迎，應而不藏，萬物而不傷〔二〕。其得之也，乃失之也，其失之也，乃得之也〔三〕，故通於大和者，暗若醇醉而甘卧以遊其中，若未始出其宗，是謂大通〔四〕，此假不用能成其用也〔五〕。

〔一〕淮南子覽冥作「夫道之與德，若韋之與革，遠之則邇，近之則遠」。韋，皮革之製成柔軟者，所謂熟皮。革，獸皮去毛者，所謂生皮。淮南子覽冥高誘注：「革之質象道，韋之質象德。」道與德的關係，如同原始的皮革和皮革的加工品，其本質相同。賈誼道德説：「道，冰疑而爲德。」管子心術：「故道之與德無間，故言之者不别也。」俞樾讀文子曰：「遠之即近，本作遠之即爾。淮南子覽冥篇作遠之則邇是其證也。惟淮南下句作近之則遠，則又失之，蓋淺人不達爾字之義而臆改也。爾之言昵也，書高宗肜日篇典祀爾豐於昵，馬注曰：昵謂禰廟也。按禰廟者，近廟也，故亦謂之昵。一聲之轉，義得通也。遠之則爾，猶曰遠之則昵也，故與疏爲對文，言近不可得昵，遠不可得而疏也。今文子改爾爲近，而幸存疏字，淮南改疏爲遠，而幸存爾字。」察之不虛，察之是實。

參見二章注三。

〔二〕文選初去郡李善注引同前二句。纘義本和道藏七卷本「萬物」下無「而」字。

淮南子覽冥：「故聖若鏡，不將不迎，應而不藏，故萬化而無傷。」高誘注：「將，送也。應，猶隨也。謂鏡隨人形，好醜不自藏匿者也。」

莊子應帝王：「至人之用心若鏡，不將不迎，應而不藏，故能勝物而不傷。」郭注：「鑒物而無情。來即應，去則止。物來乃鑒，鑒不以心，故雖天下之廣，而無勞神之累。」成玄英疏：「夫懸鏡高堂，物來斯照，至人虛應，其義亦然。將，送也。夫物有去來，而鏡無迎送，來者即照，必不隱藏，亦猶聖智虛凝，無幽不燭，物感斯應，應不以心，既無將迎，豈有情於隱匿哉。夫物有生滅，而鏡無隱顯，故常能照物，而物不能傷，亦由聖人，德合二儀，明齊三景，鑒照遐廣，覆載無偏，用心不勞，故無損害，爲其勝物，是以不傷。」又知北遊：「無有所將，無有所迎。」

成疏：「聖人如鏡，不送不迎。」又大宗師：「其名物，無不將也，無不迎也。」成疏：「將，送也。」不將，不送。不將不迎，謂物來則應，物去則静，故下文云應物而不藏其形，萬物無傷也。

〔三〕淮南子覽冥：「其得之，乃失之，其失之，非乃得之也。」多一「非」字。高誘注：「自謂得，乃失道者也，自謂失道，未必不得道也。」有得有失乃失道，無得無失是得道。

〔四〕淮南子覽冥：「故通於太和者，惛若純醉，而甘卧以遊其中，而不知其所由至也，純温以淪，鈍悶以終，若未始出其宗，是謂大通。」高誘注：「太和，謂等死生之和，齊窮達之端。其中，道之中也。不自知所至此也。」「宗，本也，若未有其形。」大和，見上章注八，暗，昏也。其中，道之中也。大通，莊子秋水：「始於玄冥，反於大通。」郭注：「言其無不至也。」成疏：玄冥，妙本也，大通，應跡也。……始於玄極而其道杳冥，反於域中而大通於物也。

〔五〕淮南子覽冥：「此假弗用而能以成其用者也。」高誘注：「弗用，無爲。」假，因也。莊子大宗師：「假於異物，託於同體。」郭注：假，因也。人間世曰：「人皆知有用之用，而莫知無用之用也。」又齊物論：「唯達者知通爲一，爲是不用，而寓諸庸，庸也者，用也，用也者，通也，通也者，得也。」又知北遊曰：「是用之者，假不用者也。」

慧定案：以上第四章。

杜道堅纘義：「道遵德貴，異名同出，存乎吾心，不從外得，生之畜之，不無不有。聖人之心，有如明鏡，物來則應，物去則静，舍乎精誠，純乎道德，不爲何敗，不執何失，若未始出其宗，則鬼神不能識。」

老子〔文子〕曰：昔黄帝之治天下〔一〕，調日月之行，治陰陽之氣，節四時之度，正律曆之數，别男女，明上下〔二〕，使强不掩弱，衆不暴寡〔三〕，民保命而不夭，歲時熟而不凶〔四〕，百官正而無私，上下調而無尤，法令明而不闇，輔佐公而不阿，田者讓畔，道不拾遺，市不預賈[五]，故於此時，日月星辰不失其行，風雨時節五穀豐昌，鳳凰翔於庭，麒麟遊於郊[六]。虙犧氏之王天下也[七]，枕石寢繩，秋殺約冬[八]，負方州，抱員天[九]，陰陽所擁沈滯不通者竅理之，逆氣戾物傷民厚積者絶止之[一〇]，其民童蒙不知西東，視瞑瞑，行蹎蹎[一一]，侗然自得，莫知其所由，浮遊汎然，不知其所本，自養不知所如往[一二]；當此之時，禽獸蟲蛇無不懷其爪牙，藏其螫毒，功揆天地[一三]。至黄帝要繆乎太祖之下[一四]，然而不章其功，不揚其名，隱真人之道，以從天地之固然，何即？道德上通，而智故消滅也[一五]。

〔一〕黄帝四經十大經立命：「昔者黄宗，質始好信，作自爲象，方四面，傅一心，四達自中，前參後參，左參右參，踐位履參，是以能爲天下宗。」黄帝，相傳爲中華民族的祖先。姓公孫，因長居姬水，改姓爲姬，名軒轅，號有熊，時炎帝侵陵，諸侯皆歸軒轅，軒轅乃修德振兵，與炎帝戰於阪泉之野，後蚩尤作亂，又率部落與蚩尤戰於涿鹿之野，禽殺蚩尤，各部落尊其爲天子，是爲黄帝。因其爲天下宗，故又稱黄宗。

〔二〕淮南子覽冥：「昔者黄帝治天下，而力牧、太山稽輔之，以治日月之行律，治陰陽之氣，節四時之度，正律曆之數，別男女，異雌雄，明上下，等貴賤。」高誘注：「行律，律，度也。」調，和。治，理。節，準。律曆，樂律和曆法。別，分別。商君書畫策：「黄帝作爲君臣上下之義，父子兄弟之禮，夫婦配匹之合。」

〔三〕淮南子覽冥同。掩，襲擊，即乘其不備而襲之。暴，殘害。

〔四〕淮南子覽冥：「人民保命而不夭，歲時孰而不凶。」高誘注：「安其性命，不夭折也。不凶，無災害也。」夭，早死。

歲，年之别稱。表示今年某一氣節到明年同一氣節之間的一周年。歲，穀成熟也。凶，不時也。尚書武順：「天有四時，不時曰凶。」

〔五〕淮南子覽冥：「百官正而無私，上下調而無尤，法令明而不闇，輔佐公而不阿，田者不侵畔，漁者不争限，道不拾遺，市不豫賈。」高誘注：「百官正而無私，皆在公也。上下調而無尤，君臣調和，無尤過也。輔佐公而不阿，卿士公正，不立私曲從也。限，曲深處，魚所聚也。」慧定案：文選七命注引「黄帝之化天下，田者讓畔」。道藏七卷本作「豫賈」。尤，過，責怪。輔，相。佐，助。輔佐，指卿相大臣。阿，私也。畔，田界也。賈，坐商。預賈，謂還没有貨物就預先賣買。「田者讓畔」，淮南子作「田者不侵畔」，增「漁者不争限」。預賈，同道藏七卷本作「豫賈」。

〔六〕淮南子覽冥：「於是日月精明，星辰不失其行，風雨時節，五穀登孰，虎狼不妄噬，鷙鳥不妄搏，鳳皇翔於庭，麒麟遊於郊。」高誘注：「翔，猶止也。遊，行也。郊，邑外也。」不失行，謂有次序，運行正常。鳳凰，傳説中的鳥王，雄者叫鳳，雌者叫凰，通稱鳳。翔，回旋而飛。麒麟，亦作「騏驎」，簡稱麟。禮記禮運：「麟鳳龜龍，謂之四靈。」鳳凰翔於庭，麒麟遊於郊，是盛德的表現，吉祥的象徵。以上言黄帝治天下，德化如此。杜道堅纘義：「觀天之道，執天之行，黄帝得之而天下治。異時退捐，天下趨空，同禮下風，見廣成子，問治身奈何？而可以長久。廣成子曰：至道之精，窈窈冥冥，至道之極，昏昏默默，無視無聽，抱神以静，形將自正，必静且清，無勞汝形，無摇汝精，乃可以長久。」

〔七〕淮南子覽冥作「然猶未及虙戲氏之道也」。虙犧氏，即伏羲氏，一作宓羲，又作庖犧、伏戲，亦稱犧皇，皇羲。神話中的人類的始祖，傳説他教民結網，從事漁獵，以備犧牲，故曰宓羲氏。

〔八〕淮南子覽冥：「背方州，抱圓天，和春陽夏，殺秋約冬，枕方寢繩。」高誘注：「方州，地也。方，榘，四寸也。」枕石，以石枕頭。道藏七卷本石作「方」。繩，草含實曰繩。此謂睡在草上，頭枕在石上。秋，穀熟曰秋，殺，獲也。約，儉也。荀子榮辱：「約者，有筐篋之藏。」秋殺約冬，即秋收冬藏也。

〔九〕老子：「萬物負陰而抱陽。」州，水周繞其旁的陸地。方州，指地，員，同圓。古人認爲天圓地方。文子也是。自然：「天員而無端，故不得觀，地方而無涯，故莫窺其門。」有道者法天地，體員而法方，背陰而抱陽。

〔一〇〕淮南子覽冥：「陰陽之所壅沈不通者，竅理之，逆風戾物傷民厚積者，絶止之。」高誘注：「逆氣，亂氣也，傷害民物之積財，故絶止之。」擁，通「壅」。壅塞，障蔽。沈滯，凝積不通。竅，貫通也。逆氣，氣亂不順。戾，暴也。俶真：「神農、黄帝，剖判大宗，竅領天地。」高誘注：「竅，通也。領，理也。」又本書上禮：「領理隱密，自成純樸……覈領天下，紀綱四時。」「其作書也，以領理百事。」

〔一一〕見道原十章二二和二五注。

〔一二〕侗然，童蒙之貌。莊子庚桑楚：「能脩然乎？能侗然乎？」郭注：「無停跡也，無節礙也。」成疏：「往來無繫止，順物無心也。」浮遊，漫遊。泛，浮貌。自養，道藏七卷本作「罔養」，模棱兩可。俞樾讀文子云：浮遊泛然不知所本，自養不知所如往，本乃求字之誤，淮南覽冥篇作「浮不知所求」，是也。泛然二字，淮南所無，當爲衍文，自養當爲罔養，後漢書馬嚴傳注曰，罔養猶依違也。本疊韻字，莊子天地篇之罔象，楚辭哀時命之罔兩，并字異而義同。如字衍文。浮遊不知所求，罔養不知所往，浮求爲韻，養往爲韻，二句乃韻語也。淮南作浮遊不知所求，魍魎不知所往，罔兩二字皆從鬼，此寫者誤增，蓋淺人以爲是不逢不若之義，而不知浮遊罔兩皆形容當時之民之不識不知，非謂魑魅魍魎莫能逢之也。

〔一三〕淮南子覽冥："當此之時，禽獸蝮蛇無不匿其爪牙，藏其螫毒，無有攫噬之心，考其功烈，上際九天，下契黄壚，名聲被後世，光暉重萬物。"懷，藏也。螫，蟲行毒也。螫毒，毒害。揆，度也。

〔一四〕淮南子覽冥作"宓穆休於太祖之下"。高誘注："宓，寧。穆，和。休，息也。太祖，道之太宗也。"要繆，道藏七卷本朱弁注："要繆，卑小之貌。對先祖尊稱。疑此即指太昊伏羲氏。言黄帝卑小乎伏羲之下。"

〔一五〕慧定案：商君書畫策："黄帝作爲君臣上下之義，父子兄弟之禮，夫婦妃匹之合，内行刀鋸，外用甲兵。"是黄帝明上下，别男女，行法令，則跡已著，功已彰，名已揚，然其不彰其功，不揚其名，馮真人之道，隨自然之固理也。章，通"彰"，顯明。淮南子高誘注："隱，藏也。真人，真德之人，固自然也。"真人，道原四章注八。智故，巧詐。莊子刻意："去知與故，循天之理。"成疏："循順也，内去心知，外忘事故，如混沌之無爲，順自然之妙理也。"

以上第五章。

杜道堅纘義："六紀將終，二皇不作，而後天皇氏出，當此之時，大樸散而人事萌，天下始有爲矣。觀象製器，結繩爲網，以伏犧牲，是謂伏犧，冶金爲釜，庖生爲熟，一號庖犧。當是時也，禽獸蟲蛇，懷其爪牙，而不傷人焉。至若造書，契正人倫，功揆天地，而不以爲功，尊曰太昊，不亦宜乎！"

老子〔文子〕曰：天不定，日月無所載，地不定，草木無所立，身不寧，是非無所形〔一〕，是故有真人而後有真智，其所持者不明，何知吾所謂知之非不知與〔二〕？積惠重貨使萬民欣欣，人樂其生者，仁也〔三〕；舉大功，顯令名，體君臣，正上下，明親疏，存危國，繼絶世，立無後者，義也〔四〕；閉九竅，藏志意，棄聰明，反無識，芒然仿佯乎塵垢之外，逍遥乎無事之際，含陰吐陽而與萬物同和者，德也〔五〕；是故道散而爲德，德溢而爲仁義，仁義立而道德廢矣〔六〕。

〔一〕淮南子俶真：「夫天不定，日月無所載，地不定，草木無所植，所立於身者不寧，是非無所形。」高誘注：「載，行也。植，立也。形，見也。」載，乘也，運行之義。文子主天圓地方的蓋天説，認爲天和地一樣是實體。論衡談天：「二十八宿爲日月舍，猶地有郵亭爲長吏廨矣，郵亭著地，亦如星舍著天也。」故曰天不定，日月無所載。立，植。淮南子俶真作「植」。「身不寧」作「所立於身者不寧」。

〔二〕淮南子俶真：「是故有真人然後有真知，其所持者不明，庸詎知吾所謂知之非不知歟！」高誘注：「知不詐，故曰真也。」

慧定案：真智，道藏七卷本朱弁注：去俗之妄知而真知見。淮南子俶真高誘注：知不詐，故曰真也。上章云，真人道德通於上，而智故消滅也。真人體同虚無，德合天地，性於道合，真人不見，真智不生，故有真人而後有真知。持，守。所持者，指標準。標準不確定，則是非之知不定，故曰怎知我所「知」的不是「不知」呢？莊子大宗師：「夫知有所待而後當，其所待者，特未定也，庸詎知吾所謂天之非人乎？所謂人之非天乎？且有真人而後有真知。」郭注：「有待，則無定也。」成玄英疏：「夫知必對境，非境不當，境既生滅不定，知也待奪無常，唯當境知兩忘，能所雙絶者，方能無可無不可，然後可患也已。」郭注：「有真人而後有真知，有真人而後天下之知皆得其真，而不可亂也。」成疏：「夫聖人者，誠能冥真合道，忘我遺物，懷兹聖德，然後有此真知。」莊子齊物論：「庸詎知吾所謂知之非不知邪？庸詎知吾所謂不知之非知邪？」郭注：「魚游於水，水物所同，咸謂之知，然自鳥觀之，則向所謂知者，復爲不知矣。夫蛣蜣之知在於轉丸，而笑蛣蜣者，乃以蘇合爲貴，故所同之知，未可正據。」成玄英疏：「夫物或此知而彼不知，彼知而此不知，魚鳥水陸，即其義也。故知即不知，不知即知，凡庸之人，詎知此理耶？」莊子認爲「知止其所不知至矣」，主張「聖人和之以是非」。文子認爲道德廢，有是非。

〔三〕道藏七卷本「惠」作「慧」。御覽卷四一九引作「積惠重厚使萬物忻忻，其性者仁也」。淮南子俶真：「今夫積惠重厚，纍愛襲恩，以聲華嘔苻，嫗掩萬民百姓，使知之訢訢，然人樂其性者，仁也。」惠，恩惠。賈誼道術：「心省恤人謂之惠。」貨，當爲「厚」之誤。御覽作「厚」。淮南子俶真也作「厚」。萬民，纘義和七卷本均無「萬」字。欣欣，喜貌。通「忻」。纘義和七卷本作「忻忻」，御覽引作「忻忻」。生，性。微明曰：「仁者，積恩之證也。」上仁曰：「仁者，恩之效也。」

〔四〕御覽卷四二一引：「體君臣，正上下，明親疏，存危國，立無後者，義也。」淮南子俶真：「舉大功，立顯名，體君臣，正上下，明親疏，等貴賤，存危國，繼絶世，決挐治煩，興毀宗，立無後者，義也。」令名，好的名聲，淮南子俶真作「立顯名」。體君臣，纘義和七卷本作「禮君臣」，御覽引作「體君臣」。體與禮通，易繫辭「知崇體卑」，集解云，今本體爲禮。繼絶世，猶言續後也。子匯本繼作「序」。道德曰：「正者，義也。」上禮曰：「義者，所以和君臣父子兄弟夫婦人道之際也。」

〔五〕御覽卷四〇三引作「閉九竅，滅志意，棄聰明，反無識，含陰吐陽而與萬物同德也」。淮南子俶真：「閉九竅，藏心志，棄聰明，反無識，芒然仿佯於塵埃之外，而消搖於無事之業，含陰吐陽，而萬物和同者，德也。」九竅，九孔，指眼二、耳二、鼻孔二、口、舌、喉。或指眼二、耳二、鼻孔二、口、前陰尿道、後陰肛門，即陰竅二陽竅七。周禮疾醫：「九竅之變。」鄭玄注：陽竅七，陰竅二。這裏九竅泛指感覺器官。閉九竅，即不以物亂官。志意，即意志。志，詩序：「志之所之也，在心爲志。」意，禮記禮運鄭注：心有所攷慮也。靈樞本神：「心有所憶謂之意。」這裏泛指思攷。藏志意，即不以官亂心。聰明，耳聞目見。反，同「返」。芒然，無知之貌。彷佯，又作「彷徉」，與「彷徨」通。遊散之意。塵垢，塵土和污垢。莊子逍遥遊：「是其塵垢秕糠。」成疏：散爲塵，膩爲垢。此喻細微輕賤的東西。逍遥，徜徉自適。無事，無爲也。際，道藏七卷本和淮南子俶真作「業」。莊子大宗師：「芒然彷徨乎塵垢之外，逍遥乎無爲之業。」郭注：「所謂無爲之業非拱默而已，所謂塵垢之外，非伏於山林也。」成疏：芒然，無知之貌；彷徨、逍遥，皆自得逸豫之名也；塵垢，色聲等有爲之物也……此忘於心智，是以放任於塵累之表，逸豫於清曠之鄉，以此無爲而爲事業也。

〔六〕淮南子俶真同。散，黄帝内經脈要精微論：「陰氣未動，陽氣未散。」王冰注：散謂散布而出也。廢，弛也，舍置也。上禮曰：「循性而行謂之道，得其天性謂之德，性失然後貴仁義，仁義立而道德廢。」與此意相同，謂道德仁義，因依相生，愈來愈離，樸質之道而趨向文華。

慧定案，以上第六章。

杜道堅纘義：「道德之於五常，陰陽之於五行，一也。知日月代明，四時錯行而後歲成，則知人道，道德五常，可相有，不可相無。然則老子曰：『絶聖棄智，絶仁棄義』，何哉？所惡假其名而行之耳，使真有絶棄之心，則道德二篇不言聖人，不言仁義矣。是故有真人而後有真知。」

老子〔文子〕曰：神越者言華，德蕩者行僞〔一〕，至精芒乎中，而言行觀乎外，此不免以身役物也〔二〕。精有愁盡而行無窮極，所守不定而外淫於世俗之風〔三〕，是故聖人內修道術而不外飾仁義，知九竅四肢之宜，而遊乎精神之和，此聖人之遊也〔四〕。

〔一〕淮南子俶真：「是故神越者其言華，德蕩者其行僞。」高誘注：「越，散也。言不守也，故華而不實。蕩，逸。僞，不誠也。」越，散布而出。華，華藻，不實。蕩，流蕩，動散。僞，巧詐。

〔二〕淮南子俶真同。芒，通「亡」，滅，失也。道藏七卷本及淮南子俶真，作「亡」。以身役物，身爲物所驅使。

〔三〕道藏七卷本「所守者不定」，有「者」字。淮南子俶真：「夫趨舍行僞者，爲精求於外也，精有湫盡，而行無窮極，則滑心濁神而惑亂其本矣。其所守者不定，而外淫於世俗之風。」高誘注：「風，化也。」愁，同「揫」。束也。上禮：「外束其形，內愁其德。」朱弁注曰：「愁，猶耗也。」

〔四〕淮南子俶真：「是故聖人內修道術，而不外飾仁義，不知耳目之宣，而遊於精神之和，若然者……此聖人之遊也。」道術，認識事物和處理事情的道路和方法。微明：「見本而知末，執一而應萬，謂之術；居知所爲，行知所之，事知所乘，動知所止，謂之道。」飾，文飾，裝飾。俞樾讀文子云：知九竅四肢之宜，上脱「不」字，當據淮南子。

慧定案：俞説非也。淮南子雜襲莊子德充符：「夫若然者，且不知耳目之所宜，而遊心乎德之和。」

以上第七章。

杜道堅纘義：「道德，五常之祖，有祖而無子孫，不可也，有子孫而不知有祖，可乎？五常，五神也，道德存乎中，則神不越乎外，一失所守，神越言華，德蕩行僞，鮮不喪於物役矣。惟聖人知九竅四支之宜，遊乎精神之和，祖者存，子孫其有不存乎？」

老子〔文子〕曰：若夫聖人之遊也，即動乎至虛，遊心乎大無，馳於方外，行於無門，聽於無聲，視於無形，不拘於世，不繫於俗〔一〕。故聖人所以動天下者，真人不過，賢人所以矯世俗者，聖人不觀〔二〕。夫人拘於世俗，必形繫而神泄，故不免於纍，使我可拘繫者，必其命有在外者矣〔三〕。

〔一〕淮南子俶真：「若夫真人，則動溶于至虛，而遊于滅亡之野，騎蜚廉而從敦圄，馳於方外，休乎宇內。」至虛，謂道。道原曰：「嗜欲不載，虛之至也。」此形象道也。俞樾讀文子據淮南子俶真：「若夫真人則動溶於至虛」，認爲動下脱「容」字。大無，纘義作「太無」，太虛也，與至虛義近。方外，謂超然於世俗之外。與方內相對。莊子大宗師：「孔子曰：彼遊方之外者也，而丘遊方之內者也。」無門，道原二章曰：「行乎無路，遊乎無怠，出乎無門。」行於無門，不知所由也。拘，束也。繫，縛也。

〔二〕道藏七卷本「聖人」「賢人」下有「之」字，作「之所以」，末有「也」字，作「聖人不觀也」。淮南子俶真：「聖人之所以駭天下者，真人未嘗過焉；賢人之所以矯世俗者，聖人未嘗觀焉。」高誘注：「矯，拂也。」莊子外物：「聖人之所以駴天下，神人未嘗過而問焉；賢人所以駴世，聖人未嘗過而問焉。」郭注：「神人，即聖人也。聖言其外，神言其內。」成玄英疏：「駭，驚也。神者，不測之號；聖者，顯跡之名。爲其垂教動人，故不過問。證空爲賢，并照爲聖。從深望淺，故不問之。」不過，謂不過於此。矯，糾正。不觀，謂不觀於是。賢人雖清節高行，但性情外飾，故聖人不觀於是也。

〔三〕淮南子俶真：「夫人之拘於世也，必形繫而神泄，故不免於虛，使我可繫羈者，必其有命在於外也。」高誘注：「形繫者，身形疾而精神越泄，不處其守，故曰不免於虛疾。」泄，泄漏。纍，束縛。命，賈誼道術：「命者，物皆得道德之施以生……非以嗜欲取舍然也，其受此具也，確然有定矣，不可得而辭也，故曰命。」既受束縛，則命不在已矣。

慧定案：以上第八章。

杜道堅纘義：「身不繫於俗，則人不厭我，心不拘於世，則我無厭人，夫是之謂與造物者遊，是以動天地者，真人不過，矯世俗者，聖人不觀，志役於物，形繫而神泄，賢人有不免，況衆人乎！」

老子〔文子〕曰：人主之思，神不馳於胸中，智不出於四域〔一〕，懷其仁誠之心，甘雨以時，五穀蕃殖，春生夏長，秋收冬藏，月省時攷，終歲獻貢〔二〕；養民以公，威厲不誠，法省不煩，教化如神，法寬刑緩，囹圄空虛，天下一俗，莫懷奸心，此聖人之恩也〔三〕。夫上好取而無量，即下貪功而無讓，民貧苦而分爭生，事力勞而無功，智詐萌生，盜賊滋彰，上下相怨，號令不行〔四〕，夫水濁者魚噞，政苛者民亂〔五〕，上多欲即下多詐，上煩擾即下不定，上多求即下交爭，不治其本而救之於末，無以異於鑿渠而止水，抱薪而救火〔六〕。聖人事省而治，求寡而贍，不施而仁，不言而信，不求而得，不爲而成，懷自然，保至真，抱道推誠，天下從之如響之應聲，影之像形，所修者本也〔七〕。

〔一〕淮南子主術：「昔者神農之治天下也，神不馳於胸中，智不出於四域。」高誘注：「言釋神安静，不躁動也。信身在中。」

莊子德充符：「和而不唱，知不出乎四域。」注：「非招而致之，不役思於分外。」思，心也，心之所慮。孟子：「心之官則思。」四域，謂身也。文選陸機賦序：「存夫我者，隆殺止乎其域。」此謂人主不勞神慮，不炫智能，安静不躁，信身在中。

〔二〕淮南子主術：「殖」作「植」，纘義本同作「植」。高誘注：「懷，思。蕃，茂。植，長。」懷其仁誠之心，即上文人主之思也。蕃殖，繁殖。蕃，通「繁」。月省時攷，按時觀察。獻貢，獻功。貢通「功」。淮南子主術作「歲終獻功」。

〔三〕道藏七卷本：「威厲不誠」，「誠」作「誠」。淮南子主術：「養民以公，其民樸重端慤，不分争而財足，不勞形而功成，因天地之資而與之和同，是故威厲而不殺，刑錯而不用，法省而不煩，故其化如神……當此之時，法寬刑緩，囹圄空虚，而天下一俗，莫懷奸心。」高誘注：「端，直也。慤，誠也。省，約也。煩，多也。一俗，一同其俗。」養民以公，兼愛無私也。威厲，謂威容嚴厲。誡，警也。「囹圄」亦作「囹圉」，牢獄。文選魏都賦、聖主得賢臣頌、非有先生論注均引作「法寬刑緩，囹圄空虚」。恩，惠，仁也。

〔四〕淮南子主術：「末世之政則不然，上好取而無量，下貪很而無讓，民貧苦而忿争，事力勞而無功，智詐萌興，盗賊滋彰，上下相怨，號令不行。」分争，忿争，分，通「忿」，怨仇也。號令，傳布命令。指政令也。杜道堅纘義：「車同軌，書同文，天下一俗，賞不僭，刑不濫，四海一心，能如是則人主之思不出四域，而教化如神。上好取而無度，下貪功而不讓，智詐起而民力殘，上下相怨，天地不交，而萬物不通矣。」

〔五〕道藏七卷本作「魚噞喁」，「政苛者」下有「即」字。御覽卷五十八引「魚噞」下有「喁」字。韓詩外傳：「傳曰：『水濁則魚喁，令苛則民亂。』」「噞」作「喁」，「者」作「則」。説苑理政「者」亦作「則」，而羣書治要引同，下「者」字作「即」。淮南子主術：「夫水濁則魚噞，政苛則民亂。」高誘注：「魚短氣出口於水，喘息之喻也。」

〔六〕文選上書諫吴王注引作「不治其本而救其末，無異鑿渠而止水，抱薪而救火」。羣書治要引同，末有「也」字。淮南子主術：「是以上多故則下多詐，上多事則下多態，上煩擾則下不定，上多求則下交争，不直之於本而事之於末，譬猶揚堁而弭塵，抱薪以救火也。」高誘注：「故，詐。不定，不知所從也。堁，塵壓也，楚人謂之堁，堁，動塵之貌。弭，止也。」本，指道德。末，指刑法智詐。

〔七〕羣書治要引同。淮南子主術：「故聖人事省而易治，求寡而易澹，不施而仁，不言而信，不求而得，不爲而成，塊然保真，抱德推誠，天下從之，如響之應聲，景之像形，其所脩者本也。」高誘注：「澹，給。誠，實。詹何曰：『未聞身治而國亂。』故曰：其所修者，本也。」慧定案：「澹」，古「贍」字。贍，富足也。高誘注給也，非也。至真，精誠之至。高注詹何曰：未聞身治而國亂事，觀淮南子詮言，乃襲呂氏春秋執一和列子説符。此「本」，謂「身」也。

以上第九章。

杜道堅纘義：「天垂象，示吉凶，人皆見之，君布令，明賞罰，民皆信之，君其天矣乎？水濁魚噞，政苛民亂，理所必然。是故上多欲則民興詐，上好静則民不争，聖人抱道推誠，天下從之，可謂知本矣。」

老子〔文子〕曰：精神越於外，智慮蕩於内者，不能治形，神之所用者遠，則所遺者近〔一〕。故「不出於户以知天下，不窺於牖以知天道，其出彌遠，其知彌少」〔二〕。此言精誠發於内，神氣動於天也〔三〕。

〔一〕淮南子道應：「此言精神之越於外，智慮之蕩於内，則不能漏理其形也，是故神之所用者遠，則所遺者近也。」注：「漏，補空也。近，謂身也。」遺，亡失。近，指形體。莊子達生：「棄事則形不勞，遺生則精不虧。」淮南子道應舉白公勝慮亂，鄭人曰「頤不忘，將何不忘哉」，以説明此意。

〔二〕慧定案：老子四十七章：「不出户，知天下，不闚牖，見天道，其出彌遠，其知彌少。」淮南子道應：「故老子曰：『不出户以知天下，不窺牖以見天道，其出彌遠，其知彌少。』此之謂也。」户，門。窺，又作「闚」。從小孔縫隙處察看。牖，窗。户牖。謂耳目也。知天道，淮南子道應作「見天道」，引誤也。檢今本老子作「見天道」，然王弼注曰：「故不出户闚牖而可知也。」可見王注本原作「知天道」。改「知」爲「見」，後人所爲。帛書老子也作「知天道」。韓非子喻老：空竅者，神明之户牖也，耳目竭於聲色，精神竭於外貌，故中無主，中無主則禍福雖如丘山，無從識之，故曰：「不出於户，可以知天下，不闚於牖，可以知天道。」

〔三〕淮南子泰族：「故聖人者，懷天心，聲然能動化天下者也。故精誠感於内，形氣動於天。」此言全神保真，精誠之至，動於天也。徐靈府曰：「故誠言發乎中，精氣應乎天，所守者近，所明者遠，所務者多，所知者少也。」朱弁曰：

「其神全者，夫以氣聽，萬物之情可知，以神觀，萬化之理所驗，三才之內，精誠感通，寧假户牖之所窺觀也。」

慧定案：以上第十章。

杜道堅纘義：「天地交而萬物通，聖人作而萬物覩，自然孚感之道也。人心與天通者，蓋由賦形受命，元自天來。是故精誠發於內，則神氣動於天，人心虚明，天光發輝，如鏡鑒形，妍醜自見，心其可不慎乎。」

老子〔文子〕曰：冬日之陽，夏日之陰，萬物歸之而莫之使，極自然至精之感，弗召自來，不去而往，窈窈冥冥，不知所爲者而功自成〔一〕；待目而照見，待言而使命，其於治難矣〔二〕。皋陶喑而爲大理，天下無虐刑，何貴乎言者也〔三〕；師曠瞽而爲太宰，晉國無亂政，何貴乎見者也〔四〕；不言之令，不視之見，聖人所以爲師也〔五〕。民之化上，不從其言，從其所行〔六〕，故人君好勇，弗使鬥争而國家多難，其漸必有劫殺之亂矣〔七〕；人君好色，弗使風議而國家昏亂，其積至於淫泆之難矣〔八〕，故聖人精誠别於內，好憎明於外，出言以副情，發號以明指〔九〕。是故刑罰不足以移風，殺戮不足以禁奸，唯神化爲貴〔一〇〕，精至爲神，精之所動，若春氣之生，秋氣之殺〔一一〕。故君子者，其猶射者也，於此毫末，於彼尋丈矣！故理人者，慎所以感之〔一二〕。

〔一〕羣書治要引同。淮南子主術：「冬日之陽，夏日之陰，萬物歸之而莫使之然，故至精之像，弗招而自來，不麾而自往，窈窈冥冥，不知爲之者誰，而功自成。」高誘注：「冬日仁，物歸陽，夏日猛，物歸陰。莫使之，自然如是也。」之，歸往。關係内動詞。莫之使，没有主使者爲之，即自然而然。極，至，窮盡。感，動，應。窈窈冥冥，深遠不可得見之貌。

〔二〕羣書治要引同，「命」作「令」。淮南子主術「命」作「令」，「其於」下有「爲」字，作「其於爲治難矣」。待，恃。即有條件。照，明也。難，困難，難治。

〔三〕羣書治要引無「何貴乎言者也」句。道藏七卷本：「何」作「有」。淮南子主術：「故皋陶瘖而爲大理，天下無虐刑，有貴於言者也。」高誘注：「雖瘖，平獄理訟，能得人之情，故貴於多言者也。」皋陶，一作咎繇。傳説爲東方夷族之首領。姓偃，虞舜時任爲掌管刑法的官。尚書堯典：「帝曰，皋陶，蠻夷猾夏，寇賊姦宄，汝作士，五刑有服，五服三就，五流有宅，五宅三居，惟明克允。」尚書有皋陶謨記載其功績。喑，通「瘖」，啞也。失聲不能言曰喑。大理，大法官。法官叫理，秦漢時爲之廷尉，北齊以後稱大理寺卿，歷代沿稱之。御覽卷二三一引同。卷七四〇引大理爲「士師」。

〔四〕羣書治要引無「何貴乎見者也」句。道藏七卷本和叢刊本「何」作「有」。淮南子主術同此，「何」作「有」。高誘注：「雖盲而大治，晉國使無有亂政，故貴於有所見。」師曠，春秋時晉國樂師。字子野，目盲。故稱「瞽」。太宰，官名。殷代掌管家務和家奴的官稱「宰」，西周沿用，掌王家内外事務，在王左右而贊王命者，春秋多稱「太宰」。御覽卷七四〇引太宰爲「太師」。史記晉世家及樂書載有師曠之事。何貴，道藏七卷本和叢刊本均誤作「有貴」。然檢其注均釋何貴，是刻誤也。

〔五〕羣書治要引同。淮南子主術：「故不言之令，不視之見，此伏犧神農之所以爲師也。」高誘注：「不言之令，皋陶瘖也，不視之見，師曠瞽也。」師，效法。道藏七卷本，末無「也」字。

杜道堅纘義：「陽燧召火，非日不燄，方諸召水，非月不流。是故有其道無其位，則事不立，有其位無其道，則功不成。若唐虞之君臣，道合化成教行，百官正，萬民服，聖人所以爲百世之師。」

〔六〕羣書治要引同。淮南子主術：「故民之化也，不從其所言，而從所行。」化上，化於上。言者實之華，未信於民也；行者誠之表，民從化於上也。

〔七〕羣書治要引作：「故人君好勇，而國家多難。」淮南子主術：「故齊莊公好勇，不使鬥爭，而國家多難，其漸至於崔杼之亂。」勇，墨子經上：「勇，志之所以敢也。」呂氏春秋論威：「勇，天下之凶德也。」漸，漬染。劫，以力去曰劫。劫殺，好勇力殺。

〔八〕羣書治要引作：「人君好色，而國多昏亂。」淮南子主術：「頃襄好色，不使風議而民多昏亂，其積至昭奇之難。」色，指女色。風議，到處議論。風，通「諷」。諷刺。淫泆，也作「淫佚」或「淫逸」。左傳隱公三年「驕奢淫泆」孔穎達疏：「淫謂嗜欲過度，泆謂放恣無藝。」

〔九〕羣書治要引同，「別」作「形」，「指」作「旨」。淮南子主術：「古聖王至精形於內，而好憎忘於外，出言以副情，發號以明旨。」高誘注：「形見好憎，情欲以充。」別，方言別，治也。精誠別於內，精誠治於內。謂心精誠也。明，理也。副，相稱也。指，同「旨」。宗旨，志意。

〔一〇〕羣書治要引同，末有「也」字。淮南子主術：「刑罰不足以移風，殺戮不足以禁姦，唯神化爲貴。」又：「故太上神化，其次使不得爲非，其次賞賢而罰暴。」神化，見二章注九。此言可以德化，難以刑制也。

〔一一〕羣書治要引同，上有「夫」字，「精至」二字相倒，末有「也」字。淮南子主術：「故至精之所動，若春氣之生，秋氣之殺也。」精至，至精也。神，神妙莫測，精之所動，謂至精至誠，可以動天。如春生秋殺，無德無怨，自然而然。御覽卷二四引同。

〔一二〕羣書治要引作「故治人者，慎所以感也」。道藏七卷本「射」下無「者」字。淮南子主術：「故君人者，其猶射者乎？於此豪末，於彼尋常矣，故慎所以感之也。」射，射箭。於此，指射。毫末，謂極微。於彼，指矢的。尋丈，古代長度單位，八尺爲尋，十尺爲丈。理人，治人。感，應也。治人如射箭，發箭有毫末之差，至的有尋丈之失，故慎差之毫釐，而防失之千里之應也。

慧定案：以上第十一章。

杜道堅纘義：「表正景直，源清流長，本末相資之道也。知心爲身本，則知君爲民本，是故人君之好，不可不正。好勇，則劫殺之亂生，好色，則淫泆之難起，惟好德者，精神別於內，好憎明於外，刑罰不用，而姦邪服，本根既固，國家自寧。」

老子〔文子〕曰：懸法設賞而不能移風易俗者，誠心不抱也〔一〕。故聽其音則知其風，觀其樂即知其俗，見其俗即知其化〔二〕。夫抱真效誠者，感動天地，神踰方外，令行禁止。誠通其道而達其意，雖無一言，天下萬民、禽獸、鬼神與之變化〔三〕。故太上神化，其次使不得爲非，其下賞善而罰暴〔四〕。

〔一〕淮南子主術：「懸法設賞，而不能移風易俗者，其誠心弗施也。」「抱」作「施」。抱，懷也，守也。懸法，公布成文法。古時法書之木簡，懸挂於門外。韓非子定法：「法者，憲令著於官府，刑罰必於民心。」

〔二〕淮南子主術：「故曰：樂聽其音則知其俗，見其俗則知其化。」上章云，民之化上，不從其言，而從其行，情動則聲發，文成則善惡著，聽其音樂則知其政俗，見其俗則知其化。衛靈公之晉，至於濮水之上，聞晉平公新聲，師曠撫而止之，曰：此亡國之聲也。

〔三〕文選齊竟陵文宣王行狀李善注引：「夫抱順效誠者，令行禁止。」淮南子主術：「抱質效誠，感動天地，神諭方外，令行禁止。」又：「陳之以禮樂，風之以歌謠，業貫萬世而不壅，横扃四方而不窮，禽獸昆蟲與之陶化。」高誘注：「貫，通。壅，塞也。化，從。昆蟲，或作鬼神。」抱真效誠，謂精誠内守，感動於外。方外，四境之外。變化，謂神化天下也。

〔四〕太上，最上，最好。使不得爲非，指立仁義法度。賞善而罰暴，指刑罰之制。淮南子主術：「故太上神化，其次使不得爲非，其次賞賢而罰暴。」

慧定案：以上第十二章。

杜道堅纘義：「石藴玉而山輝，水含珠而淵媚，有諸内形諸外也。水石無言，人自信之，國家懷其仁誠，推其信實，罰不以怨，賞不以私，有不待縣法設賞，而民將化之，故聞伯夷之風者，頑夫廉，懦夫有立志，伯夷何言哉，身化之也。言而不行，民弗從矣。」

老子〔文子〕曰：大道無爲，無爲即無有，無有者不居也〔一〕。不居者即處無形，無形者不動，不動者無言也〔二〕。無言者即静而無聲無形，無聲無形者，視之不見，聽之不聞，是謂微妙，是謂至神〔三〕。綿綿若存，是謂天地之根〔四〕。道無形無聲，故聖人强爲之形，以一字爲名，天地之道〔五〕。大以小爲本，多以少爲始〔六〕，天子以天地爲品，以萬物爲資，功德至大，勢名至貴，二德之美與天地配，故不可不軌大道以爲天下母〔七〕。

〔一〕老子三十七章：「道常無爲而無不爲。」無爲，指道的基本特徵。參見道原一章注九。無有，指生而不有，爲而不恃。不居，因物而用，功成而不居也。

〔二〕老子十四章：「無狀之狀，無物之象。」王弼注：「欲言無邪，而物由以成，欲言有邪？而不見其形，故曰：無狀之狀，無物之象也。」無形，虛無周遍，無所不在。不動，虛無寂静。無言，無聲無名。

〔三〕老子十四章：「視之不見名曰夷，聽之不聞名曰希，搏之不得名曰微，此三者不可致詰，故混而爲一。」王弼注：「無狀無象，無聲無響，故能無所不通，無所不往。」微妙，對道自然而然地産生天地萬物，而又深不可識的形容。老子曰：微妙玄通，深不可識，夫唯不可識，故强爲之容。神，神妙莫測。

〔四〕老子六章：「谷神不死，是謂玄牝，玄牝之門，是謂天地根，緜緜若存，用之不勤。」

〔五〕老子十五章：「古之善爲士者，微妙玄通，深不可識，夫唯不可識，故强爲之容。」本書道原三章：「故道者，虛無，平易、清静、柔弱、純粹素樸，以五者，道之形象也。」一字爲名，指道字。道藏七卷本和叢刊本作「一句爲名」即指「天地之道」。

〔六〕大，指天地。莊子則陽：「天地者，形之大者也。」小，指樸。老子曰：「道常無名，樸，雖小。」多，指萬物，少，謂一也。九守曰：「萬物總而爲一。」自然曰：「凡事之要，必從一始。」

〔七〕品，法式也。廣雅釋詁：品，式也。一切經引廣雅釋器：品，法也。二德指功德至大，勢名至貴。配，匹也。軌，車轍也，賈誼道術：「緣法循理謂之軌。」母。根本。

慧定案：以上第十三章。

杜道堅纘義：「道、天、地、王，域中之四大，道無爲故悠久，天無言故高明，地無聲故博厚，兼而有之王也。王乃天之子，地之主，民之父母，惟其愛養萬物不以爲恩，故功德至大，勢名至貴無得而逾焉。」

老子〔文子〕曰：賑窮補急則名生，起利除害即功成，世無災害，雖聖無所施其德，上下和睦，雖賢無所立其功〔一〕。故至人之治，含德抱道，推誠樂施，無窮之智寢説而不言，天下莫知貴其不言者〔二〕，故「道可道，非常道也，名可名，非常名也」〔三〕。著於竹帛，鏤於金石，可傳於人者，皆其粗也〔四〕。三皇五帝三王，殊事而同心，異路而同歸〔五〕，末世之學者，不知道之所體一，德之所總要，取成事之跡，跪坐而言之，雖博學多聞，不免於亂〔六〕。

〔一〕道藏七卷本和叢刊本「起利」二字倒，作「利起」。淮南子本經：「振困窮，補不足，則名生，興利除害，伐亂禁暴，則功成，世無災害，雖神無所施其德，上下和睦，雖賢無所立其功。」高誘注：「名，仁名也。功，武功也。」賑，舉救。補，助。起利，興利。史記滑稽列傳：「傳曰：『天下無害災，雖有聖人無所施其才，上下和同，雖有賢者無所立其功。』」

〔二〕淮南子本經：「今至人生亂世之中，含德懷道，拘無窮之智，鉗口寢説，遂不言而死者衆矣，然天下莫知貴其不言也。」高誘注：「至人，至德之人。無有貴鉗口不言而死也。」至人，至德之人，指抱真效誠，道德達到最高境界的人。莊子天下：「不離於真，謂之至人。」寢，止息。纘義曰：「含德抱道，推誠樂施，處上之道也，賑窮補急，起利除害，處中之道也，自得勝求，不取勝與，處下之道也。」道藏七卷本脱一「樂」字。

〔三〕此引老子一章語。淮南子本經：「故道可道非常道，名可名非常名。」高誘注：「至道可(無)名，不可道，故曰可道者非常道也。真人之名，不可得名。」

〔四〕淮南子本經同。竹帛，竹簡和白絹，古代供書寫之用。説文解字叙：「著於竹帛謂之書。」鏤，雕刻。金石，鐘鼎碑刻。吕氏春秋求人：「故功績銘乎金石。」粗，指華飾有跡之功。墨子魯問：「書之於竹帛，鏤之於鐘石，以爲銘於鐘鼎，傳遺後世子孫。」

〔五〕淮南子本經作：「五帝三王，殊事而同指，異路而同歸。」高誘注：「五帝，黄帝、顓頊、帝嚳、帝堯、帝舜。三王，夏禹、商湯、周文王。同歸，歸修仁義也。」三皇，傳説中的遠古帝王，其説不一。指燧人，伏羲，神農。五帝，傳説中的上古帝王，其説不一。指黄帝、顓頊、帝嚳、唐堯、虞舜。三王，夏、商、周三代聖王。同心，指同濟治之心。周易繫辭下：「天下同歸而殊塗，一致而百慮。」正義：「天下同歸而殊塗者，言天下萬事，終則同歸於一，但初時殊異其塗也。一致而百慮者，所致雖一，慮必有百，言慮雖百種，必歸於一致也。」

〔六〕纘義本「者」作「也」。淮南子本經作：「晚世學者，不知道之所一體，德之所總要，取成之迹，相與危坐而説之，鼓歌而舞之，故博學多聞，而不免於惑。」高誘注：「總，凡也。要，約也。」慧定案：末世，指三皇五帝三王之後世。迹，同「跡」，凡前人所遺留者謂迹。莊子天運：「夫六經，先王之陳迹。」跪坐，古時兩膝着地而坐。俞樾讀文子云，跪當從淮南子本經篇作危。按：危坐，高坐也。古時席地而坐，故下章云，聖人不降席而匡天下。跪坐而言，謂坐而論道，雖博學廣聞，無益於治，不免於亂。

以上第十四章。

杜道堅纘義：「含道抱德，推誠樂施，處上之道也。賑窮補急，起利除害，處中之道也。自得勝求，不取勝與，處下之道也。達其時宜，通其變故，不拘仕隱，異事同功，有不假竹帛金石，而可與古爲徒。」

老子〔文子〕曰：心之精者，可以神化，而不可説道〔一〕。聖人不降席而匡天下，情甚於譹呼〔二〕，故同言而信，信在言前也，同令而行，誠在令外也。聖人在上，民化如神〔三〕，情以先之，動於上不應於下者，情令殊也〔四〕。三月嬰兒未知利害，而慈母愛之愈篤者，情也〔五〕，故言之用者變，變乎小哉，不言之用者變，變乎大哉〔六〕。信君子之言，忠君子之意，忠信形於内，感動應乎外，賢聖之化也〔七〕。

〔一〕心之精者，誠心者。説道，名言説教。羣書治要「不可」下有「以」字。淮南子繆稱：「心之精者，可以神化，而不可以導人。」注：「導，教也。」

〔二〕羣書治要無此句。淮南子繆稱：「故舜不降席而天下治，桀不下陛而天下亂，蓋情甚乎叫呼也。」注：「言雖叫呼，大語不如心行真直也。」降席，下席。不降席，指坐着。匡，正，安。譹，疑爲「嘷」字之誤寫，即「諕」之俗字，言不正也。淮南子繆稱作「叫呼」。情，誠也。謂誠甚於言也。

〔三〕同言而獨見信者，以其誠信著也，同令而獨行者，以其誠副於令也，言之見信，令之見行，推其誠心也，民之從上，其化如神。後漢書王良傳引子思子「同言而信，信在言前，同令而化，紀在令外，聖人在上，民遷如化」。御覽卷四三〇引此。羣書治要同此。淮南子繆稱作：「同言而民信，信在前言也，同令而民化，誠在令外也。」

〔四〕羣書治要「先之」下有「也」字。淮南子繆稱：「聖人在上，民遷而化，情以先之也。動於上，不應於下者，情與令殊也。」情令殊，誠與令不同。

〔五〕羣書治要「愛之」作「之憂」。淮南子繆稱：「三月嬰兒，未知利害也，而慈母之愛諭焉者，情也。」呂氏春秋具備：「三月嬰兒，軒冕在前，弗知欲也，斧鉞在後，弗知惡也，慈母之愛諭焉，誠也。」

慧定案：篤，純厚。淮南、呂覽「愈篤」均作「諭焉」，誤也。三月嬰兒，未知利欲，不知欲惡，非諭也。三月赤子，含德之厚也。老子五十五章：「含德之厚，比於赤子，蜂蠆虺蛇不螫，猛獸不據，攫鳥不搏。」王弼注：「赤子無求無欲，不犯衆物，故毒蟲之物無犯之人也。含德之厚者，不犯於物，故無物以損其全也。」「諭焉」，言之用也，即下文曰「小哉」，「愈篤」，不言之用，下文曰「大哉」。

〔六〕羣書治要：「故言之用者小，不言之用者大矣。」淮南子繆稱：「故言之用者，昭昭乎小哉，不言之用者，曠曠乎大哉。」變，變化，謂化民。謂不言之教，神化天下。

〔七〕羣書治要句首有「夫」字，「之言」、「之意」下有「也」字。淮南子繆稱：「身君子之言，信也，中君子之意，忠也，忠信形於內，感動應於外，故禹執干戚舞於兩階之間，而三苗服。」注：「身君子之言，體行君子之言也。」此謂言副於意，誠著於內，化應於外，聖賢之化如是。

慧定案：以上第十五章。

杜道堅纘義：「黄帝書曰：天性，人也，人心，機也，君者，天地之心乎，心乃神明之府，情動乎中，言發乎外，善則千里之外應之，不善則千里之外違之，是以聖人在上，其化如神，不降席而匡天下。」

老子〔文子〕曰：子之死父，臣之死君，非出死以求名也，恩心藏於中而不違其難也〔一〕。君子之憯怛非正爲也，自中出者也，亦察其所行〔二〕。聖人不慚於景，君子慎其獨也，舍近期遠，塞矣〔三〕。故聖人在上則民樂其治，在下則民慕其意，志不忘乎欲利人也〔四〕。

〔一〕淮南子繆稱：「子之死父也，臣之死君也，世有行之者矣，非出死以要名也，恩心之藏於中，而不能違其難也。」死父，爲父而死。違，避。難，患難。徐靈府曰：「子死父難，臣死君難，非矯世求譽，特以恩覆之甚，而忘其身，直趨其難，誠發於中心。」

〔二〕淮南子繆稱：「故人之甘甘，非正爲蹠也，而蹠焉往，君子之慘怛，非正爲僞形也，諭乎人心，非從外入，自中出者也。」憯怛，慘痛。這裏指刑法殺戮。正爲，正道。中，指心。此謂刑法非道，所以懲惡勸善，不得已而爲之也，察其所行，不得濫用也。

〔三〕道藏七卷本「聖人」上有「夜行」二字。淮南子繆稱：「夫察所夜行，周公慚乎景，故君子慎其獨也，釋近斯遠塞矣。」慚，愧也。景，即「影」。慎其獨，指獨處無人注意時，能謹慎不苟。近，指身。期，待也。塞，閉塞。

〔四〕淮南子繆稱：「聖人在上，則民樂其治，在下，則民慕其意。」纘義本「志」誤刻爲「忘」。在上，在下，指在位，不在位。謂聖人無論在位不在位，志在利人。

慧定案：以上第十六章。

杜道堅纘義：「士見危授命，臨大節而不可奪者，忠孝使然也，若萇弘之死於君，申生之死於父，恩心藏於中而不違其難，曾何以出死求名爲哉！聖人在上，民樂其治，二帝三王也，聖人在下，民慕其意，玄聖素王也。」

老子〔文子〕曰：勇士一呼，三軍皆辟，其出之誠也〔一〕；唱而不和，意而不載，中必有不合者也〔二〕。不下席而匡天下者，求諸己也〔三〕。故說之所不至者，容貌至焉〔四〕，容貌所不至者，感忽至焉〔五〕。感乎心發而成形，精之至者可形接，不可以照期〔六〕。

〔一〕淮南子繆稱同，「誠也」作「也誠」。道藏七卷本無「也」字。新序雜事四：「勇士一呼，三軍皆辟，士之誠也。」韓詩外傳六：「勇士一呼而三軍皆避，士之誠也。」三軍，周代兵制一萬二千五百人爲軍。三軍，謂衆也。辟，同「僻」，避也。朱弁注曰：「勇者氣也，氣出於誠，而三軍衆心爲之僻。」論語子罕：「三軍可奪帥也，匹夫不可奪志也。」

〔二〕纘義本「唱」作「倡」。道藏七卷本無「也」字。淮南子繆稱：「故倡而不和，意而不載，中心必有不合者也。」不合，謂不相接也。唱者誠之動也，和者誠之應也，唱而不和，意而不載，誠心必有不相接也，乃其所宗者異。

〔三〕新序雜事：「唱而不和，動而不隨，中必有不全者矣。夫不降席而匡天下者，求之己也。」韓詩外傳：「夫倡而不和，動而不僨，中心有不全者矣。夫不降席而匡天下者，求之己也。」淮南子繆稱：「故舜不降席而王天下者，求諸己也。」淮南舉人以實其因襲，然「匡」作「王」明矣。求諸己，謂正形誠心。心誠則物應，形正則物效，正己之形，誠己之心，能神化也。

〔四〕淮南子繆稱：「説之所不至者，容貌至焉。」高誘注：「説之粗，不如容貌精微入人深也。」容貌，指正形。言説之教所不及者，則正形之化可及。

〔五〕淮南子繆稱：「容貌之所不至者，感或至焉。」感忽，指精誠之感倏忽之間，能動人也。謂正形所不及者，精誠之感則可及也。

〔六〕淮南子繆稱：「感乎心，明乎智，發而成形，精之至也可以形勢接，而不可以昭認。」照，亮察。期，語末詞助。謂精誠之心發於内，而外自化形，精誠可接於形，而不可察見。

慧定案：以上第十七章。

杜道堅纘義：「言出乎口，行發乎心，誠之動也。言出乎邇，行發乎遠，誠之應也。勇士一呼，其出之誠，三軍其有不避乎？若孫子之教戰，勇出於誠也，斬王愛姬則是，吴王言出不誠，禍及下也，有國家者，言行其可不誠乎？」

老子〔文子〕曰：言有宗，事有本，失其宗本，伎能雖多，不如寡言〔一〕。害衆者倕而使斷其指，以明大巧之不可爲也〔二〕，故匠人智爲，不以能以時閉，不知閉也，故必杜而後開〔三〕。

〔一〕淮南子道應：「夫言有宗，事有本，失其宗本，技能雖多，不若其寡也。」宗本，根本，指道德。伎能，智巧。謂以道爲宗，以德爲本，行不言之教，處無爲之事，離宗失本，技能雖多，敗害生矣，故不如寡言而保其靜也。文子之言，實本老子而演繹之，老子七十章：「言有宗，事有君，夫唯無知，是以不我知。」淮南因襲文子，以齊人淳於髡以縱說魏王事實之；又以白公勝問孔子微言，印證老子言有宗，事有君之言。

〔二〕淮南子道應：「故周鼎著倕而使齕其指，先王以見大巧之不可也。」呂氏春秋離謂：「夫其多能，不若寡能，其有辯，不若無辯，周鼎著倕而齕其指，先王有以見大巧之不可爲也。」高誘注：「倕，堯之巧工也，以巧聞天下。周家鑄鼎，著倕於鼎，使自齧其指，明不當大巧爲也。一說，周鑄鼎象百物，技巧絶殊，假令倕見之，則自銜齧其指，不能復爲，故言大巧之不可爲也。」倕，黄帝時巧人名。尚書舜典作「垂」。倕之巧，有爲也，名著而指斷，以明大巧不可爲也。神化之巧妙無爲也。故老子曰：「夫代大匠斫者，希有不傷其手矣。」

〔三〕淮南子道應：「故慎子曰：匠人知爲門，能以門，所以不知門也，故必杜然後能門。」高誘注：「慎子，名到，齊人。不知門，不知門之要也。門之要在門外。」

慧定案：匠人，工人也。徐靈府注云，夫至巧，故善以智閉也，莫能啓，拙者專以力捍，雖壯必開。道藏七卷本作：「故匠人知爲閉也，能以時閉，不知閉也，故必杜而後開。」朱弁注：「順於變化，與時成功，任乎知巧，必資終敗也。」淮南子道應作：「故慎子曰：匠人知爲門，能以門，所以不知門也，故必杜然後能門。」按上言大巧若拙，此言絶聖棄智。夫大匠之事，不以智能，順於變化，故無關鍵鎖鑰，而不可開，知堅固關鍵鎖鑰，是不知閉也，閉而必開。故莊子曰：「將爲胠篋探囊發匱之盜，而爲守備，則必攝緘縢，因扃鐍，此世俗之所謂知也。」

（胠篋）。

以上第十八章。

杜道堅纘義：「多言多事，聖人所戒，惟宗道本德，教行不言，故無敗也，事處無爲，故無害也。末俗之流，技能雖多，爲巧所役，希不傷手。夫大匠之事，不以智能，故無關楗，而不可開，杜而後開者，扃鐍雖固，盜至則發，宗本何在哉。」

老子〔文子〕曰：聖人之從事也，所由異路而同歸，存亡定傾若一，志不忘乎欲利人也〔一〕。故秦楚燕魏之歌，異聲而皆樂也，九夷八狄之哭，異聲而皆哀〔二〕。夫歌者樂之徵也，哭者哀之效也，愔於中，發於外，故在所以感之矣〔三〕。聖人之心，日夜不忘乎欲利人，其澤之所及亦遠矣〔四〕。

〔一〕道藏七卷本、羣書治要引「存亡」上有「其」字。淮南子修務：「聖人之從事也，殊體而合於理，其所由異路而同歸，其存危定傾若一，志不忘於欲利人也。」從事，爲事。所，指事詞如常語所以，所由。定傾，安危。謂聖人爲事，殊途同歸，存亡安危如一，不忘利人。上十六章有曰：「志不忘乎欲利人也。」

〔二〕道藏七卷本「聲」作「傳」。異聲，御覽卷四六八引作「異傳」。叢刊本聲作「傳」。羣書治要引「聲」作「轉」。淮南子修務：「故秦楚燕魏之歌也，異轉而皆樂，九夷八狄之哭也，殊聲而皆悲，一也。」高誘注：「轉，音聲也。東方之夷九種，北方之狄八類。」秦楚燕魏之歌。謂四方之歌。戰國時秦在西方，楚在南方，燕在北方，魏在東方。九夷八狄，相傳東方之夷九種，北方之狄八種。此指各少數民族。此謂絶國殊俗，歌哭雖異，而哀樂皆共。

〔三〕道藏七卷本「愔」作「精」，「在所」作「所在」。羣書治要引「愔」作「愔愔」，多一「愔」字，「發」作「而應」。淮南子修務：「夫歌者樂之徵也，哭者悲之效也。憤於中，則應於外，故在所以感。」高誘注：「徵，應也。效，驗也。憤，發也。感，發也。」徵，證也。效，驗也。愔，默也。此言歌哭者，哀樂之證驗，樂則歌，哀則哭，隨感而發，悲歡相應。

〔四〕羣書治要引同，「矣」作「也」。澤，指恩德。及，至也。

慧定案：以上第十九章。

杜道堅纘義：「聖人非無欲，因其利而利之；聖人非無事，當其爲而爲之。異路同歸，存亡一致，損己利人，不忘天下，雖殊方異域，俗變風移，語音不同，性情則一，愔於中，發於外，樂則歌，哀則哭，隨感而發，皆吾民也，而可忘乎？若周公之夜以繼日，坐以待旦，則是晝夜不忘者也，澤及遠矣。」

老子〔文子〕曰：人無爲而治，有爲也即傷〔一〕。無爲而治者，爲無爲，爲者不能無爲也〔二〕，不能無爲者，不能有爲也〔三〕。人無言而神，有言也即傷〔四〕。無言而神者，載無言，則傷有神之神者〔五〕。

〔一〕道藏七卷本，「也」作「者」。淮南子說山：「人無爲則治，有爲則傷。」高誘注：「道貴無爲，故治也。有爲則傷，道不貴有爲也。傷猶病也。」無爲而治，因自然而治。大道無爲，故人貴無爲而治，不貴有爲。參見道原一章注十一。

〔二〕道藏七卷本：「無爲而治者，爲無爲者不能無爲也。」脫「無」字。淮南子說山：「無爲而治者，載無也，爲者不能有也。」高誘注：「言無爲而能致治者，常載行其無爲。爲者有爲也，有，謂好憎情欲，不能恬澹静漠，故曰不能無爲也。」

慧定案：淮南子：「爲者不能無爲也」作「爲者不能有也。」誤，高誘因誤而注「故曰不能無爲也」，正證「不能有也」之誤。爲無爲，故以無爲。即有意無爲。韓非子解老：「所以貴無爲無思爲虚者，謂其意無所制也。夫無術者，故以無爲無思爲虚也。夫故以無爲無思爲虚者，其意常不忘虚，是制於爲虚也。虚者謂其意所無制也。今制於爲虚，是不虚也，虚者之無爲也，不以無爲爲有常，不以無爲爲有常，則虚。」爲無爲。其意常不忘無爲，是制於無爲，制於無爲，是不能無爲，故曰爲者不能無爲也。

〔三〕淮南子説山：「不能無爲者，不能有爲也。」高誘注：「不能行清静無爲者，不能大有所致，致其治，立其功也。故曰不能有爲也。」不能無爲者，不能致其治，立其功，即不能有爲也。知有無之相生，則無不害有，有不害無，無爲而無不爲也。

〔四〕淮南子説山：「人無言而神，有言者則傷。」高誘注：「無言者，道不言也，道能化故神。道貴不言，故言有傷。」無言，即静而無聲。參見道原十三章。神，神妙。無言者，道不言也，道能化故能神，道貴無言，故有言則傷。

〔五〕道藏七卷本「而」作「之」。淮南子説山：「無言而神者，載無，有言則傷其神之神者。」高誘注：「道貴無言，能致於神。載，行也。常行其無言也。道賤有言，而多反有言，故曰傷其神。」載無言，心載無言。載無言，是飾於無言，飾於無言，則不能神，故傷神之神妙也。

慧定案：以上第二十章。

杜道堅纘義：「身有形，神無形，有則有言，無則無言，知有無之相生，則無不害有，有不害無。是以聖人無爲而治者，身不傷神，神不傷身也。夫知不神所以神，故兩不相傷矣。」

文子曰〔一〕：名可强立，功可强成〔二〕。昔南榮趎恥聖道而獨亡於己〔三〕，南見老子，受教一言，精神曉靈，屯閔條達〔四〕，勤苦十日不食，如享太牢〔五〕，是以明照海内，名立後世，智略天地，察分秋毫，稱譽華語，至今不休，此謂名可强立也〔六〕。故田者不强，囷倉不滿，官御不勵，誠心不精，將相不强，功烈不成，王侯懈怠，後世無名〔七〕。至人潛行，譬猶雷霆之藏也，隨時而舉事，因資而立功，進退無難，無所不通〔八〕。夫至人精誠内形，德流四方，見天下有利也，喜而不忘，天下有害也，怵若有喪〔九〕。夫憂民之憂者，民亦憂其憂，樂民之樂者，民亦樂其樂，故憂以天下，樂以天下，然而不王者，未之有也〔一〇〕。聖人之法，始於不可見，終於不可及〔一一〕，處於不傾之地，積於不盡之倉，載於不竭之府〔一二〕；出令如流水之原，使民於不爭之官〔一三〕，開必得之門，不爲不可成，不求不可得，不處不可久，不行不可復〔一四〕。大人行可説之政，而人莫不順其命，命順則從小而致大，命逆則以善爲害，以成爲敗〔一五〕。夫所謂大丈夫者，内强而外明，内强如天地，外明如日月，天地無不覆載，日月無不照明〔一六〕。大人以善示人，不變其故，不易其常，天下聽令，如草從風〔一七〕，政失於春，歲星盈縮，不居其常〔一八〕；政失於夏，熒惑逆行〔一九〕；政失於秋，太白不當，出入無常〔二〇〕；

政失於冬，辰星不效其鄉〔二一〕，四時失政，鎮星摇蕩，日月見謫，五星悖亂，慧星出〔二二〕。春政不失禾黍滋，夏政不失雨降時，秋政不失民殷昌，冬政不失國家寧康〔二三〕。

〔一〕文子，佚其名字與國籍。四庫全書提要因史記貨殖列傳有范蠡師計然語，又因裴駰史記集解有計然姓辛，字文子，其先晉公子語，北魏李暹作文子注，遂以計然文子合爲一人。清江瑔以爲文子即文種。皆非也。漢書藝文志班固自注曰：「老子弟子，與孔子并時。」而劉向别録：「墨子書有文子。文子，子夏之弟子，問於墨子。」蓋其學無常師，而卒歸於老子。也稱其勤苦釐顔，故得道爲尤高。其學雖各有所受，然經其爐鞴冶化，遂别生新義，乃過所承。道既通，初遊楚，楚平王問道；後至齊，齊王問治國之道何如，文子與之對答，然道終不得行。漢書藝文志録有書九篇。今文子爲十二篇。一九七三年河北定縣四十號漢墓出土有文子殘簡，其中有些不見今本文子者，或係其佚文。參見文子其人攷。

〔二〕淮南子修務：「名可務立，功可强成。」高誘注：「務，事也。强，勉也。」徐靈府曰：「勸勉之道。」杜道堅云，困知强行，成功則一。

〔三〕南榮趎，即南榮疇。庚桑楚之弟子。莊子庚桑楚成玄英疏：「姓南榮，名趎。庚桑弟子也。」淮南子修務作「南榮疇」，高誘注：南姓。榮疇字，蓋魯人也。徐靈府注謂南榮趎，老子弟子。

〔四〕淮南子修務：「南見老聃，受教一言，精神曉泠，鈍聞條達。」高誘注：「一言，道合也。曉，明。泠，猶了也。鈍聞，猶鈍惛也。」南見老子，南行往見老子。老子，見道原一章注一。一言，一字或一句話，指要言也。曉靈，明瞭。精神曉靈，認識明瞭。屯，艱難。閔，昏暗。屯閔，模糊難分。纘義作「屯閉」。淮南子修務作「屯聞」。條達，條理通達。

〔五〕十日，莊子庚桑楚淮南子修務均作「七日」。高誘注：「丈夫七日不食則斃，故以七日爲極。享，享受。太牢。古代帝王諸侯祭祀社稷時，牛羊豕三牲全備爲太牢。」俞樾讀文子曰：「勤苦十日不食，如享太牢，愚按勤字衍文也，苦乃若字之誤，如讀爲而。此本云若十日不食而享太牢。後人不知如字當讀作而，疑下言如，上不當更言若，乃改爲苦字，而增勤字以成其義耳。」

〔六〕道藏七卷本「後世」作「後代」，「此謂」作「所謂」，「强立」下有「者」字。淮南子修務：「是以明照四海，名施後世，達略天地，察分秋豪，稱譽葉語，至今不休，此所謂名可强立也。」高誘注：「施，延也。達，猶通也。略，猶數也。察，明也。葉，世也。言榮疇見稱譽世傳，相語至今不止。」華語，好聽的話。淮南子修務智略作「達略」，華語作「葉語」，名立作「名施」。此謂作「此所謂」。

〔七〕道藏七卷本「後世」作「没世」，淮南子修務：「是故田者不强，囷倉不盈，官御不厲，心意不精，將相不强，功烈不成，侯王懈惰，後世無名。」高誘注：「强，力也。精，專也。烈，業也。世，猶身也。」田者，種田者。不强，不努力。囷倉，貯藏糧食的倉庫。圓形的叫「囷」，方形的叫「倉」。御，治理，統治。勵，勉力。精，專。將相不强，將相不勸。周禮司諫「正其行而强之道藝」注：强，猶勸也。功烈，功業。懈怠，懈惰。

〔八〕道藏七卷本「之藏」作「之下藏」，無「也」字。潛行，隱匿行跡。莊子達生：「至人潛行不窒。」雷霆，疾雷。進退無難，謂能進能退也。適於時變，合於物理，則無所不通。淮南子説林：「聖人者，隨時而舉事，因資而立功。」杜道堅纘義：「困知强行，成功則一，若南榮趎斯亦學知利行者乎！趎恥聖道而獨亡乎己，於是託業於庚桑楚之門，異時南見老子，得聞衛生之經，明照海內，名立後世，則是名可强立，功可强成，聖人潛行，隨時舉事，因資立功，進退何難哉！」

〔九〕羣書治要「有利」、「有害」下無二「也」字，「怵」作「憂」。怵，悽愴，悲傷。此謂視民猶己，同乎利害，哀樂若是。

〔一〇〕孟子梁惠王下：「樂民之樂者，民亦樂其樂；憂民之憂者，民亦憂其憂。樂以天下，憂以天下，然而不王者，未之有也。」憂天下之憂，樂天下之樂，則民也憂其憂，樂其樂，憂樂相共，則民愛戴。羣書治要「樂民」、「民亦」二「民」字作「人」字。「憂以天下，樂以天下」兩句倒。

〔一一〕法，指法道。内誠故不可見。無跡故不可及。

〔一二〕處於不傾之地，謂立身無爲。積，指積德。府，謂寶藏貨賄之處。

〔一三〕原，源。纘義作「源」。謂令行民知禁，如流水一樣不被阻塞。不争之官，謂事省而官無訟。

〔一四〕開必得之門，謂安其所業，定其所得。不爲不可成，即不妄爲也。不求、不可久，指寡欲和知足。不可復，指爲外物所繫役。

管子牧民士經：「錯國於不傾之地，積於不涸之倉，藏於不竭之府，下令於流水之原，使民於不争之官，明必死之路，開必得之門，不爲不可成，不求不可得，不處不可久，不行不可復。錯國於不傾之地者，授有德也。積於不涸之倉者，務五穀也。藏於不竭之府者，養桑麻育六畜也。下令於流水之原者，令順民心也。使民於不争之官者，使各爲其所長也。明必死之路者，嚴刑罰也。開必得之門者，信慶賞也。不爲不可成者，量民力也。不求不可得者，不强民以其所惡也。不處不可久者，不偷取一世也。不行不可復者，不欺其民也。」

〔一五〕羣書治要「命」皆作「令」。治要引此直接「然而不王者，未之有也」。説，悦。大人之政，事省政簡，民悦而順命則從化，煩苛之政則反是，以善爲害，以成爲敗。

杜道堅纘義：「至人、聖人、大人，宜有別矣，夫至人視民猶己，同乎利害，人樂亦樂，人憂亦憂，未有不王者也。聖人之法，始不可見，終不可及，令出如流。大人行可説之政，順時而出命，順則人從，逆則民傷。」

〔一六〕本書道原二章論述大丈夫。大丈夫恬惔無思無慮，以天爲蓋，以地爲載，内强如天地之覆載，外明如日月之光照。

〔一七〕道藏七卷本「人」作「民」。不變其故，不易其常，指任道立德，一度循軌。參見道原八章注二。如草從風，論語顔淵：「君子之德風，小人之德草，草上之風，必偃。」

〔一八〕慧定案：御覽卷十九引：「政失於春，歲星盈縮，不居其常。春政不失，禾黍滋。」政失於春，古人認爲，四時寒暑，十二月之法常，什麽時候行什麽政，都有講究，使統治者知所以從事。禮記有月令篇，吕氏春秋有十二「紀」，淮南子有時則篇，記載這方面的事。歲星，即木星。古代爲了量度日月行星的位置和運動，把黄道帶分爲十二部分，叫「十二次」，後又叫「黄道十二宫」。木星在黄道帶裏，每年經過一宫，所以叫它爲「歲星」，并用以紀年。盈縮，同「贏縮」，亦作「贏絀（詘）」，進退，伸屈，長短。戰國策秦策：「進退盈縮變化，聖人之常道也。」史記天官書：「東方，木，主春，曰甲乙。義失者，罰出歲星。歲星贏縮，以其舍命國，所在國不可伐，可以罰人。其趨舍而前曰贏，退舍曰縮。」

〔一九〕御覽卷二十二引「政失於夏，熒惑逆行。夏政不失，則降時雨。」熒惑，即火星。由於火星呈紅色，熒熒像火，亮度常有變化，而且在天空運行，有時從西向東，有時從東向西，情況復雜，令人迷惑，故叫「熒惑」。史記天官書：「南方，火，主夏，曰丙丁。禮失，罰出熒惑。熒惑失行，是也。」

〔二〇〕御覽卷二十四引：「政失於秋，太白出入無常。」太白，即金星。金星黎明出現於東方天空，叫「啓明」，又叫「明星」，黄昏出現於西方天空，叫「長庚」。詩經小雅大東：「東有啓明，西有長庚。」史記天官書：「西方，秋，司兵，月行及天矢，曰庚辛，主殺。殺失者，罰出太白。太白失行，以其舍命國。……當出不出，當入不入，是謂失舍。」

〔二一〕辰星，即水星。水星是距離太陽最近的行星，因離太陽的角距不過二十八度，所以肉眼很難看見。效，明，見。鄉，同「向」。不效其鄉，即不見其方向。史記天官書：「北方，水，太陰之精，主冬，曰壬癸。刑失者，罰出辰星，以其宿命國，是正四時。」

〔二二〕鎮星，即土星。古人認爲土星每二十八年運行一周天，好像每年坐鎮二十八宿中的一宿，故名「鎮星」。譎，變異。左傳桓公三十一年：「庚午之日，日始有譎。」杜預注：譎，變氣也。五星，指太白（金）、歲星（木）、辰星（水）、熒惑（火）、鎮星（土）五星。慧星，俗稱「掃帚星」。古代由於缺乏科學知識，認爲慧星出現是災禍的預兆，故又叫「妖星」。

〔二三〕禾黍，指糧食作物。滋，繁殖。時降雨，適時下雨。民殷昌，人民生活富裕，人口繁盛。寧康，安定强大。

慧定案：以上第二十一章。

杜道堅纘義：「人禀天地之靈，心乃神明之府。大人者，則又靈於人者也。一念之動，若善若惡，天必鑒之。是故政有得失，見於災祥，隨時而應，罔有差忒。書曰：慢神虐民，皇天弗保。有官守者，可不慎歟！」

文子校釋卷第三

九　守[一]

老子〔文子〕曰：天地未形，窈窈冥冥，渾而爲一，寂然清澄[二]。重濁爲地，精微爲天；離而爲四時，分而爲陰陽；精氣爲人，粗氣爲蟲；剛柔相成，萬物乃生[三]。精神本乎天，骨骸根於地，精神入其門，骨骸反其根，我尚何存[四]。故聖人法天順地，不拘於俗，不誘於人，以天爲父，以地爲母，陰陽爲綱，四時爲紀[五]。天静以清，地定以寧，萬物逆之者死，順之者生，故静漠者神明之宅，虚無者道之所居。夫精神者所受於天也，骨骸者所禀於地也[六]，〔故曰〕：「道生一，一生二，二生三，三生萬物。萬物負陰而抱陽，沖氣以爲和[七]。」

〔一〕徐靈府曰：「此篇有九目，故曰九守。九者，易之數終，明極則變，變則乖道。守之者，居亢龍無悔，可越三清之表；忽之者，則牝馬不利，將淪九幽之下，固宜守道，不可失常也。」朱弁曰：「守者，專一於志，而九備於數極，則物無不在其域，事無不與其成。此篇自『守樸』已上，至於『守虛』，凡有十章，各標『守』字，唯一章名隱九數之中，文著於一篇之内，今稱『九守』者，蓋在用九之義也。」杜道堅曰：「一者，形之始，九乃數之成。九，究也。聖人究於九而守乎一，道在我矣。」又曰：「前之九守，後之守樸，則是一變爲九，而十復爲一。」

慧定案：守謂守道。道者，虛無、平易、清静、柔弱、純粹素樸，此道之形象也。能守之此，則得道之用矣。九守篇目有：「守虛」、「守無」、「守平」、「守易」、「守清」、「守真」、「守静」、「守法」、「守弱」、「守樸」，凡十守。徐靈府曰：「此篇有九目，故曰九守。」非也。朱弁注曰：「此篇自『守樸』已上，至於『守虛』，凡有十章。」且於十目之下，皆有注焉。杜道堅也云：「前之九守，後之守樸，則是一變爲九，而十複爲一。」其所見本也是十目，且每目後皆有章旨。然則，名曰「九守」何也？九者，數之終也。凡一二所不能概括者，則以三稱之，所謂三人爲衆也。凡三所不能盡者，則以九謂之，此言語之虛數也。「九守」者，蓋用九之義也。

〔二〕窈窈冥冥，形容道無形無象，深微不可得見。參見道原一章注三、四。渾，渾沌。一，指渾沌未分的元氣。參見道原七章注十一。寂然清澄，謂陰陽尚未分化不可得見的無形體。形容渾而爲一的元氣。淮南子精神：「古未有天地之時，惟象無形，窈窈冥冥，芒芠漠閔，澒濛鴻洞。」高注：皆未成形之氣也。又俶真曰：「天地未剖，陰陽未判，四時未分，萬物未生，汪然平静，寂然清澄，莫見其形。」

〔三〕重濁，指陰氣。精微，指陽氣。道原云：夫道者，含陰而吐陽。渾而爲一的元氣，包含陰陽兩個方面，陽氣的性能是散發上升，陰氣的性能是凝聚滯沉，清輕的陽氣上升爲天，重濁的陰氣凝滯爲地。淮南子天文：「天地未形，馮馮翼翼，洞洞灟灟……清陽者薄靡而爲天，重濁者凝滯而爲地。」離，散，別。蟲，泛指動物。剛柔，陰陽。天地未形時，道處於渾沌的狀態，渾而爲一的氣，含有陰陽，一分爲二，化爲四時，氣有清濁，物有精粗，所本則一，所禀則異，萬物都是由陰陽二氣相反相成而産生的。這是古代關於天地萬物形成的學説。道藏七卷本「粗氣」作「煩氣」。淮南子精神：「於是乃別爲陰陽，離爲八極，剛柔相成，萬物乃形，煩氣爲蟲，精氣爲人。」

〔四〕淮南子精神：「是故精神天之有也，而骨骸者地之有也，精神入其門，而骨骸反其根，我尚何存。」高誘注：「精神無形，故能入天門，骨骸有形，故反其根歸土也。言人死各有所歸，我何猶尚存。」

慧定案：骨骸，指形體。道家認爲，精神和形體是人之爲人的兩個組成部分，精神是從輕清的陽氣而來，形體是從重濁的陰氣而來，故下文曰：「精神者所受於天也，骨骸者所禀於地也。」門，指天門。根，指土地。人死各有所歸，精神歸天，形體入地，即反於陰陽之氣。「我」是作爲具體的人。人是禀氣而成，死而復歸其根，然而精氣論者又導致形神二元論。列子天瑞：「黄帝曰：『精神入其門，骨骸反其根，我尚何存？』」即本文子，而稱「黄帝曰」，乃晋人治黄老學者，視文子爲黄老也。

〔五〕淮南子精神：「是故聖人法天順情，不拘於俗，不誘於人，以天爲父，以地爲母，陰陽爲綱，四時爲紀。」高誘注：「誘，猶惑也。」此謂聖人效法天地，生死自然耳。

〔六〕道藏七卷本「逆」、「順」後二「無」字無，「宅」、「居」後各有「也」字。

淮南子精神：「天静以清，地定以寧，萬物失之者死，法之者生。夫静漠者神明之定也，虚無者道之所居也……夫精神者所受於天也，而形體者所禀於地也。」定，安。寧，静。神明，精神。天地以安静成其德，人也如此。

〔七〕故曰，道藏及輯要纘義本無「故曰」。此據道藏七卷本補。此引老子四十二章。淮南子精神引作「故曰：一生二，二生三，三生萬物。萬物背陰而抱陽，沖氣以爲和」。高誘注：「一謂道也。二曰神明也。三曰和氣也。或說：一者元氣也。生二者，乾坤也。二生三，三生萬物，天地設位，陰陽通流，萬物乃生。萬物以背爲陰，以腹爲陽，身中空虛，和氣所行。爲陰，故腎雙；爲陽，故心特。陰陽與和，共生物形，君臣以和，致太平也。」

慧定案：以上第一章。

杜道堅纘義：「一者，形之始，九乃數之成。九，究也。聖人究於九，而守乎一，道在我矣。一即心，心即天，天即人，人即物，物即道，道即我，我即始，能知古始，是謂道紀。」

老子〔文子〕曰：人受天地變化而生，一月而膏，二月血脉，三月而肧，四月而胎，五月而筋，六月而骨，七月而成形，八月而動，九月而躁，十月而生〔一〕。形骸已成，五藏乃分〔二〕，肝主目〔三〕，腎主耳〔四〕，脾主舌〔五〕，肺主鼻〔六〕，膽主口〔七〕。外爲表，中爲裏，頭圓法天，足方象地〔八〕。天有四時、五行、九曜、三百六十日；人有四支、五藏、九竅、三百六十節〔九〕。天有風雨寒暑，人有取與喜怒〔一〇〕。膽爲雲，肺爲氣，脾爲風，腎爲雨，肝爲雷，人與天地相類，而心爲之主〔一一〕。耳目者日月也，血氣者風雨也，日月失行，薄蝕無光，風雨非時，毁折生災，五星失行，州國受其殃〔一二〕。天地之道，至閎以大，尚由節其章光，授其神明，人之耳目何能久燻而不息，精神何能馳騁而不乏，是故聖人守内而不失外〔一三〕。夫血氣者人之華也，五藏者人之精也〔一四〕，血氣專乎内而不外越，則胸腹充而嗜欲寡，嗜欲寡則耳目清而聽視聰達，聽視聰達謂之明〔一五〕；五藏能屬於心而無離，則氣意勝而行不僻，精神盛而氣不散，以聽無不聞，以視無不見，以爲無不成，患禍無由入，邪氣不能襲〔一六〕；故所求多者所得少，所見大者所知小〔一七〕。夫孔竅者，精神之户牖，血氣者，五藏之使候〔一八〕，故耳目淫於聲色，即五藏動摇而不定，血氣滔蕩而不休，精神馳騁而不守，禍福之至雖如丘山，無由識之矣，故聖人愛而不越〔一九〕。聖人誠使耳目精明玄達，無所誘慕，意氣無失清静而少嗜欲，五藏便寧，精神内守形骸而不越，即觀乎往世之外，來事之内，禍福之間可足見也〔二〇〕，故「其出彌遠者，其知彌少〔二一〕。」以言精神不可使外淫也〔二二〕。故「五色亂目，使目不明，五音入耳，使耳不聰，五味亂口，使口生創，趣舍滑心，使行飛揚」，〔二三〕故嗜欲使人氣淫，好憎使人精勞，不疾去之，則志氣日耗〔二四〕。夫人所以不能終其天年者，以其生生之厚，夫唯無以生爲者，即所以得長生〔二五〕，天地運而相通，萬物總而爲一，能知一即無一之不知也，不能知一即無一之能知也〔二六〕。吾處天下亦爲一物，而物亦物也，物之與物，何以相物〔二七〕；欲生，不可事也，憎死，不可辭也，賤之不可憎也，貴之不可喜也，因其資而寧之，弗敢極也，弗敢極即至樂極矣〔二八〕。

〔一一〕膏，脂膏。凝聚之始，貌如脂膏。血脉，道藏七卷本作「而脉」，纘義本作「而血脉」。御覽卷三六〇引同七卷本作「二月而脉」。俞樾讀文子曰：「下文五月而筋，六月而骨，然則二月之時，筋骨未具，未必先有脉也。脉疑胝字之誤，胝借作脂，釋名釋首飾曰：脂，胝也。蓋旨聲氐聲本相近，故脂有胝義，亦得借胝爲之，廣雅釋親云，一月而膏，二月而脂。脂，正字，胝，借字也。淮南子精神篇作二月而胅，胅與脂古音亦相近。」胚，俗作「胚」。道藏七卷本作「胚」。御覽卷三六〇引作「胚」。淮南子精神作「胎」，而文選江賦注引淮南作「胚胎」，與今本異。胎，淮南作「肌」。躁，動也。一月，二月，三月……如同道生一，一生二，二生三，恒記其先後之次，不可飾同附會，律以一定之時期，此乃古籍記事之常見，虚數不可實指；某月如某形者，各説乖異。御覽卷三六〇引和説文解字段玉裁注引同文子。淮南子精神自五月以下同文子。五行大義引「文子云」：「胚」作「胞」，「胎」作「肌」。孫真人千金方述徐之才養胎法云：「婦人受孕一月，足厥陰脉養，陰陽新合，名始胚；二月足少陽脉養，陰陽居經，名始膏；三月手心主脉養，有定形，名始胞；四月手少陽脉養，始受水精，以成血脉；五月足太陰脉養，始受火精，以成其氣；六月足陽明脉養，始受金精，以成其筋；七月手太陰脉養，始受木精，以成其骨；八月手陽明脉養，始受土精，以成膚革；九月足少陰脉養，始受石精，以成皮毛；……十月五藏俱備，六府齊通，納天地之氣於丹田。」此也叙人受天地之氣變化，由胚胎血氣筋骨膚革皮毛生成之次第，不可拘泥。

〔二〕道藏七卷本「分」作「形」。五行大義引：「分」作「形」。淮南子精神：「形體以成，五藏乃形。」五藏，即五臟。指心肝脾肺腎等五種人體腹腔中的臟器。五臟所藏，故曰五藏。此有二解：素問宣明五氣：心藏神，肺藏魄，肝藏魂，脾藏意，腎藏志；難經三十四難：肝藏魂，肺藏魄，心藏神，脾藏意與智，腎藏精與志。這都是古人以五行學説分類歸納的。這裏説明形骸已成，五藏乃分，人體表裏都是正常的。

〔三〕五行大義引「文子云」無「肝主目，腎主耳，脾主舌，肺主鼻，膽主口」。淮南子精神作：「肝主耳。」注：「肝，金也。金内景，故主耳。」「肺主目。」注：「肺象朱雀，朱雀，火也。火外景，故主目。」肝主目。中醫學認爲肝臟的精氣通於目竅，視力的强弱和肝有直接關係。素問陰陽應象論云，肝在竅爲目，「肝主目」。金匱真言論：「開竅於目，藏精於肝。」

〔四〕淮南子精神作：「腎主鼻。」注：「腎象黿，黿，水也。水所以通溝，鼻所以通氣，故主鼻。」腎主耳，素問陰陽應象論：「腎主耳。」腎臟不僅藏先天之精，還藏後天之精。腎精足則聽覺聰靈，虚則失聰。靈樞脉度：「腎氣通於耳，腎和則耳能聞五音矣。」

〔五〕纘義本，此句與下句倒置。淮南子精神無「脾主舌」。脾主舌，素問陰陽應象論「脾主口」，「在竅爲口」。疑舌爲「口」誤，與下膽主口倒，而膽乃「心」之誤。脾臟的精氣通於口，脾氣功能正常，則口能辨味。金匱真言論：「開竅於口，藏精於脾。」靈樞脉度：「脾氣通於口，脾和則口能知五穀矣。」

〔六〕纘義本，此句與上句倒置。淮南子精神作「肺主目」。肺主鼻，素問陰陽應象論：「肺主鼻。」肺主呼吸，鼻爲呼吸出入之門户。金匱真言論：「開竅於鼻，藏精於肺。」靈樞脉度：「肺氣通於鼻，肺和則鼻能知香臭矣。」

〔七〕淮南子精神：「膽主口。」注：「膽，勇者决所以處，故主口。」膽主口，膽爲六腑之一，與肝相爲表裏，有「中精之腑」，「中清之腑」之稱，不屬五臟。疑爲「心主舌」之誤，「口」字與脾主「舌」字錯亂。心主全身的血脉，在臟腑中居有首要地位。素問靈蘭秘典論：「心者，君主之官也，神明出焉」，故有心主神明之説，心的生理病理情況，可以在舌的變化中反映出來。故素問陰陽應象論曰：「心主舌……在竅爲舌。」淮南子精神也作「膽主口」，因誤而誤耳。文子言五臟所主，唯四與俗同，而獨不言心，或以爲衆藏之首，故外之，或因膽主決斷，以代之。

〔八〕道藏七卷本作：「外爲表，中爲裏，頭之圓以法天，足之方以象地。」五行大義引「文子云」同。淮南子精神：「外爲表，而内爲裏，開閉張歙，各有經紀，故頭之圓也象天，足之方也象地。」外，指體之外形，如四肢九竅之表。中，指腹腔中之臟腑，如五藏六腑之裏。象，相類也。文子主天圓地方説，人與天地相類，故頭圓足方。

〔九〕五行大義引文子云，「九曜」作「九星」，人下有「亦」字。九曜，指日、月、火、水、木、金、土曜星、計都星、羅喉星。道藏七卷本作「九解」，「節」上有「骨」字。朱弁注：九解者，天之九宫門也。御覽卷三六三引及淮南子精神作「九解」高誘注：九解謂九十爲一解；一説九解，六一之所解合也；一説八方中央故曰九解。三百六十節，道藏子華子曰：「倮蟲三百有六十，盈宇宙之間，人爲之長。一人之身，爲骨凡三百有六十，精液之所朝夕也，氣息之所吐吸也，心意之所識也，手足之所運動，而指股之所信屈也，皆與天地之大數通體而爲一。」春秋繁露人副天數：「人有三百六十節，偶天之數也。」淮南子精神作「三百六十六日」、「三百六十六節」，故書皆言人之骨節三百六十，唯淮南子精神言「三百六十六節」。

〔一〇〕五行大義引文子云：「人亦有喜怒哀樂。」淮南子精神「人」下有「亦」字。風散雨施，此取與也。寒殺暑和，此喜怒也。春秋繁露爲人者天：「人之喜怒，化天之寒暑。」

〔一一〕道藏七卷本，「相類」間有「裨」字。五行大義引淮南子及文子云：「膽爲雲，肺爲氣，脾爲風，腎爲雨，肝爲電。與天相類，而心爲主。」朱弁注曰：膽爲雲，勇威之象；肺爲氣，皓素之象；脾爲風，磨動之象；腎爲雨，陰澤之象；肝爲雷，震怒之象。御覽卷三六三引同文子，唯取與作「取予」，腎爲雨作「腎爲雹」。淮南子精神作「肝爲風」，「脾爲雷」。高誘注：膽，金也，金石雲之所出，故爲雲。肺，火也，故爲氣。肝，木也，木爲風生，故爲風。

腎，水也，因水故雨。雨或作雹，腎水也，水爲光，故爲雹。心土也，故爲四行之主。高誘注：「心，土也。故爲四行之主。」

〔一二〕五行大義引文子云：「耳目者，日月也，氣血者，風雨也。」淮南子精神：「是故耳目者，日月也，血氣者，風雨也。日中有踆烏，而月中有蟾蜍。日月失其行，薄蝕無光，風雨非其時，毁折生災，五星失其行，州國受殃。」高誘注：「踆，猶蹲也。謂三足烏，踆，讀踆巍之踆。蟾蜍，蝦蟆。薄者，迫也。薄，讀亨薄之薄。五星，熒惑、太白、歲星、辰星、鎮星也。今熒犯角亢，則州國受其殃也。餘準此。」血氣，中醫學認爲，血的形成是由脾胃等器官，把飲食經過消化以後，將精微部分和津液結合吸收，上輸到心肺，再經肺的氣化，即人體内氣機的運動變化，如臟腑的功能作用，氣血的輸布流注，臟腑之氣的升降、開合等，營養身體各部組織，而血的功能必須在氣的推動下，纔能得到充分發揮，此謂血氣如風散雨施地輸布。薄蝕，迫蝕。古人不知日月星辰之運行規律，認爲日月之蝕，五星現隱，謂之失行，并認爲這種自然的變異和社會治亂有關，這是一種天人感應的思想。御覽卷三六三引文子同。

杜道堅纘義：「物之所始，一之所起，變而化之，萬物生焉。父天母地，陰陽交感，胚胎孕育，雜糅之氣爲物，純粹之氣爲人。是故天地萬物備於吾身，夫翕張與奪，天之道也。逆之則死，順之則生。」

〔一三〕御覽卷三六三引作：「天地之道，愛其神明，人之耳目，何能久勤而不愛，精神何能久馳而不止，是故聖人內而不失也。」閎，說文巷門也。至閎以大，很大的門道。由，纘義和道藏七卷本作「猶」。由與猶，同聲而相通。章，同「彰」，明著。授其神明，義不可通，道藏七卷本作「和」，叢刊本作「愛」是。御覽卷三六三引作「愛」。熛，烟氣上升。息，止也。乏，廢也。內，指精神，也即血氣。外，指形體之外表。淮南子精神作：「夫天地之道，至紘以大，尚猶節其章光，愛其神明，人之耳目曷能久熏勞而不息乎？精神何能久馳騁而不既乎？」高誘注：「息，止。既，盡。」

〔一四〕道藏七卷本「華」下無「也」字。淮南子精神：「是故血氣者，人之華也，而五藏者，人之精也。」血氣，指精神，精力。管子禁藏「食飲足以和血氣」。素問陰陽應象論：「陰陽者，血氣之男女也。」陰主血，陽主氣，血陰是物質基礎，氣陽是動力，陰陽相反相成，血氣運行周流全身，血之所以運動，有賴氣之作用，氣行血也行，氣滯血也滯，故有「氣爲血帥」之説，但氣必須依賴血纔能發揮作用，故有「血爲氣母」之説。血氣營養組織器官而產生機能活動，而機能的正常活動又推動血氣的運行，故血氣正常與否，表現爲人的精力是否充沛。華，光彩，榮華。指人的氣色好。素問解精微論：「華色者，其榮也。」五藏，見上文注二。五臟有貯存和分泌製造精氣功能的器官，五臟內藏的精，外用爲神，故曰五藏者人之精也。

〔一五〕道藏七卷本二「寡」字作「省」。淮南子精神：「夫血氣能專於五藏而不外越，則胸腹充而嗜欲省矣。胸腹充而嗜欲省，則耳目清，聽視達矣。耳目清，聽視達，謂之明。」專，一。越，散。明，指神明。

〔一六〕淮南子精神：「五藏能屬於心而無乖，則教志勝而行不僻矣。教志勝而行之不僻，則精神盛而氣不散矣。精神盛而氣不散，則理，理則均，均則通，通則神，神則以視無不見，以聽無不聞也，以爲無不成也。是故憂患不能入也，而邪氣不能襲。」高誘注：「教志勝，言己之教志也。僻，邪也。勝，或作遯。襲，猶因也。亦入。」屬，連繫。屬於心，心爲五臟之主，五臟隸屬於心而不去。離，散，去。氣意，即意氣，下文曰：「意氣無失清静而少嗜欲。」勝，强盛。徐靈府注勝爲志，淮南高注云，勝或作「遁」。皆誤。此謂五藏能屬心而不去，則意氣雖强而行不邪僻，精神雖盛而氣不越散。襲，侵也。莊子刻意：「平易恬惔，則憂患不能入，邪氣不能襲。」

〔一七〕淮南子精神：「故事有求之於四海之外而不能遇，或守之於形骸之内而不見也。故所求多者，所得少，所見大者，所知小。」高誘注：「遇，得。守之於形骸之内，心無欲也。」此謂五藏不屬於心而外越，則嗜欲多而視聽不明，故所求者多而得者少，所見大而所知小。

杜道堅纘義：「天之生物，不動則植，動者横行，植者直立。人兼動植之用，故靈於萬物，四支百體，精神血氣，可不自愛，胡可以多求。王公大人受天下之寄，則又兼乎人，兼乎物，愛之畜之，不異其身，然後爲盡道。」

〔一八〕道藏七卷本，兩句末有「也」字，「血氣」作「氣意」。淮南子精神有二「也」字，「血氣」作「氣志」。孔竅，指耳目等。户牖，門窗。指視聽之通道。韓非子喻老：「空竅者，神明之户牖也。」故此精神者，神明也，即認識。血氣，道藏七卷本作「氣意」，淮南子精神作「氣志」。均誤矣。文選高唐賦注引文子：「九竅者，精神之户牖，氣者，五藏之使候。」使候，意爲控制。使，役也。候，説文：候，伺望也。

〔一九〕道藏七卷本「精神」前有「即」字，「不越」作「弗越」。淮南子精神：「耳目淫於聲色之樂，則五藏摇動而不定矣，五藏摇動而不定，則血氣滔蕩而不休矣，血氣滔蕩而不休，則精神馳騁於外而不守矣，精神馳騁於外而不守，則禍福之至雖如丘山，無由識之矣。」滔蕩，激烈摇動。丘山。喻大也。文選白頭吟注引「丘山」上無「如」字。

〔二〇〕道藏七卷本，「觀乎往也」，無「乎」字，「可」作「何」。淮南子精神：「使耳目精明玄達而無誘慕，氣志虚静恬愉而省嗜欲，五藏定寧充盈而不泄，精神内守形骸而不外越，則望於往世之前，而視於來事之後，猶未足爲也，豈直禍福之閒哉。」高誘注：「猶，尚也。爲，治也。」往，過去。往者有跡，過亦以至外。來，未來。來者未形，當兆以稱内。見，謂見内外之情，明禍福之兆。

〔二一〕道藏七卷本無「者」字。此引老子四十七章語。彌，愈也。

〔二二〕以，此也。指示代名詞。韓非子喻老：「此言神明之不離其實也。」淮南子精神：「以言夫精神之不可使外淫也。」

〔二三〕入，子匯本作「亂」，淮南子精神作「譁」。口，指口味，滋味。創，傷。生創，道藏七卷本作「厲爽」。「使目」、「使耳」無「目」和「耳」字。淮南子精神作「爽傷」。趣舍，行止。趣，同「趨」。滑，亂。飛揚，放縱。淮南高注：飛揚，不從軌度也。此意引老子十二章語。

〔二四〕道藏七卷本二「人」下有「之」字，「不疾去之」作「弗疾去者」。氣淫，氣過蕩、放濫。上文云，血氣滔蕩而不休。淮南子精神作「故曰：嗜欲者使人之氣越，而好憎者使人之心勞，弗疾去則志氣日耗」。高誘注：「越，失。勞，病。耗，猶亂也。」

杜道堅纘義：「河水雖廣，風日耗之；精神雖王，物欲滑之，未有不消滅者也。聖人玄達，無所誘慕，精神內固，形體外便，心室空虛，神明來舍，往世之外，來世之前，靡不洞燭，心虛故也。養生之道無他術，如養馬焉，去其害馬者而已。」

〔二五〕道藏七卷本「厚」下有「也」字，「長生」下有「也」字。淮南子精神：「夫人之所以不能終其壽命，而中道夭於刑戮者，何也？以其生生之厚，夫惟能無以生爲者，則所以脩得生也。」高誘注：「言生生之厚者，何必極嗜欲，淫濫無厭以傷耳目情性，故不終其壽命，中道夭殞以刑辟之戮也。無以生爲者，輕利害之鄉，除情性之欲，則長得生矣。」天年，謂人的自然年壽。生生，猶養生。前生字作動詞，後生字爲名詞，即生命。生生之厚，謂貪饕無厭，逞欲於聲色等。無以生爲，不以生厚爲事，即不生生之厚。老子曰：「人之生，動之死地亦十有三，夫何故？以其生生之厚。」「唯無以生爲者，是賢於貴生。」

〔二六〕道原曰：「萬物之總，皆閱一孔，百事之根，皆出一門。」故能知一即無一不知也。一，一原之氣，即道。前「一」謂道，後「一」謂物之數也。淮南子精神高誘注：「總，合。一，同也。萬物合同，統於一也。上一，道也。下一，物也。」

〔二七〕相，兩相之辭，如相同，相反。此謂物我同生天地之間，我處天下，亦天下萬物之一，萬物也物，物我之間，同爲一物，何以相與彼此。文選豪士賦注引作「譬若吾處於天下，亦爲一物也。然則我亦物也，而物亦物也，物之與我也，有何以相物也」。淮南子精神：「譬吾處於天下也，亦爲一物矣，不識天下之以我備其物與？且惟無我而物無不備者乎？」高誘注：「與，邪。詞也。物亦物也，何相名爲物也。」

〔二八〕淮南子精神：「雖然，其生我也，將以何益，其殺我也，將以何損……其生我也，不强求已，其殺我也，不强求止，欲生而不事，憎死而不辭，賤之而弗憎，貴之而弗喜，隨其天資，而安之不極。」高誘注：「已，止也。言不惡生也。不强求止，言不畏死。事，治。憎死而不辭，唯義所在，故不辭也。人有惡賤己者，己不憎也。人有尊己者，己不喜也。資，時也。一曰，性也。極，急也。喻道人不急求生也。」事，爲也。辭，推辭。資，材質，天性。寧，安也。極，至，盡。

慧定案：以上第二章。

杜道堅纘義：「物有不待使而生，求而養，天也。待使而生，求而養，則人矣。人或過有使之，求之之心，則揠苗助長，反致傷生失養之害，不能全其天年。聖人天地相通，與物爲一，不益生，不外死，賤而不憎，貴而不喜，因其資而寧之，弗敢極，則至樂極矣。」

守虛

老子〔文子〕曰：所謂聖人者，因時而安其位，當世而樂其業〔一〕。夫哀樂者德之邪，好憎者心之纍，喜怒者道之過〔二〕。故其生也天行，其死也物化，静即與陰合德，動即與陽同波〔三〕。故心者形之主也，神者心之寶也，形勞而不休即蹶，精用而不已則竭，是以聖人遵之不敢越也〔四〕。以無應有，必究其理，以虚受實，必窮其節，恬愉虚静，以終其命〔五〕，無所疏，無所親，抱德煬和，以順於天，與道爲際，與德爲鄰，不爲福始，不爲禍先，死生無變於己，故曰至神〔六〕。神則以求無不得也，以爲無不成也〔七〕。

〔一〕業，事業。俗以富貴榮華，聲色嗜欲爲樂，聖人因所遇之時，安所處之位，遭世治亂，而不患其隱現，樂天之業。莊子至樂：「吾以無爲誠樂矣，又俗之所大苦也，故曰至樂無樂。」淮南子精神：「是故聖人因時以安其位，當世而樂其業。」高誘注：「業，事也。」

〔二〕道藏七卷本三句末皆有「也」字。邪，不正。哀樂者不得道之正用。纍，束縛。淮南子精神哀樂作「悲樂」，纍作「暴」，道之過句在此句前。「夫悲樂者，德之邪也，而喜怒者，道之過也，好憎者，心之暴也」。

〔三〕慧定案：本書上德：「天行不已，終而復始……天行一不差，故無過矣。」「天行」爲易的重要思想。易乾象傳：

「天行健，君子以自强不息。」易蠱彖傳：「終則有始，天行也。」易剥彖傳：「君子尚消息盈虚，天行也。」黄帝四經十大經正亂：「夫天行正信，日月不處，啓然不怠。」荀子天論：「天行有常。」管子白心：「天行其所行，而萬物被其利。」天行，自然的運動變化。物化，物理之變化。莊子刻意：「聖人之生也天行，其死也物化，静而與陰同德，動而與陽同波。」郭注：「天行，任自然而運動。物化，蜕然無所繫。動静無心而付之陰陽也。」成疏云，其生也如天道之運行，其死也類萬物之變化，凝神静慮與大陰同其盛德，應感而動與陽氣同其波瀾，動静順時，無心者也。又見天道篇。「知天樂者，其生也天行，其死也物化，静而與陰同德，動而與陽同波」。淮南子精神作「静則與陰俱閉，動則與陽俱開」。

〔四〕道藏七卷本「是以」作「是故」。蹶，顛仆，挫敗。不已，不止。竭，盡，枯竭。遵，俞樾讀文子曰：「遵當作尊。」是也。越，散也。莊子刻意作「形勞而不休則弊，精用而不已則勞，勞則竭。」

〔五〕恬愉虚静，恬愉是凝湛之心，虚静是寂用之智，故能終其天年。淮南子精神：「是故聖人以無應有，必究其理，以虚受實，必窮其節，恬愉虚静，以終其命。」

〔六〕煬和，融和，温和。莊子徐无鬼：「故無所甚親，無所甚疏，抱德煬和，以順天下，此謂真人。」際，邊界，合也。鄰，親近，相接連也。至神，極萬物變化之妙而爲言也。莊子刻意：「不爲福先，不爲禍始。」本書符言：「不爲福先，不爲禍始。」又文選求通親親表注引文子同。莊子齊物論：「死生無變於己。」郭注：「與變爲體，故死生若一。」淮南子精神：「是故無所甚疏，而無所甚親，抱德煬和，以順於天，與道爲際，與德爲鄰，不爲福始，不爲禍先，魂魄處其宅，而精神守其根，死生無變於己，故曰至神。」高誘注：「煬，炙也。向火中炙和氣，以順天道也。煬，讀供養之養。際，合也。鄰，比也。變，動。」

〔七〕至神能與天地同道，與陰陽合德，故求無不得，爲無不成。

慧定案：以上第三章。原文標「守虚」。

杜道堅纘義：聖人虚己以遊世，順天而行，因時而作，不以利害動其心，不以死生變於己，以虚受實，抱德煬和，禍不爲先，福不爲始，事至而應，響答如神，應己則静，是謂守虚。

朱弁注：守虚，以不惑其纍爲虚也。

守無

老子〔文子〕曰：輕天下即神無纍，細萬物即心不惑，齊生死則意不懾，同變化則明不眩〔一〕。夫至人倚不撓之柱，行無關之途，禀不竭之府，學不死之師，無往而不遂，無之而不通，屈伸俯仰，抱命不惑而宛轉，禍福利害，不足以患心〔二〕。夫爲義者可迫以仁，而不可劫以兵，可正以義，不可懸以利；君子死義，不可以富貴留也〔三〕，爲義者不可以死亡恐也，又況於無爲者乎！無爲者即無纍，無纍之人，以天下爲影柱〔四〕。上觀至人之倫，深原道德之意，下攷世俗之行，乃足以羞也〔五〕；夫無以天下爲者，學之建鼓也〔六〕。

〔一〕淮南子精神：「輕天下則神無纍矣，細萬物則心不惑矣，齊死生則志不懾矣，同變化則明不眩矣。」高誘注：「輕薄天下寵勢之權者，許由是也，故其精神無留纍於物也。以萬物爲小事而弗欲，故心不惑物也。齊，等也。不畏義死，不樂不義生，其志意無所懾懼，故曰等也。眩，惑。」輕，輕視，鄙薄。細，藐小。懾，懼。齊一生死則意不悦生怕死。莊子達生：「棄世則無纍，無纍則正平。」本書道德：「三皇五帝輕天下，細萬物，齊死生，同變化。」道藏七卷本「生死」作「死生」。

〔二〕道藏七卷本「倚」作「以」，「心」作「之」。淮南子精神：「夫至人倚不拔之柱，行不關之塗，稟不竭之府，學不死之師，無往而不遂，無至而不通，生不足以挂志，死不足以幽神，屈伸俛仰，抱命而婉轉，禍福利害，千變萬紾，孰足以患心。」高誘注：「倚於不可拔搖之柱，行於不可關閉之塗，言無不通。無往而不遂，往而遂也。無至而不通，至而通也。抱天命而婉轉，不離違也。紾，轉。」倚，依。撓，通「橈」，曲木，折也。不橈之柱，謂道也。無關，無所閉也。即無不通。學不死之師，謂宗本道原。遂，通順。之，往也。命，運命。符言：「命所遭於時也。」荀子正名：「節遇之謂命。」宛轉，亦作「婉轉」。婉曲隨順。莊子田子方：「且萬化而未始有極也，夫孰足以患也。」

〔三〕道藏七卷本「兵」下有「也」字，「不可懸以利」作「而不可懸以利也」。淮南子精神：「故晏子可迫以仁，而不可劫以兵，殖華可止以義，而不可縣以利，君子義死，而不可以富貴留也。」高誘注：「縣，視也，言不爲利動也。」劫，脅迫。爲義者可以仁道，雖赴湯蹈火大節不移，而不可以兵威脅改其行。可正以義，俞樾讀文子曰：「正乃止字之誤，止以義與迫以仁，文義相近，作正則非其旨矣。」正，止也。不必誤。留，指留身也。謂蹈義而死，不以富貴留身。

〔四〕道藏七卷本「無爲者即無累」，無「即」字。淮南子精神：「義爲而不可以死亡恐也，彼則直爲義耳，而尚猶不拘於物，又況無爲者矣。……由此觀之，至貴不待爵，至富不待財，天下至大矣，而以與佗人，身至親矣，而棄之淵，外此其餘，無足利矣，此之謂無累之人。無累之人，不以天下爲貴矣。」影柱，虚像。

〔五〕道藏七卷本「足以羞」作「足著」。淮南子精神：「上觀至人之論，深原道德之意，以下攷世俗之行，乃足羞也。」高誘注：「攷，觀。」倫，輩，類也。原，本也。攷，察也。徐靈府注：「羞，進也。觀古視今，抱道守德，深明旨趣，足以進修也。」

〔六〕慧定案：無以天下爲，爲之於無以天下爲，已制心於爲天下，非無爲也。指爲仁義者。建鼓，古樂器，一種大的鼓。儀禮大射：「建鼓在阼階西南鼓。」鄭玄注：「建猶樹也。以木貫與載之，樹之跗也。」莊子天運：「夫仁義慘然，乃憤吾心，亂莫大焉，吾子使天下無失其樸，吾子亦放風而動，總德而立矣。又奚傑然，若負建鼓而求亡子者邪！」郭注：言夫揭仁義以移道德之鄉，其猶擊鼓而求逃者，無由得也。成疏：夫揭仁義以移道德之鄉，何異乎打大鼓以求逃亡之子，故鼓聲大而亡子遠，仁義彰而道德廢也。淮南子精神：不明無以天下爲非無爲，誤作「夫以天下爲者，學之建鼓矣」。

以上第四章，原文標「守無」。

杜道堅纘義：「無不生無而生有，有喪則復歸於無，有不可以無無，無無則有不能以自有，知有乃無之利，無乃有之用，則知無不無無，不無無即道，有不常有，不常有即物。是以聖人富不以有，貧不以無，齊物我，一死生，而不纍於神，自有不亡者在，是謂守無。」

朱弁注：「守無，遊萬物而不物，則無我無物矣。」

守平

老子〔文子〕曰：尊勢厚利，人之所貪，比之身則賤〔一〕。故聖人食足以充虛接氣，衣足以蓋形御寒，適情辭餘，不貪得，不多積〔二〕。清目不視，静耳不聽，閉口不言，委心不慮，棄聰明，反太素，休精神，去知故，無好無憎，是謂大通〔三〕。除穢去累，莫若未始出其宗，何爲而不成〔四〕。知養生之和者，即不可懸以利，通内外之符者，不可誘以勢〔五〕，無外之外，至大，無内之内，至貴，能知大貴，何往不遂〔六〕。

〔一〕道藏七卷本「貪」下有「也」字。權勢利禄，人之所貪求者，對於全身保真則不足貴重。淮南子精神無「比之身則賤」。作「尊勢厚利，人之所貪也，使之左據天下圖，而右手刎其喉，愚夫不爲，由此觀之，生尊於天下也」。

〔二〕文選雜詩注引：「聖人食足以充虛接氣，衣足以蓋形禦寒。」淮南子精神：「聖人食足以接氣，衣足以蓋形，適情不求餘。」高誘注：「接，續也。蓋，覆也。餘，饒也。」充虛，指實其腹。接氣，續氣。古人認爲氣是人體内流動着的富有營養的精微物質。如水穀之氣。靈樞刺節真邪：「真氣者，所受於天，與穀氣并而充身者也。」人體是由先天的元氣和後天的飲食精氣，相結合充養全身的，所以要不斷地以飲食之氣接續。蓋形，掩蔽身體。文選雜詩注引文子同。淮南子精神無「充虛」，「禦寒」四字。適情辭餘，指欲養適度。

〔三〕淮南子精神：「除穢去累，莫若未始出其宗，乃爲大通。清目而不以視，静耳而不以聽，鉗口而不以言，委心而不以慮，棄聰明而反太素，休精神而棄知故，覺而若昧……」高誘注：「清，明。」委，任。委心不慮，指不先企慮。太素，猶樸素。列子天瑞：「太素者，質之始也。」知故，即「智故」，見精誠五章注十五。大通，見道原四章注五，精誠四章注四。

〔四〕穢，惡，不清潔。指心中之欲惡。去累，指去外物之惑。宗，本。未始出其宗，指本來虚静無所貪愛。

〔五〕道藏七卷本有「故」字，作「故知養生……」；「内外」作「外内」。淮南子精神：「故知宇宙之大，則不可劫以死生，知養生之和，則不可縣以天下。」高誘注：「養生之和，謂正道也。以修正道不惑，故不可示以天下之窮勢而移也。」和，適也。符，合，驗。内外之符，指欲養合。

〔六〕大貴，指至大至貴，即指道。老子曰：道，强爲之名曰「大」，道常無名樸雖小，天下莫能臣也。又曰：「大道氾兮，其可左右，萬物恃之而生而不辭，功成不名有，衣養萬物而不爲主，常無欲，可名於小，萬物歸焉而不爲主，可名於大。」(三十四章)莊子天下：「至大無外，謂之大一，至小無内，謂之小一。」管子心術：「道在天地之間也，其大無外，其小無内。」無外之外，無内之内，指道的無限性。淮南子精神：「非通於外内，孰能無好憎，無外之外，至大也，無内之内，至貴也。能知大貴，何往而不遂。」高誘注：「好憎，情欲。言天無有垠外，而能爲之外，喻極大也。無内言其小，小無内而能爲之内，道尚微妙，故曰至貴也。」

慧定案：以上第五章。原文標「守平」。

杜道堅纘義：「道貴乎守，有守則成，心貴乎平，平則不傾。世之尊勢厚利，人所共貪，貪則不平之心生，非可守之道也。故聖人食取充腹，衣適被體，無厚積之貪，是以心平氣定，神不外馳，合乎大常之道，是謂守平。」

朱弁注：「守平，平其所爲道自夷矣。」

守易

老子〔文子〕曰：古之爲道者，理情性，治心術，養以和，持以適，樂道而忘賤，安德而忘貧〔一〕。性有不欲，無欲而不得，心有不樂，無樂而不爲〔二〕。無益於性者不以累德，不便於生者不以滑和〔三〕。不縱身肆意而制度，可以爲天下儀〔四〕，量腹而食，制形而衣，容身而居，適情而行，餘天下而不有，委萬物而不利，豈爲貧富貴賤失其性命哉夫！若然者，可謂能體道矣〔五〕。

〔一〕理，治也，正也。情性，本性。荀子性惡：「故順情性則不辭讓矣，辭讓則悖於情性矣。」韓非子五蠹：「人之情性，莫先於父母，皆見愛而未必治也。」心術，思想和心計。微明曰：「知人之性，則自養不悖，知事之製，則其舉措不亂，發一號，散無竟，總一管，謂之心，見本而知末，執一而應萬，謂之術。」心術，也即思想方法。管子七法：「實也、誠也、厚也、施也、度也、恕也，謂之心術。」尹知章注：凡此六者，皆自心術生也。莊子天道：「此五末者，須精神之運，心術之動，然後從之者也。」成疏：術，能也，心之所能，謂之心術也。持以適，適性辭餘。下文曰：適情而行。此謂古之爲道者，養身治心，得情性之和，安樂道德，而忘貧賤。淮南子精神：「達至道者則不然，理情性，治心術，養以和，持以適，樂道而忘賤，安德而忘貧。」

〔二〕道藏七卷本「不」作「弗」，一也。淮南子精神：「性有不欲，無欲而不得，心有不樂，無樂而不爲。」高誘注：「言其守虚執持不欲之情性，則無有所欲而不得也。言其志正不樂邪淫之樂，則無有正樂而不爲樂，言皆爲之樂也。」

〔三〕莊子德充符：「日夜相代乎前，而知不能規乎其始者也，故不足以滑和。」郭注：「苟知性命之固當，則雖死生窮達，千變萬化，淡然自若，而和理在身矣。」成疏：「滑，亂也。雖複事變命遷，而隨形任化，淡然自若，不亂於中和之道也。」淮南子精神：「無益情者不以累德，而便性者不以滑和。」「不便性者」作「而便性者」，誤矣。莊逵吉曰：諸本均作「不便於性者」。

〔四〕道藏七卷本無「不」字，「制度」作「度制」。纘義本也作「度制」而「度」誤爲「席」。淮南子精神：「故縱體肆意，而度制可以爲天下儀。」高誘注：「縱，放也。肆，緩也。儀，法也。」

慧定案：此有二説：一，道藏七卷本和淮南子：「縱身（體）肆意，而度制可以爲天下儀。」此本儒家。荀子解蔽：「聖人縱其欲，兼其情，而制焉者理矣。」楊倞注：「兼，猶盡也。聖人雖縱欲盡情，而不過制者，由於暗與理會故也。」王先謙集解：「縱，當爲從。聖人無縱欲之事，從其欲，猶言從心所欲。」孔子曰：「吾……七十而從心所欲，不逾距。」（論語爲政）二，唐徐靈府注本文子和纘義本，承上文古之爲道者，理情性，治心術，養以和，持以適，無益於情性者，不以累德亂和，不縱欲肆意，而可以爲天下儀表制度。此本道家，當以後者爲是。

〔五〕委，棄。夫，猶乎也，詠嘆之辭。體道，體驗或體現道。此言體道者知足，故有餘天下，不以物爲利，豈爲富貴貧賤而失性命哉乎。淮南子精神：「若夫至人，量腹而食，度形而衣，容身而遊，適情而行，餘天下而不貪，委萬物而不利。處大廓之宇，遊無極之野，登太皇，馮太一，玩天地於掌握之中，夫豈爲貧富肥臞哉。」高誘注：

「委，棄也。不以萬物爲利矣。」

慧定案：以上第六章，原文標「守易」。

杜道堅纘義：「多易必多難，此以事言也，以道言則不然。夫古之爲道者，治心理性，易其身而後動，定其意而後舉，樂道安常，不爲難能之事，故制度有法，容止可觀，安而行之，是謂守易。」

朱弁注：「守易，得自任之，理則易也。」

守清

老子［文子］曰：人受氣於天者，耳目之於聲色也，鼻口之於芳臭也，肌膚之於寒温也，其情一也〔一〕。或以死，或以生，或爲君子，或爲小人，所以爲制者異〔二〕。神者智之淵也，神清則智明，智者心之府也，智公則心平〔三〕。人莫鑑於流潦而鑑於澄水，以其清且靜也，故神清意平乃能形物之情，故用之者必假於不用者〔四〕。夫鑑明者則塵垢不污也，神清者嗜欲不誤也〔五〕，故心有所至，則神慨然在之，反之於虛，則消躁藏息矣，此聖人之遊也〔六〕。故治天下者，必達性命之情而後可也〔七〕。

〔一〕道藏七卷本「芳」作「香」，「情」作「性」。淮南子俶真：「夫人之所受於天者，耳目之於聲色也，口鼻之於芳臭也，肌膚之於寒燠，其情一也。」芳，香也。人稟自然之氣而生，耳目口鼻肌膚之與聽視嗅味寒暑感情是一樣的。情，荀子正名：「性之好惡喜怒哀樂謂之情。」

〔二〕道藏七卷本，句末有「也」字。纘義本脱「其」字。淮南子俶真：「或通於神明，或不免於癡狂者，何也？其所爲制者，異也。」所以爲制，制於主觀的好憎之欲。人之情一，所好而同，然所得異者，乃隨心所欲，爲物所制，故或生或死，或君子或小人。

〔三〕御覽卷四三二引文子同。羣書治要引同，「府」作「符」。道藏七卷本「府」作「符」，借假也。淮南子俶真：「是故神者智之淵也，淵清者智明矣，智者心之府也，智公則心平矣。」淵，淵源。府，舍藏。管子心術：「心也者，智之舍也。」公，平正。管子内業：「精存自生，其外安榮，内藏以爲泉源，浩然和平，以爲氣淵，淵之不涸，四體乃固，泉之不竭，九竅遂通，乃能窮天地，被四海，中無惑意，外無邪災。」

〔四〕羣書治要引「流潦」作「流水」，「澄水」下有「者」字，「物之情」下有「也」字，無引用者假不用句。道藏七卷本「潦」作「水」，「澄水」下有「者」字，末句無「之」字，而「假」下有「之」字。淮南子俶真：「人莫鑑於流沫，而鑑於止水者，以其静也。莫窺形於生鐵，而窺於明鏡者，以覩其易也。夫唯易且静，形物之性也。由此觀之，用也必假之於弗用也。」高誘注：「沫，雨潦上沫起覆甌也。言其濁擾，不見人形也。」鑑，通「鏡」。照也。潦，雨水大貌。流潦，流動的水。澄，水静而清。形物，見物。情，實情。假，借，因。莊子德充符：「人莫鑑於流水，而鑑於止水，唯止能止衆止。」成玄英疏：「鑑，照也。夫止水所以留鑑者，爲其澄清故也。……止水本無情於鑑物，物自照之。」郭慶藩集釋：「流水與止水相對爲文，崔本作『沫』，非也。隸書『流』或作『涿』，與『沫』形相似，故崔氏誤以爲『沫』。淮南説山篇『人莫鑑於沫雨』，高注『沫雨』或作『流潦』，則『沫』爲『流』字之譌益碻。」

〔五〕淮南子俶真：「夫鑑明者，塵垢弗能薶，神清者，嗜欲弗能亂。」高誘注：「薶，污也。薶讀倭語之倭。神清者，精神內守也，情之嗜欲不能干亂。」塵垢，塵土和污垢。誤，受惑。荀子正論：「姦人之誤於亂說，以欺愚者。」莊子德充符：「鑑明則塵垢不止，止則不明也。」成玄英疏：「鑑，鏡也。夫鏡明則塵垢不止，止則非明照也。」

〔六〕道藏七卷本和纘義本「慨然」作「溉然」。「藏息」，道藏七卷本作「滅息」。淮南子俶真：「心有所至，而神喟然在之，反之於虛，則消鑠滅息，此聖人之遊也。」高誘注：「反之於虛，則情欲之性消鑠滅息，故曰聖人之遊。遊，行也。」慨然，感慨貌。躁，動也。息，蕃殖，滋長。此謂心至神存，返於虛静，則動心滋欲皆滅，是聖人之行。莊子德充符曰：「人不忘其所忘，而忘其所不忘，此謂誠忘，故聖人有所遊。」郭注：「遊於自得之場，放之而無不至者，才德全也。」成疏：「物我雙遣，形德兩忘，放任乎變化之場，遨遊於至虛之域也。」

〔七〕道藏七卷本「必達」作「必達於」，有「於」字。淮南子俶真：「故古之治天下也，必達乎性命之情，其舉錯未必同也，其合於道一也。」反於虛静，達性命之情，治天下可矣。

慧定案：以上第七章。原文標「守清」。

杜道堅纘義：「水清則鑑物，神清則見道，人之受氣於天者，固若同然，吾之見道於心者，夫何獨異，心清故也。聖人之心，明如止水，物來則見，物去則静，曾何滯於吾心哉，澄鑑不撓，是謂守清。」

朱弁注：「守清，清而不撓，可鑑嗜欲之妄。」

守　真

老子〔文子〕曰：夫所謂聖人者，適情而已，量腹而食，度形而衣，節乎己而貪污之心無由生也〔一〕，故能有天下者，必無以天下爲也，能有名譽者，必不以越行求之，誠達性命之情，仁義因附也〔二〕。若夫神無所掩，心無所載，通洞條達，澹然無事，勢利不能誘，聲色不能淫，辯者不能説，智者不能動，勇者不能恐，此真人之遊也〔三〕。夫生生者不生，化化者不化〔四〕，不達此道者，雖知統天地，明照日月，辯解連環，辭潤金石，猶無益於治天下也，故聖人不失所守〔五〕。

〔一〕御覽卷四三一引：「量腹而食，度身而衣，節乎己者，貪心不生矣。」上文守易「量腹而食，制形而衣，容身而居，適情而行，餘天下而不有，委萬物而不利，豈爲貧富貴賤失其性命哉夫」。淮南子俶真：「夫聖人量腹而食，度形而衣，節於己而已，貪污之心，奚由生哉。」節乎己，節制自己。聖人亦人，其情一也，衣食之欲，生之必須，量食周身而足，欲養適宜而已，節制於己，則貪得污穢之心無從生也。

〔二〕道藏七卷本「天下爲也」爲下有「者」字，「求之」作「求者也」，「誠達」下有「乎」字。淮南子俶真：「故能有天下者，必無以天下爲也，能有名譽者，必無以趨行求者也，聖人有所于達，達則嗜欲之心外矣。……誠達於性命之情，而仁義固附矣。」越，超出，躐等。越行，超越等級的行爲。本書上仁「仁義因附」。因，與「就」同義，介詞。附，依從。淮南子俶真因附作「固附」。誤也。

〔三〕道藏七卷本「勢利不能誘」句末及以下各句末皆有「也」字，「遊」作「道」。淮南子俶真：「若夫神無所掩，心無所載，通洞條達，恬漠無事，無所凝滯，虚寂以待，勢利不能誘也，辯者不能説也，聲色不能淫也，美者不能濫也，智者不能動也，勇者不能恐也，此真人之道也。」掩，蔽，神無所掩，明也。載，指任嗜欲，心無所載，虚也。

通洞條達，條理通達明澈。此言真人之行，好惡不載於心，嗜欲不蔽神明，通達條貫，恬靜無事，不貪不染不惑不易不懼，則勢利聲色辯説智謀勇悍，不能奪也。

〔四〕道藏七卷本「不生」作「不死」。本書守樸：「故生生者未嘗生，其所生者即生，化化者未嘗化，其所化者即化，此真人之遊也，純粹之道也。」生生者，産生物者，莊子謂物物者。易繫辭謂：生生之謂易。即指萬物之根本「道」也。化化者，指殺生者，亦「道」也。莊子大宗師：「殺生者不死，生生者不生。」故生化者，不生不死，獨立而不改也。淮南子俶真作「夫化生者不死，而化物者不化」。高注：「化生者天也，化物者德也。」

〔五〕道藏七卷本「治天下」無「也」字。淮南子俶真：「不通此者，雖目數千羊之羣，耳分八風之調，足蹀陽阿之舞，而手會緑水之趨，智終天地，明照日月，辯解連環，澤潤玉石，猶無益於治天下也。」統，總領。辯解連環，莊子天下云：「連環不可解也。」惠施以此爲大觀於天下，而曉辯者。辭潤金石，言辭好聽。金石，古樂器。所守，指生化之原。

慧定案：以上第八章。原文標「守真」。

杜道堅纘義：「夫聖人者，循自然，守至真，順其時宜，達其衆心，惟不逆萬物之情，故能心凝形釋，純一不已，是謂守真。」

朱弁注：「守真，適形而安，則安而無佗，適情而往，則所至非妄，然大名大飾，亦自此而生。」

守　靜

老子〔文子〕曰：靜漠恬惔，所以養生也，和愉虛無，所以據德也〔一〕，外不亂内即性得其宜，静不動和即德安其位，養生以經世，抱德以終年，可謂能體道矣〔二〕。若然者，血脈無鬱滯，五藏無積氣，禍福不能矯滑，非譽不能塵垢〔三〕，非有其世，孰能濟焉，有其才，不遇其時，身猶不能脱，又況無道乎〔四〕？夫目察秋毫之末者，耳不聞雷霆之聲，耳調金玉之音者，目不見太山之形，故小有所志，則大有所忘〔五〕。今萬物之來，擢拔吾生，攓取吾精，若泉原也，雖欲勿稟，其可得乎〔六〕？今盆水若清之經日，乃能見眉睫，濁之不過一撓，即不能見方圓也，人之精神難清而易濁，猶盆水也〔七〕。

〔一〕文選登江中孤嶼注引：「静漠恬淡，所以養生也。」淮南子俶真：「静漠恬澹，所以養性也，和愉虚無，所以養德也。」養生，養性。文選登江中孤嶼注引文子同。據，杖持。淮南子俶真作「養」。微明曰：「德者生之所扶也。」

〔二〕道藏七卷本「静」作「内」。文選運命論注引：「養生以經世。」外不亂内，指静漠恬惔之性，不爲外物所亂，則性全。淮南子俶真亂作「滑」。静不動和，指和愉虚無之德，不累於物則安位。淮南子静作「性」。經世，治世。終年，壽終。文選薦譙元彦表注引文子：「養生以經世，抱德以終年，可謂體道矣。」無「能」字。

〔三〕血脈，指氣血運行之通道。素問痿論：「心主身之血脈」。鬱滯，閉結不通。積氣，鬱結之氣。積氣多與情志刺激、氣血失調有關。矯，通「撟」，舉也。矯滑，舉亂。淮南子作「撓滑」。非譽，毁譽。塵垢，占污。道藏七卷本作「塵埃」。

〔四〕淮南子俶真「才」作「人」。非有其世，謂不遇其世，即處多事之世也。濟，成也。無道，指無道者。此謂體道者雖心性虚暢，情氣調達，但處多事之世，懷才不遇，不免於禍亂毀譽之難，何況無道者乎。

〔五〕御覽卷十三引：「夫目察秋毫之末，耳不聞雷霆之聲，耳調金石之音，目不見太山之形，小有所志，必大有所忘。」道藏七卷本「金玉」作「玉石」，「所志」下有「者」字，無「則」字。

淮南子俶真：「夫目察秋豪之末，耳不聞雷霆之聲，耳調玉石之聲，目不見太山之高，何則？小有所志，而大有所忘也。」秋毫，亦作「秋豪」，鳥獸在秋天新生長出來的細毛。喻極纖小的事物。商君書錯法：「夫離朱見秋豪百步之外，而不能以明目易人。」雷霆，疾雷。金玉，即金石。古樂器。御覽卷一三引作「金石」。謂耳能分別金玉之清越優美的聲音。太山，大山也。志，在心爲志。忘，不識也。

〔六〕淮南子俶真「生」作「性」，「精」作「情」，「若」上有「有」字，句尾無「也」字，「乎」作「邪」。高誘注：「禀，猶動用也。」擢，拔取，拔根曰擢。擢拔，謂拔取根本。生，纘義作「性」。搴，擬取。莊子駢拇：「枝於仁者，擢德塞性，以收名聲。」塞爲「搴」誤，搴即「擿」。原，通源。纘義作「源」。禀，猶動用也。

〔七〕道藏七卷本「圓」下無「也」字。經日，經過或經歷一天，指時間很長。撓，撓動也。淮南子俶真：「今盆水在庭，清之終日，未能見眉睫，濁之不過一撓，而不能察方員，人神易濁而難清，猶盆水之類也。」「乃能」作「未能」，誤矣。莊子天道：「水静則明燭鬚眉」成疏：「夫水動則波流，止便澄静。懸鑒洞照，與物無私，故能明燭鬚眉。」荀子解蔽：「故人心譬如槃水，正錯而勿動，則湛濁在下，而清明在上，則足以見鬚眉而察理矣。」

慧定案：以上第九章。原文標「守静」。

杜道堅纘義：「天地之道静，故物不使而自長，聖人之治静，則民不教而自能，一有喜功，生事之心撓其自然，亂其天常，則静者失，動者惑矣，惟不事奇變，是謂守静。」

朱弁注：「守静，聖人安此，以爲生根德本也。」

守法

老子〔文子〕曰：上聖法天，其次尚賢，其下任臣；任臣者危亡之道也，尚賢者癡惑之原也，法天者治天地之道也〔一〕。虚静爲主，虚無不受，静無不持，知虚静之道，乃能終始〔二〕，故聖人以静爲治，以動爲亂。故曰勿撓勿纓，萬物將自清，勿驚勿駭，萬物將自理，是謂天道也〔三〕。

〔一〕道藏七卷本「尚賢」作「上賢」。尚，上也。上聖，上古聖人。尚賢，崇尚賢智。墨子有「尚賢」篇。任臣，任用臣下。法天者無爲而治，尚賢者矯性而争，是癡惑之原也，最下者任臣，政權在人是危亡道。

〔二〕文選頭陁寺碑文李善注引：「虚無不受，静無不持。」受，容也。持，猶制也。終始，謂保持一貫。

〔三〕道藏七卷本末句作「天道然也」。纘義本「纓」作「攖」，無「也」字。淮南子繆稱：「勿驚勿駭，萬物將自理，勿撓勿攖，萬物將自清。」高誘注：「攖，纓。言治天下，各順其情。」撓，撓動也。纓，冠帶。纘義作「攖」，亂也。駭，馬驚。謂動亂也。謂清静不動，萬物自安自治。天道無爲也。

慧定案：以上第十章。原文標「守法」。

杜道堅纘義：「上聖法天，百骸理，萬化安；其次尚賢，法由己出，惑之原也；其下任臣，法出衆口，危亡之徵矣。修身無法，則事惑而精神喪；治國無法，則政亂而民人傷。惟體道爲主，是謂守法。」

朱弁注：「守法，法之上者在乎法天，法天之法，未有無所法而同乎大順者也。」

守弱

老子〔文子〕曰：天下公侯以天下一國爲家，以萬物爲畜，懷天下之大，有萬物之多，即氣實而志驕〔一〕。大者用兵侵小，小者倨傲凌下，用心奢廣，譬猶飄風暴雨，不可長久〔二〕。是以聖人以道鎮之，執一無爲，而不損沖氣，見小守柔，退而勿有，法於江海〔三〕。江海不爲，故功名自化，弗强，故能成其王〔四〕。爲天下牝，故能神不死，自愛，故能成其貴〔五〕。萬乘之勢，以萬物爲功名，權任至重，不可自輕，自輕則功名不成〔六〕。夫道，大以小而成，多以少爲主〔七〕。故聖人以道莅天下，柔弱微妙者見小也，儉嗇損缺者見少也，見小故能成其大，見少故能成其美〔八〕。天之道，抑高而舉下，損有餘補不足，江海處地之不足，故天下歸之奉之〔九〕。聖人卑謙清静辭讓者，見下也，虚心無有者，見不足也，見下故能致其高，見不足故能成其賢〔一〇〕。矜者不立，奢也不長，强梁者死，滿日者亡，飄風暴雨不終日，小谷不能須臾盈〔一一〕；飄風暴雨行强梁之氣，故不能久而滅，小谷處强梁之地，故不得不奪〔一二〕。

是以聖人執雌牝，去奢驕，不敢行强梁之氣；執雌牝，故能立其雄牡，不敢奢驕，故能長久〔一三〕。

〔一〕公侯，指諸侯國君。畜，積儲，畜養。氣實，氣滿。道藏七卷本作「氣逸」，謂氣滿志驕，自矜其大，雖大必亡。

〔二〕倨傲，傲慢不恭。凌，通「陵」，侵犯，欺陵。奢，奢侈。廣，大。奢廣，謂所欲者太過。飄風，暴風。老子曰：「飄風不終朝，驟雨不終日。」故曰不可長久。淮南子道應：「飄風暴雨，日中不須臾。」高誘注：「言其不終日也。」

〔三〕道藏七卷本「而不損沖氣」作「以損沖氣」。鎮，止，安定。老子曰：「化而欲作，吾將鎮之以無名之樸。」執一無爲，執道無爲。沖氣，沖和之氣。見小守柔，老子曰：「見小曰明，守柔曰强。」王弼注：「爲治之功不在大，見大不明，見小乃明，守强不强，守柔乃强也。」法於江海，老子曰：「譬道之在天下，猶川谷之於江海。」法江海乃聖人之德，莊子刻意：「無不忘也，無不有也，澹然無極，而衆美從之。此天地之道，聖人之德也。」

〔四〕江海不爲，謂江海無爲善下，則衆歸物與，不求而名遂，不逞强，天下樂推而不厭，可王天下也。老子曰：「江海所以能爲百谷王者，以其善下之，故能爲百谷王。」

〔五〕老子曰：「大國者下流，天下之交，天下之牝，牝常以静勝牡，以静爲下。」王弼注：「江海居大而處下，則百川流之，大國居大而處下，則天下流之，故曰大國者下流。天下之交，天下所歸會也。天下之牝，静而不求，物自歸之也。以其静，故能爲下也，牝，雌也。雄，躁動貪欲，雌，常以静，故能勝雄也，以其静，復能爲下，故物歸之也。」又曰：「谷神不死，是謂玄牝。」牝，雌畜。與「牡」相對，柔之謂也。神不死，謂神存不離也。自愛，謂神用自愛。神用自愛，則身可長保，故能成其貴。

〔六〕道藏七卷本「不可」下有「以」字，作「不可以自輕」。萬乘，古時一車四馬爲一乘，萬乘，謂萬輛車，指大國。周制王畿方千里，能出兵車萬乘，後因「萬乘」指帝位。萬乘之勢，指大國之君。自輕，指輕用己身。

〔七〕道藏七卷本：「夫道，大以小成，多以少生。」大以小爲資而成，多以少積成，物因衆而宗一。

〔八〕老子曰：「以道莅天下，其鬼不神。」「弱之勝强，柔之勝剛。」「微妙玄通，深不可識。」「我有三寶，持而保之……儉，故能廣。」「治人事天，莫若嗇。夫唯嗇，是謂早服，早服謂之重積德。」莅，臨也。見小，狀柔弱微妙。儉嗇，節約不費。韓非子解老：「少費之謂嗇。」美，指德美也。

〔九〕道藏七卷本無「而」字。補不足，纘義和叢刊本作「奉不足」。老子曰：「天之道，其猶張弓與，高者抑之，下者舉之，有餘者損之，不足者補之，天之道損有餘而補不足。」處地之不足，謂處地下也。參見上注三。天道惡盈而益謙，江海處下，以容納爲大，天下歸奉之。

杜道堅纘義：「弱者道之用，非怯也，守其沖和而已。天子以天下爲家，公侯以國爲家，視民猶己，不以勢位自强，不以兵甲暴衆，遠人不服，則修文德以來之，大資小而成，衆戴寡爲主，往而不害安平泰，是謂守弱。」

〔一〇〕道藏七卷本「聖人」前有「故」字，「清静」作「守静」，「成」作「致」。虛心無有，謂不足也。賢，疑爲「貴」字之誤。

〔一一〕道藏七卷本和纘義本「日」作「溢」。徐靈府注：「矜奢溢者速亡」，其所本亦作「溢」，日、溢，音近而誤也。矜，自以爲是。奢也，纘義、道藏七卷本作「奢者」。上文説：「用心奢廣，譬猶飄風暴雨，不可長久。」强梁，强横凶暴。老子曰：「强梁者不得其死。」滿日，纘義、道藏七卷本和叢刊本均作「滿溢」。下章云，天道極即反，盈則損，日月是也，故以滿日，謂日滿則缺也。小谷，山間小溪。須臾，片刻。小谷偏狹，若水注之，片刻即溢，此明矜奢强梁者速亡也。

〔一二〕奪，失也。飄風暴雨，行强盛之氣，尚不能長久；而況於人。大國行强梁之氣，不久而滅，小國倨傲凌下，不得不失也。

〔一三〕道藏七卷本「去奢驕」，作「去驕奢」，纘義同。「不敢奢驕」，七卷本作「奢泰」。驕，泰也。執雌牝，守柔弱。而去奢驕，去剛强。老子曰：「知其雄，守其雌。」「堅强者死之徒，柔弱者生之徒」，又曰：「弱之勝强，柔之勝剛。」十大經雌雄節曰：「夫雄節者，浧之徒也，雌節者，兼之徒也。」故聖人守柔弱，能有立健之德，去奢驕，能成其王。

慧定案：以上第十一章。原文標「守弱」。

杜道堅纘義：「天之道損有餘補不足，惡盈好謙也，以力者霸，以德者王，弱勝强矣。人之苛政虐民，天之暴風折木，元氣怒泄，强不可久，是故聖人謙卑，惟弱是守。」

老子〔文子〕曰：天道極即反，盈即損，日月是也〔一〕。故聖人日損而沖氣不敢自滿，日進以牝，功德不衰，天道然也〔二〕，人之情性皆好高而惡下，好得而惡亡，好利而惡病，好尊而惡卑，好貴而惡賤〔三〕，衆人爲之，故不能成，執之，故不能得〔四〕。是以聖人法天，弗爲而成，弗執而得，與人同情而異道，故能長久〔五〕。故三皇五帝有戒之器，命曰侑卮，其沖即正，其盈即覆〔六〕。夫物盛則衰，日中則移，月滿則虧，樂終而悲〔七〕，是故聰明廣智守以愚，多聞博辯守以儉，武力勇毅守以畏，富貴廣大守以狹，德施天下守以讓，此五者，先王所以守天下也〔八〕。「服此道者不欲盈，夫唯不盈，是以弊不新成」〔九〕。

〔一〕文選女史箴注引文子：「老子曰，天道極即反，盈即損，日月是也。」羣書治要引：「天道極即反，盈即損。」下接「物盛則衰……」極，至也。盈，滿。損，缺。國語越語：「天道皇皇，日月以爲常……陽至而陰，陰至而陽，日困而還，月盈而匡。」本書上禮：「天地之道，極則反，益則損。」淮南子泰族：「天地之道，極則反，盈則損。」

〔二〕日損，老子曰：「爲道日損。」日損謂反虚無也。沖氣，和氣。老子曰：「沖氣以爲和。」日進，日增，日新。牝，指虚柔。功德，指形神，行心。朱弁曰：「日進以牝者，推柔以御物也。天道虧盈益謙，聖人能法，故盛德日新而無所替。」

〔三〕亡，失。病，害，不利。

〔四〕衆人，指普通人。衆人隨俗，皆好尊貴得利，故爲者敗之，執者失之。道藏七卷本「不」作「弗」。

〔五〕與人同情，指聖人與衆人情性相同。異道，聖人無爲無執，衆人爲之執之。聖人法天，處人之所惡，故長久。

〔六〕三皇五帝，見前精誠十四章注五。戒，防備，禁守。侑卮，欹器也，即古之巧器。孔子家語云，孔子觀於周廟，有欹器焉，使子路取水試之，滿則覆，中則正，虚則欹。荀子以爲宥坐之器，荀子宥坐曰：「孔子觀於魯桓公之廟，有欹器焉，孔子問於守廟者曰：此爲何器？守廟者曰：此蓋爲宥坐之器。孔子曰，吾聞宥坐之器者，虚則欹，中則正，滿則覆。孔子顧謂弟子曰：注水焉。弟子挹水而注之，中而正，滿而覆，虚而欹。孔子喟然而嘆曰：吁！惡有滿而不覆者哉！子路曰：敢問持滿有道乎？孔子曰：聰明聖智守之以愚，功被天下守之以讓，勇力撫世守之以怯，富有四海守之以謙，此所謂挹而損之道也。」楊倞注：「文子曰：三皇五帝有勸戒之器，名侑卮。」淮南子道應作「宥卮」。

〔七〕羣書治要引同。文選琴賦注引：「夫物盛則衰。」又長楊賦注引：「物盛則衰。」淮南子道應：「夫物盛而衰，樂極則悲，日中而移，月盈而虧。」盛，滿，强。日中，日正中。移，偏斜。莊子天下：「日方中方睨。」月滿，月盈而圓。虧，損缺。終，極也。

〔八〕羣書治要引同。淮南子道應：「是故聰明睿智守之以愚，多聞博辯守之以陋，代力毅勇守之以畏，富貴廣大守之以儉，德施天下守之以讓，此五者，先王所以守天下而弗失也。反此五者，未嘗不危也。」守以愚，老子云，大智若愚。守以儉，老子曰，儉故能廣。守以畏，老子云，不敢爲也。貴以賤爲基，以其善下也。說苑敬慎：「德行廣大而守以恭者榮，土地博裕而守以儉者安，禄位尊盛而守以卑者貴，人衆兵强而守以畏者勝，聰明睿智而守以愚者益，博問多記而守以淺者廣。」并參見上注六。

〔九〕道藏七卷本「弊」前有「能」字。此引老子十五章語。引語前疑脱「故曰」二字。帛書老子作：「葆此道者不欲盈，夫唯不欲盈，是以能敝而不成。」今本作：「保此道者不欲盈，夫唯不盈，故能蔽不新成。」服，保也。馬叙倫老子校詁云，保，復，服，通假也。弊不新成，即歸根守静，易順鼎讀老子札記云，疑當作「故能蔽而新成」。非也。淮南子道應作「故能弊而不新成」。

慧定案：以上第十二章。

杜道堅纘義：「道極則反，物盛則衰，理之常也。卮滿則傾，刃鋼則折，物之常也。人能觀乎物理之常，不以勢力暴衆，自强則無顛蹶之害，柔弱保身，可以長久。」

老子〔文子〕曰：聖人與陰俱閉，與陽俱開，能至於無樂也，即無不樂也，無不樂即至樂極矣〔一〕。是内樂外，不以外樂内，故有自樂也，即有自志，貴乎天下〔二〕。所以然者，因天下而爲天下之要也，不在於彼而在於我，不在於人而在於身，身得則萬物備矣〔三〕。故達於心術之論者，嗜欲好憎外矣〔四〕。是故無所喜，無所怒，無所樂，無所苦，萬物玄同，無非無是〔五〕。故士有一定之論，女有不易之行，不待勢而尊，不須財而富，不須力而强，不利貨財，不貪世名，不以貴爲安，不以賤爲危，形神氣志各居其宜〔六〕。夫形者生之舍也，氣者生之元也，神者生之制也，一失其位即三者傷矣〔七〕，故以神爲主者，形從而利，以形爲主者，神從而害〔八〕。其生貪饕多欲之人，顛冥乎勢利，誘慕乎名位，幾以過人之知，位高於世，即精神日耗以遠，久淫而不還，形閉中拒，即無由入矣，是以時有盲忘自失之患〔九〕。夫精神志氣者，静而日充以壯，躁而日耗以老〔一〇〕；是故聖人持養其神，和弱其氣，平夷其形，而與道浮沉；如此，則萬物之化無不偶也，百事之變無不應也〔一一〕。

〔一〕本書道原：「與陰俱閉，與陽俱開。」道藏七卷本無下「不」字，作「無樂即至樂極矣」。淮南子原道：「吾所謂樂者，人得其得者也，夫得其得者，不以奢爲樂，不以廉爲悲，與陰俱閉，與陽俱開……能至於無樂者，則無不樂，無不樂，則至樂極矣。」高誘注：「至樂，至德之樂，極亦至也。」與陰俱閉，與陽俱開，指與陰陽消息，大順自然，參見道原四章注十四。至樂，極樂。莊子至樂：「天下有至樂無有哉？……夫天下之所尊者，富貴壽善也，所樂者，身安、厚味、美服、好色、音聲也，所下者，貧賤夭惡也，所苦者，身不得安逸，口不得厚味，形不得美服，目不得好色，耳不得音聲，若不得者，則大憂以懼，其爲形也亦愚哉！……吾以無爲誠樂矣，又俗之所大苦也，故曰至樂無樂。」

〔二〕內樂外，纘義、道藏七卷本作「以內樂外」。俞樾讀文子云，是內樂外，是乃以字之誤，以內樂外，不以外樂內，兩以字相應成文。朱弁注曰：內樂外者，我暢於物，外樂內者，物變於我。自樂，自得其樂。自志，指以內樂外，不以外樂內。淮南子原道：「不以內樂外，而以外樂內，樂作而喜，曲終而悲，悲喜轉而相生，精神亂營，不得須臾平……志遺於天下也。」

〔三〕淮南子原道：「所以然者何也？因天下而爲天下也，天下之要，不在於彼，而在於我，不在於人，而在於我身，身得則萬物備矣。」自志自樂，貴乎天下，因其樂而樂之，爲天下之要道，求之於外則與道背，修之於身，行與道合，故不在彼而在我。

〔四〕心術，見九守守易注一。淮南子原道：「徹於心術之論，則嗜欲好憎外矣。」高誘注：「外，不在心。」道藏七卷本「論」作「倫」，有「即嗜欲好憎外矣」。

〔五〕淮南子原道：「是故無所喜而無所怒，無所樂而無所苦，萬物玄同也。無非無是，化育玄耀，生而如死。」高誘注：「玄，天也。耀，明也。生而如死，言無所欲。」玄同，道原四章：「與天同心，與道同體，無所樂，無所苦，無所喜，無所怒，萬物玄同，無非無是。」通於心術之論者，心不挂好惡嗜欲，無所喜怒苦樂，與陰陽消息，不異自然。

〔六〕道藏七卷本「世名」作「勢名」，淮南子原道：「故士有一定之論，女有不易之行……是故不待勢而尊，不待財而富，不待力而强，平虛下流，與化翱翔，若然者，藏金於山，藏珠於淵，不利貨財，不貪勢名，是故不以康爲樂，不以慊爲悲，不以貴爲安，不以賤爲危，形神氣志，各居其宜，以隨天地之所爲。」高誘注：「士有同志，同志德也，至其交接有一會而交定，故曰有一定之論也。貞女專一，亦無二心，雖有偏喪，不復更醮，故曰有不易之行也。」士，男子任事之稱，通謂大丈夫。與下句「女」相對。一定之論，指論有理，論有道。不易之行，不變之行，指行有貞節。須，待也。形神氣志，指身心。謂不爲尊貴名譽遷其心，不爲富貴貧賤變其行。杜道堅纘義：「天將雨，礎先潤，時將春，凍先解，人將死，舌先强，烝使之然也。柔弱者生之徒，堅强者死之徒，强梁而不得其死者，則又强梁之尤者也。惟氣形和弱，與物玄同，并育而不害者，其殆庶幾。」

〔七〕形，形體。生，生命。舍，宅處。元，通「原」，氣是生命的本原基礎。淮南子原道作「充」。神，精神。制，御，控制。三者，指形、神、氣。形神氣三者保持其適宜，人的生命就可以正常，如有一失，餘則損傷。這裏除形和神外，還有氣，因形神構成有生命的人，都是一氣化生，故下文歸結爲形神。

〔八〕以神爲主者，道藏七卷本主作「制」。淮南子原道同七卷本。形神二者，以神爲主。這是在形神交相養的基礎上，强調養神。

〔九〕其生，纘義、道藏七卷本無此二字。貪饕，貪得無厭。道藏七卷本和叢刊本作「貪叨」。顛冥，迷惑。莊子則陽：「顛冥乎富貴之地。」釋文引司馬彪云：「顛冥，猶迷惑也。」叢刊本作「莫宜」，誤。淮南子原道作「漠睧」。幾，猶冀。俞樾讀文子曰：「幾猶冀也，位當作立，言貪饕多欲之人，冀以過人之智，立高名於當世也。」淮南子原道位作「植」。還，返。拒，通「距」，道藏七卷本作「距」。朱弁注：形以剛强爲閉，中無和氣爲距。中拒，指神離。無由入，指精神無由入。盲忘，纘義、道藏七卷本及淮南子作「盲忘」，輯要本作「役忘」。盲，中醫指心臟與隔膜之間的部位，忘，失也。盲忘自失，謂精神不能内守。

〔一〇〕淮南子原道：「充」和「耗」下有「者」字。壯，盛。躁，動。老，衰。管子曰：「凡心之刑，自充自盈，自生自成，其所以失之，必以憂樂喜怒欲利，能去憂樂喜怒欲利，心乃反濟。」

〔一一〕淮南子原道：「是故聖人將養其神，和弱其氣，平夷其形，而與道沈浮俛仰，恬然則縱之，迫則用之，其縱之也若委衣，其用之也若發機，如是，則萬物之化無不遇，而百事之變無不應。」浮沉，升降，盛衰。聖人養神、和氣、正形，與道爲一，如此乘時變化，事來而循之，物動而應之，萬化無不應，百事無不合也。

慧定案：以上第十三章，與十一、十二章原文標「守弱」。

杜道堅纘義：「神依形生，精依氣盈，交相養而不失其和者，養生之主也。若夫虛囂恃氣，與物爲鬥，則將精耗神斃，時有盲忘之失，近死之徵矣。是故聖人弱其形，和其氣，韜其神而得九守之道，聖人豈欺我哉，希聖亦聖，希賢亦賢。」

朱弁注：「守弱，居衆所不敵之地，故成其大勝之道。」

守樸

老子〔文子〕曰：所謂真人者，性合乎道也。故有而若無，實而若虛，治其内不治其外，明白太素，無爲而復樸〔一〕。體本抱神，以遊天地之根，芒然仿佯塵垢之外，逍遥乎無事之業〔二〕。機械智巧，不載於心，審於無假，不與物遷，見事之化，而守其宗〔三〕。心意專於内，通達禍福於一，居不知所爲，行不知所之〔四〕。不學而知，弗視而見，弗爲而成，弗治而辯，感而應，迫而動，不得已而往，如光之耀，如影之效，以道爲循，有待而然〔五〕。廓然而虛，清靜而無，以千生爲一化，以萬異爲一宗〔六〕。有精而不使，有神而不用，守太渾之樸，立至精之中〔七〕，其寢不夢，其智不萌，其動無形，其靜無體，存而若亡，生而若死，出入無間，役使鬼神，精神之所能登假於道者也〔八〕。使精神暢達而不失於元，日夜無隙而與物爲春，即是合而生時於心者也〔九〕。故形有靡而神未嘗化，以不化應化，千變萬轉而未始有極〔一〇〕。化者復歸於無形也，不化者與天地俱生也〔一一〕，故生生者未嘗生，其所生者即生，化化者未嘗化，其所化者即化〔一二〕，此真人之遊也，純粹之道也〔一三〕。

〔一〕莊子天地：「識其一，不知其二，治其內而不治其外，夫明白入素，無爲復樸，體性抱神，以遊世俗之間者，汝將固驚邪？」成玄英疏：「抱道守素，治內也。不能隨時應變，不治外也。夫心智明白。會於質素之本。」真人，見道原四章注八。真人體之以虛無、平易、清靜、柔弱、純粹素樸，不與物雜，至德天地之道，故謂之真人。治其內，謂精神內守，太素，質之始也。不以物纍其真，不以欲害其神，同乎無欲是謂復樸。淮南子精神：「所謂真人者，性合於道也。故有而若無，實而若虛，處其一不知其二，治其內不識其外，明白太素，無爲復樸。」高誘注：「治其內，守精神也，不識其外，不好憎也。」

〔二〕淮南子精神：「體本抱神，以遊于天地之樊，芒然仿佯於塵垢之外，而消搖於無事之業。」高誘注：「樊，崖也。」

體本，指體道。抱神，守神。天地之根，本書精誠：「大道無爲……無聲無形者，視之不見，聽之不聞，是謂微妙，是謂至神，綿綿若存，是謂天地之根。」芒然仿佯塵垢之外，逍遥乎無事之業，見精誠六章注五。

〔三〕機械智巧，見道原十章注一。假，因也。道藏七卷本作「瑕」。淮南子精神作「浩浩蕩蕩乎，機械之巧，弗載於心，是故死生亦大矣，而不爲變，雖天地覆育，亦不與之抮抱矣。審乎無瑕，而不與物糅，見事之亂，而能守其宗」。高誘注：「瑕，猶釁也。其見利欲之來也能審順之，故不與物相雜糅。見事亂者止之，亂不能眩惑，故能守其宗。宗，本也。」

〔四〕心意專於内，即心意專一。通達禍福於一，道藏七卷本作「通達偶於一」。淮南子精神作「心志專於内，通達耦於一。居不知所爲，行不知所之」。高誘注：「一者道也。言志意無所繫。」管子心術：「專於意，一於心，耳目端，知遠之證，能專乎，能一乎，能毋卜筮而知吉凶乎？」此謂心意專一，禍福不卜而知。之，往也。謂心意專一，無主於所爲所行。

〔五〕辯，治理。感而應，物動而感應於外。迫，迫切。迫切不得不動，然後乃動。如光之耀，謂動之如光，耀而不滯。效，驗，證。如影之效，如影不離形。循，依，遵。淮南子精神作「紃」，高注：紃，法也。有待，指有循於道。

〔六〕淮南子精神：「廓惝而虚，清靖而無思慮……以死生爲一化，以萬物爲一方。」高誘注：「方，類也。」廓然，空廣的樣子。淮南子天文曰：「道始於虚廓。」此謂以道爲循，虚廓無形，清静無爲，千生雖殊，皆乘一氣，萬物異形，同本於一。

〔七〕太渾，形容樸，渾沌爲樸，指道。纘義道藏七卷本太作「大」，淮南子精神用作「行」，守作「契」，精作「清」。此言内保至精，不使不用，守樸育神，立至精之中。

〔八〕淮南子精神：「是故其寢不夢，其智不萌，其魄不抑，其魂不騰，反覆終始，不知其端緒，甘瞑太宵之宅，而覺視於昭昭之宇，休息于無委曲之隅，而遊敖於無形埒之野，居而無容，處而無所，其動無形，其靜無體，存而若亡，生而若死，出入無閒，役使鬼神，淪於不測，入於無間，以不同形相嬗也，終始若環，莫得其倫，此精神之所以能登假於道也。」高誘注：「假，至也。上至於道也。」無間，見道原八章注十四。鬼神，指氣的聚散變化。登假，莊子大宗師：「是知之能登假於道者也」成疏：登，升也，假，至也。此承上文，守太渾之樸，立至精之中，無意想，則其寢不夢，不先物，其智不萌，動應無形，非有依立，存亡生死，與化爲體，出入無礙，與道無礙，與道爲化，如此則能登於至道。

〔九〕元，本。上章云，氣者生之元也。無隙，無空間，引伸爲無隔閡。淮南子精神作「無傷」。與物爲春，謂養物也。修心養和，如陽春之照萬物而無間息，則是心合於道，故曰即是合而生時於心者也。淮南子精神：「使神滔蕩而不失其充，日夜無傷而與物爲春，則是合而生時于心也。」

〔一〇〕淮南子精神：「故形有摩而神未嘗化者，以不化應化，千變萬抮，而未始有極。」高誘注：「摩，滅。猶死也。神變歸於無形，故曰未嘗化，化猶死也。不化者，精神，化者，形骸。死者，形爲灰土，爲曰化也。」靡，滅，猶死也。化，猶死也。形有同物故化，神無同道，故常而不化。千變萬轉，千變萬化。

〔一一〕淮南子精神：「化者復歸於無形也，不化者與天地俱生也。」化者，指形骸。無形，指不化之道。萬物化化，不得不生死，有生有化，各歸於根，故曰復歸於無形，天地不生化，而能化萬物，故不化者與天地俱生。

〔一二〕道藏七卷本「未嘗生」和「即生」，二「生」字爲「死」字。守真：「夫生生者不生，化化者不化。」七卷本「不生」也作「不死」。淮南子精神：「夫木之死也，青青去之也，夫使木生者豈木也，猶充形者之非形也，故生生者未嘗死也，其所生則死矣，化物者未嘗化也，其所化則化矣。」高誘注：「生生者，道。喻道之人若天氣未嘗死也，下所生者萬物矣。化物者，道也。道不化，故未嘗化也，所化者，萬物也，萬物有變，故曰則化。」生生者，化化者，指道。其，指生生者，化化者，所生者，指萬物。下所化者同此。化物者，道，道不化，故無生死，所化者，物，物有生有滅。列子天瑞：「故生物者不生，化物者不化。」張湛注：「莊子亦有此言，向秀注曰：『吾之生也，非吾之所生，則生自生耳，生生者豈有物哉？故曰不生也。吾之化也，非物之所化，則化自化耳，化化者豈有物哉？無物也，故不化焉。若使生物者亦生，化物者亦化，則與物俱化，亦奚異於物！明夫不生不化者，然後能爲生化之本也。』」

〔一三〕莊子刻意：「能體純素，謂之真人。」真人遊於天地之根，此至精神妙之道。

慧定案：以上第十四章。原文標「守樸」。

杜道堅纘義：「真人守大渾之樸，遊天地之根，同乎大通，廓然無眹，惟不有我，故不無物，人笑亦笑，人哭亦哭，千變萬化，而未始有夫極也。化者復歸於無形，而有化不化，不化者與天地俱生，而有生不生。前之九守，後之守樸，則是一變爲九，而十復爲一。夫是之謂與造物者遊。」

朱弁注：「守樸，不加欲於性命之分，而渾乎變化之根，謂之樸也。」

文子校釋卷第四

符言[一]

老子〔文子〕曰：道至高無上，至深無下，平乎準，直乎繩，圓乎規，方乎矩[二]，包裹天地而無表裏，洞同覆蓋而無所硋[三]。是故體道者，不怒不喜，其坐無慮，寢而不夢，見物而名，事至而應[四]。

〔一〕徐靈府曰：「符者，契也。言者，理也。故因言契理之微，悟道忘言之妙，可謂奧矣。」杜道堅曰：「符以示信，言以達誠，世有謂符命、符璽、金符、玉符者，此能示信達誠，此感彼應，故曰符言。」慧定案：因言悟道，依道行事。荀子曰：「凡論者貴其有辨合，有符驗。」（性惡）韓非發展爲人主之道曰：「人主之道，静退以爲寶，不自操事而知拙與巧，不自計慮而知福與咎，是以不言而善應，不約而善增，言已應則執其契，事已增則操其符，符契之所合，賞罰之所生也。」（韓非子主道）

〔二〕淮南子繆稱同此。準，平正。漢書律曆志：「準者，所以揆平取正也。」繩，衡量曲直的墨繩。規，畫圓的工具。

墨經：「圜，規寫交也。」矩，畫方的工具。墨經：「方，矩寫交也。」

〔三〕淮南子繆稱「天地」作「宇宙」，「覆蓋」作「覆載」；「硋」作「礙」，高誘注：「礙，挂也。」無表裏，無外之外，無内之内。洞同，混同。黄帝四經道原：「迥同太虚。」硋，同「礙」，即「碍」，限止，阻擋。此言道是普遍和連續的，是絶對和無限的。

〔四〕九守守易：「量腹而食，制形而衣，容身而居，適情而行，餘天下而不有，委萬物而不利，豈爲貧富貴賤失其性命哉夫！若然者，可謂能體道矣。」又守静：「静漠恬淡，所以養生也，和愉虚無，所以據德也。外不亂内即性得其宜，静不動和即德安其位。養生以經世，抱德以終年，可謂能體道矣。」淮南子繆稱：「是故體道者，不哀不樂，不喜不怒，其坐無慮，其寢無夢，物來而名，事來而應。」

慧定案：以上第一章。

杜道堅纘義：「符以示信，言以達誠，世有謂符命、符璽、金符、玉符者，以能示信達誠，此感彼應，故曰符言。夫道，高下無極，遐邇貫通，無形無名，有情有信，聖人體道，不私喜怒，見物而名，事至而應，不言之言，可以符信。」

老子〔文子〕曰，欲尸名者必生事，事生即舍公而就私，倍道而任己〔一〕，見譽而爲善，立〔名〕而爲賢，即治不順理而事不順時〔二〕。治不順理則多責，事不順時則無功，妄爲要中，功成不足以塞責，事敗足以滅身〔三〕。

〔一〕莊子應帝王：「無爲名尸。」注：「因物，則物各自當其名也。」成疏：「尸，主也。」淮南子詮言：「聖人不爲名尸。」注：「尸，主也。」尸，主持。尸名，追求名。下章云：無爲名尸。倍，背。黄帝四經經法四度曰：「去私而主公，人之稽也。」詮言：「欲尸名者必爲善，欲爲善者必生事，事生則釋公而就私，背數而任己。」

〔二〕譽，名譽。立名而爲賢，道藏本無「名」字，今據纘義、道藏七卷本補。子匯本有「名」字，按徐靈府注云，趨俗求名，非賢之賢也。則原文本有「名」字，寫脱也。淮南子詮言：「欲見譽於爲善，而立名於爲質，則治不脩故，而事不須時。」

〔三〕淮南子詮言：「治不脩故則多責，事不須時則無功，責多功鮮，無以塞之，則妄發而邀當，妄爲而要中，功之成也，不足以更責，事之敗也，不足以敝身。」責，任也。多責，指治不順理則任多。無功，指事不順時勢而無功。要中，指功名見效。塞責，抵塞罪責，彌補所任事之不足。淮南增「不」字，與「事之敗也，不足以敝身」義正相反，抄襲之誤也。

慧定案：以上第二章。

杜道堅纘義：「名者，殺身之具，聖人所戒。欲尸名者，必違天悖道，舍公立私，要譽立名，生事害衆，故治不順理，功不掩責，事敗滅身，信不誣矣。」

老子〔文子〕曰：無爲名尸，無爲謀府，無爲事任，無爲智主〔一〕。藏於無形，行於無怠，不爲福先，不爲禍始〔二〕。始於無形，動於不得已，欲福先無禍，欲利先遠害〔三〕。故無爲而寧者，失其所寧即危，無爲而治者，失其所治即亂〔四〕。故「不欲碌碌如玉，落落如石。」〔五〕其文好者皮必剥，其角美者身必殺，甘泉必竭，直木必伐，華榮之言後爲愆，石有玉傷其山，黔首之患固在言前〔六〕。

〔一〕無爲名尸，不爲名主。参見上章注一。謀府，謀謂議所從出的地方。無爲謀府，不爲謀慮也。莊子應帝王：「無爲名尸，無爲謀府，無爲事任，無爲知主。」郭注云：因物則物各自當其名也；使物各自謀也；付物使各自任；無心則物各自主其知也。成疏云：身尚忘遺，名將安寄，故無復爲名譽之主也；虚淡無心，忘懷任物，故無復運爲謀慮於靈府耳；各率素分，恣物自爲，不復於事任用於己；忘心絶慮，大順羣生，終不運知以主於物。淮南子詮言：「聖人不爲名尸，不爲謀府，不爲事任，不爲智主。」

〔二〕無怠，無窮。見道原二章：「遊乎無怠」。無名無慮，無事無智，與道周旋，藏於無形，行於無窮，不爲物先而妄舉動，則無禍福矣。淮南子詮言：「藏無形，行無迹，遊無朕，不爲福先，不爲禍始。」

〔三〕淮南子詮言：「保於虚無，動於不得已，欲福者或爲禍，欲利者或離害。」始於無形，謂以道爲循，感而應，迫而動，不得已而往，治未兆之事，絶非常之利，則有福有利。離，應爲「罹」。

〔四〕淮南子詮言：「故無爲而寧者，失其所以寧則危；無事而治者，失其所以治則亂。」寧，静也。無爲而治，見道原二章注十。無爲而寧者，無爲也，失其所寧者，有爲也，爲則敗之，無爲而治者，因物而治也，失其所治者，爲治也，爲治則亂。

〔五〕此引老子三十九章語。碌碌，也作「琭琭」，又作「禄禄」。落落，也作「珞珞」，又作「硌硌」。此爲重言形容詞，祇取其聲，不取其形，主語爲「玉」，爲「石」。後漢書馮衍傳引作「石碌碌如玉，落落如石。」李賢注：玉貌碌碌，爲人所貴，石形落落，爲人所賤。帛書老子乙本，玉下有「而」字。是也。此謂不欲碌碌如玉，寧願落落如石，因貴以賤爲本，高以下爲基。文子引此説無爲而寧，無爲而治也。

〔六〕逸周書周祝：「文之美而以身剥，自謂智也者故不足。角之美殺其牛，榮華之言後有茅。凡彼濟者必不怠，觀彼聖人必趣時，石有玉而傷其山，萬民之患在口言。」「愆」作「茅」，于鬯云：茅諧矛聲，此言榮華之言，兵戈即在其後。文好，文彩美好。文好角美者，有殺身之禍。伐，砍伐也。引爲殘害。御覽卷九五二引作「甘泉必竭，良木必伐。」華榮之言，華麗的言辭。愆，失誤。黔首，指普通人。黄帝四經十大經姓爭：「天地已成，黔首乃生。」言前，即前言，指事先説好聽的話。此謂物美者見害，言華者失誤，石山有玉而遭鑿，一般人之患在不慎言。

慧定案：以上第三章。道藏七卷本後有「黎民所以蒙禍，其妄議國家典法之言故也」。

杜道堅纘義：「善惡之報，如影隨形，作善降祥，不善降殃。惡不可作，名可尸乎？夫求爲寧者，寧失即危，求爲治者，治失則亂，皮文好而剥，身角美而殺，未有不由自召而至。」

老子〔文子〕曰：時之行，動以從，不知道者福爲禍〔一〕。天爲蓋，地爲軫，善用道者終無盡；地爲軫，天爲蓋，善用道者終無害〔二〕。陳彼五行必有勝，天之所覆無不稱〔三〕，故「知不知，上，不知知，病也。」〔四〕

〔一〕老子曰：「動善時」，因時而行，有動必從，則得福，不知道者，反以福爲禍。逸周書周祝：「時之行也勤以從，不知道者福爲禍。」「動」作「勤」，道藏七卷本此後有「時之從，動以行，不知道者以福亡」。而此句爲徐靈府注本誤入注文，「時之」二字徐注爲「時人」，且徐、朱二注也同。

〔二〕軫，車箱底部後面的横木。周禮攷工記：「車軫四尺」注：軫，輿後横木。攷工記輈人：「軫之方也，以象地也。」這裏軫指車。國語晉語：「還軫諸侯。」車以載物，道原二章曰：「以天爲蓋，則無所不覆也，以地爲車，則無所不載也。」善用道者，覆蓋無涯，運載無窮，故無害也。逸周書周祝：「故天爲蓋，地爲軫，善用道者終無盡；地爲軫，天爲蓋，善用道者終無害。」唐大沛云：「天覆地載譬之于車，覆以蓋，載以軫，道之所以運行於無窮也。善用道者以治天下者，亦如之。」

〔三〕陳，列也。五行，水火金木土。勝，克。五行必有勝，指水勝火，火勝金，金勝木，木勝土，土勝水。此謂因時而行，有動必從，如彼五行相勝，各當其宜。稱，相當，符合。逸周書周祝：「陳彼五行必有勝，天之所覆盡可稱。」孔晁云：「言五行相勝以生成萬物，盡可稱名之也。」潘振云：「兩間陳列五行，相尅而生物。天之所覆，萬物盡可稱名，皆道之所在也。」

〔四〕此引老子七十一章語。上，謂好。病，謂壞。知道所不知的最好，不知而强爲知者最壞。

慧定案：以上第四章。

杜道堅纘義：「天爲蓋，無不覆，地爲軫，無不載，天地之於人，恩大無極，聖人法之，因時而行，有動必從，如彼五行相生相勝，善用道者，知不言知，上也；不知言知，病矣。」

老子〔文子〕曰：山生金，石生玉，反相剥；木生蟲，還自食；人生事，還自賊〔一〕。夫好事者未嘗不中，争利者未嘗不窮；善遊者溺，善騎者墜，各以所好，反自爲禍〔二〕。得在時，不在争，治在道，不在聖〔三〕。土處下，不争高，故安而不危；水流下，不争疾，故去而不

遲〔四〕。「是以聖人無執故無失，無爲故無敗。」〔五〕

〔一〕説苑辨物：「夫肉自生蟲，而還自食也；木自生蠹，而還自刻也。人自興妖，而還自賊也。」御覽引作「山生金，反自刻，木生蠹，還自食。」文選四子講德論注引文子：「木材生蠹，還自食，人生事，因自賊。」剥，傷害。食，通「蝕」，敗傷也。賊，害也。淮南子説林：「山生金，反自刻，木生蠹，反自食，人生事，反自賊。」高誘注：「賊，敗也，害也，物自然也。」

〔二〕中，傷也。溺，淹没。此言好以己之所好，適得相反。淮南子原道：「夫善遊者溺，善騎者墮，各以其所好，反自爲禍。是故好事者未嘗不中，争利者未嘗不窮。」高誘注：「中，傷也。好爲情欲之事者，未嘗不自傷也。」

〔三〕黄帝四經十大經觀：「散流相成，聖人之事，聖人不朽，時反是守。」得在時會，不在力争，爲治合道，不在聖智。淮南子原道：「由此觀之，得在時，不在争，治在道，不在聖。」高誘注：「治，爲也。雖聖不得爲，故曰在道，孔子是也。」

〔四〕遲，徐行，緩慢。高以下爲基，故位高安而不危，水向下流不争速，然流而不慢。淮南子原道：「士處下，不在高，故安而不危，水下流，不争先，故疾而不遲。」

〔五〕此引老子六十四章語。兩句相倒。無執，指不好事争利，不矜能騁技。無爲，指不争謙下。即遁道。

慧定案：以上第五章。

杜道堅纘義：「天地人物更相盜而爲養，盜得宜則安，盜失宜則害。是故食能養人，亦能害人。民能戴主，亦能悖主，夫士之立法創事，以盜民力，初若利之，至於末流，未有不自賊者也。知得在時不在争，治在道不在聖，則無相盜之失矣。」

老子[文子]曰：一言不可窮也，二言天下宗也，三言諸侯雄也，四言天下雙也〔一〕。貞信則不可窮，道德則天下宗，舉賢德諸侯雄，惡少愛衆天下雙〔二〕。

〔一〕一言，一字或一句話。論語衛靈公：「子貢問曰：有一言可以終身行之者乎？子曰：其恕乎！」此一字爲一言。爲政曰：「詩三百，一言以蔽之，曰，思無邪。」此一句爲一言。此一言，指下文「貞」「信」。二言、三言、四言，同此例。

〔二〕貞、信，言行一致。疑貞信二字必衍一。俞樾讀文子：「貞信則不可窮，衍貞字，信一言也，道德二言也，舉賢德三言也，惡少愛衆四言也，蓋以一字爲一言。」雙，匹敵。

慧定案：以上第六章。

杜道堅纘義：「言寡尤，行寡悔，在行不在言，執大象，天下往，在德不在險，惟口出好興戎，言可不慎乎！」

老子[文子]曰：人有三死，非命亡焉〔一〕：飲食不節，簡賤其身，病共殺之〔二〕；樂得無已，好求不止，刑共殺之〔三〕；以寡犯衆，以弱凌强，兵共殺之〔四〕。

〔一〕黄帝四經稱：「天下有叁死：忿不量力死，嗜欲無窮死，寡不辟衆死。」

說苑雜言：「魯哀公問於孔子曰：『有智者壽乎？』孔子曰：『然。人有三死而非命也者，人自取之。』夫寢處不時，飲食不節，佚勞過度者，疾共殺之；居下位而上干其君，嗜欲無厭，而求不止者，刑共殺之；少以犯衆，弱以侮强，忿怒不量力者，兵共殺之。此三死者，非命也，人自取之。」韓詩外傳卷一之四、孔子家語五儀解，類之。非命亡，不是壽終而是因故而亡。即孟子盡心所説「非正命也」。謂有三種自取滅亡也。

〔二〕不節，没有節制。簡賤，輕害。

〔三〕無已，無止境。

〔四〕犯，侵。淩，侵犯。可謂禍福無門，死生在己，非命而亡，皆由自取耳。

慧定案：以上第七章。

杜道堅纘義：「生必有死，人孰免焉，非命而亡，良可哀也。嗜欲死病，利欲死刑，强梁死兵，夫三者所死不同，非命則一。」

老子〔文子〕曰：其施厚者其報美，其怨大者其禍深，薄施而厚望，畜怨而無患者，未之有也〔一〕。察其所以往者，即知其所以來矣〔二〕。

〔一〕施，惠與。報，酬答。怨，仇。望，慕。畜，積。淮南子繆稱：「其施厚者其報美，其怨大者其禍深，薄施而厚望，畜怨而無患者，古今未之有也。」

〔二〕往，過去。明察過去的恩怨之報，則知未來的禍福所生。淮南子繆稱：「是故聖人察其所以往，則知其所以來者，聖人之道，猶中衢而致尊邪！」

慧定案：以上第八章。

杜道堅纘義：「施報之理，種瓜得瓜，種果得果，恩怨之報，理一如之。」

老子〔文子〕曰：原天命，治心術，理好憎，適情性，即治道通矣〔一〕。原天命即不惑禍福，治心術即不妄喜怒，理好憎即不貪無用，適情性即欲不過節〔二〕。不惑禍福即動靜順理，不妄喜怒即賞罰不阿，不貪無用即不以欲害性，欲不過節即養生知足〔三〕，凡此四者，不求於外，不假於人，反己而得矣〔四〕。

〔一〕本書九守守易：「古之爲道者，理情性，治心術，養以和，持以適，樂道而忘賤，安德而忘貧。」天命，自然的必然性。心術，思想方法和心計。理，治也，正也。情性，指人的本性。韓詩外傳二：「原天命，治心術，理好憎，適情性，則治道通矣。原天命則不惑禍福，治心術則不妄喜怒，理好憎則不貪無用，適情性則欲不過節。不惑禍福則動靜循理，不妄喜怒則賞罰不阿，不貪無用則不以欲害性，欲不過節則養性知足。凡此四者，弗求於外，弗假於人，反諸己而存矣。夫人者，說人者也，形而爲仁義，動而爲法則。詩曰：『伐柯伐柯，其則不遠。』」

〔二〕惑，迷疑。下文十九章曰：「通道者不惑，知命者不憂。」妄，賈誼道術：「以人自觀謂之度，反度謂妄。」不妄喜怒，即喜怒有度。不過節，即有節制。

〔三〕不阿，公正不徇私。

〔四〕假，托也。反己，求諸己。

淮南子詮言與本章同。

慧定案：以上第九章。

杜道堅纘義：「天命、心術、好憎、情性，四者相通，如月在水，虧盈圓缺，隨象現影，心術邪正，禍福隨之。」

老子〔文子〕曰：不求可非之行，不憎人之非己，修足譽之德，不求人之譽己〔一〕。不能使禍無至，信己之不迎也，不能使福必來，信己之不讓也〔二〕。禍之至非己之所生，故窮而不憂，福之來非己之所成，故通而不矜，是故閑居而樂，無爲而治〔三〕。

〔一〕淮南子詮言：「求」作「爲」，「非己」、「譽己」下均有「也」字。可非之行，指詭詐的行爲。不憎人之非己，即懷德而不尤人。足，可以。此謂不假於人，反己而得也。

〔二〕讓，推辭。淮南子詮言作「攘」，注：「攘，卻也。」讓、攘古通。說文通訓定聲壯部讓字注云：假借爲攘。此謂不能防不測之禍，不能求必至之福，也不招禍，不辭福。

〔三〕淮南子詮言：「禍之至也，非其求所生，故窮而不憂，福之至也，非其求所成，故通而弗矜，知禍福之制不在於己也，故閒居而樂，無爲而治。」注：「攘，卻也。矜，自伐其功也。」窮，困也。矜，居功。閑居而樂，謂恬淡優遊。無爲而治，道原曰：「無治者，不易自然也，無不治者，因物之相然也。」

慧定案：以上第十章。

杜道堅纘義：「信己何求，非己何憎，德行由己，非譽由人，是故譽不加勸，毁不加沮，居閑而樂，治不以爲。」

老子［文子］曰：道者守其所已有，不求其所以未得，求其所未得即所有者亡，循其所已有即所欲者至〔一〕。治未固於不亂，而事爲治者必危，行未免於無非，而急求名者必剉，故福莫大於無禍，利莫大於不喪〔二〕。「故物或益之而損，損之而益。」〔三〕夫道不可以勸就利者，而可以安神避害，故嘗無禍不嘗有福，嘗無罪不嘗有功〔四〕。道曰芒芒昧昧，從天之威，與天同氣，無思慮也，無設儲也，來者不迎，去者不將，人雖東西南北，獨立中央〔五〕。故處衆枉，不失其直，與天下并流，不離其域〔六〕。不爲善，不避醜，遵天之道；不爲始，不專己，循天之理；不豫謀，不棄時，與天爲期；不求得，不辭福，從天之則〔七〕。內無奇福，外無奇禍，故禍福不生，焉有人賊〔八〕。故至德言同略，事同福，上下一心，無歧道旁見者，退之於邪，開道之於善，而民向方矣〔九〕。

〔一〕道藏七卷本「所以未得」，無「以」字，「亡」作「止」，「循其所已有」無「已」字。纘義本「所以未得」無「以」字。淮南子詮言：「聖人守其所以有，不求其所未得，求其所無，則所有者亡矣，脩其所有，則所欲者至。」「脩」爲「循」誤。

慧定案：所已有，指德。所以未得，疑「以」爲衍字。下句曰：「求其所未得即所有者亡」，是其證。且纘義道藏七卷本無「以」字。所未得，指名利等。此謂道者，守德而不外求，治其內而不治其外，求其所未得，役於外物，則内傷德，循其所守，以内制外，則所欲者得。

〔二〕道藏七卷本「求」作「於」，爲「急於」，「剉」作「挫」。纘義本也作「挫」。淮南子詮言「免」作「固」，「剉」後有「也」字。治未固於不亂，治未必不亂。淮南子詮言高注：治不亂之道，尚未牢固也。剉，折傷。剉與「挫」音義相近。此言治未必不亂，爲事者固危，行不免於非，求名者定傷，故無禍便是福，不失就是利。

〔三〕慧定案：此引老子四十二章語。下文二十四章也引此語，而「損之而益」前有「或」字。今本老子作：「故物或損之而益，或益之而損。」文子兩引與帛書老子乙本同。故可據訂今本老子。

〔四〕道藏七卷本「夫道不可以」，無「以」字。纘義本「嘗」作「常」。

淮南子詮言：「故道不可以勸而就利者，而可以寧避害者，故常無禍，不常有福，常無罪，不常有功。」勸，勸説，誘導。嘗，通「常」。纘義作「常」。道藏七卷本作「嘗」。俞樾讀文子曰：「神，衍文也。害下脱者字，淮南子詮言篇作故道不可以勸而就利者，而可以寧避害者，寧即安也，勸下衍而字。」備此一説。此謂道不可誘以利，神安道來能避害，故常無禍不常有福，常無罪不常有功。

〔五〕本書上仁：「道之言曰：『芒芒昧昧，因天之威，與天同氣。』」芒芒昧昧，謂道無形無狀，深遠純厚的樣子。威，爾雅釋言：威，則。下文曰：「不求得，不辭福，從天之則。」無思慮，謂清静。無設儲，謂虚無。管子心術：「虚者無藏也，故曰去知則奚率求矣，無藏則奚設矣。無求無設，則無慮。」將，送。獨立中央，謂心虚守道。慧定案：吕覽應同：「黄帝曰：『芒芒昧昧，因天之威，與元同氣。』」淮南子繆稱：「黄帝曰：『芒芒昧昧，從天之道，與玄同氣。』」又泰族：「黄帝曰：『芒芒昧昧，因天之威，與元同氣。』」此言「道曰」，上仁言「道之言曰」，而吕氏春秋和淮南子稱「黄帝曰」。何則？黄老學者，託之黄老，以文子爲黄老也。

〔六〕淮南子詮言作「故處衆枉之中」，「并流」作「皆流」，「域」前有「壇」字。枉，不正直，與「直」相對。并流，合流。域，居。不離其域，指循道守德。

〔七〕醜，丑，惡。專己，主觀獨斷。荀子正名：「離道而内自擇，則不知禍福之所託。」專己即内自擇。棄時，失時。期，會合，常度。則，法則。上文説不爲福先，不爲禍始，這裏説不爲善避惡，不先物動，不先理行，不先謀慮，不失時機，不求不讓，遵循天道之必然。

〔八〕淮南子詮言：「不求所無，不失所得，内無旁禍，外無旁福，禍福不生，安有人賊。」焉有，安有，何有。王念孫云：淮南旁字義不可通，符言作奇是也。旁，邪也，也可通。

〔九〕輅，綁在車轅上以備人牽挽的横木。漢書婁敬傳：「敬脱挽輅。」顔師古注引蘇林説：「輅者，一木横車前，二人挽之，一人推之。」言同輅，謂言一致。纘義、道藏七卷本輅作「路」。岐道，岔路。旁見，偏見。岐道旁見，謂道殊見異。退之於邪，纘義作「遣退之於邪」。道藏七卷本作「進退章之於邪」。均誤。此謂岐道旁見不足以化民，正道退邪進善，民有方向。向方，方向也。淮南子繆稱：「黄帝曰：『芒芒昧昧，從天之道，與玄同氣。』故至德者，言同畧，事同指，上下一心，無岐道旁見者遏障之於邪，開道之於善，而民鄉方矣。故易曰：『同人於野，利涉大川。』」

慧定案：以上第十一章。

杜道堅纘義：「貪得忘失，衆所同病，無欲故静，斯謂至人，理之在天下，有不可必，夫守其已有，則未得或至，求其未得，則所有或亡。是以有道者内無奇福，外無奇禍，與天爲徒，人豈能賊之哉。」

老子〔文子〕曰：爲善即勸，爲不善即觀，勸即生責，觀即生患〔一〕，故道不可以進而求名，可以退而修身〔二〕。故聖人不以行求名，不以知見求譽，治隨自然，己無所與〔三〕。爲者有不成，求者有不得，人有窮而道無通〔四〕，有智而無爲與無智同功，有能而無事與無能同德，有智若無智，有能若無能，道理達而人才滅矣〔五〕。人與道不兩明，人愛名即不用道，道勝人即名息，道息人名章即危亡〔六〕。

〔一〕纘義本「責」作「貴」，刻誤也。勸，勉。觀，察，示人。責，督促，要求。爲善當自勉，爲不善當察己過，是不勉其爲善，不示人之不善，如勸爲善則責人，示人之不善則人怨，則患生而不善矣。淮南子詮言勸作「觀」，觀作「議」，責作「貴」。誤也。

〔二〕勸善而觀不善是求名，不進而求名，而退以修身，是合道。淮南子詮言：「故道術不可以進而求名，不可以退而修身，不可以得利，而可以離害。」作「不可以退而修身」。誤。

〔三〕不以知見求譽，纘義無「見」字，淮南子詮言無「求」字。「治隨」作「法脩」，治誤爲「法」，「脩」乃「循」字之誤也。與，以我臨物謂與。謂聖人進不飾智以求名，退而修身以自治，治從自然，無所求與。

〔四〕本書下德：「人有窮而理無不通。」道無通，疑無下脱「不」字。纘義作「道不通」，而淮南子詮言正作「道無不通」。徐靈府注云，人有求而不得，道無爲而自周。此也解道無不通。謂道無爲而成，不求而得，爲者敗之，求者失之，人有窮極，而道無不通也。

〔五〕道藏七卷本「德」作「功」。淮南子詮言：「有智而無爲，與無智者同道，有能而無事，與無能者同德，其智也，告之者至，然後覺其動也，使之者至，然後覺其爲也，有智若無智，有能若無能，道理爲正也。故功蓋天下，不施其美，澤及後世，不有其名，道理通而人僞滅也。」功，功效，成就。德，得也。道理，事理。人才，指智能。淮南子詮言作「道理通而人僞滅矣」。

〔六〕纘義本「人名章」作「而名章」，「人」作「而」。淮南子詮言：「名與道不兩明，人受名則道不用，道勝人則名息矣。道與人競長，章人者，息道者也。人章道息，則危不遠矣。」注：「章，明也。息，止也。」「人與道」，淮南作「名與道」，與義爲長。「人愛名」作「人受名」，受爲「愛」字之誤。兩，雙方，并也。兩明，同時顯明。息，滅。章，同「彰」，顯明也。人與道不并明，人愛名則道不用，道理達則身不求名。道理滅而人名顯，則危亡矣。

慧定案：以上第十二章。

杜道堅纘義：「爲善不求福而福至，爲惡不求禍而禍生，遺臭萬世，流芳千古，宜有間然，是故愛名重，則心不用道；造道深，則身不求名。此天人之所以分。」

老子〔文子〕曰：使信士分財，不如定分而探籌，何則？有心者之於平，不如無心者也〔一〕。使廉士守財，不如閉户而全封，以爲有欲者之於廉，不如無欲者也〔二〕。人舉其疵則怨，鑑見其醜則自善〔三〕，人能接物而不與已，則免於累矣〔四〕。

〔一〕淮南子詮言：「天下非無信士也，臨貨分財，必探籌而定分，以爲有心者之於平，不若無心者也。」注：「探籌，捉籌也。」信士，誠實的人。定分，確定名分等級。探籌，俗謂抽簽。荀子君道：「探籌投鈎者所以爲公也。」之於，之，代名詞，彼也。用與「其」同；於，表動作之對象。謂有心於財而分財，即使致力於公平，即還不如無心於財而公正。

〔二〕御覽卷八三六引文子：「使信士分財，不如探籌。使廉士守財，不如閉户。」淮南子詮言：「天下非無廉士也，然而守重寶者，必關户而全封，以爲有欲者之於廉，不若無欲者也。」廉士，不苟取而有氣節的人。封，密閉。

〔三〕道藏七卷本「善」作「喜」。舉，猶言也。疵，小毛病，缺點或過失。鑑，古器名。古人常盛水於鑑，用來照影。戰國後用銅鏡照影，故銅鏡也稱「鑒」。故鑑，通「鏡」，照也。自善，自美。淮南子詮言：「人舉其疵則怨人，鑑見其醜則善鑑。」注：「舉説己之疵則怨之。鑑，鏡也。見人之好醜以爲美鏡也。」

〔四〕不與己，即上文「己無所與」。淮南子詮言高注：而不與己，若鏡人形，而不有好憎也。此謂人能接物而無好惡，順其自然，則無累於物。

慧定案：以上第十三章。

杜道堅纘義：「分財探籌，有心不如無心之平，守財閉户，有欲不若無欲之廉，舉疵則怨，在彼則不愛，鑑醜自善，在我則愛之，惟物接而無與於己者，我無是心，人亦無疵焉。」

老子〔文子〕曰：凡事人者，非以寶幣，必以卑辭〔一〕。幣單而欲不厭，卑體免辭，論説而交不結〔二〕，約束誓盟，約定而反先日〔三〕，是以君子不外飾仁義，而内修道德〔四〕。修其境内之事，盡其地方之廣〔五〕，勸民守死，堅其城郭，上下一心，與之守社稷〔六〕，即爲民者不伐無罪，爲利者不攻難得，此必全之道，必利之理〔七〕。

〔一〕淮南子詮言同此。事，奉事，服役。寶幣，珍貴的貨幣。卑辭，卑謙的言辭。

〔二〕荀子富國：「事之以貨寶，則貨寶單而交不結。」淮南子詮言：「事以玉帛，則貨殫而欲不饜，卑體婉辭，則諭説而交不結。」單，通「殫」，竭盡。厭，通「饜」，滿足。免辭，猶卑辭。卑體免辭，謂卑躬屈膝，言辭謙下。

〔三〕反，背也。反先日，謂先所約之日而反叛。淮南子詮言作「反無日」。荀子富國：「約信盟誓，則約定而畔無日。」楊倞注：「約已定，隨即畔之。無日，言不過一日。文子作約定而反無日也。」淮南子詮言：「約束誓盟，則約定而反無日。」注：「反，背叛也。」

〔四〕道德，道藏七卷本作「道術」。精誠七章曰：「神越者言華，德蕩者行僞……是故聖人内修道術，而不外飾仁義。」卑辭寶幣，華言僞行，此虚飾，君子不爲也。

〔五〕修境内之事，指搞好政事。盡地方之廣，指發展農業生産。淮南子詮言：「若誠外釋交之策，而慎修其境内之事，盡其地力，以多其積。」

〔六〕道藏七卷本「勸」作「厲」。淮南子詮言：「厲其民死，以牢其城，上下一心，君臣同志，與之守社稷，斅死而民弗離。」守死，以死守城。城郭，内城與外城。泛指城邑。管子度地：「内爲之城，城外爲之郭。」社稷，原爲土穀之神，後引伸指國家政權。古人認爲，非土不立，非穀不食，故封土立社，以示有土，稷者五穀之長，故立稷而祭之。歷代封建王朝，必先立社稷壇墠，因以社稷爲國家政權的標志。

〔七〕民，道藏七卷本作「名」。伐，征討。攻，巧，善於。老子曰：「不貴難得之貨。」全之道，指全國之道。利之理，利民之理。吕氏春秋應同：「故割地寶器，卑辭屈服，不足以止攻，惟治爲足。治則爲利者不攻矣，爲名者不伐矣。凡人之攻伐也，非爲利則因爲名也。」淮南子詮言：「則爲名者不伐無罪，而爲利者不攻難勝，此必全之道也。」

慧定案：以上第十四章。

杜道堅纘義：「事人以寶幣者，幣單而欲不厭，結交以卑辭者，辭窮而約反先，惟内修道德，上下一心，則可以守社稷，保民人，其道全矣。」

老子［文子］曰：聖人不勝其心，衆人不勝其欲〔一〕。君子行正氣，小人行邪氣〔二〕。内便於性，外合於義，循理而動，不繫於物者，正氣也〔三〕；推於滋味，淫於聲色，發於喜怒，不顧後患者，邪氣也〔四〕。邪與正相傷，欲與性相害，不可兩立，一起一廢，故聖人損欲而從性〔五〕。目好色，耳好聲，鼻好香，口好味，合而說之，不離利害嗜欲也〔六〕；耳目口鼻不知所欲，皆心爲之制，各得其所〔七〕，由此觀之，欲不可勝亦明矣〔八〕。

〔一〕慧定案：此說有二：一、勝，克勝，勝敗之勝。孟子曰：「口之於味也，目之於色也，耳之於聲也，鼻之於臭也，四肢之於安佚也，性也。」（盡心下）荀子曰：「若夫目好色，耳好聲，口好味，心好利，骨體膚理好愉佚，是皆生於人之情性者也，感而自然，不待事而後生之者也。」（性惡）耳目口鼻之於好聲色味臭，是天就之也，君子與小人，其性一也。不勝其心，謂凡事皆心爲主，莫能勝也。不勝其欲，謂凡事皆欲爲主，莫能勝也。下文說，欲與性相害，不可兩立，而聖人損欲從性，耳目口鼻不知所欲，皆心爲之制；孟子曰：「心之官則思，思則得之，不思則不得也。」(告子上)荀子曰:「欲雖不可去,求可節也。」(正名)衆人以欲爲主,不能勝欲,孟子曰:「耳目之官不思,而蔽於物,物交物,則引之而已矣。」(告子上)故有聖人、衆人、君子、小人之别。淮南子詮言作「聖人勝心,衆人勝欲」。非也。衆人勝欲,則衆人與聖人等,無君子小人之别矣。二、勝,任也。王念孫本淮南子:「聖人勝心,衆人勝欲。」曰:「勝,任也。言聖人任心,衆人任欲也。耳目之官不思而蔽於物,心之官則思,聖人先立乎其大者,則其小者不能奪,故曰聖人任心也。若衆人則縱耳目之欲,而不以心制之,故曰衆人任欲也。」然高誘淮南子注:「心者,欲之所生也,聖人止欲,故勝其心,而以百姓爲心也。勝欲者,心欲之而能勝止也。」王念孫曰:誤以勝敗之勝矣。文子符言作「聖人不勝其心,衆人不勝其欲」,此亦未解「勝」字之義而以意改之也。

〔二〕行,指行爲。正氣,中醫指人體内的元氣,是生命機能的總稱。與邪氣相對。素問刺法論:「正氣存内,邪不可干。」邪氣,又稱「外邪」。下文有釋。

〔三〕便,利,適合。繫,束縛。文選養生論注引:「循理而動者正氣。」

〔四〕淮南子詮言「推」作「重」。重,多也。本書下德「口惟滋味」,疑「推」「惟」皆誤,當作「嚂」。「嚂」壞爲「唯」而易爲「惟」,誤爲「推」。「嚂」,嚼也。淮南子泰族「口嚼滋味」。淫,過蕩。

〔五〕起,興也。滋味、聲色、喜怒等外邪與性不兩立,聖人正氣存内,以心制之,故損欲從性。纘義本「損欲而從性」,「而」作「以」。而,以也。

〔六〕説,通「悦」。

〔七〕不知所欲,不知所取去也。制,裁,判斷。耳目口鼻雖有欲,但不知所欲,皆因心爲之制,而各得其所。

〔八〕荀子曰：欲雖不可去，求可節也。節，制也。欲不可勝，但心可制，心正，物無累。慧定案：以上第十五章。淮南子詮言：「聖人勝心，衆人勝欲。君子行正氣，小人行邪氣。內便於性，外合於義，循理而動，不繫於物者，正氣也；重於滋味，淫於聲色，發於喜怒，不顧後患者，邪氣也。邪與正相傷，欲與性相害，不可兩立，一置一廢，故聖人損欲而從事於性。目好色，耳好聲，口好味，接而説之，不知利害嗜欲也。食之不寧於體，聽之不合於道，視之不便於性，三官交争，以義爲制者，心也。割痤疽非不痛也，飲毒藥非不苦也，然而爲之者，便於身也。渴而飲水，非不快也，飢而大飧，非不澹也，然而弗爲者，害於性也。此四者，耳目口鼻不知所取去，心爲之制，各得其所。由是觀之，欲之不可勝明矣。」杜道堅纘義：「道心人心，天理人欲之分也，理勝則所爲皆天，欲勝則所爲皆人，此又君子小人之分矣。理欲相勝，邪正相傷，君子不爲，況聖人乎！」

老子〔文子〕曰：治身養性者，節寢處，適飲食，和喜怒，便動静，內在己者得，而邪氣無由入〔一〕。飾其外，傷其內，扶其情者害其神，見其文者蔽其真〔二〕。夫須臾無忘其爲賢者，必困其性，百步之中無忘其爲容者，必累其形〔三〕，故羽翼美者傷其骸骨，枝葉茂者害其根荄，能兩美者天下無之〔四〕。

〔一〕寢處，坐卧。內在己者，指正氣。淮南子詮言：「凡治身養性，節寢處，適飲食，和喜怒，便動静，使在己者得，而邪氣因而不生，豈若憂瘕疵之與痤疽之發，而豫備之哉！」

〔二〕淮南子詮言「外」下有「者」字，「真」作「質」。飾，粉飾，假託。扶，持。情，指嗜欲。文，文飾。真，質。

〔三〕道藏七卷本脱二「無」字，「忘其爲賢」無「其」字。淮南子詮言：「無須臾忘爲質者，必困於性，百步之中不忘其容者，必累其形。」注：「常思爲質，不脩（循）自然，則性困也。」須臾，片刻。無忘其爲賢，常思爲賢，則心制於賢之名，不循自然則性困。百步之中，指眼睛能看到的範圍内。容，容貌，形狀。

〔四〕文選鷦鷯賦注引文子：「羽翼美者傷其骨骸」，無「故」字。御覽卷八三六引作：「羽翼美傷其骨，支葉茂害其根。」淮南子詮言無二「其」字，「荄」作「莖」，末有「也」字。羽翼，鳥的翅膀。茂，華盛。根荄，草木的根幹。兩美，兩全齊美。

慧定案：以上第十六章。

杜道堅纘義：「真道養神，人道養形，在内者得，在外者輕，遠聲色，薄滋味，養形之道也，絶思慮，守精氣，養神之道也。治身養性，内外兼得，豈可以聲音笑貌爲哉！」

老子〔文子〕曰：天有明不憂民之晦也，地有財不憂民之貧也〔一〕，至德道者若丘山，嵬然不動，行者以爲期，直己而足物，不爲人賜，用之者亦不受其德，故安而能久〔二〕。天地無與也，故無奪也，無德也，故無怨也〔三〕。善怒者必多怨，善與者必善奪，唯隨天地之自然而能勝理〔四〕。故譽見即毁隨之，善見即惡從之，利爲害始，福爲禍先，不求利即無害，不求福即無禍，身以全爲常，富貴其寄也〔五〕。

〔一〕黄帝四經稱：「天有明，而不憂民之晦也，百姓辟其户牖。」慎子威德：「天有明，不憂人之暗也，地有財，不憂人之貧也。」淮南子詮言：「天有明，不憂民之晦也，百姓穿户鑿牖，自取照焉。地有財，不憂民之貧也，百姓伐木芟草，自取富焉。」明，指日月光明。晦，暗也。天有光明，能照至幽，地有財物，富藏天下，天地之自然，萬物之自生，民能順因，不憂晦貧。

〔二〕至德道，得至道。纘義「德」作「得」。嵬然，山高大的樣子。纘義、道藏七卷本作「塊然」。行者以爲期，淮南子詮言高注：「行道之人，指以爲期。」直己，正己。不爲人賜，不是爲了恩賜人。用之，指用天之明，用地之財。淮南子「直己而足物」注：「己，己山也。言山特自生萬物，以足百姓，不爲百姓故生之也。」「賜」作「贛」，「安」作「寧」。説文：「贛，賜也。」

〔三〕天地自然，無與無奪，故無怨無德。淮南子詮言作「日月無德也。」

〔四〕淮南子詮言：「喜德者必多怨，喜予者必善奪，唯滅跡於無爲，而隨天地自然者，唯能勝理。」善怒，好怒。勝理，任理。徐靈府注：超喜怒之域，忘與奪之情，任之自得，以全天理。

〔五〕纘義本「不求利」後，脱「即無害，不求福」六個字。常，經常。寄，依託。順天地之自然，以全身爲常，則富貴寄，故老子曰：「貴以身爲天下，若可寄天下，愛以身爲天下，若可託天下。」淮南子詮言：「故譽生則毁隨之，善見則怨從之，利則爲害始，福則爲禍先，唯不求利者爲無害，唯不求福者爲無禍，侯而求霸者，必失其侯，霸而求王者，必喪其霸。故國以全爲常，霸王其寄也，身以生爲常，富貴其寄也。」

慧定案：以上第十七章。

杜道堅纘義：「聖人明照海内，而民不昏，富藏天下，而民不貧，順天地之自然，任萬物之自生，不私與，故無公取，不輕賞，故無重刑，視富貴如浮雲，乃可以全其真。」

老子［文子］曰：聖人無屈奇之服，詭異之行，服不雜，行不觀〔一〕，通而不華，窮而不懾，榮而不顯，隱而不辱，異而不怪〔二〕，同用無以名之，是謂大通〔三〕。

〔一〕淮南子詮言：「聖人無屈奇之服，無瑰異之行，服不視，行不觀，言不議，通而不華。」注：「屈，短。奇，長也。服之不衷，身之災也。」屈奇，怪異。漢書廣川惠王越傳「謀屈奇」注：屈奇，奇異也。屈奇之服，奇裝異服。詭異，奇特。雜，色不純。觀，示人。此言聖人無奇裝異服，怪特之行，服不驚衆，行不異人。

〔二〕道藏七卷本「辱」作「窮」，「怪」作「乖」。淮南子詮言：「言不議，通而不華，窮而不懾，榮而不顯，隱而不窮，異而不見怪。」通，達。華，浮華。懾，喪氣。異而不怪，指窮通不懾不華，隱顯不辱不榮，異於常人但不奇怪。

〔三〕淮南子詮言：「異而不見怪，容而與衆同，無以名之，此之謂大通。」

慧定案：大通，見精誠四章注四。俞樾讀文子曰：「同用上脱與衆二字，杜道堅纘義曰，與民同用而已，夫是之謂大通，疑其所據本正作與衆同用也。淮南子詮言篇作容而與衆同，按上文通而不華，窮而以懾，榮而不顯，隱而不辱，異而不怪，凡用而字者，必有相反之兩義，若容即是與衆同矣。何與言容而與衆同乎！淮南原文當作與衆同容，容用聲近，即與衆同用也。淺人不達，改其文法，使與上句一律，而義不可通矣。」

以上第十八章。

杜道堅纘義：「素隱行怪，君子不爲，屈奇之服，詭異之行，豈聖人之事哉！光而不耀，廉而不劌，與民同用而已，夫是之謂大通。」

老子〔文子〕曰：道者直己而待命，時之至不可迎而返也，時之去不可足而援也〔一〕，故聖人不進而求，不退而讓〔二〕。隨時三年，時去我走，去時三年，時在我後，無去無就，中立其所〔三〕。天道無親，唯德是與〔四〕。福之至非己之所求，故不伐其功，禍之來非己之所生，故不悔其行〔五〕。中心其恬，不累其德，狗吠不驚，自信其情，誠無非分〔六〕，故通道者不惑，知命者不憂。帝王之崩，藏骸於野，其祭也祀之於明堂，神貴於形也〔七〕。故神制形則從，形勝神則窮，聰明雖用，必反諸神，謂之大通〔八〕。

〔一〕道藏七卷本、纘義本「足」作「追」。淮南子詮言：「有道者，不失時與人，無道者，失於時而取人。直己而待命，時之至不可迎而反也，要遮而求合，時之去不可追而援也。」直己，正己。待命，等待時運，對待必然。迎，反向，逆也。返，還，通「反」。足，增補。纘義作「追」。援，攀緣，拉。時至不可逆反，時去不可拉回，道者正己而待命。

〔二〕不進、不退，謂從時也。淮南子詮言：「聖人常後而不先，常應而不唱，不進而求，不退而讓。」

〔三〕淮南子詮言：「隨時三年，時去我先，去時三年，時在我後，無去無就，中立其所。」隨時，順應時勢。國語越語：

「夫聖人隨時以行，是謂守時。」注：隨時，時行則行，時止則止。時去我走，淮南子詮言作「時去我先」。去時，指已過去的時間。無去無就，指不進不退而隨時。所，處也。此謂先之太過，後之不及，唯迎之無前，隨之無後，獨立其中，隨時安處。

〔四〕與，給予。老子曰：「天道無親，常與善人。」淮南子詮言同。

〔五〕伐，誇耀自己的才能和功勞。不求不辭，從天之則。淮南子詮言：「君子爲善，不能使福必來，不爲非，而不能使禍無至，福之至也，非其所求，故不伐其功，禍之來也，非其所生，故不悔其行。」

〔六〕恬，安静。中心其恬，安静其心。非分，不正當的名分。淮南子詮言：「内修極，而横禍至者，皆天也，非人也。故中心常恬漠，累積其德，狗吠而不驚，自信其情。」

〔七〕淮南子詮言：「故知道者不惑，知命者不憂，萬乘之主卒，葬其骸於廣野之中，祀其鬼神於明堂之上，神貴於形也。」崩，古稱帝王死爲崩。骸，指形體。野，郊外田野。祀，祭神之所。明堂，古代帝王宣明政教的地方，祭祀大典也在此舉行。以精神在堂，而形骸在野，明神貴於形也。

〔八〕淮南子詮言：「故神制則形從，形勝則神窮，聰明雖用，必反諸神，謂之太沖。」注：「神制，謂情也，情欲使不作也，而形體從心而合。形勝，謂人體躁動，勝其精神，神窮而去也。聰明雖用於内以守明，神安而身全。沖，調也。」形勝神，謂形體躁動勝其神，則神盡而去。聰明，指耳目視聽。大通，見精誠四章注四。九守守弱曰：「以神爲主者，形從而利，以形爲制者，神從而害。」依神形全，縱欲神逝，視聽雖用，而反之於神，明達大通。

慧定案：以上第十九章。

杜道堅纘義：「道乃天下之所共由，聖人直己待命，時來時去，不將不迎，立乎中央，以制四方，不伐功，不悔行，其心恬然，通道知命，聰明雖用，必反諸神。」

老子〔文子〕曰：古之存己者，樂德而忘賤，故名不動志；樂道而忘貧，故利不動心〔一〕。是以謙而能樂，静而能澹〔二〕。以數筭之壽，憂天下之亂，猶憂河水之涸，泣而益之也〔三〕，故不憂天下之亂，而樂其身治者，可與言道矣〔四〕。

〔一〕存己，指全形養神。古之全形養神者，道德備身而忘貧賤，名利不動心志。淮南子詮言：「古之存己者，樂德而忘賤，故名不動志，樂道而忘貧，故利不動心，名利充天下，不足概志。」注：「名不動志，不以名移志也。」莊子人間世：「古之至人，先存諸己，而後存諸人，所存於己者未定，何暇至於暴人之所行。」郭注：「有其具然後可以接物也。不虚心以應物，而役思以犯難，故知其所存於己者，未定也。」成玄英疏：「諸，於也。存，立也。古昔至德之人，虚懷而遊世間，必先安立己道，然後拯救他人，未有己身不存而能接物者也。援引古人以爲鑒誡。」

〔二〕謙，卑下。澹，安静。名利不動心志，故卑而能樂，静而能安也。淮南子詮言：「故廉而能樂，静而能澹，故其身治者，可與言道矣。」

〔三〕淮南子詮言：「以數雜之壽，憂天下之亂，猶憂河水之少，泣而益之也。」注：「雜，帀也。從子至亥爲一帀。」筭，同「算」。數算之壽，指有限的年壽。涸，枯竭。泣，泪水。益，增加。御覽卷八三六引作「猶河之涸，泣以益之。」尸子：「費子陽謂子思曰：『吾念周室將滅，涕泣不可禁也。』子思曰：『然，今以一人之身，憂世之不治，而涕泣不禁，是猶憂河水濁，而以泣清之。』」

〔四〕道原曰：「聖人忘乎治人，而在乎自理。」（四章）又上仁曰：「治國之本，在於治身。」（四章）以人之有限之壽，而憂天下之不治，猶如用泪水增益枯竭之河流，是無益也，唯忘治人而治其身，方可與言道也。淮南子詮言：「龜三千歲，浮游不過三日，以浮游而爲龜憂養生之具，人必笑之矣。故不憂天下之亂，而樂其身之治者，可與言道矣。」

慧定案：以上第二十章。

杜道堅纘義：「道尊德貴，悦諸心而存諸己也，故不以貧賤動其心志，身治則天下不足憂矣。其肯以不百年之身，過爲天下憂乎！」

老子［文子］曰：人有三怨：爵高者人妬之，官大者主惡之，禄厚者人怨之〔一〕。夫爵益高者意益下，官益大者心益小，禄益厚者施益博，修此三者怨不作〔二〕；「故貴以賤爲本，高以下爲基。」〔三〕

〔一〕爵，爵位。禮王制：「王者之制禄爵，公侯伯子男凡五等。」注：禄，所受食；爵，秩次也。妬，同「妒」，妒忌。淮南子道應人怨之作「怨處之」。

慧定案：藝文類聚引文子曰：「爵高者人妬之，官大者王惡之，禄厚者怨處之。」列子説符：「狐丘丈人謂孫叔敖曰：『人有三怨，子知之乎？』孫叔敖曰：『何謂也？』對曰：『爵高者人妒之，官大者主惡之，禄厚者怨逮之。』孫叔敖曰：『吾爵益高，吾志益下，吾官益大，吾心益小，吾禄益厚，吾施益博，以是免於三怨，可乎？』」

荀子堯問：「語曰：繒丘之封人，見楚相孫叔敖曰：『吾聞之也，處官久者士妒之，禄厚者民怨之，位尊者君恨之。今相國有此三者，而不得罪楚之士民，何也？』孫叔敖曰：『吾三相楚而心瘉卑，每益禄而施瘉博，位滋尊而禮瘉恭，是以不得罪於楚之士民也。』」此事在先秦已廣爲傳頌，説苑敬慎十七，孫叔敖與粗衣老父答問，韓詩外傳七，亦有記載，文子言之，不道丈人與孫叔敖，後改爲老子曰。

〔二〕益，愈加。意益下，心愈下。淮南子道應作「志益下」。在心爲志也。施益博，博施廣衆。御覽卷四八三引作：「人有三怨：爵高者人妬之，官大者主惡之，禄厚者怨處之，夫爵益高者意益下，官益大者心益小，禄益厚者意益博。」

〔三〕慧定案：此引老子三十九章語。以上第二十一章。

杜道堅纘義：「爵高志驕，人必妬之；官大氣豪，主必惡之；禄厚不施，人必怨之，高下相傾之道也。惟謙卑好施，貴不忘賤，高不忘下，故無怨尤。」

老子〔文子〕曰：言者所以通己於人也，聞者所以通人於己也，既闇且聾，人道不通〔一〕。故有闇聾之病者，莫知事通，豈獨形骸有闇聾哉！心亦有之塞也〔二〕。莫知所通，此闇聾之類也〔三〕。夫道之爲宗也，有形者皆生焉，其爲親也亦戚矣〔四〕；饗穀食氣者皆壽焉，其爲君也亦惠矣〔五〕；諸智者學焉，其爲師也亦明矣〔六〕。人皆以無用害有用，故知不博而日不足〔七〕，以博奕之日問道，聞見深矣〔八〕。不聞與不問，猶闇聾之比於人也〔九〕。

〔一〕淮南子泰族：前有「夫」字，「既闇且聾」前有：「闇者不言，聾耳不聞。」言，言語。墨經：「言，口之利也。」經說：「執所言而意見得。」通，溝通，通達。聞，耳聞。墨經：「聞，耳之聰也。」經說：「循所聞而得其意。」闇，通「瘖」。不能言也。人道，指人事。語言是交際的工具，用來表達和溝通人我之間的情意，口不能言，耳不能聞，則人道塞。

〔二〕淮南子泰族：「故有瘖聾之病者，雖破家求醫，不顧其費，豈獨形骸有瘖聾哉，心志亦有之。」闇聾之病，指口啞耳聾。莫知事通，人道不通。形骸，指口耳等生理機能。心，古人認爲思維器官是心。孟子曰：心之官則思。瘖耳聾，是形骸之病，心志閉塞，人之瘖聾也。莊子逍遥遊：「豈唯形骸有聾盲哉！夫知亦有之。」

〔三〕莫知所通，指心塞。心不能辨别，和口瘖耳聾同類。淮南子泰族：「夫指之拘也，莫不事申也，心之塞也，莫知務通也，不明於類也。」

〔四〕纘義本「焉」作「也」。淮南子泰族：「夫道，有形者皆生焉，其爲親亦戚矣；」宗，本也。親，親族。古指五屬之內及外親。戚，親近，親屬。其，指道。道爲之本，無形無象，無形而生有形，受形而生，以道爲親。

〔五〕饗，通「享」，享有，享受。饗穀食氣者，指人。惠，恩惠，仁愛。淮南子泰族：「享穀食氣者皆受焉，其爲君亦惠矣。」

〔六〕諸智者，指人們。師，師法。明，指由學而明。淮南子泰族：「諸有智者皆學焉，其爲師亦博矣。」

〔七〕無用，指瘖聾不學。知，通「智」。足，益也。日不足，日無所得。淮南子泰族：「人皆多以無用害有用，故智不博而日不足。」

〔八〕博奕，六博和圍棋。泛指下棋。論語陽貨：「不有博弈者乎，爲之猶賢乎已。」奕，通「弈」。下棋的人經常學問下棋之道，則日有所得，月有所進，其道深矣。淮南子泰族：「以弋獵博弈之日誦詩讀書，聞識必博矣。」

〔九〕比，類。不聞不問，如同人之耳聾口啞。淮南子泰族：「故不學之與學也，猶瘖聾之比於人也。」

慧定案：以上第二十二章。

杜道堅纘義：「受形而生，親之恩也，饗穀而壽，君之惠也，由學而明，師之德也，長而成人，身亦貴矣。言乃心之聲，通己於人，非言不達，通人於己，非言不聞，言其神矣乎！能不以私言廢公言，無用害有用，則聞道深而不孤上之人矣。」

老子〔文子〕曰：人之情心服於德，不服於力，德在與不在來〔一〕，是以聖人之欲貴於人者，先貴於人，欲尊於人者，先尊於人〔二〕，欲勝人者，先自勝，欲卑人者，先自卑，故貴賤尊卑，道以制之〔三〕。夫古之聖王以其言下人，以其身後人，即天下樂推而不厭，戴而不重，此德重有餘而氣順也〔四〕，故知與之爲取，後之爲先，即幾之道矣〔五〕。

〔一〕道藏七卷本「心」作「必」。羣書治要：「人之情，服於德，不服於力。」來，子匯本作「求」。孟子公孫丑曰：「以力服人者，非心服也，力不贍也，以德服人者，中心悅而誠服也。」此人之情也。德施於人，不求來報。

〔二〕先貴於人，先尊於人，二句之「於」字，疑爲衍文，道藏七卷本無此二「於」字是。

〔三〕自勝，老子曰：「勝人者有力，自勝者强。」道性好謙而受益，欲卑人者，必先尊人而自卑，此道之制也。

〔四〕羣書治要同此，無「夫」字，「德有餘」，無「重」字。氣順，謂氣順於道，道歸於己。老子曰：「欲上民必以言下之，欲先民必以身後之，是以聖人處上而民重，處前而民不害，是以天下樂推而不厭。」

〔五〕道藏七卷本和纘義本「幾之道」，「之」作「於」。羣書治要：「故知與之爲得，知後之爲先，即幾道矣。」老子云，將欲奪之，必固與之，欲先民者，必以身後之。此知與之爲取，後之爲先也，知此者則近於道矣。幾，近也。

慧定案：以上第二十三章。

杜道堅纘義：「禮貴乎先，言貴乎後，此人之情。故可服以德，不服以力，是以聖人進退有度，先後有節，故天下樂推而戴之。」

老子〔文子〕曰：德少而寵多者譏，才下而位高者危，無大功而有厚禄者微〔一〕，故「物或益之而損，或損之而益。」〔二〕衆人皆知利利，而不知病病，唯聖人知病之爲利，利之爲病〔三〕。故再實之木其根必傷，多藏之家其後必殃，夫大利者反爲害，天之道也〔四〕。

〔一〕寵，寵愛。譏，非議，譴責。才，才能。位，地位，位置。微，亡，賤也。此言，德、才、禄不相稱者，危亡必至。淮南子人間：「天下有三危，少德而多寵，一危也；才下而位高，二危也；身無大功而受厚禄，三危也。」

〔二〕此引老子四十二章語。參見十一章注三。淮南子引老子語句相倒。

〔三〕淮南子人間：「衆人皆知利利而病病也，唯聖人知病之爲利，知利之爲病也。」利利，喜歡利。前「利」字作形動詞用。病病，厭惡害。前「病」字作形動詞用。老子曰：「夫唯病病，是以不病，聖人不病，以其病病，是以不病。」一般人祇知利利，不知病病，利害相反相成，利之爲害，害之爲利，唯聖人知之。淮南子人間作「衆人皆知利利而病病也……」，亦誤矣。

〔四〕道藏七卷本「多」作「掘」，無「其」字，「必」後有「有」字，作「掘藏之家後必有殃」。再實之木，一年内兩次結果的樹木。多藏之家，指藏寶貨很多的人家。殃，禍害也。夫物極必反，大利反爲害，天之道也。淮南子人間：「夫再實之木根必傷，掘藏之家必有殃，以言大利而反爲害也。」注：「掘藏，謂發冢。得伏藏，無功受財。」

慧定案：以上第二十四章。

杜道堅纘義：「德不厭廣，分不可踰，水淺而舟大則膠，樹大而根淺則拔，人之德薄才淺，懷不仁而據高位，鮮不拔矣。惟知利病反覆，無甚愛多藏，得義利之和，又何病焉。」

老子〔文子〕曰：小人從事曰苟得，君子曰苟義〔一〕。爲善者，非求名者也，而名從之，不與利期，而利歸之〔二〕，所求者同，所極者異，故動有益則損隨之〔三〕。言無常是，行無常宜者，小人也〔四〕；察於一事，通於一能，中人也〔五〕；兼覆而并有之，技能而才使之者，聖人也〔六〕。

〔一〕淮南子繆稱：「小人之從事也曰苟得，君子曰苟義，所求者同，所期者異乎。」苟，苟且，隨便，誠如。苟得，不當得而得。苟義，近於義。

〔二〕期，約，會合。君子苟義，爲善非求名而名有，不爲利而利來。淮南子繆稱：「聖人爲善，非以求名，而名從之，名不與利期，而利歸之。」

〔三〕極，終，至。所極者異，結果不同。小人從事苟得利，利得而害隨之，君子從事而苟義，不爲名利而名利從，此君子小人所求者同，所極者異也，故或益之而損。損之而益也。淮南子繆稱：「動而有益，則損隨之。」注：「益所以爲損也。」

〔四〕淮南子繆稱：「言無常是，行無嘗（常）宜者，小人也。」小人言行不一，與德不稱也。

〔五〕淮南子繆稱：「察於一事，通於一伎者，中人也。」能，技能。中人有一事之才，一技之能也。

〔六〕淮南子繆稱：「兼覆蓋而并有之，度伎能而裁使之者，聖人也。」注：「裁，制也。度其伎能而裁制使之。」裁與才通。聖人德才兼備，才使技能。

慧定案：以上第二十五章。

杜道堅纘義：「圓顱方趾，含齒戴髮，均是人也，禀氣有異，智愚分焉，小人苟得，才勝德也，君子苟義，德勝才也。可上可下，則爲中人，天縱多能，其聖人乎。」

老子〔文子〕曰：生所假也，死所歸也〔一〕，故世治即以義衛身，世亂即以身衛義，死之日，行之終也，故君子慎一用之而已矣〔二〕。故生所受於天也，命所遭於時也，有其才不遇其世，天也，求之有道，得之在命〔三〕。君子能爲善不能必得其福，不忍而爲非，而未必免於禍〔四〕。故君子逢時即進，得之以義，何幸之有！不時即退，讓之以禮，何不幸之有！故雖處貧賤而猶不悔者，得其所貴也〔五〕。

〔一〕假，借，依託。莊子至樂：「生者假借也」。歸，還也。淮南子繆稱：「生所假也，死所歸也，故宏演直仁而立死，王子閭張掖而受刃，不以所託害所歸也。」

〔二〕御覽卷四二一引：「世治則以義衛身，世亂則以身衛義。」衛，保護。慎一，誠一，指依道而行，不三心二意。淮南子繆稱：「故世治則以義衛身，世亂則以身衛義，死之日，行之終也，故君子慎一用之，無勇者，非先懾也，難至而失其守也，貪婪者，非先欲也，見利而忘其害也。」

〔三〕道藏七卷本無二「所」字。命，運命。荀子正名：「節遇謂之命。」故曰命遭於時也。有道，謂有途徑或方法。此言人性天生，貧富貴賤的遭遇是時命，有才能而生不逢時天也，對貧富貴賤的追求有一定的辦法，但能不能得到，是由時運決定的，故得之不喜，不得也不怨天尤命。淮南子繆稱：「性者，所受於天也，命者，所遭遇時也，有其材不遇其世，天也，太公何力，比干何罪，循性而行止，或害或利，求之有道，得之在命。」

〔四〕道藏七卷本「不能必得其福」無「能」字，「而未必」無「而」字。纘義本「不忍而爲非」，無「而」字。淮南子繆稱：「故君子能爲善，而不能必其得福，不忍爲非，而未能必免其禍。」「不忍而爲非」，疑衍「而」字。纘義無「而」字。淮南子繆稱無「而」字。此謂爲善未必得福，去非未必免禍。

〔五〕淮南子繆稱：「君子時則進，得之以義，何幸之有！不時則退，讓之以義，何不幸之有！故伯夷餓死首陽之下，猶不自悔，棄其所賤，得其所貴也。」進，與「退」相對。指去留，做官不做官。幸，幸運。得其所貴，指貴禮義。此謂道義所存，雖處貧賤也不悔也。

慧定案：以上第二十六章。

杜道堅纘義：「受命於天，賦形爲人，生有所假，死有所歸，所遭於時，或窮或通何？莫非命有其才而不遇，天也。是以君子爲善，福無必得，不爲非，禍無必免，故得其時則駕，不得其時則蓬累而行，貴在我矣。」

老子［文子］曰：人有順逆之氣生於心，心治則氣順，心亂則氣逆〔一〕。心之治亂在於道德，得道則心治，失道則心亂〔二〕。心治則交讓，心亂則交争，讓則有德，争則生賊〔三〕。有德則氣順，賊生則氣逆，氣順則自損以奉人，氣逆則損人以自奉〔四〕，二氣者可道已而制也〔五〕。天之道，其猶響之報聲也，德積則福生，禍積則怨生〔六〕。宦敗於官茂，孝衰於妻子，患生於憂解，病甚於且瘉〔七〕，故「慎終如始，則無敗事也。」〔八〕

〔一〕素問靈蘭秘典論曰：「心者，君主之官也，神明出焉。」中醫認爲，五臟之氣，以心爲主，氣之順逆，主於心，心治則氣順，心亂則氣逆。治國猶治身，管子心術曰：「心之在體，君之位也。」心安是國安，心治是國治也，治也者心也，安也者心也。

〔二〕道德，得道。纘義無「德」字。「德」疑涉下文「得道」而衍也。

〔三〕交讓，互相辭讓。賊，傷害，邪也。

〔四〕奉人，給人也。得道心治，則氣順而交讓，失道心亂，則氣逆而交争，交相讓則損己而給人，交相争則損人而利己。

〔五〕道藏七卷本、纘義本作「氣者可以道而制也」，疑「道已」二字相倒。纘義本「二氣」作「夫氣」，「二」或「夫」之壞字。氣或二氣，指順逆之氣。已，以也，可以道而制之也。

〔六〕道藏七卷本、纘義本二「生」字作「至」。響，回聲也，響之報聲，回聲相應。

〔七〕道藏七卷本「宦」作「官」，蓋刻誤也。纘義本作「學」字。宦，做官。宦茂，官多。妻子，妻與子，指私親也。憂解，解除憂慮。甚，重也。瘉，通「愈」，病好。且瘉，病接近於好。此謂慎終如始，憂雖解當慮患生，病且愈仍宜節欲。

慧定案：在宗法封建社會中，這是人們常用的警語。説苑敬慎：「官怠於宦成，病加於少愈，禍生於懈惰，孝衰於妻子，察此四者，慎終如始。詩曰：『靡不有初，鮮克有終。』」孔子集語引新序曰：「孔子謂曾子曰：『君子不以利害義，則恥辱安從生哉！官怠於宦成，病加於小愈，禍生於怠惰，孝衰於妻子，察此四者，慎終如始。』」韓詩外傳、鄧析子亦有記録，子書中也有類似記載。管子樞言：「衆人之用其心也，愛者憎之始也，德者怨之本也，生其事親也，妻子具則孝衰矣，其事君也，有好業，家室富足則行衰矣，爵禄滿，則忠衰矣。」荀子性惡：「妻子具而孝衰於親，嗜欲得而信衰於友，爵禄盈而忠衰於君。」

〔八〕此引老子六十四章語。

慧定案：以上第二十七章。

杜道堅纘義：「陰符曰，五賊在心，施行於天，氣順則治，氣逆則亂，治即交讓，亂即交争，氣逆乎心，則賊於其身，氣逆乎時，則賊於其國。惟以道制氣，則能損己奉人，雖官茂不能敗吾之學，妻子不能衰吾之孝，曷有憂解之患，且瘉之病哉，能慎厥終，罔有所失。」

老子〔文子〕曰：舉枉與直，如何不得，舉直與枉，勿與遂往〔一〕，所謂同污而異泥者〔二〕。

〔一〕舉，薦舉，推選。枉，不正直，指小人。直，正直，指君子。得，謂得意，滿意。遂往，謂同路。本書上德：「故舉枉與直，何如不得，舉直與枉，勿與遂往。」（三章）

慧定案：此亦宗法封建社會之恒言。論語爲政：「舉直錯諸枉，則民服，舉枉錯諸直，則民不服。」此言舉枉與直，是選拔小人而歸於君子，小人如何不滿意，舉直與枉，是推君子而納於小人，君子不往也。新序節士：「文公曰：『吾聞之也，直而不枉，不可與往；方而不圓，不可與長存。』」此以爲晉文公所聞之語。淮南子說山：「季孫氏劫公家，孔子説之，先順其所爲，而後與之入政，曰：『舉枉與直，如何而不得，舉直與枉，勿與遂往，此所謂同污而異塗也。』」高誘注：「直順其謀而從，勿遂，大與同小。」此以爲孔子之言。

〔二〕同污，同於污世。異泥，指不同的道路。淮南子説山作「異塗」。同污而異泥，指君子處小人之道，小人處君子之域，同俗而不同道，即孔子所謂和而不同。

慧定案：以上第二十八章。

杜道堅纘義：「不曰舉枉措直，而曰舉枉與直，何哉？舉枉與直，是拔小人而歸於君子，何不得乎！舉直與枉，則是推君子而納諸小人之域，君子不往矣，同污異泥，處小人之道，和而不流。」

老子〔文子〕曰：聖人同死生，愚人亦同死生，聖人同死生明於分理，愚人同死生不知利害之所在〔一〕，道懸天，物布地，和在人〔二〕，人主不和即天氣不下，地氣不上，陰陽不調，風雨不時，人民疾饑〔三〕。

〔一〕道藏七卷本「聖人」、「愚人」下有「之」字。藝文類聚引同，「聖人」、「愚人」下有「之」字，句末有「也」字。御覽卷四〇一、五四八引文子同，而唯聖人、愚人下有「之」字，分理，所在下有「也」字。分，名分，職分。分理，指利害之理。聖愚皆死生，不同者聖人明於死生之理，愚人不知利害之所在。上文二十六章曰：「生所假也，死所歸也，聖人世治則以義衛身，世亂則以身衛義，愚人不知，喜生惡死。」淮南子説山：「故聖人同死生，愚人亦同死生，聖人之同死生，通於分理，愚人之同死生，不知利害所在。」

〔二〕布，散播。道繫於天，物産於地，中和在人，言天時、地利、人和也。

〔三〕上仁十章云，天地之氣，莫大於和，和者陰陽調，日夜分，故萬物春分而生，秋分而成，生與成必得和之精。……是以貴和也。此言和之用。人主和治其氣，安撫萬物，則天時地利，風調雨順，災害不作，反之，人民疾病饑荒矣。

慧定案：以上第二十九章。

杜道堅纘義：「和之用至矣，天得之萬象明，地得之萬物生，人得之萬事成，人主之心和，其可失乎？失則天地不交，人民疾饑，夫聖愚同一死生，其不同者，義與利之間耳。利者，義之和，聖人明於理分，利亦義也；愚人不知利害之所在，義亦利焉。」

老子〔文子〕曰：得萬人之兵，不如聞一言之當〔一〕，得隋侯之珠，不如得事之所由〔二〕，得和氏之璧，不如得事之所適〔三〕。天下雖大，好用兵者亡，國雖安，好戰者危〔四〕，故「小國寡民，雖有什伯之器而勿用。」〔五〕

〔一〕當，正，確當。一言之當，可不戰而屈萬人之兵。淮南子說山：「得萬人之兵，不如聞一言之當。」高誘注：「當，謂明天時地利知人之言，可以不戰屈人之兵也。」

〔二〕淮南子說山：「得隋侯之珠，不若得事之所由。」高誘注：「由，用。」隋侯之珠，簡稱「隋珠」。傳説中的寶珠。戰國策楚策：「寶珍隋珠，不知佩兮。」淮南子覽冥高注云，隋侯，漢東之國，姬姓諸侯也。隋侯見大蛇傷斷，以藥傅之，後蛇於江中銜大珠以報之，因曰隋侯之珠，蓋明月珠也。

〔三〕淮南子說山：「得咼氏之璧不若得事之所適。」高誘注：「適，宜適也。」和氏之璧，簡稱「和璧」。傳説春秋時楚人卞和在荆山之下所得的寶玉，和璧純白夜光。此言一言之當，勝過隋珠和璧，貴道之貴寶也。

〔四〕道藏七卷本「好戰」作「忘戰」。司馬法仁本：「國雖大，好戰必亡，天下雖安，忘戰必危。」「忘戰」義勝。老子曰：「兵者，不祥之器，非君子之器。」君子尚德不尚功，豈以兵自危哉！

〔五〕此引老子三十章語，什伯，古代軍隊的編制，十人爲什，百人爲伯。什伯之器，泛指兵器。

慧定案：以上第三十章。

杜道堅纘義：「禹拜昌言，班師振旅，而苗民格，聞一言之當，勝萬兵也，得隋珠和璧，不如得事之所由適，是以聖人貴道不貴寶，尚德不尚功，肯以兵自危哉！」

老子〔文子〕曰：能成霸王者，必勝者也〔一〕，能勝敵者，必強者也〔二〕。能強者，必用人力者也，能用人力者，必得人心者也〔三〕，能得人心者，必自得者也，自得者，必柔弱者〔四〕。能勝不如己者，至於若己者而格〔五〕，柔勝出於若己者，其事不可度〔六〕，故能衆不勝成大勝者也〔七〕。

〔一〕纘義本「必」下有「德」字。淮南子泰族：「欲成霸王之業者，必得勝者也。」又詮言：「能成霸王業者，必得勝者也。」「德」與「得」古通。霸王，霸者的尊稱。霸，古代諸侯之長。此指霸王之業。必勝，纘義作「必德勝」。淮南子詮言作「必得勝」。按：非必「德」勝，孟子公孫丑曰：「以力假仁者霸。」觀文子思想，必勝，指必自勝也，即下文自得者必柔弱者是也。

〔二〕道藏七卷本「強」作「德」。淮南子詮言：「能勝敵者，必強者也。」又泰族：「能得勝者，必強者也。」老子曰：「勝人者有力，自勝者強。」有力勝敵，強在自勝。

〔三〕道藏七卷本無「能強者，必用人力者也」。淮南子詮言：「能強者，必用人力者也；能用人力者，必得人心也。」又泰族：「能強者，必用人力者也；能用人力者，必得人心者也。」上文二十三章曰：「人之情心服於德，不服於力……欲勝人者，先自勝。」自勝者強，能強者以德服人，得人之心，用人之力。

〔四〕道藏七卷本句末「者」下有「也」字。淮南子詮言：「能得人心者，必自得者也；能自得者，必柔弱也。」又泰族：「能得人心者，必自得者也。故心者身之本也，身者國之本也，未有得己而失人者也，未有失己而得人者也。」自得，指得道。得道者德柔弱，柔弱勝剛強。羣書治要引文子：能成霸王者，必得勝者也；能勝敵者，必強者也；能強者，必用人力者也；能用人力者，必得人心者也；能得人心者，必自得者也；能自得者，必柔弱者也。

〔五〕本書道原：「強勝不若己者，至於若己者而格。」（九章）淮南子詮言：「強勝不若己者，至於與同則格。」注：「言人力能與己力同也，己以強加之，則戰格也。」能勝不如己者，我強彼弱。至於若己者，德相等，力相若也。格，抗擊，荀子議兵：「服者不禽，格者不舍。」

〔六〕本書道原：「柔勝出於己者，其力不可量。」柔勝出於若己者，謂得道自勝者。淮南子詮言無「若」字，「事」作「力」。度，計量，限度。

〔七〕淮南子詮言作：「故能以衆不勝成大勝者，唯聖人能之。」纘義、道藏七卷本故能下有「以」字，無「也」字，下有「唯聖人能之」。此言能得道自勝者，其事不可度量，故能以衆不能勝者而成其大勝。

慧定案：以上第三十一章。

杜道堅纘義：「德勝者霸，得人心也，勝敵者強，得人力也。然非得人之心。未有能用人之力也，敵何由勝，強何由霸哉？德，自得也，自得，則柔弱勝剛強，故能勝不若己者，至於若己者而格，是德相若也。柔勝出於若己者，其事不可度，則德又勝我矣，故能以衆不勝成大勝者，惟聖人能之。」

文子校釋卷第五

道德〔一〕

文子〔平王〕問道，老子〔文子〕曰：學問不精，聽道不深〔二〕。凡聽者，將以達智也，將以成行也，將以致功名也〔三〕，不精不明，不深不達〔四〕。故上學以神聽，中學以心聽，下學以耳聽；以耳聽者，學在皮膚，以心聽者，學在肌肉，以神聽者，學在骨髓〔五〕。故聽之不深，即知之不明，知之不明，即不能盡其精，不能盡其精，即行之不成〔六〕。凡聽之理，虛心清靜，損氣無盛，無思無慮，目無妄視，耳無苟聽〔七〕，專精積稸，内意盈并，既以得之，必固守之，必長久之〔八〕。夫道者，原産有始，始於柔弱，成於剛强；始於短寡，成於衆長〔九〕。十圍之木，始於把，百仞之臺，始於下，此天之道也〔一〇〕。聖人法之，卑者所以自下也，退者所以自後也，儉者所以自小也，損者所以自少也；卑則尊，退則先，儉則廣，損則大，此天道所成也〔一一〕。夫道者，德之元，天之根，福之門，萬物待之而生，待之而成，待之而寧〔一二〕。夫道，無爲無形，内以修身，外以治人，功成事立，與天爲鄰，無爲而無不爲，莫知其情，莫知其真，其中有信〔一三〕。天子有道則天下服，長有社稷；公侯有道則人民和睦，不失其國；士庶有道則全其身，保其親〔一四〕。强大有道，不戰而克，小弱有道，不争而得，舉事有道，功成得福〔一五〕，君臣有道則忠惠，父子有道則慈孝，士庶有道則相愛；故有道則和，無道則苛〔一六〕。由是觀之，道之於人，無所不宜也〔一七〕。夫道者，小行之小得福，大行之大得福，盡行之天下服，服則懷之〔一八〕，故帝者，天下之適也，王者，天下之往也，天下不適不往，不可謂帝王〔一九〕。故帝王不得人不能成，得人失道亦不能守〔二〇〕。夫失道者，奢泰驕佚，慢倨矜傲，見余自顯自明，執雄堅强，作難結怨，爲兵主，爲亂首〔二一〕。小人行之，身受大殃，大人行之，國家滅亡，淺及其身，深及子孫。夫罪莫大於無道，怨莫深於無德，天道然也〔二二〕。

〔一〕徐靈府曰：「此篇上問道德，下及禮智，雖前篇具明，今更起問，以其玄奧，故宜精審，將成後學悟道之由。」朱弁曰：「夫道也者，通自分之常理也；德也者，備所得之總名也。且文子總有一十二篇之目各異，唯道德再舉者，何也？夫道德之道也，即可物之道也，由可道而成德者，亦可據之德也，但非至道與玄德爾。所以首篇道原，後篇上德，原稱道本，上乃德極，唯原上之用茲一篇，唯道德之體各歸本自然，人間之世，行道立德，修身核名，生且有倫，死而不朽者，莫若此篇耳。」

杜道堅曰：「天性即道，性善即德，道德之在我者也。」

慧定案：老子曰：「道生之，德畜之，物形之，勢成之，是以萬物莫不尊道而貴德。」（老子五十一章）王弼注云：「何由而生？道也；何得而畜，德也。凡萬物之所以生，功之所以成，皆有所由，有所由焉，則莫不由乎道。道者，物之所由也；德者，物之所得也。」莊子曰：「物得以生謂之德。」「故形非道不生，生非德不明。」（莊子天地）成玄英疏云：「德者，得也，謂得此也。道能通生萬物，故非道不生，德能鑒照理原，故非德不明，老經云，道生之，德畜之。」韓非子曰：「德者，內也；得者，外也。……道有積而德有功，德者，道之功。」（韓非子解老）本書精誠曰：「夫道之與德，若韋之與革，遠之即近，近之即疏，稽之不得，察之不虛。」故莊子曰：「恬惔寂漠，虛無無爲，此天地之平，而道德之質也。」（天地）

〔二〕道，此爲可道之道，與常道有別，指可物之道。學問，學習問難。精，精深，至誠之謂。非學不知，非問不精，非精不達。道藏七卷本「聽」上有「即」字。

〔三〕聽，以耳知音。聽乎耳，知乎心。凡聽者，是爲了達聖哲之智，成仁義之行，得功名之業。道藏七卷本「達智」下無「也」字。

〔四〕精則明，深則達，精深而明達。

〔五〕上學，最好的學習。與「中學」、「下學」有等次差別。神聽，至誠純一精深明達。與「心聽」、「耳聽」即與思考和感覺有不同的程度。故曰有皮膚（表面）、肌肉（內裏）、骨髓（實質）深淺之別。御覽卷六〇三引文子同。唯以耳，以心，以神，無三以字。莊子人間世：「無聽之以耳，而聽之以心，無聽之以心，而聽之以氣。聽止於耳，心止於符，氣也者，虛而待物者也。」文子殘簡：「脩德非一」聽，故以耳聽「者，學在」皮膚；以心聽（二四八二簡號。以下只寫號數)學在肌月(肉),以□聽者(〇七五六)。

〔六〕聽深智明,能盡其至誠,否則,行之不成,功名不就。成,纘義作「誠」。文子殘簡:「不深者知不遠,而不能盡其功,不能」(二五〇〇)

〔七〕理,道理,法則。此指神聽之理。損氣無盛,謂損盛氣處虚静之道。無思無慮,謂虚静恬惔。道原二章曰:「恬然無思,惔然無慮。」妄,亂。苟,隨便。

〔八〕稸,積蓄。道藏七卷本作「蓄」。盈并,滿而不散。此言專一神聽,所得不離,能長久之。杜道堅纘義:「天性即道,性善即德,道德之在我者也。故聖人不學而知,率之謂道,修之謂教,則是以在於我者,施於人矣,中人以上。中人以下,皆得而學之,聽乎耳,悦乎心,如鏡得磨,光明内發,豈非吾心之固有乎!因其學而明之,以其修身則道德著,以之治國則事業成,此以見學問之精,而吾心之明。」

〔九〕道藏七卷本「短寡」二字相倒。原,本。産,生。始,母也。老子曰:「天下有始,以爲天下母。」道生萬物,本有生母,皆乘一氣,氣柔弱無形,成於形質,性乃剛强,道始於一,一生二,二生三,三生萬物,生生故不寡,是以衆,資生故不短,是以長,始於寡短,成於衆長。文子殘簡:産於有,始於弱而成於强,始於柔而(〇五八一)于短而成於長,始寡而成於衆,始(二三三一)

〔一〇〕十圍,形狀粗大。把,一手把握,形容細小。百仞,形容高。老子曰:「合抱之木,生於毫米,九層之臺,起於累土。」文子殘簡:之高始於足下,千[方之羣始於寓强],(一一七八)

〔一一〕之,指道。儉,賈誼道術:「廣較自斂謂之儉。」老子六十七章:「儉,故能廣。」下文曰:「儉則廣。」道原曰:「夫道者,以亡取存,以卑取尊,以退取先。」又符言曰:「知與之爲取,後之爲先,即幾於道矣。」聖人法之,則成其尊

先廣大。文子殘簡：聖人法於天道，「民者以自下」，(〇八七一)卑、退、斂、損，所以法天也。平王曰：(〇九一二)

杜道堅纘義：「氣形道德之體用乎？氣乃無形之物，物乃有形之氣，氣無形故柔弱，物有形故剛强，則知氣者，形之始也，道生德畜，由微至著，聖人法之，體立用行，天道成矣。」

〔一二〕元，始也，通「原」。道藏七卷本誤作「先」。天，道藏七卷本誤作「大」。文子殘簡：元也，百事之根(一一八一)生，侍之而成，侍(〇七九二)

〔一三〕夫道無爲無形，而萬物化生，用道者，内以修身，外以治人，所修所治，無形無跡，皆若自然，與天地同功，雖情不可察，真不可識，然窈冥之中，其信甚真。道藏七卷本作：「莫知其精，其精甚真，其中有信。」此老子二十一章語。

〔一四〕社稷，指國家政權。見符言十四章注六。公侯，道藏七卷本作「諸侯」。古者諸侯有國。士庶，士人和庶民。士人位於庶人之上。親，親族。見符言二十二章注四。文子殘簡：子有道，則天下皆服，長有(〇五九〇)□社稷。公侯(〇六二九)道，則人民和陸(睦)，長有其國。士「庶有□」(二二一八)身；葆其親，必强大，有道則不戰(〇六一九)

〔一五〕克，勝。纘義、道藏七卷本作「剋」，相通。文子殘簡：强大有道則不戰(〇六一九)□。弱小有道，則「不諍得識，舉事有」(二四六二)則功成得福。是以君臣之間有道，則(〇六二五)

〔一六〕忠惠，臣忠君惠。慈孝，父慈子孝。苛，苛刻，暴虐。文子殘簡：是以君臣之間有道，則(〇六二五)「間有道，則」慈孝，士「庶間有道，則」(二四四五)

〔一七〕道對君臣、父子、士庶等皆適宜也。文子殘簡：之，道之於人也，（一一七九）杜道堅纘義：「道德根於心，精神著乎外，功成事立，與天爲鄰，自天子至於庶人，有道則亨，無道則屯。」

〔一八〕羣書治要引：「文子〔平王〕問道，老子〔文子〕曰：夫道者，小行之小得福，大行之大得福，盡行之天下服。」盡行之，完全行道。服，歸從。懷，歸向，引伸爲來到。

〔一九〕道藏七卷本「之適」作「適之」，「之往」作「往之」。呂氏春秋下賢：「帝也者，天下之適也；王也者，天下之往也。」適，歸往。往，朝向。朱弁注曰：「適往一也，皆歸德之辭，然適者，通謂性命之所安，往者，不得已就耳，取其會理，優劣乃殊。」管子白心：「道者，一人用之，不聞有餘，天下行之，不聞不足，此謂道矣。小取焉，則小得福，大取焉，則大得福，盡行之，而天下服，殊無取焉，則民反其身，不免於賊。」文子殘簡：則帝王之功成矣。故帝者，天下之（〇九二九）者，天往也，天下不適不往，〔□□〕（〇九九〇）

〔二〇〕賈誼云：聞之於政也，民無不爲本也。國以爲本，君以爲本，吏以爲本。故帝王不得人不能成，既因人而成帝王之位，然而無道，則不得人心，位也不可守。文子殘簡：矣，是故，帝王者不得人不成，得人□（〇七九八）

〔二一〕道藏七卷本無「自明」二字，「亂」作「辭」，誤也。「夫失道者」承上文「得人失道」而言。奢泰，亦作「奢汰」。揮霍無度。驕佚，亦作驕「泆」，驕横放肆。慢倨矜傲，傲慢自大。自顯，自現。道藏七卷本無「自明」二字。蓋自顯自明，其義一也。雄，指剛强。兵主，指挑起戰爭者。亂首，指禍亂之首。黄帝四經順道曰：「不爲兵邾（主），不爲亂首。」文子殘簡：徒暴□，廣奢驕洫，謾裾陵降，見余（一一九四、一一九五）

〔二二〕道藏七卷本、纘義本，「夫」作「故」。上文云，道之與人，無所不宜。失道者則相反。文子殘簡：〔爲兵，始爲〕亂

首，小人行［之，身受大秧（殃）］，大［人行］（二一四三七）

慧定案：以上第一章。

杜道堅纘義：「身之本在德，德之本在道，無小無大，行則得之，天下服之，服則懷之。帝適也，王往也，天下適往，是謂帝王。然得人則成，有道則守，無爲兵主，無爲亂首。失道則亂，失德則怨，天道然耳。」

老子［文子］曰：夫行道者，使人雖勇，刺之不入，雖巧，擊之不中；夫刺之不入，擊之不中，而猶辱也，未若使人雖勇不敢刺，雖巧不敢擊〔一〕。夫不敢者，非無其意也，未若使人無其意，夫無其意者，未有愛利害之心也，不若使天下丈夫女子莫不歡然皆欲愛利之〔二〕。若然者，無地而爲君，無官而爲長，天下莫不願安利之〔三〕，故「勇於敢則殺，勇於不敢則活。」〔四〕

〔一〕列子黄帝：「惠盎見宋康王。康王蹀足謦欬，疾言曰：『寡人之所説者，勇有力也，不説爲仁義者也。客將何以教寡人？』惠盎對曰：『臣有道於此，使人雖勇，刺之不入，雖有力，擊之弗中。大王獨無意邪？』宋王曰：『善，此寡人之所欲聞也。』惠盎曰：『夫刺之不入，擊之不中，此猶辱也。臣有道於此，使人雖有勇，弗敢刺，雖有力，弗敢擊。夫弗敢，非無其志也。臣有道於此，使人本無其志也。夫無其志也，未有愛利之心也。臣有道於此，使天下丈夫女子莫不驩然皆欲愛利之。此其賢於勇有力也，四累之上也。大王獨無意邪？』宋王曰：『此寡人之所欲得也。』惠盎對曰：『孔墨是已。孔丘墨翟無地而爲君，無官而爲長，天下丈夫女子，莫不延頸舉踵而願安利之。』」呂氏春秋順説亦記之。淮南子道應「惠盎」作「惠孟」。行道，指用道之術。雖使勇刺不入，巧擊不中，我身未傷而能攻之，然辱已顯矣，不如謙柔自守，使人不敢刺擊。

〔二〕不敢。指無爲。不敢并非不敢爲之意，意於不敢則制於意，非無爲也，故曰不若無其意。「使人無其意」，道藏七卷本「使人」下有「本」字，列子、呂氏春秋及淮南子作「使人本無其意」。愛利害之心，纘義、道藏七卷本、子匯本皆無「害」字。列子、呂氏春秋、淮南子道應作「愛利之心」。「害」爲衍字。愛利，非自己愛利，有兼愛互利之意。下文可見。故不如使天下歡然皆欲愛利之。歡然，歡喜的樣子。

〔三〕無地不能爲君，無官不能爲長，此言無地而爲君，無官而爲長者，尊道而貴德也，垂跡以利人也，若能如此，天下之人皆願安利之。

〔四〕此引老子七十三章語。殺，死。活，生。

慧定案：道藏七卷本有「也」字。纘義本無此句，列子、呂氏春秋皆未引老子此言。淮南子引：「故老子曰：『勇於不敢則活。』」

以上第二章。

杜道堅纘義：「道非有心於應物，而物自應之，夫刺擊不傷，未若懽然皆有愛利之心，雖無地而人君之，無官而人長之，天下莫不願安利之，古之人有庚桑子者，其德似之。」

文子〔平王〕問德？老子〔文子〕曰：畜之養之，遂之長之，兼利無擇，與天地合，此之謂德〔一〕。何謂仁？曰：爲上不矜其功，爲下不羞其病，於大不矜，於小不偷，兼愛無私，久而不衰，此之謂仁也〔二〕。何謂義？曰：爲上則輔弱，爲下則守節，達不肆意，窮不易操，一度順理，不私枉撓，此之謂義也〔三〕。何謂禮？曰：爲上則恭嚴，爲下則卑敬，退讓守柔，爲天下雌，立於不敢，設於不能，此之謂禮也〔四〕。故修其德則下從令，修其仁則下不争，修其義則下平正，修其禮則下尊敬，四者既修，國家安寧〔五〕。故物生者道也，長者德也，愛者仁也，正者義也，敬者禮也。不畜不養，不能遂長，不慈不愛，不能成遂，不正不匡，不能久長，不敬不寵，不能貴重〔六〕。故德者民之所貴也，仁者民之所懷也，義者民之所畏也，禮者民之所敬也，此四者，文之順也，聖人之所以御萬物也〔七〕。君子無德則下怨，無仁則下争，無義則下暴，無禮則下亂，四經不立，謂之無道。無道不亡者，未之有也〔八〕。

〔一〕羣書治要作：「文子問德仁義禮。」遂，成功。老子曰：「道生之而德畜之，物形之而器成之。」「生之畜之，生而不有，爲而不恃，長而不宰，是謂玄德。」兼利，墨子曰：「兼相愛，交相利。」擇，挑選，區別。德，指可據之德。上二章言道，此言由道而成德，兼及仁義禮。

〔二〕矜，自誇。羞，恥辱。病，窘困，困苦。偷，苟且，澆薄。道藏七卷本仁下無虚詞「也」字。

〔三〕守節，堅守節操，不做非度之事。達，發達。肆意，任意放肆，毫無顧忌。操，操行，節操。一，常也。理，正也。枉撓，即枉橈，謂違法曲斷，有理不申。道藏七卷本義下無「也」字。文子吸收了儒家的「仁義」，而又與儒家不同，從道無爲無私，而引出仁義兼愛無私，這又接近墨子。文子殘簡：□爲下［則守節，循道寬緩，窮］（〇五

八二）

〔四〕恭嚴，端正嚴肅。卑敬，謙下恭敬。雌，與「雄」相對，謂柔弱。立於不敢，設於不能，指守柔弱之雌節。黄帝四經順道：「立於不敢，行於不能。」管子勢「行於不敢」注：則人不能與我争勇。「立於不能」注：則人莫與我争功。文子的「禮」也與儒家有别。文子從道的退讓守柔爲天下雌的特點，引出禮的恭嚴卑敬，而且具有「法」的意義。上禮説：「爲禮者，琢雕人性，矯拂其情，目雖欲之禁以度。心雖樂之節以禮……禮者，非能使人不欲也，而能止之。」這種節制人欲禁以度的「禮」，和荀子所説制禮以節欲一樣，是由禮到法的轉變。文子殘簡：則敬愛、損退、［辭讓、守□服之以］（〇六一五）

〔五〕道藏七卷本「既」誤作「即」，「寧」作「定」，相通也。四者既修，指修德、仁、義、禮。既，盡也。

〔六〕物，事物。道原八章曰：「萬物之總，皆閱一孔，百事之根，皆出一門。」萬物萬事皆由道生。長者德也，老子曰：「道生之而德畜之，物形之而器成之。」莊子天地：「物得以生謂之德。」韓非子解老：「德也者，人之所以建生。」故曰長者德也。愛者仁也，孔子曰：仁者愛人。墨經：「仁，愛也。」賈誼道術：「心兼愛人謂之仁。」正，即上文平正。墨子天志：「義者，正也。」平正非平等，而是分各有宜爲正，維齊非齊爲平。義，國語周語：「義，所以節也。」義是節制人與人之間的關係，上禮曰：「義者，所以和君臣父子兄弟夫婦人道之際也。」故平正者，即此「和」也。匡，方正。寵，尊。不尊敬不能貴重。文子殘簡：生者道也，養□（二四六六）［不嬨（慈）不愛］，不能成遂，不正（〇六〇〇）

〔七〕四者，指貴德、懷仁、畏義、敬禮。文，謂此四者的節文規定。御，驅使。文選辨命論注引文子：「德仁義禮四者，聖人之所以御萬物也。」羣書治要：「老子曰：『德者民之所貴也，仁者人之所懷也，義者民之所畏也，禮者

民之所敬也。此四者，聖人之所以御萬物也。』」無「文之順也」四字。文子殘簡：之所畏也，禮者民之所□也。此四（二二五九）

〔八〕道藏七卷本「不亡者」前無「無道」二字。怨，恨也。經，指常行的義理原則。四經，即指德仁義禮四種原則。四經立謂之有道，四經不立，則怨暴所作，争亂必興，所治無道，亡敗立見。羣書治要「暴」作「異」，「不亡」前有「而」字，文子殘簡：踰節謂之無禮。毋德者則下怨，無（〇五九一）則下諍，無義則下暴，無禮則下亂。四（〇八九五、〇九六〇）□立，謂之無道，而國不（〇八一一）

慧定案：以上第三章。

杜道堅纘義：「德者，五常之總名，有德之人，五常備焉，仁則慈，義則宜，禮則敬，知則明，信則實，有之是謂五常。一曰五德，君子未有無德而能爲國家者矣。文子問爲天下後世發也，其德博哉。」

老子〔文子〕曰：至德之世，賈便其市，農樂其野，大夫安其職，處士修其道，人民樂其業〔一〕，是以風雨不毁折，草木不夭死，河出圖，洛出書〔二〕。及世之衰也，賦斂無度，殺戮無止，刑諫者，殺賢士，是以山崩川涸，蠕動不息，壄無百蔬〔三〕。故世治則愚者不得獨亂，世亂則賢者不能獨治〔四〕。聖人和愉寧静，生也，至德道行，命也，故生遭命而後能行，命得時而後能明，必有其世而後有其人〔五〕。

〔一〕纘義本「其市」、「其野」，二「其」字作「於」。道藏七卷本「人民」作「民人」。至德之世，道德最高的時代。賈，坐商。

市，貿易場所。野，田野。處士，指未仕或不仕的人，或官於朝而居家的人。業，所從事的事業。淮南子俶真：「古者至德之世，賈便於肆，農樂其業，大夫安其職，而處士脩其道。」高誘注：「職，事。道，先王之道也。」

〔二〕淮南子俶真：「當此之時，風雨不毁折，草木不夭，九鼎重味，珠玉潤澤，洛出丹書，河出緑圖。」毁折，毁壞。天死，短命早死。河，指黄河。圖，指八卦。洛，指洛水。書，指尚書洪範。周易繫辭：「河出圖，洛出書，聖人則之。」漢孔安國以爲河圖即八卦，鄭玄以爲帝王聖者受命之瑞，漢儒認爲洛書即洪範九疇。禮記禮運疏引中候握河記有堯受河圖事，博物志有禹受河圖事，皆傳説也。

〔三〕淮南子俶真：「逮至夏桀殷紂，燔生人，辜諫者，爲炮烙，鑄金柱，剖賢人之心，析才士之脛，醢鬼侯之女，菹梅伯之骸。當此之時，嶢山崩，三川涸。」高誘注：「嶢山，蓋在南陽。三川，涇、渭、汧也。涸，竭也。傳曰山崩川竭，亡國徵也。」賦斂，收聚土地税。戮，殺，懲罰。同「僇」。刑諫者，刑罰勸諫的人。崩，崩潰，倒塌。蠕動，指昆蟲。不息，不生。壄古「野」字。百蔬，蔬菜的總稱。

〔四〕愚者，指不肖者。世治，正不容邪，雖愚者不得獨亂。世亂，寡不敵衆，雖賢者不能獨治，賢愚之功，未能加於時勢也。韓非子難勢曰：「夫堯舜生而在上位，雖有十桀紂不能亂者，則勢治也；桀紂亦生而在上位，雖有十堯舜而亦不能治者，則勢亂也，故曰：勢治者則不可亂，而勢亂者則不可治也，此自然之勢也。」淮南子俶真：「故世治則愚者不能獨亂，世亂則智者不能獨治。」

〔五〕道藏七卷本、纘義本「聖人」前有「故」字，「至德」作「志德」。生，通「性」。命遇則道行，時宜則功著，遭時遇命，得主有人，九守守静曰：「非有其世，孰能濟焉，有其才不遇其時，身猶不能脱，又況無道乎？」故必有其世而後有其人也。淮南子俶真：「古之聖人，其和愉寧静，性也；其志得道行，命也。是故性遭命而後能行，命得性而後能明。」高誘注：「命，天命也。得其本清静之性，故能明。」

慧定案：以上第四章。

杜道堅纘義：「天之視人，猶父之視子，其愛均也。君者，天之元子，民，天之赤子，上不恤下，天必示儆。夫至德之世，愛均合天，萬物遂長，民樂其業。世之衰也，苛政干和，天怒震發，地見其災，國家多難，流毒民人。惟聖人和愉寧静，志得道行，民物遂生，是之謂有其世，而後有其人。」

文子〔平王〕問聖智？老子〔文子〕曰：聞而知之，聖也，見而知之，智也〔一〕。故聖人常聞禍福所生而擇其道，智者常見禍福成形而擇其行；聖人知天道吉凶，故知禍福所生；智者先見成形，故知禍福之門〔二〕。聞未生，聖也，先見成形，智也，無聞見者，愚迷〔三〕。

〔一〕問聖智，問聖與智。簡文作「平王曰：何謂聖智？文子曰：聞而知……」聖，聰明。智，智能。聞知，即傳受之知。見知，親身觀察到的知。墨經：「知：聞、說、親。」經說：「知：傳受之，聞也；方不瘴，說也；身觀焉，親也。」文子殘簡：知。」平王曰：「何謂聖知？」文子曰：「聞而知之，聖也。(〇八九六、一一九三)知也。故聖者聞＝(〇八〇三)

〔二〕聖人知禍福相倚相伏，擇虛静之道而守之，不爲福先，不爲禍始，則吉凶無以爲兆；智者見知，察禍福之已兆而慎行之，知禍福之門，能防微杜漸而免於凶。文子殘簡：知也。故聖者聞＝(〇八〇三)而知擇道。知者見禍福(一二〇〇)〔刑〕而知擇行，故聞而知之，聖也。(〇七六五)知也成刑(形)者，可見而(〇八三四)

〔三〕道藏七卷本「迷」作「也」。纘義本「愚迷」後有「也」字。未生，指禍福未兆。先見成形，指見禍福之先兆。聞未生者，知於未然也。先見成形者，見禍福之先兆也，愚迷者，既不知禍福之所生，也不知禍福之先兆。

文子殘簡：未生，知者見成（〇七一一）

慧定案：以上第五章。

杜道堅纘義：「聖不曰生知，而曰聞知，何哉？生知，道在我者也，聞知，知事在外者也。聖人聞於未然，禍福先知，智則必待事成而後見，愚則溺於聞見，終不自知，迷亦甚矣。」

老子〔文子〕曰：君好義〔智〕則信時而任已，棄數而用惠〔一〕，物博智淺，以淺贍博，未之有也，獨任其智，失必多矣〔二〕。好智窮術也，好勇危亡之道也〔三〕。好與則無定分，上之分不定，則下之望無止，若多斂則與民爲仇，少取而多與，其數無有，故好與，來怨之道也〔四〕。由是觀之，財不足任，道術可因，明矣〔五〕。

〔一〕淮南子詮言：「君好智則倍時而任已，棄數而用慮。」好義，纘義、道藏七卷本作「知」。知與智通，淮南子詮言作「智」。據下文，作「智」是。信時，信所遇之時。任，指任智。棄數，棄理。惠，恩賜。道藏七卷本誤作「思」。

淮南子詮言信時作「倍時」，惠作「慮」。誤也。此言君好智，信一時之所遇而獨任其智，棄道術而用恩賜。

〔二〕淮南子詮言：「天下之物博而智淺，以淺澹博，未有能者也，獨任其智，失必多矣。」物博智淺，物多智少。贍，滿足，供足。以少供多，未有能也，故必多失。

〔三〕淮南子詮言：「故好智窮術也，好勇則輕敵而簡備，自偩而辭助，一人之力以禦强敵，不杖衆多而專用身，才必不堪也，故好勇危術也。」窮術，術困。好智好勇，必困之術，必亡之道。

〔四〕淮南子詮言：「好與則無定分，上之分不定，則下之望無止，若多賦斂，實府庫，則與民爲仇，少取多與，數未之有也。故好與，來怨之道也。」與，給。指用惠。分，名分等級。望，欲望。斂，賦斂，收取。棄數而用惠，則名分無定，上賜無度，下欲無止，況有所與，必有所取，取有窮，與有竭，若斂取多而民怨，少取而多與，則不給無限之用，也怨之，故好惠與，生怨之道也。

〔五〕淮南子詮言：「由此觀之，賢能之不足任也，而道術之可脩，明矣。」因，管子心術：「無爲之道，因也。因也者，無益無損也。……因也者，捨己以物爲法者也。」

慧定案：以上第六章。

杜道堅纘義：「智者不爲其所不能爲，强所不能，則非智矣。然則，智可好乎？好智則術易窮，好與則分不定，多斂民讎，來怨之媒也。」

文子〔平王〕問曰：古之王者，以道莅天下，爲之奈何〔一〕？老子〔文子〕曰：執一無爲，因天地與之變化，「天下大器也，不可執也，不可爲也，爲者敗之，執者失之。」〔二〕執一者，見小也，見小故能成其大也，無爲者，守静也，守静能爲天下正〔三〕。處大滿而不溢，居高貴而無驕，處大不溢，盈而不虧，居上不驕，高而不危〔四〕。盈而不虧，所以長守富也，高而不危，所以長守貴也，富貴不離其身，禄及子孫，古之王道具於此矣〔五〕。

〔一〕莅，臨也。奈何，如何？怎樣？老子曰：「以道莅天下，其鬼不神。」文子殘簡：「王曰：「吾聞古聖立天下，以道立天下，」(二二六二)［□何？」文子曰：「執一無爲。」平王曰：」(〇五六四)

〔二〕執一，執道。大器，謂有天下。老子二十九章曰：「天下神器，不可爲也，爲者敗之，執者失之。」文選晉紀總論注引文子：老子曰：「天下大器也……」下同。朱弁曰：「執一者，謂無所執也，無爲者，言不敢爲也。」文子殘簡：文子曰：(二三六〇)地大器也，不可執，不可爲，爲者販(敗)，執者失(〇八七〇)

〔三〕見小，指見道的作用，老子曰：「見小曰明。」吕氏春秋大樂：「有知不見之見，不聞之聞，無狀之狀者，則幾於知之(按：指道)矣。」此言王者以道莅天下，其爲治之功不在大，見大不明，見小則明，故見小反成其大。正，準則，長官。老子曰：「不欲以静，天下將自正。以清静爲天下正。」道藏七卷本、纘義本「守静」下有「故」，作「守静故能爲天下正」。吕氏春秋有度：「正則静，静則清明，清明則虚，虚則無爲而無不爲。」高誘注：「虚者，道也。道尚空虚，無爲而無不爲，人能行之，亦無不爲也。」又君守：「天之大静，既静而又寧，可以爲天下正。」高誘注：「寧，安。正，主。」文子殘簡：是以聖王執一者，見小也；無爲者(〇五九三)也，見小故能成其大功，守静□(〇九〇八)下正。平王曰：「見小守静奈何？」文子曰：(〇七七五)

〔四〕溢，滿而外流。居高，指處於高貴的地位。能見小守静，則無驕溢，故無虧危。

〔五〕禄，福也。具，備。纘義、道藏七卷本作「期」。期，合也。孝經：「在上不驕，高而不危，制節謹度，滿而不溢，高而不危，所以長守貴也，滿而不溢，所以長守富也。富貴不離其身，然後能保其社稷，而和其民人，蓋諸侯之孝也。」

文子殘簡：也，大而不衰者所以長守□（〇八〇六）高而不危，高而不危者，所以長守民（〇八六四）有天下，貴爲天子，富貴不離其身（二二二七）

慧定案：以上第七章。

杜道堅纘義：「以道莅天下，曰執一無爲，何哉？一則定矣，是以古之王者，因天地之變化，無爲而治，見小不棄，守静不爲，大器安而天下正矣。是故處大不溢，居上不驕，富貴可守，子孫可久。」

老子[文子]曰：民有道所同行，有法所同守，義不能相固，威不能相必，故立君以一之〔一〕。君執一即治，無常即亂〔二〕，君道者，非所以有爲也，所以無爲也，智者不以德爲事，勇有不以力爲暴，仁者不以位爲惠，可謂一矣〔三〕。一也者，無適之道也，萬物之本也〔四〕。君數易法，國數易君，人以其位達其好憎，下之任懼不可勝理〔五〕，故君失一，其亂甚於無君也，君必執一而後能羣矣〔六〕。

〔一〕淮南子詮言：「民有道所同道，有法所同守，爲義之不能相固，威之不能相必也，故立君以一民。」注：「民凡所道行者同道，而法度有所共守也。」一，齊一，統一。有道同行，有法同守，然而義和威不能使之一定同守，所以立君長統一之。

〔二〕淮南子詮言同。執一，指執一道一法。無常，不一。呂氏春秋執一：「天子必執一，所以摶之也，一則治，兩則亂。」

〔三〕淮南子詮言：「君道者，非所以爲也，所以無爲也。何謂無爲？智者不以位爲事，勇者不以位爲暴，仁者不以位爲患（當爲「惠」），可謂無爲矣。夫無爲則得於一也。」君道，爲君之道。君道無爲，貴清静而治，因民情而化，以德爲事，以力爲暴，以位爲惠，非君道之智勇仁也。智者不以德爲事，勇者不以力爲暴，仁者不以位爲惠，此三者可謂執一矣。

〔四〕淮南子詮言：「一也者，萬物之本也，無敵之道也。」適，通「敵」。無適，無匹敵，即唯一。文子殘簡：文子曰：「一者，萬物之始也。」平王曰：〔何〕(二二四六)

〔五〕數，屢也。表數副詞。易，變更。下之任懼，下吏懼怕。道藏七卷本作「下之徑衢」，淮南子詮言同七卷本。衢，四通八達的道路。徑衢，謂途徑很多，無所適從。作「任懼」爲長。因爲人以其位達其好憎，不僅下多歧路，無所適從，而且達好惡之性，以成取捨之私任，故不可勝治。理，治也。

〔六〕淮南子詮言：「凡人之性，少則猖狂，壯則暴强，老則好利，一人之身，既數變矣，又況君數易法，國數易君，人以其位，通其好憎，下之徑衢，不可勝理，故君失一，則亂甚於無君之時。」羣，會合，一致。荀子非十二子：「壹統類而羣天下之英傑」楊注：羣，會合也。君道無爲，執一統衆。

慧定案：以上第八章。

杜道堅纘義：「天下雖大，君以一之，君一，則道不待爲，民所同行，法不待變，民所同守，智不以德，勇不以力，仁不以惠，合而之一，君之道也。若夫君數易法，國數易君，則甚於無君也矣。」

文子〔平王〕問曰：王道有幾？老子〔文子〕曰：一而已矣。文子〔平王〕曰：古有以道王者，有以兵王者，何其一也〔一〕？ 曰：以道王者德也，以兵王者亦德也〔二〕。 用兵有五：有義兵，有應兵，有忿兵，有貪兵，有驕兵〔三〕：誅暴救弱謂之義〔四〕，敵來加己不得已而用之謂之應〔五〕，争小故不勝其心謂之忿〔六〕，利人土地、欲人財貨謂之貪〔七〕，恃其國家之大、矜其人民之衆，欲見賢於敵國者謂之驕〔八〕；義兵王，應兵勝，忿兵敗，貪兵死，驕兵滅，此天道也〔九〕。

〔一〕纘義本有「不」字，作「何其不一也」。王道，王天下之道。以道王者，指以道化民，天下歸往而王者，如堯舜是也。以兵王者，指用武力征伐，得天下而王者，如湯武是也。文子殘簡作：「平〔王曰〕：「〔王者〕幾道乎？」文子曰：「王者〔一道〕」。（二四一九）王曰：「古者有（〇八二九）以道王者，有以兵（〇八五〇）以一道也？」文子曰：「古之以道王者‖，（二二一〇）

〔二〕以道得民而王，德也，兵雖凶器，適時而舉，誅暴救弱，得道得民，亦德也。故曰一也。文子殘簡：文子曰：古之以道王者‖，（二二一〇）以兵王者（一〇三五）

〔三〕忿，怨怒。下文解此五兵。黄帝四經十大經本伐：「世兵道三：有爲利者，有爲義者，有爲忿者。」

〔四〕誅，殺，這裏指討伐。文選注引文子作：「用兵有五，誅暴救弱謂之義。」十大經本伐：「所謂爲義者，伐亂禁暴，起賢廢不肖，所謂義也。」

〔五〕應，指防禦性戰爭。

〔六〕小故，小事。因小事而心怨恨發怒而用兵爲忿兵。

〔七〕利，作動詞用。文子殘簡：「〔者〕，謂之貪〔兵。〔恃〕其國家之大，矜其人民」（〇五七二）

〔八〕恃，依仗。文子殘簡：衆。欲見賢於適（敵）者，謂之驕〔兵〕。義〔兵〕（二二一七）

〔九〕道藏七卷本「天道」下有「然」字。纘義本「天道」前有「之」字。義兵得道多助，合天下之心，故王。應兵防禦，其後動，故勝。老子曰：「用兵有言，吾不敢爲主而爲客。」忿兵因心不勝小事，以一時之怒而用兵，故敗。貪人之利，欲人之財，而不能自守，故亡。依仗國家之大，自矜人民之衆，顯示敵國，耀武揚威，故驕兵必滅。漢書魏相傳：魏相上書諫曰：「臣聞之，救亂誅暴，謂之義兵，兵義者王；敵加於己，不得已而起者，謂之應兵，兵應者勝；争恨小故，不忍憤怒者，謂之忿兵，兵忿者敗；利人土地貨寶者，謂之貪兵，兵貪者破；恃國家之大，矜民人之衆，欲見威於敵者，謂之驕兵，兵驕者滅；此五者，非但人事，乃天道也。」魏相所聞，聞諸文子。文子殘簡：「〔故王道唯德乎！　臣故曰一道。」〔平王〕（二三八五）

慧定案：以上第九章。

杜道堅纘義：「道爲治本，君以道王，本喪亂生，兵革興焉。然則古者有以道王，有以兵王，雖若不同，而同歸於有德，故五兵之用，唯義兵可王，是雖兵亦道也，故曰：一而已矣。若應兵勝，忿兵敗，貪兵死，驕兵滅，此戰國之事，非王者之兵也。」

老子〔文子〕曰：釋道而任智者危，棄數而用才者困〔一〕，故守分循理，失之不憂，得之不喜〔二〕。成者非所爲，得者非所求，入者有受而無取，出者有授而無與〔三〕，因春而生，因秋而殺，所生不德，所殺不怨，則幾於道矣〔四〕。

〔一〕釋道，捨道。棄數，棄理。捨道棄理，而任用才智則困危，上六章曰：好智棄數而用惠，危亡之道也。淮南子詮言：「釋道而任智者必危，棄數而用才者必困。」有二「必」字。

〔二〕守分循理，謂釋智棄才，循必然之理，得失不驚，憂喜自無。淮南子詮言：「……守其分，循其理，失之不憂，得之不喜。」

〔三〕道藏七卷本、纘義本「所爲」、「所求」下有「也」字。守道循理，不爲而成，不求而得，懷道抱德，雖有受授而非貪取非私與也。淮南子詮言：「故成者，非所爲也，得者，非所求也，入者，有受而無取，出者，有授而無予。」

〔四〕道藏七卷本「德」作「得」，古相通也。「則」作「即」，纘義本「則」作「即」。出生入死，因循自然，無德無怨，則近於道。御覽卷引一九、二四引文子同。淮南子詮言「不德」作「弗得」，「不怨」作「非怨」，末有「也」字。

慧定案：以上第十章。

杜道堅纘義：「道在乎治，數關於時，任智釋道，用才棄數，危困之階也。惟守分循理，得不喜成，失不憂退，物之入者，有受無取，物之出者，有授無與，因時而行，生不爲德，殺不爲怨，則近乎道矣。」

文子〔平王〕問曰：王者得其歡心爲之奈何〔一〕？老子〔文子〕曰：若江海即是也，淡兮無味，用之不既，先小而後大〔二〕。夫欲上人者，必以其言下之，欲先人者，必以其身後之，天下必效其歡愛，進其仁義，而無苛氣，居上而民不重，居前而衆不害，天下樂推而不厭〔三〕，雖絶國殊俗，蜎飛蠕動，莫不親愛，無之而不通，無往而不遂，故爲天下貴〔四〕。

〔一〕道藏七卷本「王者」作「王天下」。其，指天下人民。歡心，猶心裏歡喜，愛戴。

〔二〕道藏七卷本無「即」字，「也」作「已」。既，盡也。老子三十五章曰：「執大象，天下往，往而不害安平太，樂與餌，過客止，道之出口淡乎其無味，視之不足見，聽之不足聞，用之不可既。」王者得民之歡心，非依才智物利也，而是因道若江海，江海所以爲百谷王者，以其善下也。

〔三〕效，呈獻。進其仁義，行其仁義。苛氣，煩苛的風氣。樂推，謂擁戴。老子六十六章曰：「江海所以能爲百谷王者，以其善下之，故能爲百谷王。是以欲上民必以言下之，欲先民必以身後之，是以聖人處上而民不重，處前而民不害，是以天下樂推而不厭。」

〔四〕絕國殊俗，邊遠不同風俗的國家。蜎飛蠕動，泛指昆蟲。鬼谷子揣：「蜎飛蠕動，莫不親愛。」無之，無往。遂，通順。謂執此道者，無往而不通順，所以爲天下貴。

慧定案：以上第十一章。

杜道堅纘義：「江海善下而有容，故百川歸之。王者法之以爲治，容民畜衆，故得百姓之懽心，樂共推戴，天下歸往矣。草木昆蟲，亦將欣服，其貴可知。」

老子〔文子〕曰：執一世之法籍，以非傳代之俗，譬猶膠柱調瑟〔一〕。聖人者，應時權變，見形施宜，世異則事變，時移則俗易，論世立法，隨時舉事〔二〕。上古之王，法度不同，非古相返也，時務異也，是故不法其已成之法，而法其所以爲法者，與化推移〔三〕。聖人法之可觀也，其所以作法不可原也，其言可聽也，其所以言不可形也〔四〕。三皇五帝輕天下，細萬物，齊死生，同變化，抱道推誠，以鏡萬物之情，上與道爲友，下與化爲人〔五〕。今欲學其道，不得其清明玄聖，守其法籍，行其憲令，必不能以爲治矣〔六〕。

〔一〕道藏七卷本末有「也」字。一世，某一時代。法籍，法典，指記載法令的書籍。傳代，世代相傳。傳代之俗，指與化推移所以爲法。故徐靈府注曰：「執一隅之説，非通代之典。」膠，黏也。柱指樂器的絃柱。瑟，古樂器。調瑟者轉動絃柱，以調節音之高低清濁。如黏固絃柱，則音無從調節，此喻拘泥而不知變通。淮南子齊俗：「今握一君之法籍，以非傳代之俗，譬由膠柱而調瑟也。」

〔二〕道藏七卷本「權變」作「偶變」，「則」皆作「即」，「論世」、「隨時」後有「而」字。權變，隨機應變。施宜，措施適宜。世異，時代不同。事，謂政治事務。時移，時間變動而不同。易，變更。論世立法，根據不同的時代而立法。隨時舉事，隨着時間的不同而辦事。韓非子五蠹：「聖人不期修古，不法常可，論世之事，因爲之備。……故事因於世，而備適於事。……世異則事異……事異則備變。」淮南子齊俗：「此皆聖人之所以應時耦變，見形而施宜者也。……是故世異則事變，時移則俗易，故聖人論世而立法，隨時而舉事。」

〔三〕道藏七卷本、纘義本「非古」作「非故」。返，通「反」。道藏七卷本作「反」。「所以爲法者」前有「所以爲法」四字。時務異，即時移事異，已成之法，既定之法，即一世之法籍。所以爲法，制定法的根據。與化推移，因時變化。淮南子齊俗：「尚古之王，封於泰山，禪於梁父，七十餘聖，法度不同，非務相反也，時世異也，是故不法其已成之法，而法其所以爲法。所以爲法者，與化推移者也。」

〔四〕法之，道藏七卷本作「之法」。淮南子齊俗同七卷本。聖人法之可觀，與聖人之法可觀，行文不同耳。可觀，可以看到，可以顯示。原，究也。此謂聖人之法，行之於外，可得而見，因化推移，權在於內，不可原究；法度之言，可傳而聞，立意之由，則難形顯。淮南子齊俗：「聖人之法可觀也，其所以作法不可原也，辯士言可聽也，其所以言不可形也。」

〔五〕纘義本「細萬物」作「總萬物」，「下與化」作「下以化」。細，輕也。細萬物，指無心於物。齊死生，指生不喜死不憂，憂喜不能入也。同變化，指與剛柔卷舒，與陰陽俯仰，順自然變化。抱道推誠，内守道而誠行於外。見精誠十二章注三。友，交友也。本作「叕」，説文叕，同志爲友，從二又相交。故徐靈府注曰：上與道交。化，指造化者，即道。莊子應帝王「予方將與造物者爲人」郭注：任人之自爲。又天運：「丘不與化爲人，不與化爲人，安能化人。」郭注：與化爲人者，任其自化者也。爲人，爲偶也。故徐靈府注：下與化遊。「上與道爲友，下與化爲人。」即「抱道推誠」，抱道内守，推誠在化，化治人。文選遊仙詩注引文子同。淮南子齊俗：「五帝三王輕天下，細萬物，齊死生，同變化，抱大聖之心，以鏡萬物之情，上與神明爲友，下與造化爲人。」

〔六〕纘義本「玄聖」作「時君」。清明，清静光明之德。玄聖，指有道無位的聖人。莊子天道：「夫虛静恬惔，寂寞無爲者，萬物之本也。……以此處上，帝王天子之德也，以此處下，玄聖素王之道也。」成疏曰：夫有其道而無其爵者，所謂玄聖素王自貴者也，即老君仲尼是也。纘義作「時君」。憲令，法令也。此謂今欲學其道，而不得其所以，則必不能爲治。淮南子齊俗：「今欲學其道，不得其清明玄聖，而守其法籍憲令，不能爲治亦明矣。」

慧定案：以上第十二章。

杜道堅纘義：「一炁運行，四時更變，有不容不爾者，天道然也。皇帝王伯之治不同者，若出人爲，實由天運。

故不可執一世之法籍，而爲傳代之治，惟隨時而舉事，隨事而應變，則可以論世立法，如冬不可葛，夏不可裘，知天道者能之。」

文子［平王］問政？老子［文子］曰：御之以道，養之以德，無示以賢，無加以力〔一〕；損而執一，無處可利，無見可欲，方而不割，廉而不劌，無矜無伐〔二〕。御之以道則民附，養之以德則民服，無示以賢則民足，無加以力則民樸〔三〕。無示以賢者，儉也，無加以力，不敢也，下以聚之，賂以取之，儉以自全，不敢自安〔四〕。不下則離散，弗養則背叛，示以賢則民爭，加以力則民怨〔五〕。離散則國勢衰，民背叛則上無威，人爭則輕爲非，下怨其上則位危，四者誠修，正道幾矣〔六〕。

〔一〕道藏七卷本作「問爲政」。御，治理，統治。養，畜養，教化。示，顯示。加，侵陵。力，指威力。文子殘簡：「平王曰：『爲正（政）奈何？』文［子曰］：『御之以道，□』」（〇八八五）之以德，勿視以賢，勿加以力，□以□□（〇七〇七）

〔二〕損而執一，指損賢力執道德。處，安居。處可利則貪者競趨，處可欲則民心亂。老子曰：「不尚賢，使民不爭，不貴難得之貨，使民不爲盜，不見可欲，使民心不亂。」（老子三章）老子曰：「是以聖人方而不割，廉而不劌，直而不肆，光而不耀。」（老子五十八章）方，方正，正直。以方導物，捨去其邪，方而不割故無隅。廉，清廉。劌，傷。以廉清民，去其邪污，廉而不劌故性全。無矜無伐，不居功自傲。

〔三〕道藏七卷本「則」皆作「即」。古通。附，親附。無加以力，民無所怨故純樸。文子殘簡：□□以賢則民自足，毋加以力則民自（二三二四）

〔四〕儉，賈誼道術：「廣較自斂謂之儉。」賂，財貨。不敢自安，子匯本作「不敢以自安」。

〔五〕道藏七卷本「弗養」作「不養」，「則」皆作「即」，纘義本「則」也作「即」。不下，指不得親下之道。離散，謂不附也。示賢，則爭名於朝，不尚賢使民不爭，加威則結怨於下。文子殘簡：可以治國，不御以道，則民離散不養。（〇八七六）則民倍（背）反（叛），視之賢，則民疾諍，加之以＝（〇八二六）

〔六〕纘義本作「民離散」。人爭，道藏七卷本作「民爭」。輕，輕視，輕易。正，通「政」。正道，爲政之道。四者，指御之以道，養之以德，無示以賢，無加以力。四者誠修，則民無離散背叛而附服，人民不爭，下不怨上，而自足純樸，近於政道矣。文子殘簡：則民苛兆（逃）；民離散，則國執（勢）衰；民倍（背）（〇八九八）［上位危。］平王曰：「行此四者何如？」文子」（〇八八六）

慧定案：以上第十三章。

杜道堅纘義：「古人以道德爲政，後世以功力爲政。以道德則民服而風俗淳，以功力則民怨而戰爭起。故御之以道，養之以德，無示以賢，無加以力，則無爲而天下治矣。」

老子［文子］曰：上言者下用也，下言者上用也，上言者常用也，下言者權用也，唯聖人爲能知權〔一〕。言而必信，期而必當，天下之高行〔二〕，直而證父，信而死女，孰能貴之〔三〕。故聖人論事之曲直，與之屈伸，無常儀表，祝則名君，溺則捽父，勢使然也〔四〕。夫權者，聖人所以獨見，夫先迕而後合者之謂權，先合而後迕者不知權，不知權者，善反醜矣〔五〕。

〔一〕淮南子氾論：「昔者周書有言曰：上言者，下用也，下言者，上用也。上言者，常也，下言者，權也。此存亡之術也，唯聖人爲能知權。」高誘注：「用，可否相濟也。常，謂君常也。權，謀也，謀度事宜，不失其道也。」韓非子説林下：「伯樂教其所憎者相千里之馬，教其所愛者相駑馬。以千里之馬時一有，其利緩，駑馬日售，其利急。此周書所謂：下言而上用者，惑也。」上言，謂經常之言。下言，謂權變之言。上言下用，經爲權體，下言上用，權爲經用。俞樾讀文子云，上言者常用也，下言者權用也，兩用字涉上文而衍，淮南子氾論正作常也，權也，無兩用字。俞説是也，道藏七卷本上句衍「用」字，下句無「用」字。此兩句釋上文，上言是常，民之所共由，下言是權，非聖不用，故曰唯聖人能知權。權者，道之變。雖反常而合於道者也。逸周書佚文陳漢章云：高注：「周史之書。」今考文子道德篇同。陳逢衡云：上言、下言，以次第説：上用、下用，指人説。下謂百姓，上謂君子。上言者常，天經地誼，萬古爲昭，故爲上言。下言者權，反經合道，一時之用，故爲下言。又韓非子説林引周書「下言而上用者惑也」，似當在此四語下。

〔二〕纘義本「必信」作「不信」。誤也。其注曰「言而必信」可證。淮南子氾論同，末有「也」字。期，約會限期。高行，高尚的行操。

〔三〕直而證父，論語子路：「葉公語孔子曰：吾黨有直躬者，其父攘羊，而子證之。孔子曰：吾黨之直者，異於是，父爲子隱，子爲父隱，直在其中矣。」信而死女，淮南子氾論「尾生與婦人期而死之」，高注：「尾生，魯人。與婦人期於梁下，水至溺死也。」上文言天下之高行直信也，此言直躬雖直，尾生雖信，孰能貴之，拘泥而不知權也；上言經，此言權也。淮南子氾論：「直躬其父攘羊而子證之，尾生與婦人期而死之，直而證父，信而溺死，雖有直信，孰能貴之。」高注：「直躬，楚葉縣人也。凡六畜自來而取之，曰攘也。」

〔四〕論事之曲直，評論事情的正確與否。與之屈伸，可是可否隨時而變。儀表，法則，表標。祝，祭祀頌禱。君，尊稱。周易家人：「家人有嚴君也，父母之謂也。」如子孫稱父祖爲君。溺，落水淹没。捽，揪住。勢，形勢，時勢。勢使之然，謂時勢使他不得不如此。此言聖人知權。孟子離婁：「嫂溺不援，是豺狼也，男女授受不親，禮也，嫂溺援之以手者，權也。」淮南子氾論：「是故聖人論事之局曲直，與之屈伸偃仰，無常儀表……故溺則捽父，祝則名君，不得不然也，此權之所設也。」

〔五〕道藏七卷本作「聖人所獨見」，無「以」字，「之謂」作「謂之」，「不知權」前有「謂之」二字。迕，違背，抵觸。合，一致。淮南子氾論：「故孔子曰，可以共學矣，而未可以適道也；可與適道，未可以立也；可以立，未可與權。權者，聖人之所獨見也，故忤而後合者，謂之知權，合而後舛者，謂之不知權。不知權者，善反醜矣。」高誘注：「適，之也。道，仁義之善道。立，立德立功立言。忤，逆，不合也。權因事制宜，權量輕重，無常形勢，能令醜反善，合於宜適，故聖人獨見之也。」韓詩外傳二：「夫道二：常謂之經，變謂之權，懷其常道，而挾其變權，乃得爲賢。」此謂權者，聖賢所獨見也。

慧定案：以上第十四章。

杜道堅纘義：「上言下用，經者權之體也，下言上用，權者經之用也。經權相濟，事無不宜，唯聖人知權。言而必信，期而必當，與之屈伸，而審其迕合，若夫執中，無權則不能隨時而適變，膠柱鼓瑟，善反醜矣。」

文子〔平王〕問曰：夫子之言，非道德無以治天下，上世之王，繼嗣因業，亦有無道，各没其世而無禍敗者，何道以然〔一〕？老子〔文子〕曰：自天子以下至於庶人，各自生活，然其活有厚薄，天下時有亡國破家，無道德之故也〔二〕。有道德則夙夜不懈，戰戰兢兢，常恐危亡，無道德則縱欲怠惰，其亡無時〔三〕。使桀紂循道行德，湯武雖賢，無所建其功也〔四〕。夫道德者，所以相生養也，所以相畜長也，所以相親愛也，所以相敬貴也〔五〕。夫聾蟲雖愚，不害其所愛，誠使天下之民皆懷仁愛之心，禍災何由生乎〔六〕！夫無道而無禍害者，仁未絶，義未滅也；仁雖未絶，義雖未滅，諸侯以輕其上矣，諸侯輕上，則朝廷不恭，縱令不順〔七〕；仁絶義滅，諸侯背叛，衆人力政，强者陵弱，大者侵小，民人以攻擊爲業，災害生，禍亂作，其亡無日，何期無禍也〔八〕。

〔一〕道藏七卷本、纘義本「治天下」下有「也」字。夫子，古代男子的尊稱，指文子。繼嗣，繼續，傳宗接代。因業，因襲事業。没其世，盡其世，指終身。文子殘簡：「〔平〕王曰：『子以道德治天下，夫上世之王(二二五五)

〔二〕道藏七卷本「厚薄」二字相倒，作「薄厚」。纘義本「自天子至於庶人」，無「以下」二字。生活，生存活命，謂不死。厚薄，猶長短也。故，原因。文子殘簡：觀之古之天子以〔下，至於王侯，無□□〕(二二七六)欲自活也，其活各有簿(薄)厚，人生亦有賢(〇八七七)

〔三〕夙夜，早晚，朝夕。懈，懈怠，松散。戰戰兢兢，顫抖、恐懼戒慎的樣子。道藏七卷本無「有道德則」和「無道德則」八字。

〔四〕桀紂，夏桀和殷紂。循道行德，纘義、道藏七卷本作「修道行德」。湯武，商湯和周武王。文子殘簡：□使桀紂脩道德，湯[武唯(雖)賢，毋所建」(二二五二)

〔五〕上文三章曰：「物生者道也，長者德也，愛者仁也，正者義也，敬者禮也。……聖人之所以御萬物也。」文子殘簡：以相生養，所以(二二一三)相畜長也，相□(二二〇六)

〔六〕聾蟲，指無聽覺器官的動物。聾蟲蠢動，豈非愚類，尚能避害趨利，不害其所宜，天下之民皆智慧者，誠能道化德被，懷仁愛之心，則禍災無由生矣。

〔七〕朝廷，指最高統治機構。荀子强國：「觀其朝廷，其閒聽決百事不留，恬然如無治者，古之朝也。」相愛之仁未滅，匡正之義未絶，王位雖危，繼業未覆，然而禍患已萌，諸侯輕上，朝廷不恭，違令不從。文子殘簡：[朝]請不恭，而不從令，不集。平王(二二一二)

〔八〕力政，同「力征」。用武力征伐。墨子明鬼：「聖王既没，天下失義，諸侯力正。」孫詒讓正義曰：「正當讀爲征，言恃强力以相争取。」禍亂作，禍亂興起。何期，同「何其」，表疑問。文子殘簡：諸侯倍(背)反(叛)，衆[人□正，强]乘弱，大陵小，以(二三二一)

慧定案：以上第十五章。

杜道堅纘義：「古之治天下者，道德衰而仁義次之，仁義衰則禍亂作，戰争興焉，上世嗣王，如桀紂之主，國未云亡，諸侯已有輕上之心，則道德衰而仁義衰矣。故湯武起而夏商絶，若周之幽厲，視桀紂，才一間耳，故不免大戎之殺，驪山之死，諸侯力政，强陵弱，大侵小，六國縱横，與周俱亡，可不鑑乎！」

老子[文子]曰：法煩刑峻即民生詐，上多事則下多態，求多即得寡，禁多即勝少〔一〕。以事生事，又以事止事，譬猶揚火而使無焚也〔二〕；以智生患，又以智備之，譬猶撓水而欲求其清也〔三〕。

〔一〕法煩刑峻，刑法苛刻嚴酷。詐，欺騙，巧僞。態，容貌。指以佞媚爲容態。下多態，指奸詐之臣民多。此謂法煩刑峻，禁則犯多而少勝。淮南子主術：「是以上多故則下多詐，上多事則下多態，上煩擾則下不定，上多求則下交争。不直之於本，而事之於末，譬猶揚堁而弭塵，抱薪以救火也。」

〔二〕纘義、道藏七卷本而下有「欲」字，據下文有「欲」字是。老子曰：「聖人處無爲之事。」峻刑苛法而事多，則事生矣。無事止事事則止，以事止事事復生，止此事，彼事生，猶如播揚火而使不燒，不可能也。

〔三〕備之，防備患。撓水，撓動水。老子曰：「以智治國國之賊。」上智生下患，又以智防患，猶如將水撓混又要水清，患自招也。

慧定案：以上第十六章。

杜道堅纘義：「法本以求治，煩則生亂，刑本以禁姦，峻則興詐。夫上多事而欲民無事者，是猶强之飲而責其醉也，則是罔民也矣，安可云治乎！」

老子[文子]曰：人主好仁，即無功者賞，有罪者釋；好刑，即有功者廢，無罪者及〔一〕。無好憎者，誅而無怨，施而不德，放準循繩，身無與事，若天若地，何不覆載〔二〕。合而和之，君也，別而誅之，法也，民以受誅無所怨憾，謂之道德〔三〕。

〔一〕釋，開釋，釋放。廢，廢除。及，指受刑。淮南子詮言「及」作「誅」。

〔二〕施，指實施。放準循繩，依循準則。道原八章：「故聖人一度循軌，不變其故，不易其常，放準循繩，曲因其直，直因其常。」身無與事，即處無爲之事。覆載，天覆地載。淮南子詮言：「及無好者，誅而無怨，施而不德，放準循繩，身無與事，若天若地，何不覆載。」

〔三〕天覆地載，和在人，德合天地，和衆者人主也。犯法者自有輕重之誅，別之者乃國之常法，犯者受誅而無所尤怨，理鑒法平，國有治本之道，君無好惡之德，是謂道德。道藏七卷本無所怨憾作「怨無所藏」。淮南子詮言作「合而舍之者君也，制而誅之者法也，民已受誅怨無所滅，謂之道。」其義不可通。道藏七卷本二「之」字下均有「者」字，「無所怨憾」作「怨無所藏」。

慧定案：以上第十七章。

杜道堅纘義：「好仁而不知爲政，賞及無功，釋及有罪，猶能害政；好刑而不知爲法，廢及有功，誅及無罪，其害深矣。惟至公不偏，合於道德，賞不致濫，刑不致酷，則百官盡職，萬民服業，天下隆平。」

老子〔文子〕曰：天下是非無所定，世各是其所善，而非其所惡〔一〕。夫求是者，非求道理也，求合於己者也，非去邪也，去迕於心者〔二〕；今吾欲擇是而居之，擇非而去之，不知世所謂是非也〔三〕。故「治大國若烹小鮮」，勿撓而已〔四〕。夫趣合者，即言中而益親，身疏而謀當，即見疑〔五〕。今吾欲正身而待物，何知世之所從規我者乎，吾若與俗遽走，猶逃雨無之而不濡〔六〕。欲在於虛，則不能虛，若夫不爲虛，而自虛者，此所欲而無不致也〔七〕。故通於道者如車軸，不運於己，而與轂致於千里，轉於無窮之原也〔八〕。故聖人體道反至，不化以待化，動而無爲〔九〕。

〔一〕世俗之人，皆善己所是，惡人所非，彼亦惡我所善，非我所是，是亦非也，善也惡也，故是非無定。莊子齊物論曰：「儒墨之是非，以是其所非，而非其所是。」淮南子齊俗：「天下是非無所定，世各是其所是，而非其所非，所謂是與非各異，皆自是而非人。」

〔二〕道藏七卷本「迕」作「逆」，句末「者」下有「也」字。纘義本「者」下也有「也」字。合於己。謂符合於己心。迕，逆，違背。俗世之人求是者，不是求道之理，而是求符合於自己者，并非去邪，而是去違背於自己者，故愜其情者，雖惡以爲善，善其所善，非去非也，逆其意者，雖是以爲非，所非違其心也。故莊子曰：「夫隨其成心而師之，誰獨且無師乎！」淮南子齊俗：「由此觀之，事有合於己者，而未始有是也，有迕於心者，而未始有非也。故求是者，非求道理也，求合於己者也；去非者，非批邪施也，去忤於心者也。忤於我，未必不合於人也；合於我，未必不非於俗也。至是之是無非，至非之非無是，此真是非也。」

〔三〕道藏七卷本、纘義本末句作「不知世之所謂是非者也」。有「之」和「者」字。世所謂是非，以是其所非，而非其所是，是非無所定也。淮南子齊俗：「若夫是於此而非於彼，非於此而是於彼者，此之謂一是一非也，此一是非，隅曲也，夫一是非，宇宙也，今吾欲擇是而居之，擇非而去之，不知世之所謂是非者，不知孰是孰非。」

〔四〕道藏七卷本、纘義本「勿撓」前有「曰」字。此引老子六十章語。烹，煮也。小鮮，小魚。治理大國，如同煮小魚，不可經常撓動。勿撓而已，文子釋此言也。淮南子齊俗：「老子曰：『治大國若烹小鮮』，爲寬裕者曰勿數撓。」

〔五〕趣，趨附。「趣」通「趨」。道藏七卷本作「趨」。趣合，謂趨附偶合君意，即迎合也。淮南子齊俗誤增「舍」字，作「趣舍合」。言中，言合也。益親，更加親近。淮南子作「言忠」。俞樾讀文子曰：「身疏而謀當即見疑句，當從淮南子齊俗篇作身疏者，即謀當而見疑，與上句相對。」俞説不必當也。

〔六〕道藏七卷本「今吾」下有「雖」字，作「今吾雖欲」。七卷本和纘義本「逃雨」下有「也」字。待，對待。規，畫圓的工具，作動詞，意爲規正。遽走，速跑。無之，無往。濡，濕也。御覽卷一〇引文子作「若與俗處，猶走逃雨也，無之而不濡。」淮南子齊俗：「今吾雖欲正身而待物，庸遽知世之所自窺我者乎？若轉化而與世競走，譬猶逃雨也，無之而不濡。」

〔七〕道藏七卷本「則」作「即」。欲在於虚，謂其意不忘虚，其意常不忘虚，是制於虚也，故不能虚，無意於虚而自虚則德盛，故所欲無不致。淮南子齊俗：「常欲在於虚，則有不能爲虚矣。若夫不爲虚而自虚者，此所慕而不能致也。」

〔八〕不運於己，指車軸不運動。轂，車軸中心的圓木，中有圓孔，用以插軸。比喻通於道者處於虚，其用無窮也。本書上德：「通於道者，若車軸轉於轂中，不運於己，與之千里，終而復始，轉於無窮之原也。」淮南子齊俗：「故通於道者如車軸，不運於己，而與轂致千里，轉無窮之原也。」

〔九〕道藏七卷本、纘義本句末有「也」字。反至，反真也。淮南子齊俗作「反性」。不化，指道。不化以待化，以道御千變萬化。文選永明九年策秀才文注引文子作：「聖人體道反至，動而無爲。」淮南子齊俗：「故聖人體道反性，不化以待化，則幾於免矣。」

慧定案：以上第十八章。

杜道堅纘義：「名分法理，辯是非、別善惡之道也，不求公道而自取己見，以是爲非，以惡爲善，而望名分正法理明，難矣。惟正身待物，不廢公道，猶車行陸，舟行水，無往而不通，惡有陷於不平者哉。」

老子〔文子〕曰：夫亟戰而數勝者，則國必亡，亟戰則民罷，數勝則主驕，以驕主使罷民，而國不亡者則寡矣〔一〕。主驕則恣，恣則極物，民罷則怨，怨則極慮，上下俱極而不亡者，未之有也〔二〕。故「功遂身退，天之道也。」〔三〕

〔一〕道藏七卷本無「而數」二字，作「夫亟戰勝者」，末句無「則」字。纘義本也無「則」字。亟，屢次，一再。罷，通「疲」。黄帝四經十大經雌雄節：「夫雄節而數得，是謂積殃，凶憂重至，幾於死亡。」管子幼官：「數戰則士疲，數勝則君驕，驕君使疲民，則國危。」又兵法：「數戰則士罷，數勝則君驕，夫以驕君使罷民，則國安得無危。」是「疲」與「罷」通。淮南子道應：「魏武侯問於李克曰：『吴之所以亡者，何也？』李克對曰：『數戰而數勝。』武侯曰：『數戰數勝，國之福，其獨以亡，何故也？』對曰：『數戰則民罷，數勝則主憍，以憍主使罷民，而國不亡者，天下鮮矣。』」

〔二〕恣，放縱。極，窮盡。慮，憂愁。物極必反，慮極則變，上下俱極而必亡。吕氏春秋適威：「魏武侯之居中山也，問於李克曰：『吴之所以亡者，何也？』李克對曰：『驟戰而驟勝。』武侯曰：『驟戰而驟勝，國家之福也，其獨以亡，何故？』對曰：『驟戰則民罷，驟勝則主驕。以驕主使罷民，然而國不亡者，天下少矣。驕則恣，恣則極物；罷則怨，怨則極慮，上下俱極，吴之亡猶晚。』」高誘注：「驟，數也。極物，極盡可欲之物。極慮，極其巧欺不臣之慮。猶，尚。」文又見韓詩外傳十、新序雜事五，而魏武侯均作魏文侯。淮南子道應：「憍則恣，恣則極，物罷則怨，怨則極慮，上下俱極，吴之亡猶晚矣。」

〔三〕此引老子九章語。淮南子道應：「故老子曰：功成名遂身退，天之道也。」

慧定案：以上第十九章。

杜道堅纘義：「兵不常勝，敗亦隨之，反覆之道也，惡可亟戰而求數勝哉！主勝而驕，民罷而戰，伐國之斧矣。兵猶火也，不戢將自焚，其是之謂歟。」

平王問文子曰〔一〕：吾聞子得道於老聃，今賢人雖有道，而遭淫亂之世，以一人之權，而欲化久亂之民，其庸能乎〔二〕？文子曰：夫道德者，匡邪以爲正，振亂以爲治，化淫敗以爲樸，淳德復生，天下安寧，要在一人〔三〕。人主者，民之師也，上者，下之儀也，上美之則下食之，上有道德則下有仁義，下有仁義則無淫亂之世矣〔四〕。積德成王，積怨成亡，積石成山，積水成海，不積而能成者，未之有也〔五〕。積道德者，天與之，地助之，鬼神輔之，鳳凰翔其庭，麒麟遊其郊，蛟龍宿其沼〔六〕。故以道莅天下，天下之德也，無道莅天下，天下之賊也。以一人與天下爲仇，雖欲長久，不可得也〔七〕，堯舜以是昌，桀紂以是亡〔八〕。平王曰：「寡人敬聞命矣〔九〕。」

〔一〕慧定案：平王，漢書藝文志班固自注：「而稱周平王問。」班固誤讀「平王」爲「周平王」。文子後經竄改，幸存此章平王問文子，文子殘簡皆爲平王與文子答問，而無「周」字，得以正班固之誤。一説平王爲楚平王棄疾，即位改名熊居，公元前五二八—公元前五一六年在位。余謂平王即齊平公驁，公元前四八〇—公元前四五六年在位，也即韓非子稱齊王和文子問答如何治國，并説「其説在文子」的那位齊平公（王）。見「文子其人考」。

〔二〕子，平王對文子的尊稱。老聃，即老子，見道原一章注二。一人，平王自指。庸能，何能。文子殘簡：王曰：「人主唯（雖）賢，而曹（遭）淫暴之世，以一（〇八八〇）〔之權〕，欲化久亂之民，其庸能（〇八三七）」

〔三〕匡邪，糾正邪。振，整頓，消除。淫敗，指淫亂腐敗的風氣。淳德，淳厚樸實之德。要，總要，關鍵。此文子答平王，唯道德爲治，關鍵在王。文子殘簡：然臣聞之，王者蓋匡邪民以爲正，振亂世以爲治，化淫敗以爲「僕」，□〔德〕（一一七二、〇八二〇）

〔四〕纘義本「上有道德」和「下有仁義」後，「則」作「即」。師，法，所從取法者。法言學行：「師者，人之模範也。」上，指君王。下，指人民。儀，表率，法式。美，好。食，受納。天下人民皆仁義，則無淫亂之世矣。文子殘簡：之師也，上者下之義法也。（二二〇八）德，則下有仁義，下有仁義則治矣（〇五七五）

〔五〕積，積累。黄帝四經十大經雌雄節：「德積者昌，殃積者亡，觀其所積，乃知禍福之鄉。」文選魏都賦注引文子：「積水成海。」文子殘簡：〔曰〕：「積怨成亡，積德成王，積（〇七三七）天之道也，不積而成者寡矣。臣

〔聞〕(二三一五)

〔六〕鳳凰，通稱鳳。麒麟，簡稱麟。麟鳳龜龍，謂之四靈。見精誠五章注六。蛟龍，即蛟。傳説中其形似龍，故稱蛟龍。沼，水池。文選雜詩注引文子：「積道德者，天與之，地助之。」御覽卷九一五引文子：「主有積道德，天與之，地助之，鬼輔之，則鳳凰翔其庭也。」文子殘簡：有道之君，天舉之，地勉之，鬼神輔(〇五六九)

〔七〕莅，臨也。賊，害也。賈誼大政曰：「自古至於今，與民爲仇者，有遲有速。而民必勝之。」文子殘簡：之德也，以毋道立者，天下之賊也。以〔□六曰君〕(二四四二)一人任與天下爲讎，其能久乎？此堯(〇五七九)

〔八〕堯舜，唐堯和虞舜。相傳古之聖明之君。桀紂，夏桀和殷紂。相傳古之暴君。以是，指堯舜以道莅天下，桀紂無道莅天下。

〔九〕寡人。君王的謙稱。老子曰：「唯孤寡不穀，而王公以爲稱。」聞命，領教也。

慧定案：以上第二十章。道藏七卷本此章無。

杜道堅纘義：「文子家睢，與亳爲鄰，久師老子，聞道故博。平王聘而問道，文子對以積德成王，積怨成亡，堯舜以是昌，桀紂以是亡。平王曰：『寡人敬聞命矣。』以是觀之，平王若有志於爲治者也，何不能修德釋怨，而乃信讒懷疑，輒誅伍氏，此文子所以去楚而適越也。子胥勸吴伐楚，遂致鞭尸之辱，甚矣！有國者怨其可不釋乎！」

文子校釋卷第六

上德〔一〕

老子〔文子〕曰：主者，國之心也，心治則百節皆安，心擾則百節皆亂〔二〕，故其身治者，支體相遺也，其國治者，君臣相忘也〔三〕。老子學於常樅〔四〕，見舌而守柔，仰視屋樹，退而因川，觀影而知持後〔五〕，故聖人虚無因循，常後而不先，譬若積薪燎，後者處上〔六〕。

〔一〕徐靈府曰：「上德，謂當時之君有德者也。夫三代之道廢，五霸之德衰，故宜修德，以匡天下，有功可見，有德可尊，故曰上德者也。」

杜道堅曰：「德一也，有二焉。長養萬物，天之德，愛養百姓，君之德。上德不德，則是有德而不自恃以爲德，是以有德。」

朱弁曰：「彼物無宰，由道有常，用與佗倫，玄功自程，故柔服天下，我未始有知，和合生靈，彼無不理得者也。然上德之體，無所不得，故此一篇之内，雜而伸之。」

慧定案：德者，名一而數變。道生之而德畜之，長養萬物，自然之德；循道而行，兼愛無私，人之德。老子曰：「上德不德，是以有德。」韓非解老曰：「德者内也，得者外也。上德不德，言其神不淫於外也，神不淫於外則身全，身全之謂得，得者得身也。凡德者，以無爲集，以無欲成，以不思安，以不用固，爲之欲之，則德無舍……德者，道之功。」凡德者，何以得，以無爲無欲由乎道，循道而行體現道。

〔二〕百節，原指肢體的各個部分，比喻國之百司，治國在君，治身在心，心正則百節安，君明則國治，管子心術曰：「心之在體，君之在位，九竅之有職，官之分也，心處其道，九竅循理。」淮南子繆稱：「主者，國之心，心治則百節皆安，心擾則百節皆亂。」

〔三〕支體，即肢體。肢體相遺，謂肢體各安而自得，則遺其所待。君臣相忘，謂君臣各司其職而無事，則忘其所從。淮南子繆稱：「故其心治者，支體相遺也，其國治者，君臣相忘也。」杜道堅纘義：「德一也，有二焉，長養萬物，天之德，愛養百姓，君之德。夫君者，國之心。君有德，則心廣體胖，氣不亂而身自治。治國猶治身，君臣相安，國其有不治者乎？故曰上德不德，則是有德而不自恃以爲德，是以有德。」

〔四〕老子，見前注。老子下有「曰」字，徐靈府注云：「老子自説，受教於師，師之言如是下（道藏及道藏輯要本誤作不字）文者。」非是。此爲文子説「老子學於常樅」，不當有「曰」字，後人不達，竄改增「曰」，并提行，以示一律。纘義和道藏七卷本均無「曰」字，并不提行，是也。今據正。常樅，老子之師。説苑敬慎載常樅病重，老子往問遺教，常樅「張其口而示老子曰：吾舌有乎？老子曰：然。吾齒存乎？老子曰：亡。常樅曰：子知之乎？老子曰：夫舌之存也，非以其柔邪？齒之亡也，非以其剛邪？常樅曰：嘻，是已，天下之事已盡矣，何以復語子哉」！此爲老子學於常樅，見舌而知守柔。常樅，亦作「商容」。淮南子繆稱：「老子學商容，見舌而知守柔矣。」

〔五〕仰視屋樹，退而因川，謂觀影之不駐，水流逝不息。而知持後也。纘義、道藏七卷本因作「目」。

〔六〕虛無因循，即因循虛無。黃帝四經十大經順道：「常後而不先。」薪，柴火。燎，火燒。道藏七卷本無「燎」字。此謂後爲先，下處上也。淮南子繆稱：「故聖人不爲物先，而常制之，其類若積薪樵，後者在上。」

慧定案：以上第一章。

杜道堅纘義：「常樅，古之聖人也，老子學於常樅，猶孔子學於老子，目擊道存，精神冥契，故能見舌而守柔，觀影而知持後，是以聖人因循虛無，不争强，不敢先，夫是謂上德。」

老子〔文子〕曰：鳴鐸以聲自毁〔一〕，膏燭以明自煎〔二〕，虎豹之文來射，猨狖之捷來格〔三〕，故勇武以强梁死，辯士以智能困〔四〕。能以智知，未能以智不知〔五〕，故勇於一能，察於一辭，可與曲説，未可與廣應〔六〕。

〔一〕鳴，使物發聲。鐸，古樂器，文事用木鐸，論語八佾：「天將以夫子爲木鐸。」武事用金鐸，周禮地官鼓人：「以金鐸通鼓。」使鐸發聲則自虧毁，莊子云，有成與毁者，昭氏之鼓琴也，無成與毁者，昭氏之不鼓琴也。淮南子繆稱：「鐸以聲自毁，膏燭以明自鑠。」藝文類聚引：「文子曰：『鳴鐸以聲自毁，蘭膏以明自銷。』」

〔二〕膏燭，用油脂燃燒的火燭，如俗之蠟燭。煎，煎熬。莊子人間世：「山木自寇也，膏火自煎也。」御覽卷三三八引、八七〇引文子：「老子云，鳴鐸以聲自毀，膏燭以明自消。」

〔三〕文，彩色。來射，招來射擊。猨，同「猿」。狖，長尾猿。猨狖，泛指猿猴。捷，敏捷。格，打擊。御覽卷八九二引文子同。莊子應帝王：「虎豹之文來田，猨狙之便，執斄之狗來藉。」郭注：「此皆以其文章技能，繫累其身。」釋文：「來田，李云：虎豹以皮有章見獵也。田，獵也。猨，音袁。狙，七餘反。便，毗肩反，舊扶面反。斄，音來。李音狸，崔云：旄牛也。藉，司馬云：藉，繩也。由捷見結縛也。崔云：藉，繫也。」淮南子繆稱：「虎豹之文來射，猨狖之捷來措。」注：「措，刺也。」

〔四〕强梁，强悍，强横。謂凡此皆以所長而自害也。淮南子繆稱：「故子路以勇死，萇弘以智困。」

〔五〕道藏七卷本末有「也」字。纘義作：「以智知而未能以智不知。」此言有智知之能，而無知不智之用，以智自害，而不能以不智自存。淮南子繆稱：「能以智知，而未能以智不知也。」

〔六〕道藏七卷本末有「也」字。曲説，一曲之説，即片面之説。管子宙合：「是故辯於一言，察於一治，攻於一事者，可以曲説，而不可以廣舉。」廣應，能應千萬變化。此謂匹夫之勇不足以禦衆，一曲之説，不足以論道。淮南子繆稱：「故通於一伎，察於一辭，可與曲説，未可與廣應也。」

慧定案：以上第二章。

杜道堅纘義：「人貴有德，不貴多智，智多則出乎己，而反乎己，鮮不自害，虎豹之文來射，猨狖之捷來格，士之勇死於强，智困於辯宜矣，惟不以智知，而以智不知者，則不局於一，而所應者廣。」

老子〔文子〕曰：道以無有爲體，視之不見其形，聽之不聞其聲，謂之幽冥〔一〕。幽冥者，所以論道，而非道也〔二〕。夫道者，内視而自反，故人不小覺，不大迷，不小惠，不大愚〔三〕。莫鑒於流潦，而鑒於止水，以其内保之止，而不外蕩〔四〕。月望日奪光，陰不可以承陽，日出星不見，不能與之争光〔五〕，末不可以强於本，枝不可以大於幹，上重下輕，其覆必易〔六〕。一淵不兩蛟，一雌不二雄，一即定，兩即争〔七〕。玉在山而草木潤，珠生淵而岸不枯〔八〕，蚯蚓無筋骨之强、爪牙之利，上食晞堁，下飲黄泉，用心一也〔九〕。清之爲明，杯水可見眸子，濁之爲害，河水不見太山〔一〇〕，蘭芷不爲莫服而不芳，舟浮江海不爲莫乘而沉，君子行道不爲莫知而止，性之有也〔一一〕。以清入濁必困辱，以濁入清必覆傾〔一二〕，天二氣即成虹，地二氣即泄藏，人二氣即生病〔一三〕，陰陽不能常，且冬且夏，月不知晝，日不知夜〔一四〕。川廣者魚大，山高者木修，地廣者德厚，故魚不可以無餌釣，獸不可以空器召〔一五〕。山有猛獸，林木爲之不斬，園有螫蟲，葵藿爲之不采，國有賢臣，折衝千里〔一六〕；通於道者，若車軸轉於轂中，不運於己，與之致於千里，終而復始，轉於無窮之原也〔一七〕。故舉枉與直，何如不得，舉直與枉，勿與遂往〔一八〕。

有鳥將來，張羅而待之，得鳥者羅之一目，今爲一目之羅，則無時得鳥，故事或不可前規，物或不可預慮，故聖人畜道待時也〔一九〕。欲致魚者先通谷，欲來鳥者先樹木，水積而魚聚，木茂而鳥集〔二〇〕；爲魚得者，非挈而入淵也，爲猿得者，非負而上木也，縱之所利而已〔二一〕。足所踐者淺，然待所不踐而後能行，心所知者褊，然待所不知而後能明〔二二〕。川竭而谷虚，丘夷而淵塞，脣亡而齒寒，河水深而壤在山〔二三〕。水静則清，清則平，平則易，易則見物之形，形不可并，故可以爲正〔二四〕。使葉落者，風摇之也，使水濁者，物撓之也〔二五〕，璧瑗之器，礛礑之功也，莫邪斷割，砥礪之力也〔二六〕；虻與驥致千里而不飛，無裹糧之資而不飢〔二七〕。狡兔得而獵犬烹，高鳥盡而良弓藏，名成功遂身退，天道然也〔二八〕。怒出於不怒，爲出於不爲，視於無有則得所見，聽於無聲則得所聞〔二九〕。飛鳥反鄉，兔走歸窟，狐死首丘，寒螿得木，各依其所生也〔三〇〕。

水火相憎，鼎鬲在其間，五味以和；骨肉相愛也，讒人間之，父子相危也〔三一〕。犬豕不擇器而食，俞肥其體，故近死，鳳凰翔於千仞，莫之能致〔三二〕。椎固百内，而不能自椽，目見百步之外，而不能見其眦〔三三〕。因高爲山即安而不危，因下爲淵即深而魚鱉歸焉〔三四〕。溝池潦即溢，旱即枯，河海之源淵深而不竭〔三五〕，鱉無耳而目不可以蔽，精於明也，瞽無目而耳不可以蔽，精於聰也〔三六〕。混混之水濁，可以濯吾足乎？泠泠之水清，可以濯吾纓乎〔三七〕？紨之爲縞也，或爲冠，或爲絑，冠則戴枝之，絑則足蹍之〔三八〕。金之勢勝木，一刃不能殘一林，土之勢勝水，一掬不能塞江河，水之勢勝火，一酌不能救一車之薪〔三九〕，冬有雷，夏有雹，寒暑不變其節，霜雪麃麃，日出而流〔四〇〕。傾易覆也，倚易軵也，幾易助也，濕易雨也，蘭芷以芳，不得見霜，蟾蜍辟兵，壽在五月之望〔四一〕。精泄者中易殘，華非時者不可食〔四二〕。

舌之與齒，孰先弊焉？繩之與矢，孰先直焉〔四三〕？使影曲者形也，使響濁者聲也〔四四〕。與死同病者，難爲良醫，與亡國同道者，不可爲忠謀〔四五〕。使倡吹竽，使工捻竅，雖中節，不可使決，君形亡焉〔四六〕。聾者不歌，無以自樂，盲者不觀，無以接物。步於林者，不得直道，行於險者，不得履繩，海内其所出，故能大〔四七〕。日不并出，狐不二雄，神龍不匹，猛獸不羣，鷙鳥不雙〔四八〕，蓋非橑不蔽日，輪非輻不追疾，橑輪未足恃也〔四九〕。張弓而射，非弦不能發，發矢之爲射，十分之一〔五〇〕。飢馬在廄，漠然無聲，投芻其旁，争心乃生〔五一〕。三寸之管無當，天下不能滿，十石而有塞，百斗而足〔五二〕。循繩而斷即不過，懸衡而量即不差，懸古法以類，有時而遂，杖格之屬，有時而施，是而行之，謂之斷，非而行之，謂之亂〔五三〕。

農夫勞而君子養，愚者言而智者擇，見之明白，處之如玉石，見之黯黮，必留其謀〔五四〕。百星之明，不如一月之光，十牖畢開，不如一户之明〔五五〕。蝮蛇不可爲足，虎不可爲翼〔五六〕。今有六尺之席，卧而越之，下才不難，立而逾之，上才不易，勢施異也〔五七〕。助祭者得嘗，救鬥者得傷，蔽於不祥之木，爲雷霆所扑〔五八〕。日月欲明，浮雲蔽之，河水欲清，沙土穢之，叢蘭欲修，秋風敗之，人性欲平，嗜欲害之，蒙塵而欲無眯，不可得絜。〔五九〕黄金龜紐，賢者以爲佩，土壤布地，能者以爲富，故與弱者金玉，不如與之尺素〔六〇〕。轂虚而中立，三十輻各盡其力，使一軸獨入，衆輻皆棄，何近遠之能至〔六一〕。橘柚有鄉，萑葦有叢，獸同足者相從遊，鳥同翼者相從翔〔六二〕。欲觀九州之地，足無千里之行，無政教之原，而欲爲萬民上者難矣〔六三〕！兇兇者獲，提提者射〔六四〕，故「大白若辱，廣德若不足」。〔六五〕

君子有酒，小人鞭缶，雖不可好，亦可以醜〔六六〕，人之性，便衣綿帛，或射之即被甲，爲所不便，以得其便也〔六七〕。三十輻共一轂，各直一鑿，不得相入，猶人臣各守其職也〔六八〕。善用人者，若蚈之足，衆而不相害，若舌之與齒，堅柔相磨而不相敗〔六九〕。石生而堅，芷生而芳，少而有之，長而逾明〔七〇〕。扶之與提，謝之與讓，得之與失，諾之與已，相去千里〔七一〕。再生者不獲，華太早者不須霜而落〔七二〕。污其準，粉其顙，腐鼠在阼，燒薰於堂，入水而增濡，懷臭而求芳，雖善者不能爲工〔七三〕。冬冰可折，夏木可結，時難得而易失〔七四〕。木方盛，終日采之而復生，秋風下霜，一夕而零〔七五〕。質的張而矢射集，林木茂而斧斤入，非或召之也，形勢之所致〔七六〕。乳犬之噬虎，伏鷄之搏狸，恩之所加，不量其力〔七七〕。夫待利而登溺者，必將以利溺之矣，舟能浮能沉，愚者不知足焉〔七八〕。驥驅之不進，引之不止，人君不以求道里〔七九〕。

水雖平，必有波，衡雖正，必有差，尺雖齊，必有危，非規矩不能定方圓，非準繩無以正曲直，用規矩者，亦有規矩之心〔八〇〕。太山之高，倍而不見，秋毫之末，視之可察〔八一〕。竹木有火，不鑽不熏，土中有水，不掘不出，矢之疾，不過二里，跬步不休，跛鱉千里，累凷不止，丘山從成〔八二〕。臨河欲魚，不若歸而織網〔八三〕。弓先調而後求勁，馬先順而後求良，人先信而後求能〔八四〕。巧冶不能消木，良匠不能斫冰，物有不可如之何，君子不留意〔八五〕。使人無渡河可，使河無波不可，無曰不辜，甑終不墜井矣〔八六〕。刺我行者，欲我交，呰我貨者，欲我市〔八七〕，行一棋不足以見知，彈一弦不足以爲悲〔八八〕。今有一炭然，掇之爛指，相近也，萬石俱熏，去之十步而不死，同氣而異積也〔八九〕。有榮華者，必有愁悴，上有羅紈，下必有麻繢，木大者根瞿，山高者基扶〔九〇〕。

〔一〕無有，指無形無聲的無爲之道。精誠十三章曰：「大道無爲，無爲即無有，無有者不居也，不居者即處無形，無形者不動，不動者無言也，無言者即静而無聲無形，無聲無形者，視之不見，聽之不聞，是謂微妙。」叢刊本作「道以無爲有體」。幽冥，暗昧無形。淮南子說山：「魄問於魂曰：『道何以爲體？』曰：『以無有爲體。』……魄曰：『吾直有所遇之耳，視之無形，聽之無聲，謂之幽冥。幽冥者，所以喻道，而非道也。』」

〔二〕論道，論說道。道無形無名，於人言道，論曰幽冥，而非真道。莊子知北遊曰：「視之無形，聽之無聲，於人之論者，謂之冥冥，所以論道，而非道也。」

〔三〕內視而自反，謂內視反聽，去欲反素。覺，明也。惠，通「慧」，纘義、道藏七卷本作「慧」，智也。內視反聽，自得其道，執智慧者，不能去欲反素至道。淮南子説山「覺」作「學」，「惠」作「慧」。學，覺也。説文：斆，覺悟也。篆文作學。

〔四〕道藏七卷本作「以其保之止」，無「內」字，句末有「也」字。賈誼道德説：「鑒者，所以能見也。」九守守清：「人莫鑑於流潦，而鑑於澄水，以其清且靜也。」流潦，流動的水。止水，静止的水。其，指水而喻人。淮南子説山：「人莫鑑於沫雨，而鑑於澄水者，以其休止不蕩也。」高誘注：「沫雨，雨潦上覆瓮也。澄，止水也。蕩，動也。沫雨，或作流潦。」

〔五〕道藏七卷本「承」作「乘」。月望，月圓之時。常指農曆每月十五日，日月東西相望。月望日奪光，指月減少了光亮。陰不可以承陽，其義不通。俞樾讀文子曰：「承當爲乘。顏氏家訓篇引劉昌宗周官音讀乘若承，是承乘音同也，淮南子説山篇正作乘。」俞説是也。陰之承陽，乃是正理，陰不可以承陽者，陰不可以乘陽也。道藏七卷本作「乘」。乘即尚書「周人乘黎」之「乘」，戰勝，壓服也。不能與之争光，謂星不能與日争光。淮南子説山：「月望日奪其光，陰不可以乘陽也。日出星不見，不能與之争光也。」高誘注：「月十五日與日相望，東西中繩則月食，故奪月光也。差則虧，至晦則盡，故曰陰不可以乘陽也。星，陰也，不能奪日之光也。」

〔六〕上，指枝、末。下，指本，幹。覆，傾倒。淮南子説山：「故末不可以强於本，指不可以大於臂，下輕上重，其覆必易。」

〔七〕道藏七卷本「一即定」，「即」作「則」。一即定，一則安。道原七章曰：「道者，一立而萬物生矣。」道以無有爲體。

相反相成，物以有形爲用，不可兩立。無有爲體一則定，有形爲用兩則爭，唯戰勝者定矣。比喻君一則國安，心一則身定。淮南子説山：「一淵不兩鮫。」高誘注：「鮫，魚之長，其皮有珠，今世以爲刀劍之口是也。」蛟與鮫通，説文：「蛟，龍屬，無角曰蛟。」

〔八〕淮南子説山：「故玉在山而草木潤，淵生珠而岸不枯。」高注：「玉，陽中之陰也，故能潤澤草木；珠，陰中之陽也，有光明，故岸不枯。」其義不明，徐靈府注曰：山川韞珠玉而潤媚，君子積道德以光輝也。荀子勸學：「玉在山而草木潤，淵生珠而崖不枯。」又大戴禮記勸學：「玉居山而木潤，珠生淵而岸不枯。」

〔九〕晞，「晞」之誤字。纘義、道藏七卷本作「晞」。晞，乾土。堁，塵土，楚人謂之堁。黄泉，地下水。一，專精。以蚯蚓無心異慮，因土水爲生，不假爪牙筋骨，喻人專精守道，形無所恃，心無所待。荀子勸學：「螾無爪牙之利，筋骨之强，上食埃土，下飲黄泉，用心一也。」大戴禮記勸學也記之。説苑雜言：「夫蚯蚓内無筋骨之强，外無爪牙之利，然下飲黄泉，上墾晞土，所以然者何也？用心一也。」淮南子説山高誘注：「螾，一名蜷端也。晞，乾也。堁，土塵也，楚人謂之堁。」

慧定案：杜道堅纘義：「道以無有爲體，故可并行，物以有形爲用，故不兩立，無有爲體，一則定矣，有形爲用，兩則争矣。然小大有間，君臣有分，人君懷道抱德，曾不我有，此道之所以大，德之所以久也，天下孰敢以争强爲哉！」

〔一〇〕眸子，眼珠。喻小也。太山，喻高大。御覽卷七五九引文子同，但「可見」作「而見」，「害」作「暗」。淮南子説山：「清之爲明，杯水見眸子，濁水爲闇，河水不見太山。」藝文類聚卷七十三引文子曰：「清之爲明，杯水見眸子，濁之言闇，河水不見太山。」

〔一一〕蘭芷，蘭草和白芷，泛指香草。亦作「蘭茝」。不爲莫服，不拿來用。芳，芳香。止，休也。御覽卷七六八引文子後兩句同。蘭芷之芳，舟浮江海，物之性也，然而不服不芳，莫乘不浮。故性之有也，尚須人爲，君子行道，不知道性不能行也。藝文類聚卷七十一引文子曰：「舟浮江海，不爲莫乘而沉，君子行道，不爲莫知而止。」又卷八十一引文子曰：「蘭芷不爲莫服而不芳，君子行道不爲莫知而止。」淮南子說山作：「蘭生幽谷，不爲莫服而不芳，舟在江海，不爲莫乘而不浮，君子行義，不爲莫知而止休。」荀子宥坐、說苑雜言、韓詩外傳均有記録。

〔一二〕清濁不并立，濁世任賢必困辱，治世進愚必危傾。淮南子說山：「以清入濁必困辱，以濁入清必覆傾。」

〔一三〕二氣，指陰陽二氣。虹，見道原一章注二十一。泄藏，指伏藏的昆蟲漏泄出來爲害。此謂陰陽二氣并立不和而爲害也。御覽卷一四引作：「天地二氣即成虹，人二即生病。」淮南子說山同。高誘注：「陰陽相干，二氣也。邪氣干正氣，故成病。」

〔一四〕陰陽不能常，指陰陽不能兼常。冬夏不能并存，不能晝夜不分，而是陰極而陽，陽極而陰，冬去夏來，晝夜不犯。淮南子說山：「陰陽不能且冬且夏，月不知晝，日不知夜。」高誘注：「陰不能陽，陽不能陰，冬自爲冬，夏自爲夏也。月不知晝，日不知夜，言不能相兼也。」

〔一五〕道藏七卷本「德厚」、「餌釣」、「器召」下有「也」字。修，長也。餌，引誘魚上鈎的食物。空器，指没有誘獸食物的捕獸之器。召，招來。御覽卷四〇三引文子：「山高者其木修，地廣者其德厚。」又卷九三五引文子而無「地廣者德厚」。卷八三四引文子：「魚不可以無餌釣，獸不可以空器召。」藝文類聚卷二十一引文子曰：「川廣者魚大，地廣者德厚。」淮南子說山：「水廣者魚大，山高者木修，廣其地而薄其德，譬猶陶人爲器也，揲挻其土，而不益厚，破乃愈疾……執彈而招鳥，揮棁而呼狗，欲致之，顧反走。故魚不可以無餌釣也，獸不可以虛氣召也。」氣，器也，古書常以「器」爲「氣」。

〔一六〕斬，砍。螫蟲，刺人的毒蟲。葵藿，泛指蔬菜。折衝，擊退敵軍，泛指拒敵。此言因有所依，猛獸，螫蟲，猶庇及草木，拒敵千里之外，因有賢臣。御覽卷四〇二引文子同。唯「園」作「野」。淮南子說山：「山有猛獸，林木爲之不斬，園有螫蟲，藜藿爲之不采。……故國有賢君，折衝萬里。」高誘注：「衝，兵車也，所以衝突敵城也。言賢君德不可伐，故能折遠敵之衝車於千里之外，使敵不敢致也。魏文侯禮下段干木，而秦兵不敢至，此之謂也。」

〔一七〕見上篇道德十八章注八。淮南子說山作「通於學者」。

〔一八〕見上符言篇第二十八章注一。淮南子說山「何如」下有「而」字。高誘注：「直順其謀而從，勿遂大與同小。」說苑談叢、新序節士均有同類記載。

慧定案：杜道堅纘義：「水清鑑影，心清鑑物，明之故也，濁則昏矣。君子小人，勢不兩立，冬寒夏暑，時不并行。時并行則災癘生，勢兩立則禍患作。雖然爲君子者，豈以小人在位，道不可行而終不出乎。」

〔一九〕道藏七卷本「目」下有「也」字，「則」作「即」。張羅，張開網羅。一目，一孔。無時得鳥，没有得鳥之時。即不可得也。前規，事先規劃。預慮，預先謀慮。畜道待時，畜備應之道以待時機，時至而應。文選鸚鵡賦注引文子同。目下，鳥下有「也」字，無時作「無以」。永明十一年策秀才文注引文子同。待之無「之」字，目下有「也」字。御覽卷九一四、八三二引「有鳥將來……」五句，末爲「無得鳥焉」。淮南子說山：「有鳥將來，張羅而待之，得鳥者羅之一目也，今爲一目之羅，則無時得鳥矣。今被甲者以備矢之至，若使人必知所集，則懸一札而已矣。事或不可前規，物或不可慮卒，然不戒而至，故聖人畜道以待時。」高誘注：「道能均化，無不稟受，故聖人畜養以待時，時至而應，若武王伐紂也。」鶡冠子世兵、申鑒時事、魏書崔琰傳注引及顏延之庭誥，皆有類似記載，并稱「古人之言」、「語曰」。

〔二〇〕谷，山間流水道。樹木，種植樹木。集，聚也。此言畜道物來。淮南子説山「谷」作「水」，「來」作「致」。

〔二一〕得，道藏七卷本作「德」。挈，懸挂，提繫。負，背載。木，指樹林。此言物有所依，全其自然，縱其所利，不招自來。淮南子説山：「爲魚德者，非挈而入淵，爲蝯賜者，非負而緣木，縱之其所而已。」高誘注：「喻爲政官方定物，能文者居文官，能武者居武官，故曰縱之其所而已。」

〔二二〕踐，踐踏。淺，少也。褊，狹小。淮南子説林：「足以蹷者淺矣，然待所不蹷而後行，智所知者褊矣，然待所不知而後明。」高誘注：「蹷，履也。待所履而行者，則不得行，故曰待所不履而後行。褊，狹。知所知所不知以成明矣。」

〔二三〕谷虚，謂無水。夷，平也。御覽卷五三引文子：「川竭而谷虚，丘夷而泉塞。」壤，土壤。此謂水深壤高，山川相通，喻君民相依，上有所求，下有所竭，唇亡則齒寒。淮南子説林：「川竭而谷虚，邱夷而淵塞，唇竭而齒寒，河水之深其壤在山。」高誘注：「虚，無水也。夷，平。塞，滿也。言非一朝一夕。」

〔二四〕并，并排，并立。形不可并，謂水清静平正，能照見物形，形并則水不静平，不可見物的正形，爲政亦然耳。道藏七卷本不可作「不能」。淮南子説林：「水静則平，平則清，清則見物之形，弗能匿也，故可以爲正。」高誘注：「匿，猶逃也。」

慧定案：杜道堅纘義：「知有用之用，不知無用之用，不可與言政。治國者，要在一人，非衆人則不能治，欲得賢而不先養士，可乎？是以聖人畜道待時，得人則興，未有不爲我用者也。」

〔二五〕此明欲能害性也。御覽卷九五二引文子同，無二「使」字及「也」字。淮南子説林：「使葉落者風摇之，使水濁者魚撓之。」

〔二六〕道藏七卷本作「璧瑗之成器」，有「成」字。「莫邪」下有「之」字。璧鍰，當作「璧瑗」。纘義、道藏七卷本均作「璧瑗」。指平圓形中心孔大邊小的玉器。礛礑，治玉之石。又作「礛諸」或「奩諸」。道藏七卷本作「監諸」。莫邪，寶劍名。砥礪，砂磨石。細者爲砥，粗者爲礪。引申爲磨練，磨厲。也作「砥歷」。淮南子説林：「璧瑗成器，礛諸之功，鏌邪斷割，砥礪之力。」高誘注：「礛諸，治玉之石，詩云：他山之石，可以爲錯。礛讀一，曰廉氏之廉。力，亦功也，互文也。」

〔二七〕虻，吸血的蠅蟲，如牛虻。驥，千里馬。文選四子講德論注引文子同，裹糧，糧袋，指攜帶糧食。此謂所附者良，所致者遠也。淮南子説林「裹」作「糗」。

〔二八〕烹猶殺也。藏猶棄也。此謂狡兔弓强者不見用，事成見棄，必然之勢也。文選始作鎮軍參軍經曲阿注引「高鳥盡而良弓藏」。爲袁紹檄豫州注引「狡兔得而獵犬烹，高鳥盡而良弓藏」。御覽卷三四八引文子同。藝文類聚卷六十引文子曰：「狡兔得而獵犬死，高鳥得而强弩藏。」淮南子説林「死」作「烹」，「高鳥得」作「高鳥盡」。

〔二九〕怒出於小故，爲出於有欲，雖不怒不爲，然心不勝小故而欲已存，唯道者内視而自反，見於無形，聽於無聲，得所見所聞。淮南子説林：「怒出於不怒，爲出於不爲，視於無形則得其所見，聽於無聲則得其所聞。」高誘注：「不怒乃是怒，不爲乃是爲。言皆易恤無聲，故得所聞。」莊子曰：「出怒不怒，則怒出於不怒矣，出爲無爲，則爲出於無爲矣。」（莊子庚桑楚）郭象注曰：「此故是無不能生有，有不能爲生之意也。」成玄英疏：「夫能出怒出爲者，不爲不怒者也。是以從不怒不爲出，故知爲本無爲，怒本不怒，能體斯趣，故悔之而不怒也。」

〔三〇〕道藏七卷本「首」作「守」。窟，洞穴。國策齊策：「狡兔有三窟，僅得免其死耳。」首丘，死後歸葬故鄉或不忘故土謂首丘。禮記檀弓：「禮，不忘其本，古之人有言曰：狐死正丘首，仁也。」疏：丘是狐窟穴根本之處，雖狼狽而死意猶嚮此丘。寒螿，寒蟬也。通玄真經纘義釋音：「螿，音將，蟬屬。」爾雅郭璞注：寒螿也，似蟬而小，青赤。寒螿得木，謂寒蟬依樹木也。淮南子説林：「鳥飛反鄉，兔走歸窟，狐死首丘，寒將翔水，各哀其所生。」高誘注：「寒將，水鳥。哀，猶愛也。」高注寒將爲水鳥，與他注不同。恐誤。哀，猶愛，也誤，哀即依，依也。本篇下文「聖人偯陽，天下和同，偯陰，天下溺沉」，徐靈府注：偯，音依。通玄真經纘義釋音：「偯，音依。」此言物之終極，莫不歸根反本，故曰各依其所生也，人或違道，亦宜反道抱德也。文選、雜詩注引「鳥飛反鄉，依其所生」。七哀詩注引「鳥飛之鄉，依其所主也」。御覽卷九〇七引「飛鳥反鄉，兔走歸窟，狐死首丘」。

慧定案：以上三章二節。杜道堅纘義：「道可獨行，事不可以獨擅，人健走，日不百里而罷，得良馬則千里可致。怒出於不怒，文武所以安天下之民，爲出於不爲，堯舜所以成垂衣之治，爲國家而善用人者，民孰不知歸乎！」

〔三一〕鼎鬲，古代炊具。盛饌用鼎，常飪用鬲。間，間隔，離間。讒人，説人壞話的人。水火相攻，物之性也，然水盛鼎鬲，隔火燒之，可和五味。父子相愛，人之性也，然讒人離間，雖天性而相疑。説苑雜言：「君子欲和人，譬猶水火不相能然也，而鼎在其間，水火不亂，乃和百味。」淮南子説林：「水火相憎，鍇在其間，五味以和。骨肉相愛，讒賊間之，而父子相危。」高誘注：「鍇，小鼎。又曰，鼎無耳爲鍇。鍇，讀曰彗。鍇受水而火炊之，故曰在其間。」

〔三二〕豕，猪。俞，纘義本作「愈」。淮南子説林：「狗彘不擇甂甌而食，偷肥其體，而顧近其死；鳳凰高翔千仞之上，故莫之能致。」高誘注：「偷，取也。顧，反也。肥則烹之，故近其死也。七尺曰仞，非聖德君不致，故曰莫之能致也。」「愈」應作「愉」，「俞」形近而誤，「愉」與「偷」相通。詩經唐風山有樞：「他人是愉。」鄭箋：「愉」讀曰「偷」，取也。釋文：鄭作「偷」，他侯反，取也。鹽鐵論非鞅：「猶食毒肉，愉飽而罹其咎也。」此即讀「愉」爲「偷」，故高誘注曰「偷，取也」。翔，盤旋而飛。千仞，古七尺爲仞。千仞謂很高。猪狗不擇器而食，喻仕不擇地，雖禄富其家而身危，鳳凰高翔，非梧桐不居，非醴泉不飲，喻賢者畜道待時。不處危亂之邦，故莫之能害。

〔三三〕椎，捶擊的工具。固，堅固。百内，猶百孔也。内，戈戟按柄之空處。纘義、道藏七卷本作「枘」。誤也。椽，作「椽」是也。椽，敲擊。眥亦作「眦」，眼眶。比喻世皆見遠而遺近，取於外物而不鑒其身。淮南子説林：「椎固有柄，不能自椽，目見百步之外，不能自見其眦。」高誘注：「喻人能有所爲，而不能自爲。」

〔三四〕道藏七卷本作「因下爲池，即淵深而魚鱉歸焉」。纘義本無「深而」二字，「即」作「則」。鱉，俗稱甲魚。莊子庚桑楚：「鳥獸不厭高，魚鱉不厭深。」淮南子説山：「因高而爲臺，就下而爲池，各就其勢，不敢更爲。」

〔三五〕溝池，指積水很淺的池塘。潦，指雨後的大水。同「澇」。溢，滿而外流。源淵，很深的水源。此謂本有深淺。道藏七卷本「潦」作「澇」，「河海」作「江海」，「源」作「原」，「深」作「流」。淮南子説林：「宫池涔則溢，旱則涸，江水之原，淵泉不能竭。」高誘注：「涔，多水也。竭，盡也。」

〔三六〕道藏七卷本和纘義本，「聾」作「聾」，纘義本「聰」作「聽」。藝文類聚卷九十六引文子曰：「鱉無耳而不可蔽，精於明也。」蔽，猶塞也。瞽，瞎子。耳聰目明，各有所本，用有所宜，不能相假也。荀子天論曰：「耳目鼻口形能各有接，而不相能也。」淮南子説林：「鱉無耳而目不可以瞥，精於明也，瞽無目而耳不可以察，精於聰也。」高誘注：「不可以瞥，瞥之則見也。目無所見。不可以察，察之則聞。」淮南作「瞥」、作「察」，誤矣。注亦隨之錯。

〔三七〕太平御覽卷五十八、藝文類聚卷八引同，「冷冷」均作「青青」，皆無二「乎」字。濯，洗滌。纓，結帽子的帶子。

孟子離婁：「有孺子歌曰：滄浪之水清兮，可以濯我纓；滄浪之水濁兮，可以濯我足。孔子曰：小子聽之，清斯濯纓，濁斯濯足矣，自取之也。」楚辭漁父：「滄浪之水清兮，可以濯吾纓；滄浪之水濁兮，可以濯吾足。」

〔三八〕馰，說文云，白馰，縞也。段注，縞者，鮮支也。急就篇有白馰，顔注曰，謂白素之精者，其光馰馰然也。道藏七卷本作「絲」。縞，細白的生絹。枝，同「支」。爾雅：「支，載也。」持也。蹍，踩踏。此言本一用殊。其分各異也。御覽卷六九七引作：「均爲縞也，或爲冠，或爲韈，則履之。」淮南子說林：「鈞之縞也，一端以爲冠，一端以爲絑，冠則戴致之，絑則屢履之。」

慧定案：通玄真經纘義釋音：「馰，音藥，絲麻之屬也。」「馰」作「絲」、「鈞」、「均」，皆誤。淮南子「枝」作「致」，誤也。「屨」也，「履」也。

杜道堅纘義：「人無常是，物無常非，氣順則合，氣逆則離，火炎上，水潤下，鼎鬲和之即既濟之功成，父王慈子主孝，讒人間之即參商之怨起，犬豕體肥近於死，鳳凰高飛莫能致，清斯濯纓，濁斯濯足，不能潔己而爲物污者，可不審諸。」

〔三九〕道藏七卷本「掬」作「梧」。纘義本作「匊」。一刃，猶一刀也。掬，雙手捧取。酌，酒杯。一酌，一杯也。此謂金克木，土克水，水克火，其勢固然，然力小任大，反受其制。

淮南子說林：「金勝木者，非以一刃殘林也，土勝水者，非以一墣塞江也。」

〔四〇〕節，指節氣。纘義本「節」作「即」，刻印之誤。不變其節，指冬雖雷，夏雖雹，而冬夏各自寒暑不變。麃麃，徐靈府注曰：或鹿也。麃麃同瀌瀌，盛也。此形霜雪盛厚也。流，謂化爲流水。此言冬雷夏雹，終非其性，小變不能易大節，霜雪雖多，日出而化，中有必然，外不能制，時有必制，物不能然。淮南子說林：「冬有雷電，夏有霜雪，然而寒暑之勢不易，小變不足以妨大節。」詩經小雅角弓：「雨雪瀌瀌，見晛曰消。」鄭箋：「雨雪之盛瀌瀌然。」毛傳：「流，流而去也。」瀌瀌，荀子非相、韓詩外傳四、漢書劉向傳引詩經皆作「麃麃」。

〔四一〕軵，推。道藏七卷本作「附」，誤。倚易軵，邪易推也。幾，事物的跡兆。助，通「鋤」，除去。蘭芷以芳不得見霜，謂蘭芷因芳香而早夭折，不到秋霜時而已亡。蟾蜍，即癩蛤蟆。亦作「蟾蠩」或「蟾諸」。道藏七卷本作「蟾蠩」。辟兵，避免兵器傷害。辟，通「避」。五月之望，指五月十五日。御覽卷九四九引後二句同。抱朴子仙藥：「肉芝者，謂萬歲蟾蜍……以五月五日中時取之，陰乾百日，以其左足畫地，即爲流水，帶其左手於身，辟五兵，若敵人射己者，弓弩矢皆反還自向也。」淮南子説林：「傾者易覆也，倚者易軵也，幾易助也，濕易雨也……蘭芝以芳，未嘗見霜，鼓造辟兵，壽盡五月之望。」高誘注：「軵，讀軵濟之軵。幾，近也。芳，香。鼓造，蓋謂梟，一曰蝦蟆。今世人五月望作梟羹，亦作蝦蟆羹，言物不當爲用。」

〔四二〕道藏七卷本「泄」作「洩」。相同。七卷本和纘義本作「華非其時」，有「其」字。精泄，精華泄漏。華即花。此指花之實。淮南子説林：「情泄者中易測，華不時者不可食也。」高誘注：「不閉其情欲，發泄於外，故其中心易測度知也。華，實。若今八九月食晚瓜，令人病瘧，此之類，故不可食。喻人多言，不時適，不可聽用也。」慧定案：杜道堅纘義：「生尅制伏，固有定分，力小任大，未有不返受其制者，木勝金，水勝土，火勝水，終非其性，夫冬雷夏雹，終非其時，曾不朝夕之又，人其可不自量乎。」

〔四三〕淮南子説林：「舌之與齒，孰先礱也，錞之與刃，孰先弊也，繩之與矢，孰先直也。」高誘注：「礱，磨盡也。矢，箭。」弊，敗壞。矢，箭。直，纘義作「折」，是。然言「直」而舉繩與矢者，常有之。説苑談叢：「直如矢者死，直如繩者稱。」

〔四四〕響，聲之應。形正無曲影，聲清響不濁，當求其本也。淮南子說林同。高誘注：「形曲則景曲也，聲濁則響濁也。」

〔四五〕道藏七卷本作「與死者同病」，「同道者」無「者」字。淮南子說林同七卷本，末句作「難與爲謀」。高誘注：「謀，或作豫也。」與死同病者，指必死之病。難爲良醫，謂雖良醫不能治也。不可爲忠謀，指臣雖忠而難謀必亡之國。

慧定案：尚書太甲：「與治同道罔不興，與亂同事罔不亡。」孔安國注：「言安危在所任，治亂在所法。」孔穎達疏：「任賢則興，任佞則亡，故安危在所任。於善則治，於惡則亂，故治亂在所法。」說苑權謀：「病之將死也，不可爲良醫，國之將亡，不可爲計謀。」韓非子孤憤：「與死人同病者，不可生也；與亡國同事者，不可存也。」桓譚新論：「傳曰：與死人同病者，不可爲醫，與亡國同政者，不可爲謀。」王符潛夫論：「與死人同病者，不可生也，與亡國同行者，不可存也。」

〔四六〕倡，歌舞藝人之古稱。淮南子說林作「但」，高誘注：「但，古不知吹人。」竽，管樂器名。工，指製樂器的人。捻，拈取。捻竅，手指按動樂器的發音孔。道藏七卷本作「攝」。淮南子說林作「厭」。中節，符合法度。決，定也，指定音律。君形亡焉，謂一人吹竽，另一人按動發音孔，雖符合音節，但心不主形，兩人不能一致，不可能定音律。

〔四七〕接物，猶見物。步，行走。道，行。險，險要，阻難。履，踩踏。繩謂規矩。此謂行於林者，不求直道，而務能通，足履險者，不循規矩，而在濟危。海內其所出，古人認爲雨水出自於海，又通過溝川復歸於海，其生不絶，其用無窮，故大也。淮南子說林：「聾者不謌，無以自樂，盲者不觀，無以接物。……出林者不得直道，行險者不得履繩……海内其所出，故能大。」

杜道堅纘義：「處非其地，依非其人，難矣哉！ 齒剛先缺，矢勁先折，與死同病，難於爲良醫，與亡國同道，不可爲忠謀，君不用道，而臣强之，謀出二心，功可成乎？」

〔四八〕四，對偶。 鷙鳥，猛禽，鷹類。 此言貴一。 淮南子説林作「日月不并出」，多「月」字，餘同。

〔四九〕道藏七卷本「不蔽日」作「不能蔽日」，有「能」字。「不追疾」，「不」下有「能」字，「橑輪」作「橑輻」。 纘義本「輪非輻」作「輪非軸」。 蓋，古時稱傘爲蓋。 橑，蓋弓，即傘的骨架。 傘無骨架支張開不能蔽日。 輻，車輪的輻條。老子曰：「三十輻共一轂。」追，跟隨。 追疾，指很快的運轉。 橑輪，道藏七卷本作「然橑輻」。 此言蓋橑輪輻相依，不可偏廢。 淮南子説林：「蓋非橑不能蔽日，輪非輻不能追疾，然而橑輪未足恃也。」

〔五〇〕道藏七卷本「爲射」作「命中」。 射在中的，百發而一中，功過不相稱矣。 淮南子説林：「引弓而射，非弦不能發矢，弦之爲射，百分之一也。」高誘注：「引，張弓也。 發，遣也。」

〔五一〕呂氏春秋首時：「飢馬盈廐，嘆然，未見芻也，飢狗盈窖，嘆然，未見骨也，見骨與芻，動不可禁。」高誘注：「嘆然，無聲。 動，猶争也。」廐，馬棚。 芻，草也。 淮南子説林同此。「漠然」作「寂然」。 戰國策秦策三：「王見大王之狗，卧者卧，起者起，行者行，止者止，毋相與鬥者，投之一骨，輕起相牙者何？ 則有争意也。」鮑注：「輕，猶忽也。 牙，言以牙相噬。」

〔五二〕道藏七卷本「斗」作「竹」。 三寸之管，指小器。 喻小人。 當，猶底也。 石，量詞，容量單位，十斗爲石，指大器，喻大人。 塞，阻隔，指斗底。 淮南子説林：「管」下有「而」字，「不」作「弗」，末有「矣」字。

〔五三〕循繩，猶循法。 斷，決斷，判決。 有時，指不同的時候。 杖格，古代刑具。 是而行之，謂刑罰中。 此言古今既殊，法度亦異，審時知度，適時而治。淮南子説林：「循繩而斲則不過，懸衡而量則不差。……懸垂之類，有時而隧，枝格之屬，有時而弛。……是而行之，故謂之斷，非而行之，必謂之亂。」高誘注：「衡，稱也。隧，墮也。弛，落也。斷，猶治也。」莊逵吉按：説文解字有「挌」字云：「枝挌也，從丰各聲。」釋名胑，枝也，以木之枝格也，此言人之四胑如枝格。」

慧定案：淮南所言，與文子不類。杜道堅纘義：「日不並出，神龍不匹，猛獸不羣，況於人乎？橑以張蓋，軸以轉輪，君臣相資之道也。飢馬爭芻，賞不可濫，循繩而斷，法無過差，古法杖格，用之以時，在乎行之者耳。」

〔五四〕黯黮，昏昧，道藏七卷本作「黯闇」。事理明白可分則無疑，處之如玉石，見之昏昧難分曉則宜謀慮。淮南子説林：「農夫勞而君子養焉，愚者言而智者擇焉。舍茂林而集於枯，不弋鵠而弋烏，難與有圖，寅邱無壑，泉原不溥，尋常之壑，灌千頃之澤，見之明白，處之如玉石，見之闇晦，必留其謀。」高誘注：「君子，國君養焉，以化澤懊休之。擇可用者而用之也。玉之與石，言可別也。闇晦，不明。留，猶思謀也。」

〔五五〕牖，窗。畢開，完全開。户，門。言小智雖衆，不如一人之明。文選與吴質書注引「百星之明，不如一月之光」。藝文類聚卷一引文子與文選注引文子同。淮南子説林「畢開」作「之開」。道藏七卷本「不如」作「不若」。

〔五六〕蝮蛇，毒蛇。翼，翅膀。此言人無全才，物無雙能。淮南子説林：「蝮蛇不可爲足，虎豹不可使緣木。」高誘注：「蝮蛇，有毒螫人，不爲足，爲足益甚。虎，猛獸，不可使能緣木。」

慧定案：此爲古來儆語。逸周書寤敬：「無虎傅翼，將飛入宫，擇人而食。」韓非子難勢：「故周書曰：毋爲虎傅翼，將飛入邑，擇人而食之。」此「虎」上有「爲」字，而今本逸周書脱之，有「爲」字義明。文選東京賦：「嬴氏搏翼，擇肉西邑。」李善注引薛綜注：「周書曰：『無爲虎搏翼，將飛入邑，擇人而食也。』」漢書賈誼傳：「所謂假賊兵，爲虎翼者也。」注：應劭曰：「周書云：無爲虎傅翼，將飛入邑，擇人而食之。」韓詩外傳四引周書，「虎」上也有「爲」字。

〔五七〕淮南子說林「才」作「材」，相通。「不」作「弗」，「立」作「植」，植，立也。「逾」作「踰」與七卷本同，「逾」通「踰」。勢施異，即異所施之勢。言人各異能也。

〔五八〕國語周語下：「佐雝者嘗焉，佐鬥者傷焉。」韋昭注：「雝，烹煎之官也。」顔氏家訓省事引作「佐饔得嘗，佐鬥得傷」。助祭，輔助祭祀之事。古祭有主有助。嘗，辨味。木，樹也。扑，擊。道藏七卷本誤作「樸」。古人認爲蔭蔽於樹木之下，爲雷霆所擊，是爲惡的報應，此樹也認爲是不吉祥之木。此言失其所依，必有所累。淮南子説林：「佐祭者得嘗，救鬥者得傷，蔭不祥之木，爲雷電所扑。」高誘注：「蔭，木景。扑，擊也。」

〔五九〕羣書治要引文子同，唯「絜」作「也」。藝文類聚卷三引文子曰：「日月欲明，浮雲蓋之，叢蘭欲修，秋風敗之。」而卷八十一引作「叢蘭修發」。蔽，道藏七卷本作「蓋」。文選古詩十九首注引「日月欲明，浮雲蓋之」。穢，污濁。御覽卷五八引作「水之性欲清，沙石穢之」。修，長。文選辨命論注引「日月欲明，浮雲蓋之，叢蘭欲茂，秋風敗之」。御覽卷四，卷二四，卷九八三引文子同，而「修」作「秀」。又卷三六〇引「人之情欲平，嗜欲亂之」。蒙塵，被塵土蒙被。眯，物入目中，指見不明。絜，同「潔」。纘義、道藏七卷本作「潔」。淮南子説林：「日月欲明，而浮雲蓋之，蘭芝欲修，而秋風敗之……蒙塵而眯，固其理也，爲其不出户而堁之也。」高誘注：「蓋，猶蔽也。修，長。爲不出户而塵堁眯之，非其道。」又齊俗：「故日月欲明，浮雲蓋之，河水欲清，沙石濊之，人性欲平，嗜欲害之。」

〔六〇〕道藏七卷本「紐」作「鈕」，黄金龜紐，刻成龜形的黄金印紐，官印的通稱。佩，古時結於衣帶上的飾物。弱者，謂愚弱者。素，白色生絹。淮南子說林作「黿紐之璽，賢者以爲佩，土壤布在田，能者以爲富，予拯溺者金玉，不若尋常之纆索」。高誘注：「黿紐之璽，衣印也。紐，係佩服也。能勤者播植嘉穀，以爲饒富也。金玉雖寶，非拯溺之具，故曰：不如尋常之纆索。」

慧定案：杜道堅纘義：「農夫不勞，君子無以養，君子不治，農夫其能安乎！蛇無足，虎無翼，不可兩得，浮雲蓋日，失不在己，嗜欲害性，病不在人。」

〔六一〕道藏七卷本、纘義本「使一軸獨入」，「軸」作「輻」。參見道德十八章注八及本章注四十九。淮南子說林：「轂立三十輻，各盡其力，不得相害，使一輻獨入，衆輻皆棄，豈能致千里哉。」

〔六二〕淮南子說林同此，「萑」作「雚」。高誘注：「以類聚也。」橘柚，橘子樹和柚子樹。有鄉，指有一定的產地。萑葦，即蘆葦。說文解字無「雚」字，即「萑」之異體字。叢，聚。晏子春秋：「嬰聞之，橘生淮南則爲橘，生於淮北則爲枳。」叢，聚。此言方以類聚，物以羣分。鹽鐵論論誹：「檀柘而有鄉，萑葦而有藂（叢），言物類之相從也。」

〔六三〕纘義本「原」作「源」。九州，古代中國設置的九個州。後泛指全中國。政教之原，即政教之本，指以道莅天下也。此言無道而居統治之位難矣。淮南子說林：「欲觀九州之土，足無千里之行，心無政教之原，而欲爲萬民之上則難。」高誘注：「無其術故曰難。」

〔六四〕兇兇，提提，徐靈府注曰：兇兇，惡也。提提，羣也。言羣惡相聚，必被中傷，爲人誅獲。淮南子說林作「的的者獲，提提者射」。高注：「的的，明也，爲衆所見，故獲；提提，安也。若鳥不飛，獸不走，提提安時，故爲人所射。」

〔六五〕此引老子四十一章語。淮南子説林引作「故大白若辱，大德若不足」。高誘注：「若辱，自同於衆人。若不足者，實若虚之貌。」莊逵吉按：鄭康成儀禮注曰：「以白造緇曰辱，辱者，污辱也，故與白對，注家皆未得其義。」

〔六六〕鞭，擊。缶，古樂器。鞭缶，擊缶應和。可以醜，道藏七卷本誤作「不可醜」。醜，類也。此言君子有酒以成禮，小人擊缶亦爲樂，雖節奏無度，亦可以相比類而適歡和也。淮南子説林作：「君子有酒，鄙人鼓缶，雖不見好，亦不見醜。」誤醜類爲醜惡矣，故高誘注曰：「醜，惡也。」

〔六七〕道藏七卷本「綿」作「絲」，「射」下有「人」字。便衣，謂日常所穿的簡便衣服，相對禮服或制服而言。綿帛，絲絹，絲綿。甲，古代革製的護身軍服。被甲，即穿甲。便，利也。不便而得其利，因時而取也。淮南子説林：「人性便絲衣帛，或射之則被鎧甲，爲其不便以得所便。」高誘注：「便，利也。」

〔六八〕各直一鑿，各當一孔。不得相入，謂三十輻各當一孔穴，不可相互移動。喻各守其職。淮南子説林：「輻之入轂，各值其鑿，不得相通，猶人臣各守其職，不得相干。」高誘注：「干，亂也。」慧定案：杜道堅纘義：「皇極居中，資八輔而後建，車轂虚中，藉衆輻而後行。天子中天下，而立位萬民之上，而無政教之源，是猶無千里之足，欲觀九州之地，其何以行之。惟正位端居，百官分職，不下堂而天下治矣。」

〔六九〕道藏七卷本「磨」作「礲」。蚈，即百足蟲。御覽卷九四八引作「善用人者，若蚿之足，衆不相害」。淮南子説林：「善用人者，若蚈之足，衆而不相害，若脣之與齒，堅柔相摩，而不相敗。」高誘注：「蚈，馬蚈，幽州謂之秦渠。蚈，讀蹊徑之蹊也。摩，近。敗，毀也。」

〔七〇〕道藏七卷本「逾」作「愈」。有之，指石之堅，芷之芳。逾通「愈」，更加。淮南子説林：「石生而堅，蘭生而芳，少自其質，長而愈明。」高誘注：「質，性也。明，猶盛也。」

〔七一〕諾，應承之詞。已，止。否定之詞。淮南子説林：「扶之與提，謝之與讓，故之與先，諾之與已，也之與矣，相去千里。」荀子王霸：「刑賞已諾，信乎天下矣。」楊倞注：「諾，許也。已，不許也。」淮南子「故之與先」，其義不通。俞樾諸子評議云：「故之與先」，當作「得之與失」，草書「故」與「得」，隸書「先」與「失」，形相近而失誤。慧定案：杜道堅纘義：「作事有法，事無不成，用人有方，人無不濟。車轂之各直一鑿，明官事之各有守也，蚈足衆而不相害，由用得其宜矣。石堅芷芳，隨其材而用之，則賢者明，愚者力，成功一也。」

〔七二〕道藏七卷本作：「再生者不穫，莘而葉太早者，不須霜而落。」再生，第二次生長。穫，收穫，收成。華，即「花」。前注四十二「華非時者不可食」，華即花，指花之實。言非時則失。淮南子説林：「再生者不穫，華大早者，不胥時落。」高誘注：「不胥時落，不待秋時而零落也。」

〔七三〕準，指鼻。漢書高帝紀：「高祖爲人隆準而龍顔。」道藏本誤作「冶」，刻誤也。徐注：準，鼻也。輯要本作「准」，纘義、道藏七卷本作「準」，故據正。顙，額。腐鼠，腐臭的死鼠。阼，古時祭祀時所供的肉。薰，香草。御覽卷九一一引作「腐鼠在阼，燒香於堂」。增濡，纘義、道藏七卷本作「憎濡」。謂加以洗滌或煮熟。善者，謂巧者。工，通「功」。淮南子説林：「汗準而粉其顙，腐鼠在壇，燒薰於宫，入水而憎濡，懷臭而求芳，雖善者弗能爲工。」高誘注：「楚人謂中庭爲壇。善或作巧。」

〔七四〕夏木，指夏天的樹枝。文選雜詩注引文子同。夏木作「夏條」。御覽卷二七引同，夏木也作「夏條」。淮南子説林：「冬冰可折，夏木可結，時難得而易失。」

〔七五〕木方盛，指樹木正生長茂盛。一夕，一個晚上。零，凋零。淮南子説林：「木方茂盛，終日采而不知，秋風下霜，一夕而殫。」高誘注：「殫，盡也。」

〔七六〕道藏七卷本，句末有「也」字。淮南子說林同。句末也有「也」字。質的張，目標張開擴大。斧斤，謂砍伐也。召，招也。荀子勸學：「是故質的張而弓矢至焉，林木茂而斧斤至焉。」

〔七七〕乳犬，吃奶的小狗。噬，咬。伏鷄，孵卵的母鷄。搏，擊鬥。狸，野猫，猫類似狐而小。此謂情之所使，而力不足任，以至自害。文選四子講德論注引「乳犬噬虎，伏鷄搏狸」。淮南子說林：「乳狗之噬虎也，伏鷄之搏狸也，恩之所加，不量其力。」

〔七八〕登溺者，猶救溺者。溺之，謂溺人，道藏七卷本作「溺人」。此謂舟能浮能沉，人因利而生，亦因利而死，在於知止。道藏七卷本作「石能沉」，「石」字衍。「足」作「之」。淮南子說林：「待利而後拯溺人，亦必以利溺人矣，舟能沉能浮，愚者不加足。」高誘注：「利溺人者，利人之溺得其利也。舟船能載浮物，愚者不敢加足，畏其沉，詩曰『汎汎揚舟，載沉載浮』是也。」

〔七九〕驥，良馬。不進，不前進。道里，指行程遠。千里馬雖良，然驅之不進，引之不止，不可致遠。人君使臣亦然。淮南子說林：「騏驥驅之不進，引之不止，人君不以取道里。」

慧定案：杜道堅纘義：「時難得而易失，民易困而難蘇，故物再生者，實不逮穫，華太早者，落不待霜，時不順也。的張而矢集，林茂而斧入，勢之所致。乳犬噬虎，伏鷄搏貍，情之所使。舟腐而載則沉，驥疲而驅則斃，民其可重困乎。」

〔八〇〕道藏七卷本「尺」下有「寸」字。荀子正論：「是規磨之說也。」楊倞注：「文子曰：『水雖平，必有波，衡雖正，必有差。』韓子曰：『規有磨而水有波，我欲更之，無奈之何。』（按：語見韓非子八說）此通於權者言也。」危，詭也，不正。規矩之心，指主觀標準。淮南子說林：「尺寸雖齊」，有「寸」字，「危」作「詭」，後兩句作「用規矩準繩者，亦有規矩準繩焉」。高誘注：「詭，不同也。準平繩直之人能平直爾，故曰亦有規矩準繩。」

〔八一〕倍，背。秋毫之末，喻細微之物。淮南子説林「倍」作「背」，「不」作「弗」。高誘注：「察別，言用明也。」

〔八二〕熏，火烟上出也。輯要本作「薰」。古人鑽木取火，故曰竹木有火，不鑽則無火。疾，速也。跬步，半步，古以六尺爲步，跬三尺。跛鼈，瘸足鼈。比喻勤積可以補拙。凷同「塊」，泥土。通玄真經纘義釋音：凷，音塊，同義。荀子修身：「累土而不輟，丘山崇成。」淮南子説林：「槁竹有火，弗鑽不熏，土中有水，弗掘無泉。」高誘注：「掘，猶窮也。」「矢疾不過二里也，步之遲百舍不休，千里可致。」「故跬步不休，跛鼈千里；累積不輟，可成邱阜。」高注：「跬，猶咫尺也。」

〔八三〕漢書董仲舒傳載董仲舒上策曰：「古人有言，臨淵羡魚，不如退而織網。」此古人即文子之言也。御覽卷八三四引作「臨河欲魚，不如退而織網」。此言當自求也。

〔八四〕勁，强勁有力。淮南子説林：「弓先調而後求勁，馬先馴而後求良，人先信而後求能。」高誘注：「勁，强。馴，擾也。人先信而後求能，人非信不立也。」

〔八五〕消，通「銷」，熔化。道藏七卷本作「銷」。斫，砍。道藏七卷本作「琢」。留意，注意。謂君子不留意於不能。淮南子説林：「巧冶不能鑄木，巧工不能斲金者，形性然也。」又泰族：「故良匠不能斲金，巧冶不能鑠木，金之勢不可斲，而木之性不可鑠也。」

〔八六〕辜，罪。甑，瓦製煮器。道藏七卷本作「無日」。刻誤也。淮南子説林：「毋曰不幸，甑終不墮井，抽簪招燐，有何爲驚。使人無度河可，中河使無度不可。」高誘注：「不可，言不能也。」

〔八七〕刺，違逆。欲我交，欲與我交。道藏七卷本欲下各有「與」字。呰，詆毁。通「訾」。市，指作買賣，交易也。淮南子説林：「刺我行者，欲與我交，呰我貨者，欲與我市。」高誘注：「刺，猶非。呰，毀也。」

〔八八〕棋，行一棋不足盡局理也。悲，指悲曲，一弦始張，何足爲悲。淮南子説林：「行一棋不足以見智，彈一弦不足以見悲。」

〔八九〕然，燃，燒也。爛指，被火燒傷手指。萬石，萬擔。同氣而異積，謂同是火而接觸火的程度不同。淮南子説林：「一膊炭熯，掇之則爛指，萬石俱熯，去之十步而不死，同氣異積也。」高誘注：「一膊，一挺也。百廿觔爲石。」

〔九〇〕愁悴，憂愁憔悴。文選責躬詩注引「有榮華必有愁悴」。詠懷詩注引文子同。羅紈，精製的絲織品。繢，疑爲「紼」，大麻索，或爲「繢」，布帛的頭尾。淮南子説林作蒯，草名，其莖可編織。瞿，通「衢」。謂樹根四出交錯。扶，支持。此言上以下爲基，貴其本也。淮南子説林：「有榮華者，必有憔悴，有羅紈者，必有麻蒯。」高誘注：「言有盛，必有衰。」又：「木大者根擢，山高者基扶。」高注：「其下跐也。」

慧定案：以上第三章。

杜道堅纘義：「苦語利行，苦藥利病，刺我行者欲我交，君子循義也，呰我貨者欲我市，小人徇利也。人之福不可過，服不必侈，木大者根瞿，山高者基扶，民富則國昌矣。」

老子〔文子〕曰：鼓不藏聲，故能有聲，鏡不没形，故能有形；金石有聲，不動不鳴，管簫有音，不吹無聲；是以聖人内藏，不爲物唱，事來而制，物至而應〔一〕。天行不已，終而復始，故能長久，輪得其所轉，故能致遠，天行一不差，故無過矣〔二〕。天氣下，地氣上，陰陽交通，萬物齊同，君子用事，小人消亡，天地之道也〔三〕。天氣不下，地氣不上，陰陽不通，萬物不昌，小人得勢，君子消亡，五穀不植，道德內藏〔四〕。天之道裒多益寡，地之道損高益下，鬼神之道驕溢與下，人之道多者不與，聖人之道卑而莫能上也〔五〕。天明日明，而後能照四方，君明臣明，域中乃安，域有四明，乃能長久，明其施明者，明其化也〔六〕。天道爲文，地道爲理，一爲之和，時爲之使，以成萬物，命之曰道〔七〕。大道坦坦，去身不遠，修之於身，其德乃真，修之於物，其德不絶〔八〕。天覆萬物，施其德而養之，與而不取，故精神歸焉；與而不取者，上德也，是以有德〔九〕。高莫高於天也，下莫下於澤也，天高澤下，聖人法之，尊卑有敘，天下定矣〔一〇〕。地載萬物而長之，與而取之，故骨骸歸焉；與而取者，下德也，下德不失德，是以無德〔一一〕。地承天，故定寧，地定寧，萬物形，地廣厚，萬物聚，定寧無不載，廣厚無不容，地勢深厚，水泉入聚，地道方廣，故能久長，聖人法之，德無不容〔一二〕。

陰難陽，萬物昌，陽復陰，萬物湛，物昌無不贍也，物湛無不樂也，物樂則無不治矣〔一三〕。陰害物，陽自屈，陰進陽退，小人得勢，君子避害，天道然也〔一四〕。陽氣動，萬物緩而得其所，是以聖人順陽道。夫順物者，物亦順之，逆物者，物亦逆之，故不失物之情性〔一五〕。洿澤盈，萬物節成，洿澤枯，萬物荂，故雨澤不行，天下荒亡〔一六〕。陽上而復下，故爲萬物主，不長有，故能終而復始，終而復始，故能長久，能長久，故爲天下母〔一七〕。陽氣畜而後能施，陰氣積而後能化，未有不畜積而後能化者也，故聖人慎所積〔一八〕。陽滅陰，萬物肥，陰滅陽，萬物衰，故王公尚陽道則萬物昌，尚陰道則天下亡〔一九〕。陽不下陰，則萬物不成，君不下臣，德化不行，故君下臣則聰明，不下臣則暗聾〔二〇〕。日出於地，萬物蕃息，王公居民上，以明道德，日入於地，萬物休息，小人居民上，萬物逃匿〔二一〕。雷之動也萬物啓，雨之潤也萬物解，大人施行，有似於此，陰陽之動有常節，大人之動不極物〔二二〕。雷動地，萬物緩，風摇樹，草木敗，大人去惡就善，民不遠徙，故民有去就也，去尤甚，就少愈〔二三〕。風不動，火不出，大人不言，小人無述，火之出也必待薪，大人之言必有信，有信而真，何往不成〔二四〕。河水深，壤在山，丘陵高，下入淵，陽氣盛，變爲陰，陰氣盛，變爲陽，故欲不可盈，樂不可極〔二五〕。忿無惡言，怒無作色，是謂計得〔二六〕。火上炎，水下流，聖人之道，以類相求〔二七〕。聖人倞陽天下和同，倞陰天下溺沉〔二八〕。

〔一一〕內藏，指虚静自守，如鼓之藏聲，鏡之没影。不爲物唱，不爲物先也。唱，倡導。物至而應，如擊金石則鳴，吹管簫則有聲。淮南子詮言作：「鼓不滅於聲，故能有聲，鏡不没於形，故能有形；金石有聲，弗叩弗鳴，管簫有音，弗吹無聲；聖人內藏，不爲物先倡，事來而制，物至而應。」莊子天地：「金石有聲，不考不鳴。」郭注：「因以喻體道者，物感而後應也。」成玄英疏：「考，擊也。夫金石之內，素藴宫商，若不考擊，終無聲響，亦由至人之心，實懷聖德，物若不感，無由顯應。前託淵水以明至道，此寄金石以顯聖心。」

〔二〕天行，天體的運行。指天道。荀子天論：「天行有常，不爲堯存，不爲桀亡。」參見九守守虛注三。輪得其所轉，道藏七卷本作「輪復其轉」。

〔三〕用事，當權，執政。天行一而不差，君子用事而去邪，合於天地之道。周易泰彖傳云：「天地交泰，而萬物通矣，內君子而外小人，君子道長，小人道消也。」

〔四〕太平御覽卷十引計然萬物録：「風爲天氣，雨爲地氣，風順時而行，雨應風而下，命曰天氣下，地氣上，陰陽交通，萬物成矣。」不植，謂不生長。道德內藏，指道德不昌，邪奸并行。禮記月令：「孟冬之月，命有司曰：天氣上騰，地氣下降，天地不通，閉塞而成冬。」

〔五〕道藏七卷本「天之道裒多益寡」作「天之道損盈而益寡」。叢刊本同七卷本。裒，消除，減少。裒多益寡，削減多者以補不足。老子曰：「天之道，損有餘而補不足，人之道則不然，損不足以奉有餘。」驕溢與下，謂損盈益謙。卑而莫能上，謙卑而致至上。

慧定案：周易謙彖傳：「天道下濟而光明，地道卑而上行，天道虧盈而益謙，地道變盈而流謙，鬼神害盈而福謙，人道惡盈而好謙。謙尊而光，卑而不可踰，君子之終也。」象傳：「地中有山，謙。君子以裒多益寡，稱物平施。」王弼注：「多者用謙以爲裒，少者用謙以爲益，隨物而施，不失平也。」杜道堅纘義：「心不藏物，故能應物，鼓不藏聲，故能應聲，不扣而鳴則爲怪矣。是以聖人內藏，不爲物唱，應之而已。天地交通，萬物齊同，此明良會遇，而君子用事之時也，一或反此，則是小人得勢之日矣。惟聖人居高聽卑，而不自滿，無以上之。」

〔六〕道藏七卷本「域有四明」無「域」字。域中，宇內，國內。四明，指天明、日明、君明、臣明。明其化，謂天明日明，明照四方，君明臣明，明照人間。御覽卷二引「天明日明，然後能照四方，君明臣明，然後能正萬物，域中四明，故能久」。

〔七〕日月山川，天道地理，一氣沖和，四時之應，生畜萬物，生而不有，爲而不恃，此之謂道。文選吴都賦注引文子「天道爲文，地道爲理」。繫辭傳上：「仰以觀天文，俯以察地理。」孔穎達疏：「天有懸象而成文章，故稱文也。地有山川原隰，各有條理，故稱理也。」

〔八〕坦坦，寬平。也作「亶亶」。賈誼君道：「大道亶亶，其去身不遠。」道藏七卷本「修之於」兩句，皆無「於」字。淮南子原道：「大道坦坦，去身不遠。求之近者，往而復反。」高誘注：「近謂身也。」老子曰：「修之於身，其德乃真。」（老子五十四章）

〔九〕漢書楊王孫傳：「且吾聞之，精神者，天之有也，形骸者，地之有也。精神離形，各歸其真，故謂之鬼。鬼之爲言歸也，其尸塊然獨處，豈有知哉？」師古曰：「文子稱天氣爲魂，延陵季子云：骨肉下歸於土。是以云然。」莊子天道：「夫尊卑先後，天地之行也，故聖人取象焉。天尊地卑，神明之位也，春夏先，秋冬後，四時之序也。萬物化作，萌區有狀，盛衰之殺，變化之流也。夫天地至神，而有尊卑先後之叙，而況人道乎！」列子天瑞：「黄帝曰：精神入其門，骨骸反其根，我尚何存？」與而不取，謂天生萬物，施德養之，不取其材。天有不得之德，故上也。韓非子以「其神不淫於外」解「上德不德」，以無爲，無欲，不思，不用解「德」，管子心術：「以無爲之謂道，舍之之謂德。」文子闡發老子「上德不德，是以有德」，猶言君道之上者，法天也。故下文曰，尊卑有叙，天下定矣。淮南子精神：「有二神混生，經天營地，孔乎莫知其所終極，滔乎莫知其所止息。於是乃别爲陰陽，離爲八極，剛柔相成，萬物乃形，煩氣爲蟲，精氣爲人。是故精神天之有也，而骨骸者地之有也，精神入其門，而骨骸反其根，我尚何存？」高誘注：「精神無形，故能入天門，骨骸有形，反其根歸土也。言人死各有所歸，我何猶尚存。」

〔一〇〕御覽卷二、七二引同文子，無二「也」字。藝文類聚引文子曰：「高莫高於天，下莫下於澤，天高澤下，聖人法之。」

〔一一〕地載萬物，道藏七卷本作「地澤萬物」。與而取之，謂地生萬物，雖成之熟之，而復歸其質，地有得之德，故下也。猶言君道之下者也。老子三十八章：「下德不失德，是以無德。」

〔一二〕道藏七卷本「水泉」作「水原」，「方廣」作「廣方」，「久長」作「長久」。御覽卷三十六引文子同。萬物形，萬物見，萬物成形。萬物聚，萬物載於地上。容，包容。此言法地，則萬物歸安。

慧定案：杜道堅纘義：「君天道，臣地道，天尊地卑，君臣之分定矣。君明臣明，照于四方，豈非堯之光宅，天下百姓昭明者乎！故法天傚地，以成萬物者，道也；養之與之，而不取者，上德也。與而取之，德斯下矣。」

〔一三〕陰難陽，謂陰爲陽所制。陽復陰，纘義作「陽服陰」，道藏七卷本作「陽消陰」，「無不治」下有「者」字。謂陽爲陰所制。湛，安息。

〔一四〕陽自屈，指君子避害。陰勝陽屈天之道，小人得勢君子避害，合天道。

〔一五〕情性，本性。陽生陰殺，萬物莫不應是，陽始出物也始生，陽方盛，物亦方盛，陽衰而物衰，是以物隨陽而出入，故聖人順陽道，不失物性。

慧定案：道家尚陰，文子這裏提出「聖人順陽道。」由此可見，作爲黄老學之文子，不但尚陰，而且尚陽。

〔一六〕洿，通「污」。纘義道藏七卷本作「污」，「節成」前有「無」字。洿澤，沼澤也。荂，草木花。説文段注：釋草曰：華，荂也。按荂爲齊楚間花之方言。纘義作「節荂」，道藏，七卷本作「無節菓」，叢刊本作「無節養也」。疑爲「無荂」是。洿，澤枯，萬物無荂，謂英華不生矣。故天下文曰：「雨澤不行，天下荒亡。」

〔一七〕陽上而復下，謂位高而德謙也，故能主。陰陽交通，陽上而復下，不長有也，故終而復始，恒常地變化生化萬物，可爲天下母。老子云：「有國之母，可以長久；周行不殆，可以爲天下母。」

〔一八〕天德施，地德化，唯積天地之德而合和，能化萬物，故慎所積。

〔一九〕肥，壯也。陽生陰殺，故尚陽道。

〔二〇〕聰明，道藏七卷本作「聽明」。陽上陰下，然陽不下陰，不能成化，君尊臣卑，然君不下臣，恩不能施，政不能行，故君雖聰明，一人之見聞不足用，乘衆人之智則無不任。杜道堅纘義：「陽生陰殺，故君子好生，小人好殺也。王公尚陽道則萬物昌，尚陰道則天下亡。陽貴下陰，故君下臣則聰明而國理，不下臣則闇聾而德化不行。」

〔二一〕蕃息，繁殖生長。御覽卷三引此兩句同。此喻王公居上，以明道德，如日出於地，萬物生長，小人居上，萬民離散，如日入於地，萬物休息。

〔二二〕有常節，有常度也。極物，即物極，物極則反而變矣。易説卦：「雷以動之，風以散之，雨以潤之。」春雷始鳴，萬物啓動，雨以潤之，萬物發生，動静有節，大人施政行令，有若於此，如天作雷雨，聲和氣順，故不極物。

〔二三〕萬物緩，萬物慢慢地生長。草木敗，道藏七卷本作「草木散」。徙，遷移。就少愈，道藏七卷本作「就尤愈」，叢刊本作「去無甚，就少愈多」。皆誤。當作「去尤甚，就尤少」爲是。

〔二四〕火因風出，民由上教，火必待薪，言必有信，大人之言恒真不渝，所往皆遂矣。

〔二五〕高下相傾，陰陽相反，而相成，盛則衰，極則反，故欲不可盈，樂不可極。

〔二六〕雖忿怒，而惡言悖色不形於外，作色，變色也。此謂得求安之計。

〔二七〕火上炎，陽也，水下流，陰也，聖人之道，以類相求，尚陽道也。莊子漁父：「同類相從，同聲相應，固天之理也。」周易乾卦：「同聲相應，同氣相求。」

〔二八〕㥋，徐靈府注：㥋，音依。道藏七卷本作「依」。聖人尚陽道，陽道生暢，依陽者德澤民而和同，陰道肅殺，依陰者，用刑罰故沉溺。

慧定案：以上第四章。

杜道堅纘義：「天之日，其人之君乎？日出於地，王居民上，萬物蕃息，日入於地，小人居民上，萬物逃匿，陰陽之動有常節，故歲不亂時，大人之動不極物，故民不遠徙，物極則變，欲不可盈，陰陽天也，治亂則關乎人。」

老子〔文子〕曰：積薄成厚，積卑成高，君子日汲汲以成輝，小人日快快以至辱〔一〕，其消息也雖未能見，故見善如不及，宿不善如不祥〔二〕。苟向善，雖過無怨，苟不向善，雖忠來惡，故怨人不如自怨，勉求諸人，不如求諸己〔三〕。聲自召也，類自求也，名自命也，人自官也，無非己者，操鋭以刺，操刃以擊，何怨於人，故君子慎其微〔四〕。萬物負陰而抱陽，沖氣以爲和〔五〕，和居中央，是以木實生於心，草實生於莢，卵胎生於中央，不卵不胎，生而須時〔六〕。地平則水不流，輕重均則衡不傾，物之生化也，有感以然〔七〕。

〔一〕汲汲，急切的樣子。輝，光也。快快，放肆。淮南子繆稱汲汲作「孳孳」，快快作「怏怏」。

〔二〕其消息，指君子汲汲以成德，小人快快以至辱的變化。宿，居也。道藏七卷本作「依」。淮南子繆稱：「其消息也，離朱弗能見也，文王聞善如不及，宿不善如不祥。」論語季氏：「見善如不及。」說苑政理：「文王曰：善。對曰：宿善不祥。」墨子公孟：「吾聞之曰：宿善者不祥。」據此，文子及淮南子作「宿不善」，善上衍「不」字。

〔三〕怨人不如自怨，道藏七卷本如誤作「知」。淮南子繆稱「向」作「鄉」，「惡」作「患」，無「勉」字，句末有「得也」。

〔四〕黄帝四經經法論：「名實不相應則定，名實不相應則静，物自正也，名自命也，事自定也。」韓非子主道：「故虚静以待，令名自命也，令事自定也。」又揚權：「聖人執一以静，使名自命，令事自定。」中論貴驗：「子思曰：事自名也，聲自呼也，貌自眩也，物自處也，人自官也，無非自己者。」淮南子繆稱：「聲自召也，貌自示也，名自命也，文自官也，無非己者，操鋭以刺，操刃以擊，何怨乎人！故筦子文錦也，雖醜登廟，子産練染也，美而不尊。」淮南子「文自官也」，「文」當爲「人」之誤。説文解字：「名，自命也。從口夕，夕者冥也，冥不相見，故以口自名。」官，取法。無非己，指上四「自」，皆由自己得也。鋭，鋒利。慎其微，謹慎於事物細微之處。此言不在大而慎微。道藏七卷本聲自召也句前有「故」字。

〔五〕語見老子四十二章。和，陰陽沖和之氣。

〔六〕和居中央，和氣居中心。實，果實。莢，廣雅釋草，豆角謂之莢。道藏七卷本作「英」是。朱弁注曰，英亦草心。不卵不胎，古人見有些物類化生，不見卵或胎者。生而須時，謂化生也與和俱生也。凡物雖情性殊别，其爲生皆中和而成質，故荀子天論曰：「萬物各得其和以生。」

〔七〕有感，謂陰陽相感而和。淮南子説山：「地平則水不流，重鈞則衡不傾。物之尤，必有所感。」高誘注：「流，行。傾，邪也。尤，過也。輕重則衡低卬，故曰必有所感。感，動也。」

慧定案：以上第五章。

杜道堅纘義：「陰陽感而成中和，故萬物生；君臣合而得中道，故萬姓寧；是以君子和其心志，日汲汲以成輝，小人汩其天和，日怏怏以至辱，故君子慎微。正諸心而自求諸己，我不怨人，人亦無怨焉。」

老子〔文子〕曰：山致其高而雲雨起焉，水致其深而蛟龍生焉，君子致其道而德澤流焉〔一〕。夫有陰德者必有陽報，有隱行者必有昭名〔二〕，樹黍者不獲稷，樹怨者無報德〔三〕。

〔一〕流，散布。此言山高者藏雲雨，水深者生蛟龍，懷其道者，布施德澤。論衡龍虛曰：「傳曰：山致其高，雲雨起焉，水致其深，蛟龍生焉。」說苑貴德：「山致其高，雲雨興焉，水致其深，蛟龍生焉。君子致其道德，而福禄歸焉。」荀子勸學：「積土成山，風雨興焉；積水成淵，蛟龍生焉。」淮南子人間無「雲」字，「德澤流焉」作「福禄歸焉」。

〔二〕道藏七卷本「必有陽報」，「必」作「而」。說苑貴德：「夫有陰德者必有陽報，有隱行者必有昭名。」淮南子人間「隱行」作「陰行」。陰德，指暗中有德與人的行爲。昭名，著名。羣書治要引作：「山致其高，而雲雨起焉，水致其深，而蛟龍生焉，君子致其道而德澤流焉。夫有陰德者，必有陽報，有隱行者，必有昭名。」

〔三〕慧定案：此言種瓜得瓜，樹怨得怨也。國語晉語四：「諺曰：黍稷無成，不能爲榮。黍不爲黍，不能蕃廡。稷不爲稷，不能蕃殖。所生不疑，唯德之基。」韋昭注：「所生，謂種黍得黍，種稷得稷，唯在所樹。言禍福亦猶是也。」

禮記表記：「子曰：以德報怨，則寬身之仁也；以怨報德，則刑戮之民也。」

以上第六章。

杜道堅纘義：「爲善而人不知，謂之至善，爲惡而人不知，謂之至惡。山藏雲而成雨露，澤藏水而生蛟龍，君子懷其道，而澤流於世俗，有陰德者，必有陽報，天祐之也，有隱行者，必有昭名，人推之也，惟有天德者知之。」

文子校釋卷第七

微　明[一]

老子［文子］曰：道可以弱，可以强，可以柔，可以剛，可以陰，可以陽，可以幽，可以明，可以包裹天地，可以應待無方[二]。知之淺不知之深，知之外不知之内，知之粗不知之精，知之乃不知，不知乃知之，孰知知之爲不知，不知之爲知乎[三]！夫道不可聞，聞而非也，道不可見，見而非也，道不可言，言而非也，孰知形之不形者乎[四]！故「天下皆知善之爲善也，斯不善矣！知者不言，言者不知。」[五]

［一］徐靈府曰：「道周象外謂之微，德隱冥中謂之明。是知非微無以究其宗，非明無以契其旨，微明之義，體用而然也。」杜道堅曰：「微明者，其道乎視不以目，聽不以耳，得之天而著之心。」

慧定案：老子曰：「將欲歙之，必固張之；將欲弱之，必固强之；將欲廢之，必固興之；將欲奪之，必固與之；是謂微明。」韓非子曰：「起事於無形，而要大功於天下，是謂微明。」

〔二〕應待無方，適應事物變化而無極限。參見道原一章。莊子知北遊：「泰清問乎無窮曰：『子知道乎？』無窮曰：『吾不知。』又問乎無爲，無爲曰：『吾知道。』曰：『子之知道，亦有數乎？』曰：『有。』曰：『其數若何？』無爲曰：『吾知道之可以貴，可以賤，可以約，可以散，此吾所以知道之數也。』泰清以之言也，問乎無始曰：『若是，則無窮之弗知與無爲之知，孰是而孰非乎？』無始曰：『不知深矣，知之淺矣，弗知内矣，知之外矣。』於是，泰清中而嘆曰：『弗知乃知乎？知乃不知乎？孰知不知之知？』無始曰：『道不可聞，聞而非也；道不可見，見而非也；道不可言，言而非也。知形形之不形乎？』」

〔三〕淮南子道應本莊子。莊子知北遊設泰清與無窮問答，無窮曰，吾不知道。此不知合理，深玄而處内，是知之深也。無爲曰：吾知道亦有數。此知之乖道，粗淺而疏外，是知之淺也。故無始答泰清曰：「不知深矣，知之淺矣，弗知内矣，知之外矣。」泰清得中道，悟不知乃真知，知不知之知，明真知之至。上德三章曰：道以無有爲體，視之不見其形，聽之不聞其聲，謂之幽冥。幽冥者，所以論道而非道也。故知道有數，是論道，而非道也。

〔四〕形之不形，形由乎無形。道無形無聲，不可見聞，目見耳聞非道也。道無名，不可以言稱，言而非道也，有形産於無形。

〔五〕慧定案：此引老子二章和五十六章語。莊子知北遊：「夫知者不言，言者不知，故聖人行不言之教。」

以上第一章。

杜道堅纘義：「微明者，其道乎？視不以目，聽不以耳，得之天而著之心，故能包裹天地，應待無方，不可以智知力求，惟知不知，爲不爲，言不言，則得之矣。」

文子〔平王〕問曰：人可以微言乎〔一〕？老子〔文子〕曰：何爲不可。唯知言之謂乎？夫知言之謂者，不以言言也〔二〕。争魚者濡，逐獸者趨，非樂之也，故至言去言，至爲去爲，淺知之人，所争者末矣〔三〕，夫「言有宗，事有君，夫爲無知，是以不吾知。」〔四〕

〔一〕慧定案：道藏七卷本「以」作「與」。微言，至妙之言。吕氏春秋精諭、列子説符、淮南子道應均以此爲白公勝與孔子問答，此言不合孔子思想，再則孔子不可能與白公見面。史記田敬世家載：淳于髡説騶忌子：「是人者，吾語之微言五，其應我若響之應聲。」觀淳于髡之言，微妙之言也。吕氏春秋高誘注：「微言，陰謀密事也。」列子張湛注：「微言，猶密謀也。」唐盧重玄解微言者，密言也，令人不能知也。

〔二〕道藏七卷本「以」作「可」。何爲不可，怎麽不可。唯知言，淮南子道應作「誰知言」，誤也。吕氏春秋精諭同文子。謂，名稱。不以言言，不能用言語來言説。謂微言至妙，不可以言説，唯體識神會之。道無名，名道而非道。此明體道離言也。

慧定案：吕氏春秋高誘注：「知言，言仁言義言忠信。仁義大行於民，民欣而戴之，則可用也。不以言言，不欲白公以微言言。」吕氏春秋强牽白公與孔子問答，高誘爲之强注，失之矣。

〔三〕説苑談叢：「逐漁者濡，逐獸者趨，非樂之也，事之權也。」莊子知北遊：「至言去言，至爲去爲，齊知之所知，則淺矣。」成玄英疏：「見賢思齊，捨己效物，假學求理，運知訪道，此乃淺近，豈曰深知矣。」列子黄帝：「故曰：至言去言，至爲無爲。齊智之所知，則賤矣。」争，求也。濡，濕也。逐，追求。趨，疾走。淮南子道應、列子説符同文子。吕氏春秋精喻争作「求」，逐作「争」。「淺知」作「淺智」，列子説符注：「知，音智。」争魚逐獸，必濡必趨，自然之勢，非樂之也，故至言不在言，至爲者無爲，體道之人，不以言言，無爲而無不爲；淺知之人，失本逐末，常失其理矣。呂氏春秋高注：「至言去言，去不仁不義之言。」失之也。「至爲去爲，至德之人，爲乃無爲，無爲因天無爲。天無爲而萬物成，乃有爲也。故至德之人能體之也。」

〔四〕此引老子七〇章語。纘義夫爲作「夫唯」，句首無「夫」字。老子作「夫唯無知」。

慧定案：以上第二章。

杜道堅纘義：「道不可言，可言即物，言固非道，非言不明，文子問人可以微言乎？老子語以唯知言爲可，則是言而不言，不言而言者矣。争魚逐獸，是不知言者，執於言而著於物，則所争者末矣。安得去言去爲之人而與之言哉。」

文子〔平王〕問曰：爲國亦有法乎？老子〔文子〕曰：今夫挽車者，前呼邪軒，後亦應之，此挽車勸力之歌也，雖鄭衛胡楚之音，不若此之義也〔一〕。治國有禮，不在文辯，法令滋彰，盜賊多有〔二〕。

〔一〕挽車，拉車。邪軒，號子聲。鄭衛胡楚之音，鄭衛胡楚，古代國名，此泛指各種音樂。義，宜也。呂氏春秋淫辭以爲魏惠王與翟翦問答：「惠子爲魏惠王爲法。爲法已成，以示諸民人，民人皆善之。獻之惠王，惠王善之，以示翟翦，翟翦曰：『善也。』惠王曰：『可行邪？』翟翦曰：『不可。』惠王曰：『善而不可行，何故？』翟翦對曰：『今舉大木者，前乎輿謣，後亦應之，此其於舉大木者善矣，豈無鄭衛之音哉！然不若此其宜也。夫國亦大之木者也。』」高誘注：「輿謣，或作邪謣。前人倡，後人和，舉重勸力之歌聲也。言惠子之法，若鄭衛之音，宜於衆人之耳，於治國之法，未可用也。故曰：善而不可行也。」

〔二〕禮，社會行爲的法則、規範和儀式的總稱。文辯，指華麗的辭藻和言論。滋彰，多而著明。老子曰：「法令滋彰，盜賊多有。」老子帛書乙本作「法物滋彰而盜賊多有」。此言爲國有法，不在文辯，令繁而姦起，有爲之無益。淮南子道應本呂氏春秋，「翟翦」作「翟剪」，「胡楚」作「激楚」，引老子五十七章語，呂氏未引。

慧定案：以上第三章。

杜道堅纘義：「有國家者，猶天地也，天不言而四時行，地不語而百物生。文子問爲國之法，老子語挽車之歌，前呼後應，亦猶聖人先天弗違，後天奉時之意。治國有禮，初不在於文華之辯，不知治體而滋章其法令者，適以爲盜法賊民之資。」

老子〔文子〕曰：道無正而可以爲正，譬若山林而可以爲材〔一〕。材不及山林，山林不及雲雨，雲雨不及陰陽，陰陽不及和，和不及道〔二〕。道者，所謂無狀之狀，無物之象也〔三〕，無達其意，天地之間，可陶冶而變化也〔四〕。

〔一〕呂氏春秋執一：「田駢以道術説齊，齊王應之曰：『寡人所有者，齊國也，願聞齊國之政。』田駢對曰：『臣之言，無政而可以得政。譬之若林木，無材而可以得材，願王之自取齊國之政也。駢猶淺言之也，博言之，豈獨齊國之政哉！變化應求而皆有章，因性任物而莫不宜當。』」高誘注：「材從林生。當，合。」淮南子道應亦記之。

正，通政。吕氏、淮南皆作「政」，恐演繹文子也，淮南本吕氏。正，定也。道無正，謂道無定形。此言道無定形，物隨而形，故曰可以爲正。猶山林非材，而材出於山林。

〔二〕材之形正不及山林，山林雖未成材，但已成形，山林已形雖不正，但不及雲雨滋潤，雲雨者陰陽之化，皆由道也，故知天地之間，凡形出於無形，道之神也。淮南子道應：「若王之所問者，齊也；田駢所稱者，材也。材不及林，林不及雨，雨不及陰陽，陰陽不及和，和不及道。」

〔三〕無狀之狀，没有確定形狀的混沌狀態。無物之象，没有像具體事物那樣的形象。老子曰：「是謂無狀之狀，無物之象，是謂惚恍。」（十四章）淮南子引老聃之言，吕氏春秋未引。

〔四〕無達其意，猶無法表明道。道無狀之狀，無物之象，欲言無邪，而萬物由以成，欲言有邪，而不見其形，然可以陶冶變化萬物。陶冶，燒製陶器與冶煉金屬，喻産生化育。淮南子道應：「雖無除其患害，天地之間，六合之内，可陶冶而變化也。齊國之政，何足問哉。」

慧定案：以上第四章。

杜道堅纘義：「道無正形，物隨而形，觀山林變而至於雲雨陰陽之和，則知凡天地間之無形無象者，皆可陶冶而變化，道其神矣夫！」

老子〔文子〕曰：聖人立教施政，必察其終始，見其造恩〔一〕。故民知書則德衰，知數而仁衰，知券契而信衰，知機械而實衰〔二〕。瑟不鳴而二十五弦各以其聲應，軸不運於己而三十輻各以其力旋，弦有緩急，然後能成曲，車有勞佚，然後能致遠，使有聲者，乃無聲者也，使有轉者，乃無轉也〔三〕。上下異道，易治即亂，位高而道大者從，事大而道小者凶〔四〕。小德害義，小善害道，小辯害治，苛悄傷德〔五〕。大正不險，故民易導，至治優遊，故下不賊，至忠復素，故民無僞匿〔六〕。

〔一〕淮南子泰族：「聖王之設政施教也，必察其終始，其懸法立儀，必原其本末，不苟以一事備一物而已矣。見其造而思其功，觀其原而知其流，故博施而不竭，彌久而不垢。」造恩，朱弁注曰：「造恩謂制法立教也。」俞樾讀文子曰：「恩乃思字之誤，淮南子泰族篇作見其造而思其功，是也，此有脱誤耳。」不必以淮南子正文子，淮南子因文子而加工增益，這裏兩者相成也。

〔二〕民知書，道藏本誤作「民之書」。道藏輯要、七卷本和纘義均作「民知書」，今據正。著於竹帛謂之書，精誠十四章曰：「著於竹帛，鏤於金石，可傳於人者，皆其粗也。」道家認爲，至德之世，無書簡之文，故曰知書則德衰。知數，知禮數。券契，憑據，憑證。古代券契常分爲兩半，各執其一作爲憑證以示信。實，樸質。言知書數券契機械，則有心於事，而德仁信實失矣。本書道原十章：「機械之心藏於中，即純白之不粹，神德不全於身者……」莊子天地：「有機械者，必有機事；有機事者，必有機心。機心存於胸中，則純白不備；純白不備，則神生不定；神生不定者，道之所不載也。」

〔三〕道藏七卷本「弦」作「絃」，「乃無聲」下無「者也」二字。纘義本無「者」字。成曲，成曲調。勢佚，即勢逸。無聲使有聲，無轉使有轉，猶君使臣治，明君臣之道不同。淮南子泰族：「琴不鳴而二十五絃各以其聲應，軸不運而三十輻各以其力旋。絃有緩急大小，然後成曲；車有勞逸動静，而後能致遠。使有聲者，乃無聲者也；能致千里者，乃不動者也。」

〔四〕上下異道，指君道無爲，臣道有爲，君臣不同道，易之則亂。俞樾讀文子曰：「上下異道，易治即亂，愚按此本作上下異道即治，易即亂，言上下異道則治，易之則亂。文有脱誤耳，淮南子泰族篇作上下異道則治，同道則亂，可證。」説苑談叢：「位高道大者從，事大道小者凶。」

〔五〕説苑談叢：「夫小快害義，小慧害道，小辨害治，苛心傷德，大政不險。」淮南子泰族有「故」字，「德」作「快」，「苛悄」作「苛削」，道藏七卷本「大正」作「大政」。通玄真經纘義釋音：「苛悄，上音何，下音峭，猛急也。」此言小智小惠，蔽道傷德。

〔六〕大正，即大政，很好的政治。險，邪惡，險詐。至治，猶大政也。道藏七卷本作「至德」。優遊，悠閑自得。素，簡樸。此言上之所欲，民亦從之，上無爲而民自化，上無欲而民自樸。淮南子泰族：「大政不險，故民易道，至治寬裕，故下不相賊，至忠復素，故民無匿情。」據文子，「相」和「情」衍也。

慧定案：以上第五章。

杜道堅纘義：「聖人立教施政，弗獲已也。必察其始終，行其所無事而已。知書數券契機械，則是有心於事，德仁信實衰矣。君籍臣以爲治，猶瑟之有聲，輻之致遠，執要用大，則無不治之世矣。」

老子〔文子〕曰：相坐之法立，則百姓怨，減爵之令張，則功臣叛〔一〕。故察於刀筆之跡者，不知治亂之本，習於行陣之事者，不知廟戰之權〔二〕。聖人先福於重關之内，慮患於冥冥之外，愚者惑於小利而忘大害，故事有利於小而害於大，得於此而忘於彼〔三〕。故仁莫大於愛人，智莫大於知人，愛人即無怨刑，知人即無亂政〔四〕。

〔一〕相坐之法，即連坐之法。指一人犯法，株連他人同時治罪。史記商鞅列傳：「卒定變法之令，令民爲什伍，而相牧司連坐。」索隱：「一家有罪而九家連舉發，若不糾舉，則十家連坐。」滅爵，收滅羣臣之爵禄。吴起列傳云，吴起相楚，「明法審令。損不急之官，廢公族疏遠者，以撫養戰鬥之士……故楚之貴戚盡欲害吴起。」淮南子泰族作：「商鞅爲秦立相坐之法，而百姓怨矣，吴起爲楚減爵禄之令，而功臣畔矣。」注：「相坐之法，一家有罪，三家坐之。減爵者，收減羣臣之爵禄。」

慧定案：淮南子注與史記索隱異。由注文知淮南子正文「減爵禄之令」，「禄」字衍。韓非子和氏：「昔者，吴起教楚悼王，以楚國之俗曰：『大臣太重，封君太衆，若此，則上偪主而下虐民，此貧國弱兵之道也；不如使封君之子孫，三世而收爵禄，絶滅百吏之禄秩，損不急之枝官，以奉選練之士。』悼王行之期年而薨矣，吴起枝解於楚。商君教秦孝公以連什伍，設告坐之過，燔詩書而明法令，塞私門之請，而遂公家之勞，禁遊宦之民，而顯耕戰之士，孝公行之，主以尊安，國以富强，八年而薨，商君車裂於秦。」戰國策秦策云，孝公行商鞅法十八年而死，史記謂商君相秦十年，索隱説戰國策云孝公行商君法十八年而死，與此文不同。此直云相秦十年，而戰國策云行商君法十八年，蓋連其未作相之年説也。然韓非子云孝公行之，八年而薨，蓋「八」字上奪「十」字耳。

〔二〕戰國策秦策五，司空馬説趙王：「司空馬曰：『臣少爲秦刀筆。』」鮑注：「謂爲尚書也。筆以書札；刀，削其不當者。」刀筆，原爲書寫工具。刀筆之跡，謂書寫的法令條文。行陣，亦作「行陳」，謂軍隊行列之事，泛指用兵。廟戰，朝廷所擬定的作戰方案。自然十二章曰：「廟戰者帝，神化者王，廟戰者法天道，神化者明四時。」此謂治亂之本，在無爲而治，非苛法嚴刑，決勝之術，在廟之權謀，非行陣之事。淮南子泰族：「商鞅之立法也，吴起之用兵也，天下之善者也，然商鞅之法亡秦，察於刀筆之跡，而不知治亂之本也；吴起以兵弱楚，習於行陳之事，而不知廟戰之權也。」

〔三〕先福，纘義、道藏七卷本作「見福」。是也。徐靈府注曰：「重關之内，冥冥之外，謂無禍福之場，絶思慮之境。此謂聖人見禍福之門，小人見小忘大，得利忘害，顧此失彼。」文選悼亡注引「慮患於冥冥之外」。淮南子舉事實説之，得使其因襲可信也。泰族：「……聖人見禍福於重閉之内，而慮患於九拂之外者也。……愚者惑於小利而忘其大害……故事有利於小而害於大，得於此而亡於彼者。故行棋者或食兩而路窮，或予跨而取勝。」

〔四〕上仁曰：「仁者恩之效也，知賢之謂智。」故仁無怨刑，智無亂政。俞樾讀文子云，愛人即無怨刑，怨當讀爲冤。怨從夗聲，與冤聲相近，説文黑部，黦讀若䝈，是其證也。淮南子泰族：「偷利不可以爲行，而智術不可以爲法，故仁知，人材之美者也。所謂仁者，愛人也；所謂知者，知人也。愛人則無虐刑矣，知人則無亂政矣。」慧定案：以上第六章。羣書治要全引本章。「則」作「即」，「不知治亂之本」，「不知廟戰之權」前有「即」，「仁莫大於愛人」、「知人」下有「也」字，「怨刑」作「冤刑」。杜道堅纘義：「治不可以多事，法不可以數變。事多變數，則百姓怨，功臣叛，上有以召之矣。治亂之本，廟戰之權，聖人玄鑒於無形之表，是必有先見之明也。」

老子〔文子〕曰：江河之大溢，不過三日，飄風暴雨，日中不出須臾止〔一〕。德無所積而不憂者，亡其及也，夫憂者所以昌也，喜者所以亡也〔二〕，故善者，以弱爲强，轉禍爲福，「道沖而用之又不滿也」〔三〕。

〔一〕説苑談叢：「江河之溢，不過三日；飄風暴雨，須臾而畢。」呂氏春秋愼大：「襄子曰：江河之大也，不過三日，飄風暴雨，日中不須臾。」高誘注：「大，長。不過三日，三日則消也。易曰『日中則仄』，故曰中日不須臾。」蓋文有脱誤，或注有誤。引易曰，此指「日」，而非風雨，則風雨未注。如正文不重「日」，則「日中不須臾」指風雨言，飄風暴雨，一日之中不過片刻即過。列子説符：「襄子曰：夫江河之大也，不過三日，飄風暴雨不終朝，日中不須臾。」太平御覽卷六十一引文子：「江河之大溢，不過三日。」淮南子道應同呂氏春秋。溢不過三日，謂滿而外流三日而減。日中不出須臾止，謂飄風暴雨不終日。須臾，片刻也。

〔二〕亡其及，就要亡失了。呂氏春秋愼大：「今趙氏之德行無所於積，一朝而兩城下，亡其及我乎？孔子聞之曰：趙氏其昌乎？夫憂所以爲昌也，而喜所以爲亡也，勝非其難者也，持之其難者也。」高誘注：「積，言無積德積行。亡其及我乎，傳曰：知懼如此，斯不亡矣。昌，盛也。持，猶守。」列子説符：「今趙氏之德行無所施於積，一朝而兩城下，亡其及我哉！孔子聞之曰：趙氏其昌乎？夫憂者所以爲昌也，喜者所以爲亡也，勝非其難者也，持之其難者也。」「無所施於積」，「施」字衍。淮南子道應同呂氏春秋，「趙氏之德行無所積」，無「於」字。

〔三〕以弱爲强，轉禍爲福，謂虚而不盈也，故引老子四章語。文子「或」作「又」，古通。「盈」作「滿」，書寫時避漢惠帝諱也。

慧定案：以上第七章。

杜道堅纘義：「國之苛政横出，猶江河之大溢，風雨之暴作，曾不少久，亡其及矣。惟憂無德而知變者，尚可轉禍爲福，以弱爲强，其不可自滿也，明矣。」

老子［文子］曰：清静恬和，人之性也，儀表規矩，事之制也，知人之性則自養不悖，知事之制則其舉措不亂〔一〕。發一號，散無竟，總一管，謂之心〔二〕；見本而知末，執一而應萬，謂之術〔三〕；居知所以，行知所之，事知所乘，動知所止，謂之道〔四〕。使人高賢稱譽己者，心之力也，使人卑下誹謗己者，心之過也，言出於口，不可禁於人，行發於近，不可禁於遠〔五〕。事者難成易敗，名者難立易廢，凡人皆輕小害，易微事，以至於大患〔六〕。夫禍之至也，人自生之，福之來也，人自成之，禍與福同門，利與害同鄰，自非至精，莫之能分〔七〕，是故智慮者，禍福之門户也，動静者，利害之樞機也，不可不慎察也〔八〕。

〔一〕清静恬和，清静安適。制，裁也。悖，逆。舉，措，舉動，措施。淮南子人間前「則」字作「其」，後「則」字無，「亂」作「惑」。

〔二〕發一號，俞樾讀文子云，號當作「端」。其據淮南子人間訓。散無竟，流布無窮。總一管，統一。淮南子人間作「周八極，總一管」。心，古時稱心爲思維器官。孟子告子：「心之官則思。」心爲人體器官之主，素問靈蘭秘典論：「心者，君主之官也。」管子心術：「心之在體，君之位也。」

〔三〕羣書治要引文子同。術，方法。指見本知末，執一應萬的方法。淮南子人間：「見本而知末，觀指而睹歸，執一而應萬，握要而治詳，謂之術。」

〔四〕居知所以，道藏七卷本、叢刊本作「居知所爲」。羣書治要引文子同，「所以」作「所爲」。所之，所往。所乘，所恃。淮南子人間「所以」作「所爲」，「所乘」作「所秉」。

〔五〕説苑談叢：「謗道己者，心之罪也；尊賢己者，心之力也。」又：「言出於己，不可止於人；行發於邇，不可止於遠。」羣書治要引「言出於口，不可止於人，行發於邇，不可禁於遠」。前兩句未引。心之力，心之過，謂高賢卑下善惡由己，稱譽誹謗，則因人。人之稱譽誹謗，莫之能禁，行有所失，無遠不致。淮南子人間：「是故使人高賢稱譽己者，心之力也；使人卑下誹謗己者，心之罪也。夫言出於口者，不可止於人，行發於邇者，不可禁於遠。」

〔六〕羣書治要引「凡人皆」下有「以」字，句末有「也」字。老子云，民之從事，常於幾成而敗之。是輕小害，易微事，以至於大患也。淮南子人間：「事者難成而易敗也，名者難立而易廢也。千里之隄，以螻螘之穴漏；百尋之屋，以突隙之煙焚。堯戒曰：戰戰慄慄，日慎一日，人莫蹪於山，而蹪於蛭，是故人皆輕小害，易微事，以多悔，患至而後憂之，是猶病者已惓而索良醫也。」

〔七〕淮南子人間「至」作「來」，「同鄰」作「爲鄰」，「自非至精」作「非神聖人」。分，辨別。禍福無門，惟人自招，非至精者，不能辨別，是以聖人圖難於易，爲大於細，爲之於無有，治之於未亂。荀子大畧曰：「禍與福鄰，莫知其門。」

〔八〕樞機，樞爲户樞，機爲門闑，樞主開，機主閉，樞機并言，喻事之關鍵也。周易繫辭傳：「言行，君子之樞機，樞機之發，榮辱之主也。言行，君子所以動天地，可不慎乎！」

說苑談叢：「夫言行者，君子之樞機，樞機之發，榮辱之本也，可不慎乎！故蒯子羽曰：『言猶射也，栝既離弦，雖有所悔焉，不可從而追已。』」

淮南子人間「利害之樞機也」下有：「百事之變化，國家之治亂，待而後成，是故不溺於難者成，是故不可不慎也。」

慧定案：以上第八章。

杜道堅纘義：「天理人欲，同乎一心，君子小人，由乎一己，亦同出而異名者耶！執一而應萬謂之術，見動而知止謂之道，言出乎口，行發乎心。夫禍福利害，有如影響，自非至精，孰能分之，可不察諸己而慎諸心乎！」

老子〔文子〕曰：人皆知治亂之機，而莫知全生之具，故聖人論世而爲之事，權事而爲之謀〔一〕。聖人能陰能陽，能柔能剛，能弱能强，隨時動静，因資而立功，睹物往而知其反，事一而察其變，化則爲之象，運則爲之應，是以終身行之無所困〔二〕。故事或可言而不可行者，或可行而不可言者，或易爲而難成者，或難成而易敗者。所謂可行而不可言者，取舍也，可言而不可行者，詐僞也，易爲而難成者，事也，難成而易敗者，名也。此四者，聖人之所留心也，明者之所獨見也〔三〕。

〔一〕機，機要，關鍵。論世而爲之事，謂根據不同時代而爲政事。謀，謀慮。指謀全身的措施。參見道德十二章注二。淮南子氾論：「此皆達於治亂之機，而未知全性之具者。故萇宏知天道而不知人事，蘇秦知權謀而不知禍福，徐偃王知仁義而不知時，大夫种知忠而不知謀。聖人則不然，論世而爲之事，權事而爲之謀。」

〔二〕隨時動静，指隨時舉事。事一，指事物的開始。列子天瑞：「一者，形變之始也。」化，素問天元紀大論：「物生之謂化。」化則有形。此謂論世權事，應變無窮，適時而爲，終身不困。淮南子氾論：「是故聖人者，能陰能陽，能弱能强，隨時而動静，因資而立功，物動而知其反，事萌而察其變，化則爲之象，運則爲之應，是以終身行而無所困。」

〔三〕留心，注意。獨見，自悟其理。此言審察言之詐僞，行之取舍，事之難易，名之毁譽，唯得道理者能留心獨見。道藏七卷本脱「或易爲而難成者」句，「詐僞」二字相倒，作「僞詐」。

慧定案：「事或可言而不可行者，或可行而不可言者。」兩句應倒置，下文解前面四句可證。淮南子氾論即作「故事有可行而不可言者，有可言而不可行者」。「或」皆作「有」，「取舍」作「趨舍」，「詐僞」作「僞詐」，「四者」作「四策者」，後兩句作「聖人之所獨見而留意也」。

以上第九章。

杜道堅纘義：「時有治亂，政存乎人，知治亂之機，而莫知全生之具者，失在人而不在時也。聖人隨時動静，察其所變，終身行之而無所困，當時而秉政者，惡可自惰而不知全生之具耶！」

老子〔文子〕曰：道者敬小微，動不失時，百射重戒，禍乃不滋，計福勿及，慮禍過之，同日被霜，蔽者不傷，愚者有備與智者同功〔一〕。夫積愛成福，積憎成禍，人皆知救患，莫知使患無生，夫使患無生易，施於救患難。今人不務使患無生，而務施救於患，雖神人不能爲謀〔二〕。患禍之所由來，萬萬無方，聖人深居以避患，靜默以待時，小人不知禍福之門，動而陷於刑，雖曲爲之備，不足以全身〔三〕。故上士先避患而後就利，先遠辱而後求名〔四〕，故聖人常從事於無形之外，而不留心於已成之内，是以禍患無由至，非譽不能塵垢〔五〕。

〔一〕說苑談叢：「君子慮福弗及，慮禍百之。」淮南子人間：「聖人敬小慎微，動不失時，百射重戒，禍乃不滋，計福勿及，慮禍過之，同日被霜，蔽者不傷，愚者有備，與智者同功。」注：「射，象也。」注射爲象，義不可通，疑「象」爲「豫」之壞字。荀子大畧：「先事慮事謂之接，接則事優成；先患慮患謂之豫，豫則禍不生。」楊倞注：「接，讀爲捷，速也。」淮南子說山：「智者善豫」注：「豫，備也。」「豫」與「戒」同意，「百」與「重」同意。敬小微，謹小慎微。謂敬於始也。百，概數，言其多。百射重戒，多戒備也。蔽者，指蔽被霜害也。同功，效果一樣。愚者計慮，動不失時，賢者無慮不備，其效果一樣。

〔二〕道藏七卷本「而務施救於患」，無「務」字。羣書治要引此，「夫使患無生易，施於救患難」作「夫使患無生，易於救患」。後兩句作：「而務於救之，雖神聖人不能爲謀也。」禍患不能杜於前，而求救於後，雖神人不能爲之謀。淮南子人間：「夫積愛成福，積怨成禍，若癰疽之必潰也，所浼者多矣。……人皆務於救患之備，而莫能知使患無生。夫使患無生，易於救患而莫能加務焉，則未可與言術也。……今不務使患無生，患生而救之，雖有聖知，弗能爲謀耳。」誤抄加工，使人費解。

〔三〕羣書治要引文子同，「聖人」前有「故」字，「動而陷於刑」作「動作而陷於刑」，有「作」字。萬萬無方，很不固定。曲爲之備，多方設法爲之備。曲周也。淮南子人間：「患禍之所由來者，萬端無方，是故聖人深居以避辱，靜安以待時，小人不知禍福之門户，妄動而絓羅網，雖曲爲之備，何足以全其身。」

〔四〕羣書治要引同。上士，士之上者。老子曰：上士聞道勤而行之。上士避患遠辱爲先，置名利於後。

〔五〕羣書治要「而不留心」下作「盡慮於已成之内」。多「盡慮」二字。末有「也」字。塵垢，猶沾污也。聖人爲之於無有，治之於未亂，故禍患無由生，非譽不能垢。淮南子人間：「是故聖人者，常從事於無形之外，而不留思，盡慮於成事之内，是故患禍弗能傷也。」

慧定案：以上第十章。

杜道堅纘義：「夫道者，敬小微，動不失時，謹初也。愚者有備與智者同功，人之禍患不能弭於前，而求救於後者，雖神人不能爲謀。故上士以避患遠辱爲先，而名之與利則置之後而毋必，禍患何從而至，非譽何從而塵垢之哉。」

老子〔文子〕曰：凡人之道，心欲小，志欲大，智欲圓，行欲方，能欲多，事欲少〔一〕。所謂心小者，慮患未生，戒禍愼微，不敢縱其欲也〔二〕。志欲大者，兼包萬國，一齊殊俗，是非輻輳，中爲之轂也〔三〕。智圓者，終始無端，方流四遠，淵泉而不竭也〔四〕。行方者，立直而不撓，素白而不污，窮不易操，達不肆意也〔五〕。能多者，文武備具，動靜中儀，舉錯廢置，曲得其宜也〔六〕。事少者，秉要以偶衆，執約以治廣，處靜以持躁也〔七〕。故心小者，禁於微也；志大者，無不懷也；智圓者，無不知也；行方者，有不爲也；能多者，無不治也；事少者，約所持也〔八〕。故聖人之於善也，無小而不行，其於過也，無微而不改。行不用巫覡，而鬼神不敢先，可謂至貴矣〔九〕，然而戰戰慄慄，日慎一日，是以無爲而一之成也〔一〇〕。愚人之智，固已少矣，而所爲之事又多，故動必窮〔一一〕。故以政教化，其勢易而必成，以邪教化，其勢難而必敗，舍其易而必成，從事於難而必敗，愚惑之所致〔一二〕。

〔一〕羣書治要引文子同。人之道，淮南子主術作「人之論」。誤也。「志」、「行」、「事」前有「而」字連。人之道有六，不可不勉也。下釋此六者。

〔二〕羣書治要句末「也」前有「者」字。淮南子主術「所謂」作「所以」，「戒禍慎微」作「備禍未發，戒過慎微」。戒禍慎微，謹小慎微戒禍於未然。

〔三〕羣書治要引「志」下無「欲」字。道藏七卷本、纘義本均無「欲」字。輻輳，車輻集中於軸心，喻物或是非聚集一處。淮南子主術「一齊殊俗」下作「并覆百姓，若合一族，是非輻湊而爲之轂」。高誘注：「轂，以喻王。」

〔四〕羣書治要引「淵」作「深」。無端，没有開端。方流，淮南子主術作「旁流四達」。方流四遠，四方遠流。淵泉，纘義無「泉」字。淮南子主術：「智欲員者，環復轉運，終始無端，旁流四達，淵泉而不竭，萬物并興，莫不響應也。」高誘注：「若順連環，故曰無端。應，和。」

〔五〕道藏七卷本「立直」作「直立」，「意」作「志」。羣書治要引「立直」作「直立」，「意」作「志」。行方，行爲正直。撓，曲折。淮南子主術「行方」作「行欲方」，末句作「通不肆志」。高誘注：「撓，弱曲也。肆，放。」

〔六〕羣書治要引作：「能多者，文武備具，動静中儀也。」無後兩句。備具，具備。舉錯，同「舉措」。曲得其宜，皆得其宜。淮南子主術「能多」作「能欲多」，「舉錯」作「舉動」，下作「曲得其宜無所擊戾，無不畢宜也」。高誘注：「擊，掌也。戾，破也。」

〔七〕羣書治要引無「秉要以偶衆」句。秉要，執要。偶衆，合衆。持，執着。引申爲制約。淮南子主術：「事欲鮮者，執柄持術，得要以應衆，執約以治廣，處静持中，運於璇樞，以一合萬，若合符者也。」高誘注：「符，約也。」

〔八〕羣書治要引同。懷，包容。有不爲，謂非正道不爲。約所持，守要也。淮南子主術「少」作「鮮」。高誘注：「無不懷也，多所容也。有不爲也，非正道不爲也。治，猶作也。約，要也。」

〔九〕羣書治要「覡」作「祝」。無小而不行，謂小善也行。無微而不改，謂改小過。巫覡，古稱能以舞降神的人。國語楚語：「在男曰覡，在女曰巫。」荀子正論：「出户而巫覡有事。」楊倞注：「女曰巫，男曰覡。」不敢先，謂不敢作祟。淮南子主術：「夫聖人之於善也，無小而不舉，其於過也，無微而不改，堯舜禹湯文武，皆坦然天下而南面焉。當此之時，鼛鼓而食，奏雍而徹，已飯而祭竈，行不用巫祝，鬼神弗敢祟，山川弗敢禍，可謂至貴矣。」高誘注：「舉，用。改，更。南面，背屏而朝諸侯。鼛鼓，王者之食樂也。雍，已食之樂也。行不用巫祝，言其率德蹈政，無求於神。至貴，至德之可貴也。」

〔一〇〕道藏七卷本「一之成」作「有成」。纘義本「成」作「誠」。羣書治要末句引作「是以無爲而有成」。戰戰慄慄，恐懼發抖。指時刻小心翼翼。淮南子主術：「然而戰戰慄慄，日慎一日。由此觀之，則聖人之心小矣。詩云：『惟此文王，小心翼翼，昭事上帝，聿懷多福。』其斯之謂歟！」

〔一一〕道藏七卷本「矣」、「又」二字無。固已少，指本來智少。淮南子主術：「夫聖人之智，固已多矣，其所守者約，故舉而必榮。愚人之智，固已少矣，其所事者多，故動而必窮矣。」

〔一二〕道藏七卷本「政」作「正」，無「其勢」二字。政，通「正」。邪，指行用巫覡，祈之鬼神。此言聖人立政施教，必察其始終，見其造恩，圖難於其易，爲大於其細，慎終如始，則無敗事。舍易且必成者而從事於難且必敗者，愚之至也。淮南子主術：「夫以正教化者，易而必成，以邪巧世者，難而必敗。凡將設行立趣於天下，舍其易成者，而從事難而必敗者，愚惑之所致也。」

慧定案：以上第十一章。

杜道堅纘義：「志欲大而心欲小，智欲圓而行欲方，能欲多而事欲少。斯六者，凡人之不可不勉也。志大則物無不容，心小則幾微必戒，智圓則事無不通，行方則直而不撓，能多則爲無不成，事少則約而有守。夫聖人之行，不用巫覡，而鬼神不敢先，一之以誠而已。」

老子〔文子〕曰：福之起也綿綿，禍之生也紛紛，禍福之數微而不可見，聖人見其始終，故不可不察〔一〕。明主之賞罰，非以爲己，以爲國也，適於己而無功於國者，不施賞焉，逆於己而便於國者，不加罰焉〔二〕。故義載乎宜謂之君子，遺義之宜謂之小人〔三〕。通智得而不勞，其次勞而不病，其下病而亦勞〔四〕。古之人味而不舍也，今之人舍而不味也〔五〕。紂爲象箸而箕子唏，魯偶人葬而孔子嘆，見其所始，即知其所終〔六〕。

〔一〕淮南子繆稱：「福之萌也緜緜，禍之生也分分，禍福之始萌微，故民嫚之，唯聖人見其始而知其終。」王念孫讀書雜志云：「『分分』當爲『介介』，字之誤也。介介，微也。齊策曰：『無纖介之禍』，是『介』爲微小之稱。「緜緜」、「介介」皆微也，故曰「禍福之始萌微」，文子微明篇「禍之生也紛紛」，則後人妄改之耳。王說是，當從。綿綿，微細。介介，微小。故曰「禍福之數，微而不可見」。俞樾讀文子云，聖人見其始終，此本作聖人見其始而知其終，當據淮南子繆稱篇補。此説不必。

〔二〕道藏七卷本「以爲國」，無「也」字。淮南子繆稱「非以爲己也」，有「也」字，「逆於己」下有「而」字。韓非云，賞罰者，人主之二柄，「非使賞罰之威利出於己也」。（韓非子二柄）故明主賞罰在於公正，益國便民則行。

〔三〕道德三章曰：「正者，義也。」君子小人，在乎舉措合義之分，失義之宜非正，故爲小人。淮南子繆稱：「義載乎宜之謂君子，宜遺乎義之謂小人。」

〔四〕通智，謂通智達道之人。通智者無爲而治，治而不勞，政之上也。病而亦勞，纘義作「病而益勞」。道藏七卷本作「病而不勞」。淮南子繆稱同七卷本，誤也。

〔五〕味，道味也。不舍，徐靈府注：不舍，不居也。淮南子繆稱作「不貪」。注曰：「古人知其味，而不貪其食。」

〔六〕紂，殷紂王。象箸，象牙製作的筷。韓非子喻老：「紂爲象箸，而箕子怖。以爲象箸必不加於土鉶，必將犀玉之杯……吾畏其卒，故怖其始。」箕子，殷紂之叔伯，封國於箕，故稱箕子。唏，通「欷」，哀嘆。纘義作「啼」，道藏七卷本作「歔」。偶人，土木製成的人像，即「俑」，用作陪葬。孟子梁惠王：「仲尼曰：始作俑者，其無後乎！」此言見始知終，見微知著也。淮南子繆稱：「紂爲象箸而箕子嘰，魯以偶人葬而孔子嘆，見所始則知所終。」

慧定案：以上第十二章。

杜道堅纘義：「禍福之機有開必先，可不察歟！賞罰，人主之大柄，非以爲己，以爲國也。君子小人，有義利之間，治而不勞，政之上也；勞而不病，政之次也；病而益勞，政斯下矣。夫箕子之泣象箸，孔子之嘆偶人，國有不待終而知其亡。」

老子［文子］曰：仁者人之所慕也，義者人之所高也，爲人所慕，爲人所高，或身死國亡者，不周於時也，故知仁義而不知世權者，不達於道也〔一〕。五帝貴德，三皇用義，五伯任力，今取帝王之道，施五伯之世，非其道也〔二〕。故善否同，非譽在俗，趨行等，逆順在時〔三〕。知天之所爲，知人之所行，即有以經於世矣；知天而不知人，即無以與俗交，知人而不知天，即無以與道遊〔四〕。直志適情，即堅强賊之，以身役物，即陰陽食之〔五〕。得道之人，外化而内不化，外化所以知人也，内不化所以全身也，故内有一定之操，而外能屈伸，與物推移，萬舉而不陷，所貴乎道者，貴其龍變也〔六〕。守一節，推一行，雖以成滿猶不易，拘於小好而塞於大道〔七〕。道者，寂寞以虚無，非有爲於物也，不以有爲於己也，是故舉事而順道者，非道者之所爲也，道之所施也〔八〕。天地之所覆載，日月之所照明，陰陽之所煦，雨露之所潤，道德之所扶，皆同一和也〔九〕。是故能戴大圓者覆大方，鏡太清者眎大明，立太平者處大堂，能遊於冥冥者，與日月同光，無形而生於有形〔一〇〕。是故真人託期於靈臺，而歸居於物之初，眎於冥冥，聽於無聲，冥冥之中獨有曉焉，寂寞之中獨有照焉〔一一〕。其用之乃不用，不用而後能用之也，其知之乃不知，不知而後能知之也〔一二〕。道者，物之所道也，德者，生之所扶也，仁者，積恩之證也，義者，比於心而合於衆適者也〔一三〕。道滅而德興，德衰而仁義生，故上世道而不德，中世守德而不懷，下世繩繩唯恐失仁義〔一四〕。故君子非義無以生，失義則失其所生，小人非利無以活，失利則失其所以活，故君子懼失義，小人懼失利，觀其所懼，禍福異矣〔一五〕。

〔一一〕慕，思慕，向往。高，尊敬，稱譽。周，合也。不周於時，不合於時。世權，世變。道藏七卷本「仁義」脱「仁」字。淮南子人間：「仁者百姓之所慕也，義者衆庶之所高也。爲人之所慕，行人之所高，此嚴父之所以教子，而忠臣之所以事君也。然世或用之而身死國亡者，不同於時也。昔徐偃王好仁義，陸地之朝者三十二國，王孫厲謂楚莊王曰：王不伐徐，必反朝徐……楚王曰：善，乃舉兵而伐徐，遂滅之。知仁義而不知世變者也。」

〔一二〕五帝、三皇，見精誠十四章注。五伯，即「五霸」，五霸所指，歷來不一，一般指齊桓、晉文、秦穆、宋襄、楚莊，此見孟子趙岐注。桓譚新論：「夫上古稱三皇五帝，而次有三王五伯，比天下君之冠首也。故言三皇以道理，而五帝用德化，三王由仁義，五伯以權智，其説之曰：無制令刑罰謂之皇，有制令而無刑罰謂之帝，賞善誅惡，諸侯朝事謂之王，興兵約盟，以信義矯世謂之伯。」五帝貴德，無爲而治，三皇用義，誅暴安民，五霸任智力，失道德而假仁義。自然七章曰：「帝者貴其德，王者尚其義，霸者迫於理。」韓非子五蠹曰：「上古競於道德，中世逐於智謀，當今争於氣力。」又曰：「今有美堯舜湯武禹之道於當今之世者，必爲新聖笑矣。」其説雖異，然謂以古御今，不知世變，非其道也，則一。淮南子人間：「古者五帝貴德，三王用義，五霸任力，今取帝王之道，而施之五霸之世，是由乘驥逐人於榛薄，而蓑笠盤旋也。」

〔三〕善否同，善與不善同。道藏七卷本作「善不同，非譽在俗，趨行等，順逆在左右」。不，同「否」，在時作「在左右」，誤矣。淮南子人間作「善鄙不同，誹譽在俗，趨舍不同，逆順在君」。義與此反。

〔四〕道藏七卷本、纘義本末句無「即」字。經，治理。經於世，猶經世也。莊子外物：「其不可與經於世亦遠矣。」郭注：「此言志趣不同，故經世之宜，小大各有所適也。」成玄英疏：「人間世道，夷險不常，自非懷豁虛通，未可以治亂，若矜名飾行，去之遠矣。」又齊物論：「春秋經世，先王之志，聖人議而不辯。」郭注：「順其成跡，而凝乎至當之極，不執其所是以非衆人也。」荀子天論云：「天有其時，地有其財，人有其治。」明於天人之分，「則知其所爲，知其所不爲，則天地官而萬物役矣。」知天道，知人事，順時而治，可以經世，天人之際，祇知其一，或無以與世俗交，或無以與天道遊。

〔五〕直志，順志。堅强，道藏七卷本下有「者」字。役物，役於物，爲物所役。食，通「蝕」，侵蝕，虧損。徐靈府注曰：「適我志即乖彼心，必爲堅强者所忤，徇於物即勞其體，猶冰炭之相反，陰陽之躁静也。」莊子列禦寇：「離內刑者，陰陽食之。」成玄英疏：「若不止分，則內結寒暑，陰陽殘食之也。」淮南子人間句首有「故」字。末句爲：「此皆載務而戲乎其調者也。」

慧定案：杜道堅纘義：「道之不行也，我知之矣，時異故也。五帝貴德，三王用義，五伯任力，當五伯之世，而施帝王之道者，不知於時也。不知時，則是不知天、不知人矣，何以經於世哉！」

〔六〕莊子知北遊：「仲尼曰：『古之人，外化而內不化；今之人，內化而外不化。』」郭注：「以心順形，而形自化。外不化，以心使形。」成玄英疏：「古人純樸，合道者多，故能外形隨物，內心凝静。今之人，內以緣通，變化無明，外形乖誤，不能順物。」郭慶藩云：「外化者，物與同，内化者，心與適，心與適則物俱化，而莫得其所化，與物俱化，相靡而已矣。莫得其所化，而與爲將迎，有多於物者矣。」知人，俞樾讀文子曰：「墨子經上篇曰：知，接也；莊子庚桑楚篇曰：知者，接也。外化所以知人，猶曰外化所以接人。蓋外化者與人交接之道也，下文云，外能屈伸，與物推移是也。」此説是。不陷，不失也。龍，古代傳説中的一種善變化的動物。龍變，猶善變也。淮南子人間「得道之人」作「得道之士」，「知人」作「入人」，「全身」作「全其身」，「屈伸」作「詘伸」，下有「贏縮卷舒」句，「萬舉」前有「故」字，「道」作「聖人」，「龍變」作「能龍變」。

〔七〕成滿，指一節一行之完美。塞於大道，謂不通大道。龍變無方，守一隅而失大道。淮南子人間：「今捲捲然守一節，推一行，雖以毁碎滅沈，猶且弗易者，此察於小好而塞於大道也。」

〔八〕道藏七卷本「非有爲」下有「而」字，「非道之所爲也」無「也」字。非有爲於物，謂無爲爲之也。不以有爲於己，謂物自爲之。非道之所爲，道無爲而無不爲，故曰非道之所爲，乃道之所施。此言體於道者，虚無寂寞，外不有於物，内不有於己，道無不施，任其自然，天下化矣。淮南子俶真：「道出一原，通九門，散六衢，設於無垓坫之宇，寂漠以虚無，非有爲於物也，物以有爲於己也。是故舉事而順於道者，非道之所爲也，道之所施也。」高誘注：「九門，天之門。散布於六合之衢也。設，施也。垓坫，垠堮也。非有爲於物者，不爲爲也。物以有爲於己者，物己爲也。」

慧定案：杜道堅纘義：「龍虎變化，大人之道也，得道之人，與物推移而不陷，是故老子有猶龍之稱。夫體道虚無，外不有於物，内不有於己，道無不施，天下化矣。」

〔九〕道藏七卷本「同」作「説」。煦，謂以陰陽之氣養物。禮記樂記：「天地訢合，陰陽相得，煦嫗覆育萬物。」鄭玄

注：氣曰煦，體曰嫗。孔穎達疏：言體謂之天也，言氣謂之陰陽，天以氣煦之，地以形嫗之。道德之所扶，道德曰：「物生者道也，長者德也。」道德相互扶持。故下文曰：「道者物之所道也，德者生之所扶也。」同一和，和者天下之達道，天覆地載，同乎一和。淮南子俶真：「夫天之所覆，地之所載，六合所包，陰陽所呴，雨露所濡，道德所扶，此皆生一父母而閱一和也。」高誘注：「父母，天地。閱，總也。和，氣也，道所貫也。」七卷本「說」當作「閱」，閱與同，義相比也。

〔一〇〕大圓，指天。大方，指地。鏡，照也。太清，指天空。眎，古「視」字。太平，指大地。大堂，高大的廳堂，指天地之間。冥冥，謂玄遠，即指道。同光，同光明也。無形而生於有形，疑衍「於」字。淮南子俶真：「是故能戴大員者履大方，鏡太清者視大明，立太平者處大堂，能遊冥冥者，與日月同光。」高誘注：「言能戴天履地之道。太平，天下之平也。大堂，明堂所以告朔行令也。光，明也。諭德道者，能與日月同明也。」

〔一一〕道藏七卷本作「託期於靈臺而歸初」，無「居於物之」四字。靈臺，謂心。莊子庚桑楚：「不可內於靈臺。」郭注，靈臺者，心也。案謂心有靈智能住持也。物之初，指無形。歸居於物之初，心含至精也。曉，明也。照，見也。明乎無聲而聲應，照乎無形而形見。莊子天地：「冥冥之中，獨見曉焉。」呂氏春秋離謂：「故惑惑之中不曉焉，冥冥之中有昭焉。」淮南子俶真：「由此觀之，無形而生有形，亦明矣。是故聖人託其神於靈府，而歸於萬物之初，視於冥冥，聽於無聲。冥冥之中，獨見曉焉，寂漠之中，獨有照焉。」

〔一二〕參見九守守清注四及微明一章注三。淮南子俶真：「其用之也以不用，其不用也而後能用之，其知也乃不知，其不知也而後能知之也。」

慧定案：杜道堅纘義：「和也者，天下之達道也。天之覆，地之載，同乎一和而已。王者戴圓履方，處大堂而立太平者，和其可失乎？真人歸居於物之初，必有獨見於冥冥之中，是故用有不用而後能用，知有不知而後能知，夫是之謂大和。」

〔一三〕所道，所由。證，效驗。上仁十二章曰：「仁者，恩之效也。」道德三章曰：「物生者道也，長者德也，愛者仁也，正者義也。」比，合同。上仁六章曰：「義生於衆適，衆適合乎人心。」淮南子繆稱：「所道」作「所導」，「生」作「性」，「證」作「見證」，「心」作「人心」。

〔一四〕道藏七卷本、纘義本「唯」作「而」。繩繩，小心戒慎的樣子。管子宙合：「故君子繩繩乎慎其所先。」老子曰：「失道而後德，失德而後仁，失仁而後義。」道以導之，故上世道而不德，德以扶之，故中世守德而不懷。仁以恩之，義以宜之，下世小心戒慎，唯恐失仁義，則主於仁義。淮南子繆稱：「故道滅而德用，德衰而仁義生，故上世體道而不德，中世守德而弗壞也，末世繩繩乎唯恐失仁義。」

〔一五〕君子以義全其道，以失義爲禍，小人以利全其身，以利爲福，觀其所懼，知禍福各異。故失道德而後仁義，世變所然，知仁義之世變，亦可經世。上仁曰：「古之爲道者……淺行之謂之仁義。」又上禮曰：「賢聖勃然而起，持以道德，輔以仁義。」淮南子繆稱：「君子非仁義無以生，失仁義，則失其所以生；小人非嗜欲無以活，失嗜欲，則失其所以活。故君子懼失仁義，小人懼失利。觀其所懼，知各殊矣。」

慧定案：以上第十三章。

杜道堅纘義：「道德仁義裂，而皇帝王伯分，世變使之然也。道以導之，德以生之，仁以恩之，義以宜之。四代之治，固若不同，而其君臣有分則一焉。夫道而不德者皇，德而不懷者帝，恐失仁義者王，義失其宜，智詐興矣。」

老子〔文子〕曰：事或欲利之，適足以害之，或欲害之，乃足以利之〔一〕。夫病濕而强食之熱，病渴而强飲之寒，此衆人之所養也，而良醫所以爲病也〔二〕。悦於目，悦於心，愚者之所利，有道者之所避〔三〕。聖人者，先迎而後合，衆人先合而後迕，故禍福之門，利害之反，不可不察也〔四〕。

〔一〕道藏七卷本無「事」字。老子曰：「物或損之而益，或益之而損。」衆人皆知利利而不知病病，常欲利之而適足害之，聖人知病之爲利，利之爲病，以其病病，是以不病。淮南子人間：「孔子讀易至損益，未嘗不憤然而嘆曰：『益損者，其王者之事與？事或欲以利之，適足以害之，或欲害之，乃反以利之，利害之反，禍福之門户，不可不察也。』」

〔二〕道藏七卷本、纘義本「食」作「餐」，纘義本「濕」作「温」。淮南子人間：「夫病溼而强之食，病暍而飲之寒，此衆人之所以爲養也，而良醫之所以爲病也。」慧定案：病濕，指因濕而引起的濕病。濕爲重濁粘膩之邪，病有内濕外濕之别。病渴，指因熱盛傷津，煩熱口渴的實熱病。病濕强熱，病渴强寒，常人以爲養，良醫以爲害，言或欲利之，適足害之也。「渴」作「暍」，義長。説文解字：「暍，傷暑也。」即俗稱「中暑」。莊子則陽：「暍者，反冬乎冷風。」釋文：「暍，音謁。字林云：傷暑也。」淮南子人間：「武王蔭暍人於樾下，左擁而右扇之，而天下懷其德。」注：「武王哀暍者之熱，蔭之於樾下，樾下，衆樹之廬也。」又説林：「病熱而强之餐，救暍而飲之寒，救經而引其索，拯溺而授之石，欲救之，反爲惡。」高誘注：「惡，猶害也。」

〔三〕道藏七卷本、纘義本「悦於目」均爲「快於目」，後「悦」字纘義本作「説」。淮南子人間：「悦於目，悦於心，愚者之所利也，然而有道者之所辟也。」

〔四〕迎，逆，反嚮。纘義、輯要和七卷本均作「迕」。淮南子人間作「忤」。迕，逆也。此言禍福倚伏，利害相反。淮南子人間：「故聖人先忤而後合，衆人先合而後忤。」本書道德十四章：「夫權者，聖人所以獨見，夫先迕而後合者之謂權，先合而後迕者不知權。不知權者，善反醜矣。」

慧定案：以上第十四章。

杜道堅纘義：「事有欲利而害，欲害而利，非人力之所可必者，物或使之也。是故先迕而後合者，聖人之道，先合而後迕者，衆人之道。禍福倚伏，利害相反，其不可不察也，如此。」

老子〔文子〕曰：有功離仁義者即見疑，有罪有仁義者必見信，故仁義者，事之常順也，天下之尊爵也〔一〕。雖謀得計當，慮患解，圖國存，其事有離仁義者，其功必不遂也；言雖無中於策，其計無益於國，而心周於君，合於仁義者，身必存〔二〕。故曰百言百計常不當者，不若舍趨而審仁義也〔三〕。

〔一〕羣書治要引「有仁義」作「不失仁心」。尊爵，古代祭禮的酒器。引申爲尊貴。孟子公孫丑曰：「夫仁，天之尊爵也，人之安宅也。」

淮南子人間：「有功者，人臣之所務也，有罪者，人臣之所辟也。或有功而見疑，或有罪而益信，何也？則有功者離恩義，有罪者不敢失仁心也。」

〔二〕羣書治要引同，「慮患解，圖國存」作「慮患而患解，圖國而國存」。「遂」下有「矣」字，句末「存」下有「矣」字。謀得計當，即計謀得當。慮患解，計慮解除禍患。圖國存，謀畫存國。不遂，不成。策，謀畧。周，合也。

淮南子人間：「或説聽計當而身疏，或言不用，計不行而益親，何以明之，三國伐齊圍平陸……牛子不聽無害子之言，而用括子之計，三國之兵罷，而平陸之地存，自此之後，括子日以疏，無害子日以進，故謀患而患解，圖國而國存，括子之智得矣。無害子之慮無中於策，謀無益於國，然而心調（按應爲「周」）於君，有義行也。」

〔三〕羣書治要引作「故曰百言百當，不若舍趣而審仁義也」。淮南子人間作「百言百當，不如擇趨而審行也」。舍趨，捨棄或趨嚮，即取舍，行止。

慧定案：據治要及淮南子，「計常不」三字并衍也。

以上第十五章。

杜道堅纘義：「仁義者，道之孫，德之子歟！四者若不相及，而未嘗相離，故仁義天下之尊爵也，貴以身爲天下者，可不舍趨而審諸仁義乎？」

老子〔文子〕曰：教本乎君子，小人被其澤，利本乎小人，君子享其功，使君子小人各得其宜，則通功易食而道達矣〔一〕。人多欲即傷義，多憂即害智，故治國，樂所以存，虐國，樂所以亡〔二〕。水下流而廣大，君下臣而聰明，君不與臣爭而治道通，故君根本也，臣枝葉也，根本不美而枝葉茂者，未之有也〔三〕。

〔一〕羣書治要引同。淮南子繆稱前四句同。教，指政教，教化。享其功，指享受小人的勞動果實。通功易食，謂人各有業，互通有無以生活。孟子滕文公：「子不通功易事，以羨補不足，則農有餘粟，女有餘布，子如通之，則梓匠輪輿皆得食於子。」趙岐注：「言凡人當通功易事，乃可各以奉其用。」

〔二〕羣書治要引「虐國」作「亡國」。治國，指國家太平。樂，和也。虐國，指國家暴虐。淮南子繆稱：「人多欲虧義，多憂害智，多懼害勇，嫚生乎小人……故治國樂其所以存，亡國亦樂其所以亡也。」

〔三〕羣書治要引「與臣争」下有「功」字。君下臣而聰明，治道通，君臣異道，同則亂，故君不與臣争。淮南子繆稱作「君不與臣争功」。此言君本臣末，根深柢固，枝葉茂盛。本書上德四章：「故君下臣則聰明，不下臣則暗聾。」參見其注。

慧定案：洪頤宣經典集林引子思子：「君本也，臣枝葉也，本美則葉茂，本苦則葉凋。」尸子明堂：「其本不美，則枝葉莖心不得美矣，此古今之大徑也。」淮南子繆稱：「水下流而廣大，君下臣而聰明，君不與臣争功，而治道通矣。……君根本也，臣枝葉也，根本不美，枝葉茂者，未之聞也。」

以上第十六章。

杜道堅纘義：「君子小人，均是人也。爲君子而教不被於小人，何德以資小人之養哉！治國樂其存，虐國樂其亡，君善下而不争，則羣臣獻其忠，柢固根深而國安矣。」

老子〔文子〕曰：慈父之愛子者，非求其報，不可内解於心〔一〕；聖主之養民，非爲己用也，性不能已也〔二〕；及恃其力，賴其功勛而必窮，有以爲則恩不接矣〔三〕。故用衆人之所愛，則得衆人之力，舉衆人之所喜，則得衆人之心，故見其所始，則知其所終〔三〕。

〔一〕羣書治要引同，「者」作「也」，「非求其報」，無「其」字，「報」下有「也」字，下「非」下有「求」字。解，排除。不可內解於心，謂內心固有之也。性不能已，性不能止，謂本性固然。

慧定案：莊子人間世：「子之愛親命也，不可解於心。」郭注：「自然結固，不可解也。」韓非子解老：「仁者，謂其中心欣然愛人也，其喜人之有福，而惡人之有禍也，生心之所不能已也，非求報也。」淮南子繆稱「非求其報」作「非爲報也」。「非爲己用也」作「非求用也」。句末無「也」。文子以慈父言，莊子以孝子言，韓非子以仁言，淮南子襲文子，其義相同也。

〔二〕羣書治要引「窮」下有「矣」字。有以爲，指「求其報」「爲己用」。恩不接，指父子，君民之慈恩失。淮南子繆稱：「及恃其力，賴其功者，若失火舟中。故君子見始斯知終矣。媒妁譽人而莫之德也，取庸而强飯之，莫之愛也。雖親父慈母，不加於此，有以爲則恩不接矣。」

〔三〕羣書治要引「喜」作「善」，「故見其」，無「故」和「其」字，下「其」字也無，末有「矣」字。因衆人之利而利之，則得衆人之力，推衆人之善而善之，則得衆人之心，見始知終。

吕氏春秋用衆：「夫以衆者，此君人之大寶也。田駢謂齊王曰，孟賁庶乎，患術而邊境弗患，楚魏之王辭言不説，而境内已修備矣，兵士已修用矣，得之衆也。」

淮南子繆稱：「用百人之所能，則得百人之力，舉千人之所愛，則得千人之心，辟如伐樹而引其本，千枝萬葉則莫得弗從也。」

慧定案：以上第十七章。

杜道堅纘義：「父子之心，天性也。父之愛子，君之養民，一有望報之心，恩其失矣。是故因其利而利之，則得衆人之力；推其善而善之，則得衆人之心。子其有不孝，臣其有不忠乎！」

老子〔文子〕曰：人以義愛，黨以羣强〔一〕。是故德之所施者博，即威之所行者遠，義之所加者薄，則武之所制者小〔二〕。

〔一〕人以義愛，上文云，義者，比於心而合於衆適者也。上禮曰：「義者，所以和君臣父子兄弟夫婦人道之際也。」這種愛，不排斥上下貴賤之分，人以義愛，即本此人道之際的愛。故文子曰：正者，義也。黨，古代一種地方組織。論語雍也：「以與爾鄰里鄉黨乎！」古五家爲鄰，五鄰爲里，萬二千五百家爲鄉，五百家爲黨。羣，人羣，合羣。這裏指社會組織。荀子王制：「人何以能羣？曰：分。分何以能行？曰：義。故義以分則和，和則一，一則多力，多力則强。」淮南子繆稱作「人以義愛，以黨羣，以羣强」。

〔二〕淮南子繆稱：「人以義愛，以黨羣，以羣强。是故德之所施者博，則威之所行者遠，義之所加者淺，則武之制者小矣。」謂德澤博，遠者來附，薄義用武，所制者小。

慧定案：以上第十八章。

杜道堅纘義：「君以天下爲心，人以義愛，則忠孝乃興，黨以羣强，則奸雄遂起，安危所繫，可不察而辯之。」

老子〔文子〕曰：以不義而得之，又不布施，患及其身，不能爲人，又無以自爲，可謂愚人，無以異於梟愛其子也〔一〕。故「持而盈之，不如其已，揣而鋭之，不可長保。」〔二〕德之中有道，道之中有德，其化不可極，陽中有陰，陰中有陽，萬事盡然，不可勝明〔三〕。福至祥存，禍至祥先，見祥而不爲善，則福不來，見不祥而行善，則禍不至，利與害同門，禍與福同鄰，非神聖莫之能分〔四〕，故曰「禍兮福所倚，福兮禍所伏，孰知其極〔五〕。」人之將疾也，必先甘魚肉之味，國之將亡也，必先惡忠臣之語，故疾之將死者，不可爲良醫，國之將亡者，不可爲忠謀〔六〕。修之身，然後可以治民，居家理治，然後可移官長〔七〕，故曰「修之身，其德乃真，修之家，其德乃餘，修之國，其德乃豐。」〔八〕民之所以生活，衣與食也，事周於衣食則有功，不周於衣食則無功，事無功德不長〔九〕。故隨時而不成，無更其刑，順時而不成，無更其理，時將復起，是謂道紀〔一〇〕。帝王富其民，霸王富其地，危國富其吏，治國若不足，亡國困倉虛〔一一〕，故曰「上無事而民自富，上無爲而民自化」〔一二〕。起師十萬，日費千金，師旅之後，必有凶年〔一三〕，故「兵者不祥之器也，非君子之寶也」〔一四〕。和大怨必有餘怨，奈何其爲不善也〔一五〕，古者親近不以言，來遠不以言，使近者悅，遠者來〔一六〕。與民同欲則和，與民同守則固，與民同念者知〔一七〕，得民力者富，得民譽者顯，行有召寇，言有致禍〔一八〕。無先人言，後人已，附耳之語，流聞千里，言者禍也，舌者機也，出言不當，駟馬不追〔一九〕。昔者中黄子曰：「天有五方，地有五行，聲有五音，物有五味，色有五章，人有五位，故天地之間有二十五人也〔二〇〕。上五有神人、真人、道人、至人、聖人〔二一〕，次五有德人、賢人、智人、善人、辯人〔二二〕，中五有公人、忠人、信人、義人、禮人〔二三〕，次五有士人、工人、虞人、農人、商人〔二四〕，下五有衆人、奴人、愚人、肉人、小人〔二五〕。上五之與下五，猶人之與牛馬也〔二六〕。聖人者，以目視，以耳聽，以口言，以足行〔二七〕。真人者，不視而明，不聽而聰，不行而從，不言而公〔二八〕。故聖人所以動天下者，真人未嘗過焉，賢人所以矯世俗者，聖人未嘗觀焉〔二九〕。所謂道者，無前無後，無左無右，萬物玄同，無是無非〔三〇〕。

〔一〕道藏七卷本、纘義本無「也」字。桓譚新論：「梟生子，長食其母，乃能飛。」無以自爲，猶不爲己。梟，亦作「鴞」，即猫頭鷹。傳説梟食母，故以喻惡人。此謂取之不義，又不布施，既不能爲人，又不能爲己，其愚如同梟愛其子，反爲子害。吕氏春秋分職：「國非其有也，而欲有之，可謂至貪矣。不能爲人，又不能自爲，可謂至愚矣。譬白公之嗇，若梟之愛其子也。」高誘注：「梟愛養其子，子長而食其母也。」白公愛荆國之財，而殺其身也。」淮南子道應：「白公勝得荆國，不能以府庫分人，七日，石乙入曰：不義得之，又不能布施，患必至矣。不能予人，不若焚之，毋令人害我。白公弗聽也。九日，葉公入，乃發大府之貨以予衆，出高庫之兵以賦民，因而攻之，十有九日而禽白公。夫國非其有也，而欲有之，可謂至貪也，不能爲人，又無以自爲，可謂至愚矣。譬白公之嗇也，何以異於梟之愛其子也。」注：「梟子長，食其母。」

〔二〕此引老子九章語。持而盈之，即持盈而不失。「持盈」乃古之成語，國語趙語：「夫國家之事，有持盈，有定傾，有節事。」漢嚴遵作「植而盈之」，見宋陳景元道德真經藏室纂微篇引。此説甚是，帛書老子乙本正作「植而盈之，不若其已」。甲本同，損缺「若其已」三字，植乃「殖」字之異體，謂積其財貨。故與義更切。已，止。揣，說文：「揣，量也，一曰捶之。」此用後義。鋭，傅奕古本篇作「敨」，王弼注本作「梲」。陸德明釋文曰：「梲，音鋭。」帛書本作「掜」，掜，從手短聲，與「揣」音近而假，「敨」是「揣」之或字。謂錘擊刀劍使之鋭利，則易折缺，不可長保也。淮南子道應引「故老子曰：……」末句有「也」字。

〔三〕勝明，盡明也。謂道德互含，相互轉化，不可極至，陰陽亦然，不可盡明。

〔四〕祥，謂吉凶的先兆。禍福倚伏，見兆而爲善則福來，見凶兆而行善則禍不來，利害同門，禍福同域，不可勝明，唯神聖能别。參見前八章注七。

〔五〕此引老子五十八章語。

慧定案：説苑敬慎：「老子曰：『得其所利，必慮其所害；樂其所成，必顧其所敗。』人爲善者，天報以福；人爲不善者，天報以禍也。故曰：『禍兮福所倚，福兮禍所伏。』」此利害成敗，豈老子言曰！

呂氏春秋制樂：「湯退卜者曰：『吾聞祥者，福之先者也，見祥而爲不善，則福不至，妖者，禍之先者也，見妖而爲善，則禍不至。』於是早朝晏退，問疾吊喪，務鎮撫百姓，三日而穀亡。故禍兮福之所倚，福兮禍之所伏，聖人所獨見，衆人焉知其極。』」高誘注：「爲善則福應之，故禍無從至也。亡，滅。極，猶終。」

杜道堅纘義：「禍福倚伏，如影隨形，貨倍而入，必倍而出，善積而不善用，如畜梟爲子，寡不自害，利害之機，反兮覆兮，非神聖莫之能知。」

〔六〕疾，病也。將疾，將病也。甘口美味，人疾之兆，惡忠臣之言，亡國之徵。不可爲良醫，謂良醫不能救也。不可爲忠謀，謂忠謀難存亡也。

慧定案：羣書治要引「不甘魚肉之味」，有「不」字。太平御覽卷七三八引：「人之將疾也，必先不甘魚肉之味。」誤爲尹文子，也有「不」字。藝文類聚卷二十三引晏子曰：「人之將疾，必先不甘粱肉之味，國之將亡，必先惡忠臣之語。」

據此「必先甘魚肉之味」脱「不」字，檢徐靈府注，就「甘魚肉之味」爲注，則其所據本也已脱「不」字矣。

〔七〕居家理治，纘義無「治」字。理，治也。可移官長，纘義作「可移於官長」。移，遷就。官長，長官。此謂修身、齊家、治國平天下，壹本乎修身全德也。

〔八〕老子五十四章：「修之於身，其德乃真，修之於家，其德乃餘，修之於鄉，其德乃長，修之於國，其德乃豐，修之於天下，其德乃普。」

〔九〕周，周全。民以食爲天，國以民爲本，民足衣食，則德長。

〔一〇〕更，改變。時將復起，國語越語下：「時將有反，事將有間……上帝不考，時反是守。」黄帝四經十大經觀：「聖人不朽，時反是守。」時有興廢，事有成敗，不變其故，不易其常，刑不可廢，理不可易，能知此者，是謂道之綱紀也。老子十四章：「迎之不見其首，隨之不見其後，執古之道，以御今之有，能知古始，是謂道紀。」

慧定案：杜道堅纘義：「國非民不立，民非食不生，不易之理也。是故民足於衣食則可活，不足於衣食則罔功，功不立則德不長也。」

〔一一〕太平御覽卷四七二引：「帝王富其民，霸王富其地，危國富其吏，治國若不足，亂國若有餘，存國困倉實，亡國困倉虛。」困倉，貯藏糧食的倉庫，圓形的叫「困」，方形的叫「倉」。帝王富其民，厚本也，霸王廣其地，任力也，危國重斂而富官吏，治國若不足者，殷實也，亡國倉庫空虛，民不足食。御覽引「治國若不足，亡國困倉虛」。兩句間有「亂國若有餘，存國困倉實」兩句。是文子脱兩句，或治要增益？如若治要，則後四句治亂存亡相對成文，然義也有重亂，本書自然：「亂國若盛，治國若虚，亡國若不足，存國若有餘。」

〔一二〕老子五十七章：「故聖人云，我無爲而民自化，我好静而民自正，我無事而民自富，我無欲而民自樸。」

〔一三〕老子三十章：「師之所處，荆棘生焉，大軍之後，必有凶年。」慧定案：王弼只注前兩句，不見後兩句注，疑後兩句爲後人增益。師，古代軍隊編制以二千五百人爲師，五百人爲旅，古師或師旅爲軍隊的通稱。文選奏彈曹景宗注引「起師十萬，日費千金」。漢書魏相傳魏相稱「臣聞」五兵之言下，稱引「軍旅之後，必有凶年」。漢書嚴助傳記淮南王劉安稱引「臣聞軍旅之後，必有凶年。……此老子所謂師之所處，荆棘生之者也」。魏相劉安皆聞之文子也。

〔一四〕此引老子三十一章語。竇作「器」。

〔一五〕語見老子七十九章。奈何其爲不善作「安可以爲善」。此謂大怨雖和，然其意終未釋也，喻治國者當爲之於未有，治之於未亂，及其有事，然後圖之，仍積餘怨，奈何其爲不善也。

〔一六〕纘義本作「親近不以言説」，有「説」字。羣書治要引同。近者悦，遠者來，在行不在言，故精誠十一章曰：「民之化上，不從其言，從其所行。」

〔一七〕羣書治要引同，「知」作「智」，古通。同念，同思慮。道藏七卷本者作「即」。

〔一八〕羣書治要引同。冦，即「寇」，盗賊劫掠。説苑談叢：「政有招寇，行有招恥。」荀子勸學：「言有招禍也，行有招辱也。」

〔一九〕纘義本作「後人而已」，有「而」字。淮南子説林：「附耳之言，聞於千里也。」高誘注：「附，近也。近耳之言，謂竊語。聞於千里，千里知之。語曰：欲人不知，莫如不爲。」附耳之語，近耳密語，即竊竊私語。説苑談叢：「口者關也，舌者機也，出言不當，駟馬不能追也。」機，事物變化之所由，即關鍵。駟，古代一車套四馬，因以稱四馬之車或車之四馬。論語季氏：「齊景公有馬千駟。」疏：馬四匹爲駟。顔淵曰：「子貢曰：惜乎！夫子之説君子也，駟不及舌。」注，過言一言，駟馬追之不及。鄧析子轉辭：「一聲而非，駟馬勿追。一言而急，駟馬不及。」俗曰一言既出，駟馬難追，言不可不慎也。

慧定案：説苑談叢又有與鄧析子同者，「勿追」作「不能追」，「而急」作「不急」。

杜道堅纘義：「無古今治亂而不易者，土宇也，古之今之，或治或亂，而不一者，君民也。帝王富其民，霸王富其地，危國富其吏，治國若不足，亡國困倉虛，是故唐虞之代天下往戰國之世，無富民。」

〔二〇〕中黄子，纘義曰：古之真人。五方，四方中央。五行，金木水火土。五音，宫商角徵羽。五味，甘苦辛酸碱。五色，青黄赤白黑。五位，五種等位。下文釋五位。文選上責躬應詔詩表及謝平原内史表注引「昔者中黄子曰：色有五章，人有五情」。臨終詩注引「昔者中黄子曰：色有五色文章，人有五情」。御覽卷三六〇引文子同。唯「位」作「伍」，下有「五伍二十五」，有二十五人作「有二十五等人」。五行大義引文子曰：「昔者中黄子云：天有五行，地有五嶽，聲有五音，物有五味，色有五章，人有五位，故天地之間二十有五人。」

〔二一〕徐靈府注曰：變化不測曰神，純素不雜曰真，通達無礙曰道，心洞玄微曰至，周萬物曰聖。文選雜詩注引：「天地之間，有神人真人。」御覽卷三六〇引文子同。五行大義引：「上五有神人，真人，道人，至人，聖人。」

〔二二〕徐靈府注曰：含畜曰德，仁愛曰賢，明慧曰智，柔和曰善，能知曰辯。朱弁注曰：通恕曰善，文辭曰辯。御覽卷三六〇引文子同。五行大義引：「次五有德人，賢人，善人，中人，辯人。」「智人」作「中人」。

〔二三〕徐靈府注曰：無私曰公，奉君曰忠，不欺曰信，合宜曰義，恭柔曰禮。朱弁曰：不愆曰信。御覽卷三六〇引作「中伍有公人、忠人、商人、平人、直人」。五行大義引：「中五有仁人、禮人、信人、義人、智人。」

〔二四〕徐靈府注曰：事上曰士，攻器曰工，掌山澤曰虞，治田曰農，通貨曰商。朱弁注曰：監器曰工。五行大義引：「次五有仕人，庶人，農人，商人，工人。」

〔二五〕徐靈府注曰：庶類曰衆，伏役曰奴，昏昧曰愚，無慧曰肉，無識曰小人。御覽三六〇卷引同，唯「肉人」作「視肉人」。俗曰行尸走肉。五行大義引：「下五有衆人，小人，駑人，愚人，肉人。」

〔二六〕最上者神人，最下者小人，上下之差，天壤之別。御覽卷三六〇引文子同。五行大義引同。

〔二七〕聖人周萬物，假耳目口足，以視聽言行。五行大義引同。

〔二八〕真人純素不雜，守真心誠，不假耳目口足。五行大義引同，而後兩句倒爲：「不言而公，不行而從。」

〔二九〕上文云，道滅而德興，德衰而仁義生，故上世道而不德，中世守德而不懷，下世繩繩唯恐失仁義。賢人以仁愛，矯世俗，聖人未嘗觀焉，聖人周萬物，德配天地，真人未嘗過焉，故知賢人不及聖人，聖人不及真人，其造道者有深淺，品等有分別也。五行大義引：「故聖人之所動天下者，真人未嘗愚焉，賢人之所矯世俗者，聖人未嘗觀焉。」

莊子外物：「聖人之所以駴天下，神人未嘗過而問焉；賢人所以駴世，聖人未嘗過而問焉；君子所以駴國，賢人未嘗過而問焉；小人所以合時，君子未嘗過而問焉。」郭注：「神人，即聖人也，聖言其外，神言其內。趨步各有分，高下各有等。」釋文：「駴，徐音戒，謂上不問下也。」

淮南子俶真：「聖人之所以駭天下者，真人未嘗過焉，賢人之所以矯世俗者，聖人未嘗觀焉。」高誘注：「矯，拂也。」

〔三〇〕此言道，上言聖人不及真人，而真人者，體同虛無，德合天地者也。五行大義引「所謂道者」作「所謂道人者」。慧定案：五行大義曰：「文子發言二十五人，論止有四，未爲具釋。」所謂「四」者，真人、聖人、賢人，所謂道人者。然此論道，實論三也。老子云，有無相生，前後相隨，大道汜兮，其可左右，和光同塵，是謂玄同。故曰道者，無前無後，無左無右，無是無非，玄同者也。淮南說山曰：「求美則不得美，不求美則美矣；求醜則不得醜，求不醜則有醜矣；不求美又不求醜，則無美無醜矣；是謂玄同。」高誘注：「玄，天也，天無所求也。人能無所求，故以之同也。」

以上第十九章。道藏七卷本至此止。

杜道堅纘義：「中黄子者，古之真人也歟！其言曰，人有伍位，位各五等，合之凡二十有五焉。最上者神人，最下者小人，所謂上五之與下五，猶人之與牛馬，謂小人違道悖德，若馬牛而襟裾耳，聖人不及真人，賢人不及聖人，惟其造道有淺深，故品亦隨之。」

文子校釋卷第八

自　然〔一〕

老子[文子]曰：清虚者，天之明也，無爲者，治之常也，去恩慧，舍聖智，外賢能，廢仁義，滅事故，棄佞辯，禁姦僞，則賢不肖者齊於道矣〔二〕。靜則同，虛則通，至德無爲，萬物皆容，虚靜之道，天長地久，神微周盈，與物無宰〔三〕。十二月運行，周而復始，金木水火土，其勢相害，其道相待〔四〕。故至寒傷物，無寒不可，至暑傷物，無暑不可，故可與不可皆可〔五〕。是以大道無所不可，可在其理，見可不趨，見不可不去，可與不可，相爲左右，相爲表裏〔六〕。凡事之要，必從一始，時爲之紀，自古及今，未嘗變易，謂之天理〔七〕。上執大明，下用其光，道生萬物，理於陰陽，化爲四時，分爲五行〔八〕，各得其所，與時往來，法度有常，下及無能，上道不傾，羣臣一意，天地之道無爲而備，無求而得，是以知其無爲而有益也〔九〕。

〔一〕徐靈府曰：「自然，蓋道之絶稱，不知而然，亦非不然，萬物皆然。然而自然非有能然，無所因寄，故曰自然也。」

杜道堅曰：「自然者，天理。」

慧定案：老子曰：「人法地，地法天，天法道，道法自然。」王弼注云：「法自然者，在方而法方，在圓而法圓，於自然無所違也；自然者，無稱之言，窮極之辭也。」自然是形容道生萬物，不假乎人之力，而萬物自然而然生也，故徐靈府曰：自然蓋道之絶稱。羣書治要「自然」上有「道」字，作「道自然」。

〔二〕纘義本「慧」作「惠」。恩慧，即恩惠。慧，通「惠」。舍，棄也。事故，事情。佞辯，花言巧語。齊於道，同於道。

上述七者去之，則賢不肖同，復歸自然。

〔三〕神微周盈，謂神妙莫測而無主，周遍萬物而無窮。故下句曰與物無宰。黄帝四經道原：「恒先之初，迵同太虚，虚同爲一，恒一而止，濕濕夢夢，未有明晦，神微周盈，精静不熙。」

杜道堅纘義：「自然者，天理；不自然者，人欲。夫清虚而明，天之自然，無爲而治，人之自然也。自然則賢不肖者齊於道矣，是以聖人神而明之，光宅天下而物無宰焉。」

〔四〕金木水火土，五行，其勢相害，其道相待，五行相勝相生也，金克木，木克土，土克水，水克火，火克金。其勢相害；金生水，水生木，木生火，火生土，土生金。其道相待。

〔五〕四時運行，周而復始，寒暑雖酷，然不可無也，故可與不可，皆可。

〔六〕寒暑代謝，天地之道，順時無傷，理當無害，不趨向可，不舍去不可，可與不可，相反而相成也。

〔七〕凡事之要，一切事情的要領，綱要。一，數之始，道原七章曰：「無形者，一之謂也……道者，一立而萬物生矣。」

天理，天道。莊子天運：「夫至樂者，先應之以人事，順之以天理，行之以五德，應之以自然。」

〔八〕上執大明，指君法天道。上文曰：清虛者，天之明也。下用其光，指明照天下，德澤四海。理，分也。理於陰陽，分爲陰陽也。九守曰：「天地未形，窈窈冥冥，渾而爲一……離而爲四時，分而爲陰陽。」

〔九〕老子四十三章曰：「吾是以知無爲之有益，不言之教，無爲之益，天下希及之。」

慧定案：以上第一章。

杜道堅纘義：「宇宙之間，造化流行而不息者，氣而已，有神焉？莫可得而識也。一爲之始，時爲之紀，古今不忒，是謂天理。道生萬物，法度有常，有物主之，莫知或使，是以道之尊而德之貴。」

老子〔文子〕曰：樸，至大者無形狀，道，至大者無度量〔一〕。故天圓不中規，地方不中矩〔二〕。往古來今謂之宙，四方上下謂之宇，道在其中而莫知其所〔三〕，故見不遠者，不可與言大，知不博者，不可與論至〔四〕。夫稟道與物通者，無以相非，故三皇五帝法籍殊方，其得民心一也〔五〕。若夫規矩勾繩，巧之具也，而非所以爲巧也；故無弦雖師文不能成其曲，徒弦則不能獨悲，故弦悲之具也，非所以爲悲也〔六〕；至於神和，遊於心手之間，放意寫神，論變而形於弦者，父不能以教子，子亦不能受之於父，此不傳之道也〔七〕。故肅者形之君也，而寂寞者音之主也〔八〕。

〔一〕樸，道原云：無形者，作始也，作始者，樸也。參見道原一章注十七。無度量，無限也。淮南子齊俗：「樸至大者無形狀，道至眇者無度量。故天之圓也不得規，地之方也不得矩。」

〔二〕中，符合。不中規，指不能規畫。此言無形無限，不可規矩。太平御覽卷二引：「樸，至大者無形狀；道，至大者無度量。故天圓不中規，地方不中矩。」

〔三〕文選雜體詩「曠哉宇宙惠」注引文子曰：「四方上下謂之寓。」宙，指時間。宇，指空間。墨子經上：「久(宙)，彌異時也；宇，彌異所也。」經説上：「久，古今旦莫；宇，東西家南北。」莊子庚桑楚：「有實而無乎處者，宇也；有長而無本剽者，宙也。」所，居，處也。一切經音義七：宇，古文作「寓」。淮南子齊俗：「往古來今謂之宙，四方上下謂之宇。道在其間，而莫知其所。」

〔四〕見識不遠博者，不可與談論至。淮南子齊俗：「故其見不遠者，不可與語大，其智不閎者，不可與論至。」

〔五〕稟道而與物通者，謂博達通物，能明大道者。無以相非，謂所道一也，故無以相非。法籍，法典。謂三皇五帝雖法殊術異，然其爲治，得民心一也。淮南子齊俗：「夫稟道以通物者，無以相非也。譬同陂而溉田，其受水均也……故三皇五帝，法籍殊方，其得民心均也。」

〔六〕規矩，畫圓和方的工具。勾繩，通「鈎繩」，亦作「鉤繩」，正曲直的工具。莊子駢拇：「且夫待鉤繩規矩而正者，是削其性者也。」成疏：鉤曲，繩直，規圓，矩方也。師文，樂師。徒弦，只有琴弦。悲，指悲哀的曲聲，此言規矩勾繩是畫方圓正曲直的技巧工具，其本身并非技巧，如同樂師無弦不能成曲，只有琴弦而無琴師也不能自成悲曲，妙在於人。故萬物自然，也有因假也。淮南子齊俗：「若夫規矩鉤繩者，此巧之具也，而非所以巧也。故琴無弦，雖師文不能以成曲，徒弦則不能悲。故弦，悲之具也，而非所以爲悲也。」注：「師文，樂師。」

慧定案：吕氏春秋君守有「鄭大師文終日鼓瑟而興，再拜其瑟前曰，我效於子，效於不窮也。故若大師文者，以其獸者先之，所以中之也」。則樂師文可能鄭大師。列子湯問匏巴鼓琴而鳥舞魚躍，鄭師文聞之，棄家從師襄遊，柱指鈞弦，三年不成章。師襄曰：「子可以歸矣。」師文舍其琴，嘆曰：「文非弦之不能鈎，非章之不能成。文所存者不在弦，所志者不在聲，內不得於心，外不應於器，故不敢發手而動弦，且小假之，以觀其後。」張湛注：「師文，鄭國樂師。」故心、手、器三者應和而和音發。文子下文云，至於神和，遊於心手之間，放意寫神。

〔七〕神和，心和。遊，行。放意，猶放心。寫神，抒發心意。論變而形於弦，表現於琴弦而發出聲調的變化。不傳之道，謂彈琴的妙道是不可言傳的。上仁曰：「道之所以至妙者，父不能教子，子亦不能受之於父，故道可道，非常道也。」

〔八〕肅，徐靈府注：肅，肅静也。俞樾讀文子曰：「肅當作蕭，蕭下脱條字，蕭條寂寞相對成文，蕭條則無形也，而爲形之君，寂寞則無音也，而爲音之主。……淮南子齊俗篇正作蕭條。」

慧定案：以上第二章。

杜道堅纘義：「樸大無形，道大無量。天圓地方，道在其中。故三皇五帝，法籍殊方，其得民心一也。若夫規矩勾繩，則是爲巧之具，非所以爲巧矣，師文之琴有類乎是。」

老子[文子]曰：天地之道，以德爲主，道爲之命，物以自正〔一〕。至微甚內，不以事貴，故不待功而立，不以位爲尊，不待名而顯，不須禮而莊，不用兵而强〔二〕。故道立而不教，明照而不察，道立而不教者，不奪人能也，明照而不察者，不害其事也〔三〕。夫教道者，逆於德，害於物，故陰陽四時，金木水火土，同道而異理，萬物同情而異形[四]。智者不相教，能者不相受，故聖人立法，以導民之心，各使自然，故生者無德，死者無怨[五]。「天地不仁，以萬物爲芻狗，聖人不仁，以百姓爲芻狗。」[六]夫慈愛仁義者，近狹之道也，狹者入大而迷，近者行遠而惑，聖人之道，入大不迷，行遠不惑，常虛自守，可以爲極，是謂天德[七]。

〔一〕命，運命。道生爲命。道因德以生物，故以德爲主，道生爲命，物以自正，自然而已，何須用心。本書上德：「聲自召也，類自求也，名自命也，人自官也。」黄帝四經經法論：「名實不相應則定，名實不相應則靜。物自正也，名自命也，事自定也。」

〔二〕甚内，最内，即無内之内。下文六章云：「至微無形，天地之始，至微無物，故能周恤，至細無内，故爲萬物貴，故曰不以事貴。」莊，莊重，嚴肅。此言尊道貴德，何須名位而顯尊，何用甲兵而勝人。

〔三〕道存則教遺，明極則無察，自然已足。爲則敗之，憂道之不明，而立教察事，道既立矣，則處無爲之事，行不言之教。

杜道堅纘義：「古人質樸，其俗同，故不待教；後人澆灕，其俗異，故聖人憂道之不明而教立。夫天地之道，以德爲主，而道爲之命，物各自正，自然而已，聖人何庸心哉！」

〔四〕教道，即教導，道通「導」。逆於德害於物，徐靈府注曰：「逆德者，謂德衰而教興，害物者，謂先損而後益。」理，文理。韓非曰：「理者，成物之文也。」道謂一般規律，理爲特殊規律，陰陽四時五行同道而異理，萬事萬物同情而殊形。

〔五〕不相教，謂不能相互教導。不相受，謂不能相互授受。此謂教有本末，人有賢愚，聖人立法垂教，開迷導蒙，使之各盡其分，歸乎自然，故生不矜其德，死不怨乎天也。纘義本「智」作「知」，古通。「無德」、「無怨」下有「也」字。

〔六〕此引老子五章語。不仁，謂無爲而任自然。芻狗，用草扎的狗，用於禱雨。既禱則棄之，時用而貴，時失而賤，喻萬物各適其所用也。

〔七〕近狹之道，淺近狹窄之道。聖人之道，指上文慈愛仁義導民心之道。聖人之道，導民之心，各使自然，故謂得天之自然。

慧定案：莊子刻意：「夫恬惔寂漠，虚無無爲，此天地之平，而道德之質也。……虚無恬惔，乃合天德。」郭注：「乃與天地合其恬惔之德也。」荀子不苟：「唯仁之爲守，唯義之爲行，誠心守仁則形，形則神，神則能化矣；誠心行義則理，理則明，明則能變矣，變化代興，謂之天德。」楊倞注云：「致其誠在仁義，誠心守於仁愛，則必形見於外；義行則事有條理，明而易人不敢欺；既能變化，則德同於天。」

以上第三章。

杜道堅纘義：「古之教者以道，今教者以利，此道之所以不行也。夫聖人立法以導民心，使各安其自然之分，生者自生，死者自死，德怨何有哉！」

老子〔文子〕曰：聖人天覆地載，日月照臨，陰陽和，四時化，懷萬物而不同，無故無新，無疏無親〔一〕。故能法天者，天不一時，地不一材，人不一事，故緒業多端，趨行多方〔二〕。故用兵者，或輕或重，或貪或廉，四者相反，不可一也，輕者欲發，重者欲止，貪者欲取，廉者不利非其有也〔三〕。故勇者可令進鬥，不可令持堅，重者可令固守，不可令凌敵，貪者可令攻取，不可令分財，廉者可令守分，不可令進取，信者可令持約，不可令應變，五者，聖人兼用而材使之〔四〕。夫天地不懷一物，陰陽不産一類，故海不讓水潦以成其大，山材不讓枉撓以成其崇，聖人不辭其負薪之言以廣其名〔五〕。夫守一隅而遺萬方，取一物而棄其餘，則所得者寡，而所治者淺矣〔六〕。

〔一〕不同，謂和而不同也。謂聖人之德，覆載如天地，照臨如日月，茫然無爲而天下和，轉輪四時而萬物化，殊俗異類，和而不同，莫不各安其居，宜其性，無舊無新，無親無疏，而一於道。淮南子泰族作「日月照」，無「臨」字，「和」作「調」，「懷萬物而不同」，無「懷」和「而」字，作「萬物不同」。

〔二〕纘義本「者」作「也」。緒業，遺業，事業。此言殊方異端而同道。管子宙合：「天不一時，地不一利，人不一事，可正而視，定而履，深而跡。」淮南子泰族：「故能法天，天不一時，地不一利，人不一事，是以緒業不得不多端，趨行不得不殊方。」

〔三〕輕，謂輕敵。與「重」相對。四者，指輕重貪廉四種用兵的態度。相反，不一也。各有所利，故不可一。不利非其有，有利不應有的利。淮南子泰族作「此四者相反而不可一無也」。有「此」、「而」、「無」字。句末無「也」字。

〔四〕纘義本「凌」作「陵」。相通也。持堅，堅守。凌敵，侵犯敵人。材使之，謂因材而使之。淮南子泰族「鬥」下有「而」字，「持堅」作「持牢」，「固守」作「埴固」，下有「而」字，「攻取」作「進取」，下有「而」字，

「分財」作「守職」，「守分」下有「而」字，「持約」下有「而」字，「五者」作「五者相反」，「材」作「財」。

〔五〕纘義本作「不辭負薪之言」，無「其」字。不懷一物，與上文「天不一時，地不一材」同義。水潦，雨後的流水，言百川歸海以成海之大。崇，高也。負薪之言，指卑賤人之言。後漢書班固傳：「時固始弱冠，奏記説蒼曰：……采擇狂夫之言，不逆負薪之議。」注：負薪，賤人也。文選諫逐客書注引「聖人不讓負薪之言以廣其名」。

〔六〕淮南子泰族：「夫天地不包一物，陰陽不生一類，海不讓水潦以成其大，山不讓土石以成其高。」一隅，一個方面。此言聖人之德，懷萬物，納微言，得衆而能治也。淮南子泰族：「夫守一隅而遺萬方，取一物而棄其餘，則所得者鮮，而所治者淺矣。」

慧定案：以上第四章。

杜道堅纘義：「天之命者一，氣感不同，性隨質異，變有萬殊，不可率而齊也。聖人憲天法道，不以殊方異俗爲之間，而覆之載之，養之育之，一而已矣。」

老子〔文子〕曰：天之所覆，地之所載，日月之所照，形殊性異，各有所安，樂所以爲樂者，乃所以爲悲也，安所以爲安者，乃所以爲危也〔一〕。故聖人之牧民也，使各便其性，安其居，處其宜，爲其所能，周其所適，施其所宜，如此即萬物一齊，無由相過〔二〕。天下之物，無貴無賤，因其所貴而貴之，物無不貴，因其所賤而賤之，物無不賤〔三〕，故不尚賢者，言不放魚於木，不沈鳥於淵〔四〕。昔堯之治天下也，舜爲司徒，契爲司馬，禹爲司空，后稷爲田疇，奚仲爲工師〔五〕，其導民也，水處者漁，林處者采，谷處者牧，陵處者田，地宜事，事宜其械，械宜其材，皋澤織網，陵坂耕田，如是則民得以所有易所無，以所工易所拙〔六〕。是以離叛者寡，聽從者衆，若風之過蕭，忽然而感之，各以清濁應，物莫不就其所利，避其所害〔七〕。是以鄰國相望，鷄狗之音相聞，而足跡不接於諸侯之境，車軌不結於千重之外，皆安其居也〔八〕。故亂國若盛，治國若虛，亡國若不足，存國若有餘。虛者，非無人也，各守其職也；盛者，非多人也，皆徼於末也；有餘者，非多財也，欲節而事寡也；不足者，非無貨也，民鮮而費多也〔九〕；故先王之法，非所作也，所因也，其禁誅，非所爲也，所守也，上德之道也〔一〇〕。

〔一〕天覆地載，日月所照，萬物殊形，各異其性，此自然也。因其性而安之，則各有所安。樂所以爲樂者，因其樂樂之也，因己樂樂之則悲，因其安安之則安，以己安安之則危。淮南子齊俗：「形殊性詭，所以爲樂者，乃所以爲哀，所以爲安者，乃所以爲危也。」

〔二〕淮南子齊俗：「乃至天地之所覆載，日月之所照認，使各便其性，安其居，處其宜，爲其能，故愚者有所修，智者有所不足……各用之於其所適，施之於其所宜，即萬物一齊，而無由相過。」纘義本「牧民」作「養牧民」。慧定案：牧民，治民。以畜牧養民，喻聖人之治民。管子有牧民篇。周，全，合。周其所適，合其所適。萬物一齊，萬物一列。天地生萬物，形殊而性異，各有所安，各因其材，無由相過，萬物一齊，齊物理也。莊周齊物論即此義也。故郭象注曰：「夫自足而非彼，美己而惡人，物莫不皆然，然故是非雖異，而彼我均也。」故萬物一齊，乃從自然之性而論，非謂萬物同等。荀子榮辱曰：「斬而齊，枉而順，不同而一。」此從禮義之分的人倫而言，非謂人人平等。尚書曰：「維齊非齊。」此之謂也。

〔三〕莊子秋水曰：「以道觀之，物無貴賤，以物觀之，自貴而相賤，以俗觀之，貴賤不在己。」淮南子齊俗：「由此觀之，物無貴賤，因其所貴而貴之，物無不貴也；因其所賤而賤之，物無不賤也。」

〔四〕纘義本「沈」作「沉」。尚賢，謂尚智能。不尚賢，此引老子三章語，文子下釋之。因魚游應放於水，因鳥飛應放於林，各安其性，若相反置，如「尚賢」矣。御覽卷九三五引作「因所貴而貴之，物無不貴，因所賤而賤之，物無不賤，故不放魚於水，沉鳥於淵」。淮南子齊俗作「故老子曰：不上賢者，言不致魚於水，鳥沈於淵」。

慧定案：見證淮南子抄文子，將文子之言一并爲老子之言矣。

杜道堅纘義：「善牧民者不一其法，形殊性異，各有所安，反而置之，則生道失矣。然則，莊周之謂齊物論者，豈齊物者，齊物理也。天之生物，各因其材而篤之。」

〔五〕文選漢高祖功臣頌注引文子同，在「奚仲爲工師」下，直接「是以離叛者寡」，無「其導民也」段。羣書治要引「昔者堯之治天下」直接「其導民也」。無舜、契、禹、后稷、奚仲等句。堯，傳説中之古帝唐堯氏。舜，傳説中之古帝虞舜。司徒，官名。周禮地官云，大司徒主管教化，爲六卿之一。契，人名。傳説中爲商族的始祖，帝嚳之子。司馬，官名。周禮云，夏官大司馬之屬，有軍司馬、輿司馬、行司馬。禹，即夏禹。司空，官名。西周時主管建築工程。國語周語：「司空不視涂」注：司空，卿官，掌道路者。后稷，傳説爲周的先祖，相傳其母曾欲棄之不養，故名「棄」，因封於邰，號后稷，别姓姬氏。田疇，種莊稼的土地，谷地爲田，麻地爲疇，國語周語「民力雕盡，田疇荒蕪。」此指掌農業生産的官。左傳昭公二十九年：「稷，田正也。」注：掌播殖也。奚仲，人名。相傳爲最早造車的人。是夏代的車正。工師，古代主管百工的官。管子立政：「使刻鏤文采毋敢造於鄉，工師之事也。」淮南子齊俗「昔」作「故」，「田疇」作「大田師」，「工師」無「師」字。

〔六〕羣書治要引：「昔者堯之治天下，其導民也，水處者漁，山處者木，谷處者牧，陸處者田，地宜其事，事宜其械，械宜其人，如是則民以所有易所無，以所巧易所拙也。」太平御覽卷八三三引「堯使水處者漁，山處者木，事宜其械，械宜其人」。水處者漁，謂居處在江湖河海水域之地的從事漁業。林，指山林。采，指採伐木材。淮南子齊俗作「山處者木」。谷，山間。牧，指畜牧業。陵，土山。纘義作「陸」。淮南子作「陸處者農，地宜其事」，有「其」字，「械宜其材」，「材」作「用」，下有「用宜其人」，「皋澤」作「澤皋」，無「如是則民」四字。陸，高平之地。地宜事，據下文此脱「其」字，纘義作「地宜其事」。是。械，器物。莊子天地：「有械物於此，一日侵百畦，用力甚寡而見功多。」皋，岸也。皋澤，即水澤岸上。坂，同「阪」，山坡，斜坡。叢刊本作「坡」。陵坂，即土山坡。易，交换。工，精巧。拙，粗劣。此言堯之導民，因其勢而居之，因其宜而安之，因其才而使，則有無相易，巧拙相資。

〔七〕文選漢高祖功臣頌注引：「……奚仲爲工師。是以離畔者寡，聽從者衆，若風之過簫，忽然感之，各以清濁應物也。」

羣書治要引：「是以離叛者寡，聽從者衆，若風之過箭，忽然感之，各以清濁應矣。」蕭，艾蒿。據下文「忽然而感之，各以清濁應」。蕭，當作「簫」。徐靈府注云，「由風之過蕭，則聲從所感。」知蕭字爲「簫」之刻誤。羣書治要作「箭」，也刻誤也。籥，竹製管樂器。

淮南子齊俗：「是故離叛者寡，而聽從者衆，譬若播棊丸於地，員者走澤，方者處高，各從其所安，夫有何上下焉。若風之遇籥，忽然感之，各以清濁應矣。夫猨狖得茂木，不舍其穴，狟狢得埵防，弗去而緣，物莫避其所利，而就其所害。」注：「籥，籟也。」「物莫辟其所利而就其所害」，與義相反。

〔八〕羣書治要引同。老子云，小國寡民，鄰國相望，鷄犬之聲相聞，民之老死不相往來。此文子釋老子之言，謂適性安居也。車軌不結於千里之外，謂甲兵不用也。淮南子齊俗襲文子，末句作「皆各得其所安」。而莊子胠篋則以另一角度説明「至德之世」：「當是時也，民結繩而用之，甘其食，美其服，樂其俗，安其居，鄰國相望，鷄狗之音相聞，民至老死而不相往來。若此之時，則至治矣。今遂至使民延頸舉踵曰某所有賢者，贏糧而趣之，則内棄其親，而外去其主之事，足跡接乎諸侯之境，車軌結乎千里之外，則是上好知也過也。」

〔九〕徼，求也。通「邀」。鮮，少也。羣書治要引「故」作「夫」，「無人」、「多人」、「多財」、「無貨」下四「也」字無，「鮮」作「躁」。淮南子齊俗「各守」作「皆守」，「欲節」下無「而」字，「鮮」作「躁」。

〔一〇〕羣書治要引同。因，依順。管子心術：「其應非所設也，其動非所取也，此言因也。因也者，舍己而以物爲法者也。」守，防守。謂禁誅之法，非所以爲殺，因物之性，以爲堤防也，凡此則得自然之道也。淮南子齊俗：「故先王之法籍，非所作也，其所因也；其禁誅，非所爲也，其所守也。」

慧定案：以上第五章。

杜道堅纘義：「古之君天下者，君逸臣勞，無爲而治，堯之時，舜爲司徒，契爲司馬，禹爲司空，百官分職，各以其能，惟官得其人，則民安其處，功成事遂，百姓皆謂我自然。」

老子［文子］曰：以道治天下，非易人性也，因其所有而條暢之，故因即大，作即小〔一〕。古之瀆水者，因水之流也，生稼者，因地之宜也，征伐者，因民之欲也，能因則無敵於天下矣〔二〕。物必有自然而後人事有治也，故先王之制法，因民之性而爲之節文，無其性，不可使順教，有其性，無其資，不可使遵道〔三〕。人之性有仁義之資，其非聖人爲之法度，不可使向方，因其所惡以禁奸，故刑罰不用，威行如神，因其性即天下聽從，拂其性即法度張而不用〔四〕。道德者則功名之本也，民之所懷也，民懷之則功名立〔五〕。古之善爲君者法江海，江海無爲以成其大，窊下以成其廣，故能長久〔六〕，爲天下谿谷，其德乃足，無爲故能取百川，不求故能得，不行故能至，是以取天下而無事〔七〕。不自貴故富，不自見故明，不自矜故長，處不有之地，故爲天下王，不爭故莫能與之爭，終不爲大故能成其大，江海近於道，故能長久，與天地相保〔八〕。王公修道，則功成不有，不有即强固，强固而不以暴人〔九〕，道深即德深，德深即功名遂成，「此謂玄德，深矣！遠矣！其與物反矣。」〔一〇〕天下有始，莫知其理，唯聖人能知所以，非雄非雌，非牝非牡，生而不死，天地以成，陰陽以形，萬物以生〔一一〕。故陰與陽，有圓有方，有短有長，有存有亡，道爲之命，幽沉而無事，於心甚微，於道甚當，死生同理，萬物變化，合於一道〔一二〕。簡生忘死，何往不壽，去事與言，慎無爲也。守道周密，於物不宰〔一三〕。至微無形，天地之始，萬物同於道而殊形，至微無物，故能周恤，至大無外，故爲萬物蓋，至細無内，故爲萬物貴〔一四〕。道以存生，德以安形，至道之度，去好去惡，無有知故，易意和心，無以道迕〔一五〕。夫天地專而爲一，分而爲二，反而合之，上下不失；專而爲一，分而爲五，反而合之，必中規矩〔一六〕。夫道至親不可疏，至近不可遠，求之遠者，往而復反〔一七〕。

〔一〕淮南子泰族：「聖人之治天下，非易民性也，拊循其所有而滌蕩之，故因則大，化則細矣。」非易人性，不是改變人性。條暢，條理通暢。謂順自然也。淮南子泰族誤作「滌蕩」。因，見上章注十。作，爲也。本書道原：「因即大，作即細。」羣書治要：「因其有」無「所」字。無「故因即大，作即小」句。

〔二〕羣書治要：「古瀆水者，因水之流，産稼者，因地之宜，征戰者，因民之欲，能因即無敵於天下矣。」瀆，溝渠。此作動詞用。瀆水，謂開渠水。稼，禾之秀實爲稼。生稼，謂種莊稼。征伐，謂出兵討伐。孔子曰：「天下有道，禮樂征伐自天子出，天下無道，禮樂征伐出自諸侯。」古時征伐與攻戰異，孟子盡心：「征者，上伐下也，敵國不相征也。」因民之欲，指因被征伐國之民的要求。淮南子泰族：「禹鑿龍門，闢伊闕，決江濬河，東注之海，因水之流也；后稷墾草發菑，糞土樹穀，使五種各得其宜，因地之勢也；湯武革車三百乘，甲卒三千人，討暴亂，制夏商，因民之欲也；故能因則無敵於天下矣。」

〔三〕纘義本「民」作「人」。羣書治要引：「故先王之制法，因民之性而爲之節文，無其性，無其養，不可使遵道也。」慧定案：物必有自然而後人事有治，謂不易物之自然，因物之相然，無爲而無不治也。節文，制定具體的細節條文。孟子離婁：「禮之實，節文斯二（仁義）者是也。」管子心術：「禮者，因人之情，緣義之理，而爲之節文者也。」順教，淮南子泰族作「教訓」。治要所引有脱誤。無其性，不可使順教，如下文所説，因人之性有仁義之資，有其性，無其資，也不可使遵道。如無其性，無其資，則根本不可教矣。淮南子泰族：「夫物有以自然，而後人事有治也……故先王之制法也，因民之所好而爲之節文者也。因其好色而制婚姻之禮，故男女有別；因其喜音而正雅頌之聲，故風俗不流；因其寧家室，樂妻子，教之以順，故父子有親；因其喜朋友而教之以悌，故長幼有序；然後修朝聘以明貴賤，饗飲習射以明長幼，時搜振旅以習用兵也，入學庠序，以修人倫，此皆人之所有於性，而聖人之所匠成也。故無其性，不可教訓，有其性，無其養，不能遵道。」

〔四〕羣書治要引「其非聖人」作「非聖王」，「神」下有「矣」字，「拂」作「咈」。淮南子泰族：「人之性有仁義之資，非聖人爲之法度而教導之，則不可使鄉方，故先王之教也，因其所喜以勸善，因其所惡以禁姦，故刑罰不用，而威行如流，政令約省，而化燿如神，故因其性則天下聽從，拂其性則法懸而不用。」

慧定案：人之性有仁義之資，謂人之性有可知可能仁義的質具。道原七章曰：「原人之性，邪穢久湛於物即易，易而忘其本，即合於其若性。」與荀子禮論所説：「性者，本始材樸也。」相一致。荀子性惡曰：「涂之人也，皆有可以知仁義法正之質，皆有可以能仁義法正之具。」即謂人皆有耳目聰明，可學可事仁義之資質。文子「人之性有仁義之資」，即荀子所謂人皆有可以知，可以能仁義之「質」「具」也，非謂人之本性有仁義也。徐靈府注曰：「道德仁義，雖本性皆有，而非聖王爲法度，行其權賞，導之以德，齊之以禮，威之以刑，則無由復自然之性而能方向矣。」非也。聖人爲之法度者，因民之性而爲之節文也。此即仁義之教也，因其性而教化則天下從，此謂因道也。

杜道堅纘義：「聖人因人性而設教，觀風俗以爲治，民之所好好之，民之所惡惡之，是以民心歸往，而無敵於天下矣。」

〔五〕得道立功名之本。

〔六〕窊，低下。同「窪」。叢刊本作「注」。老子曰：「江海所以能爲百谷王者，以其善下之。」御覽卷六〇引作「古之善爲君者，法海以象其大，注下以成其廣。」

〔七〕老子曰：「爲天下谿，常德不離，爲天下谷，常德乃足，是以取天下常以無事，及其有事，不足以取天下。

〔八〕老子曰：曲則全，枉則直，窪則盈，敝則新……不自見故明，不自是故彰，不自伐故有功，不自矜故長。夫唯不争，故天下莫能與之争。故文子曰：法江海近於道，君善下則王天下，故能長久，與天地相保。

〔九〕功成不有，謂不居功自矜也。纘義無「則」字。堅固，堅强，剛强。暴人，欺侮人。

〔一〇〕遂成，成功。此引老子六五章「常知稽式，是謂玄德，玄德深矣，遠矣，與物反矣。」玄德，老子曰：「生而不有，爲而不恃，長而不宰，是謂玄德。」王弼注：「凡言玄德，皆有德而不知其主，出乎幽冥。其與物反，謂反其真也。」

慧定案：杜道堅纘義：「道德非釣名之具，而名隨之。古之善爲君者，守無爲之德，處不争之地，功成不有，故能與天地相爲長久。」

〔一一〕天下有始，指「道」。老子五十二章曰：「天下有始，以爲天下母。」又一章曰：「無名，萬物之始也。」牝牡，雌雄也。此言道無形無名，始成萬物，以始以成，不知其所由，萬物以生，陰陽自然耳。

〔一二〕陰與陽，纘義作「陰之與陽」。莊子則陽：「天地者，形之大者也，陰陽者，氣之大者也，道者爲之公。」陰陽有剛柔之理，萬物有長短方圓之質，致於道也，非存非亡，非圓非方，始終無極，變化無方；道生爲命，無事無心，萬物變化，合於自然。

〔一三〕簡，怠慢，輕視。壽，自然之年壽。去事與言，謂無事無言。故曰慎無爲也。於物不宰，順物自然。莊子大宗師：「夫孟孫氏盡之矣，進於知矣，唯簡之而不得，夫已有所簡矣，孟孫氏不知所以生，不知所以死，不知就先，不知就後，若化爲物，以待其所不知之化已乎！」郭注：「盡死生之理，應内外之宜者，動而以天行，非知之匹也。簡擇死生而不得其異，若春秋冬夏四時行耳。已簡而不得，故無不安，無不安，故不以生死槩意而付之自化也。所遇而安，不違化也。死生宛轉與化爲一，猶乃忘其所知於當今，豈待所未知而豫憂者哉。」成玄英疏云：「孟孫氏窮哀樂之本，所以無樂無哀，盡生死之源，所以忘生忘死，既而本跡難測，故能合内外之宜，應物無心，豈是運知之匹者邪？夫生來死去，譬彼四時，故孟孫氏簡擇不得其異，雖復有所簡擇，竟不知生死之異，故能安於變化，而不以哀樂槩懷也。一於生死，故無去無就，冥於變化，故順化爲物，豈待其所不知之化乎！」

〔一四〕至微。即至小，至細，謂無内之内的道。至微無形，謂道無形，是天地之始母，其能周恤萬物而無礙，故爲萬物貴。至大，即無外之外的道。至大無外，至微甚内，指道的無極限性。黄帝四經道原：「天弗能覆，地弗能載，小以成小，大以成大，盈四海之内。又包其外。」管子心術：「道在天地之間，其大無外，其小無内。」莊子天下：「至大無外，謂之大一，至少無内，謂之小一。」

〔一五〕知故，即智故，巧詐也。無以道迕，無與道逆也。纘義作「無與道迕」。此謂守道以存生安形，無好惡，無智故，心意和，合自然。

〔一六〕專，通「摶」。天地之氣，摶而爲一，一之爲和，分而爲陰陽。天地專而爲一，謂合天地之德爲一。反而合之，謂陰陽相反而合和，天地合和德。上下，謂天上地下。五，五行。專而爲一，分爲陰陽，化爲五行。必中規矩，謂陰陽五行其勢相害，其道相待，必合法則。

〔一七〕至親不可疏，至近不可遠，謂大道坦坦，去身不遠，修之於身，其德乃真。往而復反，謂求諸遠者，不如近求諸身也。

慧定案：以上第六章。

杜道堅纘義：「能知古始，是謂道紀。道其天下之始乎？無形而大，不言而信，變化無方，莫知其理，唯聖人知之。是以日應萬機，無與道迕，反而合之，爲道之紀。」

老子〔文子〕曰：帝者有名，莫知其情，帝者貴其德，王者尚其義，霸者通於理〔一〕。聖人之道，於物無有，道狹然後任智，德薄然後任刑，明淺然後任察。任智者中心亂，任刑者上下怨，任察者下求善以事上即弊〔二〕。是以聖人因天地以變化，其德乃天覆而地載，道之以時，其養乃厚，厚養即治，雖有神聖，夫何以易之〔三〕。去心智，省刑罰，反清静，物將自正〔四〕。道之爲君如尸，儼然玄默，而天下受其福，一人被之不褒，萬人被之不褊〔五〕。是故重爲慧，重爲暴，即道迕矣〔六〕。爲惠者布施也，無功而厚賞，無勞而高爵，即守職者懈於官，而遊居者亟於進矣〔七〕。夫暴者妄誅，無罪而死亡，行道者而被刑，即修身不勸善，而爲邪行者輕犯上矣〔八〕。故爲惠者即生奸，爲暴者即生亂，奸亂之俗，亡國之風也〔九〕。故國有誅者而主無怒也，朝有賞者而君無與也，誅者不怨君，罪之當也，賞者不德上，功之致也〔一〇〕；民之誅賞之來，皆生於身，故務功修業，不受賜於人，是以朝廷蕪而無跡，田壄辟而無穢〔一一〕，故「太上，下知而有之」〔一二〕。王道者，處無爲之事，行不言之教，清静而不動，一度而不徭，因循任下，責成而不勞〔一三〕，謀無失策，舉無過事，言無文章，行無儀表，進退應時，動静循理，美醜不好憎，賞罰不喜怒〔一四〕。名各自命，類各自以，事由自然，莫出於己〔一五〕；若欲狹之，乃是離之，若欲飾之，乃是賊之〔一六〕。天氣爲魂，地氣爲魄，反之玄妙，各處其宅，守之勿失〔一七〕，上通太一，太一之精，通合於天〔一八〕。天道嘿嘿，無容無則，大不可極，深不可測，常與人化，智不能得，輪轉無端，化遂如神，虚無因循，常後而不先〔一九〕。其聽治也，虚心弱志，清明不闇〔二〇〕，是故羣臣輻輳并進，無愚智賢不肖，莫不盡其能，君得所以制臣，臣得所以事君，即治國之所以明矣〔二一〕。

〔一〕羣書治要引：「帝者貴其德也，王者尚其義也，霸者迫於理也。」本書微明：「五帝貴德，三皇用義，五伯任力。」貴德無爲而治，尚義誅暴安民，通於理，謂任智力應機數。

〔二〕羣書治要引：「道狹然後任智，德薄然後任刑，明淺然後任察。」於物無有，於物無宰，即無心於物。道狹，道藏、叢刊本作「道挾」。誤。上三章曰：「夫慈愛仁義者，近狹之道也。」參見三章注七。此據道藏輯要、纘義本。任智，任智力。微明曰：「五伯任力。」徐注：任智力也。中心亂，心亂。纘義本作「心中亂」，下求善以事上，謂臣下討好君上。弊，同「敝」，通「蔽」。御覽六三六卷引文子同。也作「道狹」，中心作「心」，以事上作「以事其上」。

此謂失道者任智、刑、察，則亂、怨、蔽也。

〔三〕道之以時，導之以時。道導通。治，亂也。夫何以易之，彼何以易之。夫，彼也，人稱代名詞。

〔四〕反清静，指棄任察，清静而神明則察。杜道堅纘義：「開物之初，帝者爲誰？太古三皇，民如嬰兒，呼吸太和，無思無爲；上古三皇，民如孩提，含哺鼓腹，爲無所爲；下古三皇，民童時樸散道行，爲所以爲，庖生粒食，天下親之。五帝貴德，天下譽之；三王尚義，天下畏之；五伯失理，天下侮之。玄聖不作，素王述之，立言垂教，爲萬世師，聖人復起，無以易之。」

〔五〕淮南子主術：「君人之道，其猶零星之尸也，儼然玄默，而吉祥受福。是故得道者不爲醜飾，不爲僞善，一人被之而不褎，萬人蒙之而不褊。」道之爲君，即爲君之道。淮南子主術作「君人之道」。尸，主也。尸原爲祭主，古代祭祀時，代死者受祭，象徵死者神靈的人，後改用神像。如尸，謂居其位而無事。莊子逍遥遊：「夫子立而天下治，而我猶尸之，吾自視缺然。」儼然，矜持莊重的樣子。玄默，清静無爲。淮南子主術高注：尸不言語，故曰玄默。褎，服裝盛貌，淮南子高注曰：褎，大也。褊，衣服狹小。故高注曰，褊，小也。

〔六〕慧，通「惠」。纘義作「惠」。重爲惠，重賞也。重爲暴，重罰也。道迕，逆道也。俞樾讀文子曰：「迕上當有不字，傳寫脱之。重爲慧者，不輕於爲惠也，重爲暴者，不輕於爲暴也，杜道堅纘義曰（按：非杜道堅纘義，是徐靈府注曰）：故惠不妄施，刑不妄加，即暴亂不興而順於道。是杜氏（應爲徐氏）所據本正作即不迕矣。故以順於道釋之，若作道迕，迕則逆矣，何言順乎？下文……申説爲惠之不可不重也……爲暴之不可不重也，以下文徵之，知重爲惠，重爲暴，自是美事，則迕之當爲不迕，明矣。淮南子主術篇作則治道通矣，高誘注曰：通猶順也。文雖不同，而義同也。」俞説非也。觀徐注，惠不妄施，刑不妄加，則暴亂不興而順於道，此反義而注，然則惠妄施，刑妄加，則暴亂起而逆於道，妄施妄加，即重爲惠重爲暴。觀下文，正是申重爲惠，重爲暴，而逆於道。又淮南子主術作「重爲惠，若重爲暴」。是其證。

〔七〕淮南子主術作「爲惠者，尚布施也」下同。遊居者，指無正業的遊閑之人。亟，趕快。

〔八〕淮南子主術：「爲暴者，妄誅也，無罪者而死亡，行直而被刑，則修身者不勸善，而爲邪者輕犯上矣。」高誘注：「言不可不慎也。」修身，纘義下有「者」字。

〔九〕風，風俗，風氣。淮南子主術二「即」字無，「爲暴」前有「而」字。高誘注：「風，化。」

〔一〇〕無與，不是施與。德上，感恩於君上。此謂誅以懲奸，賞以勸善，因法而行罰，因功而行賞，誅當其罪，賞當其功，非君主之好惡，不重賞，不重罰，則誅者不怨，賞者不德。淮南子主術：「是故明主之治，國有誅者，而主無怒焉；朝有賞者，而君無與焉。誅者不怨君，罪之所當也，賞者不德上，功之所致也。」

〔一一〕民之誅賞，纘義、叢刊本作「民知誅賞」。皆生於身，猶皆由己也。蕪而無跡，即無蕪跡。墅，古「野」字。辟，通「闢」。無穢，謂稼穡繁殖。淮南子主術：「民知誅賞之來，皆在於身也，故務功修業，不受贛於君，是故朝廷蕪而無跡，田野辟而無草。」高誘注：「贛，物也。」贛，當爲「賜」，如端木賜字子貢(贛)，名與字相應也。

〔一二〕此引老子十七章語。王弼注曰：「太上，謂大人也，大人在上，故曰太上。大人在上，居無爲之事，行不言之教，萬物作焉而不爲始，故下知有而已，言從上也。」淮南子主術：「故太上，下知有之。」高誘注：「言太上之世，下知之人，皆能有此術。」

慧定案：杜道堅纘義：「春生秋殺，天之道也，人主法天行道，爲臣子者，知所懲勸刑賞之來，皆由自己，莫不務功修業，無僥倖之心。朝廷正而田野闢，太上之風，宜可復矣。」

〔一三〕羣書治要引：「王道者，處無爲之事，行不言之教，因循任下，責成不勞。」無「清静而不動，一度而不傜（摇）」句。纘義本作「一定而不摇」。王道，君王之道，爲君之道。此非儒家以仁義治天下的「王道」，而是以無爲而治的爲君之道。淮南子主術作「主術」。傜，纘義、叢刊本作「摇」。責成，責任成功。韓非子外儲説右：「人主者，守法責成以立功者也。」鹽鐵論刺復：「故任能者責成而不勞，任己者事廢而無功。」淮南子主術：「王道者」作「人主之術」，「因循而任下」，有「而」字。

〔一四〕羣書治要引無「言無文章，行無儀表」句，前「不」字作「弗」。淮南子主術：「是故心知規而師傅諭導，口能言而行人稱辭，足能行而相者先導，耳能聽而執正進諫。是故慮無失策，謀無過事，言爲文章，行爲儀表於天下，進退應時，動静循理，不爲醜美好憎，不爲賞罰喜怒。」高誘注：「規，謀也。師者，所從取法則者也。傅，相也。諭導，以正道也。相，儀也。諫，或作謀也。儀表於天下，爲天下人所法則也。」慧定案：過事，錯事。舉無過事，舉事無錯。文章，文辭。言無文章，指不言之教。儀表，標準，榜樣。行無儀表，指處無爲之事。淮南子主術作「言爲文章，行爲儀表於天下」。誤矣！與道家「處無爲之事，行不言之教」思想不合。賞罰不喜怒，不喜賞怒罰也。

〔一五〕自以，自由，自從。此言莫出於己，皆歸自然。上德曰：「聲自召也，類自求也，名自命也，人自官也。」黄帝四經論曰：「物自正也，名自命也，事自定也。」凡此皆曰自然也。淮南子主術：「名各自名，類各自類，事猶自然，莫出於己。」又繆稱：「聲自召也，貌自示也，名自命也，人自官也，無非己者。」

〔一六〕狹之，疑爲「挾之」，挾持之也。謂若欲挾持之，則是離散之。淮南子主術作「規之」。高注曰：「言嗜欲有所規合，乃是離散也。」飾，文飾，引申爲好。賊，害，引申爲敗。此言人爲而害自然。

〔一七〕天氣，陽氣。魂，陽精。地氣，陰氣。魄，陰神。左傳昭公七年：「人生始化曰魄，既化魄，陽曰魂。」疏：「附形之靈爲魄，附氣之神爲魂。」禮記郊特牲：「魂氣歸於天，形魄歸於地。」玄妙，幽深微妙。老子曰：「玄之又玄，衆妙之門。」淮南子主術作「玄房」，誤。

〔一八〕太一，形成天地萬物的元氣，即道。莊子天下：「建之以常無有，主之以太一。」呂氏春秋大樂：「萬物所出，造於太一。」高誘注：太一，道也。淮南子詮言：「洞同天地，渾沌爲樸，未造而成物，謂之太一。」太一爲天地未分混沌之元氣，分而爲天地，轉而爲陰陽，變而爲四時。精，氣之精者也。九守云，天地未形，窈窈冥冥，渾而爲一，精微爲天。故曰太一之精，通合於天。淮南子主術作「通於天道」。

〔一九〕纘義本「嘿嘿」作「默默」。嘿嘿，同「默默」，無聲無息。無容無則，謂無形無狀。輪轉，運轉。纘義作「運轉」。輪之運轉，無始無終，故曰輪轉無端。化遂如神，謂變化如神，妙不可測。淮南子主術：「天道玄默，無容無則。大不可極，深不可測。尚與人化，知不能得。」高誘注：「測，盡。天道至大，非人智慮所能得也。」又原道：「因循應變，常後而不先。」

〔二〇〕羣書治要：「其聽治也，虛心弱志。」無「清明不闇」句。其，指道之爲君。聽治，處理政務。虛心弱志則神清智明。鑒物無遺，故不闇。淮南子主術：「夫人主之聽治也，清明而不闇，虛心而弱志。是故羣臣輻湊并進，無愚智賢不肖，莫不盡其能。」

〔二一〕羣書治要「無愚智不肖」，脱「賢」字。末句作「即治國之道明矣」。輻輳，亦作「輻湊」，車輻集中於轂，喻人聚集一中心。羣臣輻輳，謂羣臣共君。文選東都賦、天監三年策秀才文、恩倖傳論、辯亡論、魏都賦注引文子同。「輳」作「湊」。此言無爲而治，治在得人，羣臣并進，各盡其職能，此所以國治。淮南子主術從「夫人主之聽治也，清明而不闇，虛心而弱志……莫不盡其能者」與上引重複「則君得所以制臣，臣得所以事君，治國之道明矣」。

慧定案：以上第七章。

杜道堅纘義：「有天下者，不患不治，患不得人。得人則王者無爲乎上，守而勿失，上通太一，運轉無端，化遂如神，羣臣并進，各盡其能，是知國之治亂繫乎人。」

老子〔文子〕曰：知而好問者聖，勇而好問者勝，乘衆人之智者即無不任也，用衆人之力者即無不勝也，用衆人之力者，烏獲不足恃也，乘衆人之勢者，天下不足用也〔一〕。無權不可爲之勢，而不循道理之數，雖神聖人不能以成功〔二〕。故聖人舉事，未嘗不因其資而用之也，有一功者處一位，有一能者服一事，力勝其任，即舉者不重也，能勝其事，即爲者不難也〔三〕。聖人兼而用之，故「人無棄人，物無棄材。」〔四〕。

〔一〕羣書治要引：「智而好問者聖，勇而好問者勝。乘衆人之知，即無不任也；用衆人之力，即無不勝也；用衆人之力，烏獲不足恃也；乘衆人之勢，天下不足用也。」知，通「智」。智而好問者聖智聰明。乘，利用，趁機會。烏獲，古之力士。孟子告子：「然則舉烏獲之任，是亦爲烏獲而已矣。」烏獲力雖大，不能舉千鈞，衆人相一，則烏獲不足恃也。人衆力强，天下爲小，不足用也。淮南子主術：「文王智而好問，故聖，武王勇而好問，故勝。夫乘衆人之智，則無不任也；用衆人之力，則無不勝也；千鈞之重，烏獲不能舉也；衆人相一，則百人有餘力矣。

是故任一人之力者，則烏獲不足恃，乘衆人之制者，則天下不足有也。」高誘注：「文王好問，欲與人同其功。武王好問，勝，勝殷也。千鈞，三萬斤也。烏獲，秦武王之力士也，武王試其力，使舉大鼎，腕脱而不任，故曰不能舉也。不能勝，故不足恃也。人衆力强，以天下爲小，故曰不足有也。」

〔二〕淮南子主術：「夫推而不可爲之勢，而不修道理之數，雖神聖人不能以成其功，而況當世之主乎！」高誘注：「推，行也。」無權，俞樾讀文子曰：「無當爲夫，聲之誤也，權當爲推字之誤也。淮南子主術篇作夫推而不可爲之勢。而衍字。」俞説「無」爲「夫」聲之誤，甚是，而「權」爲「推」字之誤則不必。徐靈府注曰：「夫機權已張，」可證無爲「夫」字之誤。權，謀也。謀不可爲之勢，而不循道理之數，雖聖神者，不能成功。

〔三〕羣書治要引：「故聖人舉事，未嘗不因其資而用之也，有一功者處一位，有一能者服一事，力勝其任，即舉者不重也，能勝其事，即爲者弗難也。聖人兼而用之，故人無棄人，物無棄財矣。」淮南子主術：「是故聖人舉事也，豈能拂道理之數，詭自然之性，以曲爲直，以屈爲伸哉！未嘗不因其資而用之也。是以積力之所舉無不勝也，而衆智之所爲，無不成也。聾者可令嗺筋而不可使有聞也，瘖者可使守圉，而不可使言也，形有所不周，而能有所不容也。是故有一形者處一位，有一能者，服一事，力勝其任，則舉之者不重也；能稱其事，則爲之者不難也。毋小大修短，各得其宜，則天下一齊，無以相過也。聖人兼而用之，故無棄人。」循道理之數，因其才能而使之，則各得其宜，各盡才能，此因資而立功也，故曰不難。

〔四〕兼而用之，指兼用力任能事，即用人之長也。下引老子二十七章語。

慧定案：以上第八章。

杜道堅纘義：「知仁勇，天下之達德也，好問則裕，合衆人之智，用衆人之力，而天下無敵矣。有一功者處一位，有一能者服一事，聖人兼而用之，故無棄人，無棄材。」

老子〔文子〕曰：所謂無爲者，非謂其引之不來，推之不去，迫而不應，感而不動，堅滯而不流，卷握而不散〔一〕。謂其私志不入公道，嗜欲不挂正術，循理而舉事，因資而立功，推自然之勢，曲故不得容，事成而身不伐，功立而名不有〔二〕。若夫水用舟，沙用肆，泥用輴，山用樏，夏瀆冬陂，因高爲山，因下爲池，非吾所爲也〔三〕。聖人不耻身之賤，惡道之不行也，不憂命之短，憂百姓之窮也，故常虛而無爲，抱素見樸，不與物雜〔四〕。

〔一〕羣書治要引「不去」作「不往」，句末有「也」字。迫，切也。迫切不得不應，然後乃應。淮南子精神：「感而應，迫而動。」堅滯，凝固不流通。不散，不舒展。此謂無爲者，非不動不爲也。道原曰：「所謂無爲者，不先物爲也。」參見道原二章注十一。淮南子修務：「或曰：無爲者，寂然無聲，漠然不動，引之不來，推之不往。如此者，乃得道之像，吾以爲不然，嘗試問之矣。」

〔二〕羣書治要引「謂其私志不入公道，嗜欲不枉正術，循理而舉事，因資而立功，推自然之勢也。」挂，阻礙。淮南子修務作「枉」。曲故，巧詐。伐，自矜居功。名不有，不名有其功也。淮南子修務：「若吾所謂無爲者，私志不得入公道，嗜欲不得枉正術。循理而舉事，因資而立權，自然之勢。而曲故不得容者，事成而身弗伐，功立而名弗有，非謂其感而不應，攻而不動者。」高誘注：「曲故，巧詐也。伐，自矜大其善。名弗有，不名有其功也。」

〔三〕通玄真經纘義釋音：「肆，乃鳥切，推板具。輴，音椿，板與（輿）之與（輿）。樏，音羸，肩輿之具。」肆，沙地的交通工具。子匯本作「跡用䟹」，叢刊本作「涉用跡」。跡，「䟹」之俗字。淮南子修務䟹作「鳩」。輴，泥濘路上的交通工具。亦作「橇」。樏，登山工具。説文作「欙」，廣韻：「山行乘欙，亦作樏。」尚書益稷：「予乘四載。」孔傳：「所載者四：謂水乘舟，陸乘車，泥乘輴，山乘樏。」瀆，溝渠。陂，山坡。因高爲山，淮南子修務山作「田」。非吾所爲也，此言皆因其所宜，用其所便，故曰非吾所謂爲，此乃無爲也。吕氏春秋慎勢：「水用舟，陸用車，塗用輴，沙用鳩，山用樏。」淮南子齊俗有「舟車輴䟹」。又修務作：「若夫以火熯井，以淮灌山，此用己而背自然，故謂之有爲。若夫水之用舟，沙之用鳩，泥之用輴，山之用蔂，夏瀆而冬陂，因高爲田，因下爲池，此非吾所謂爲之。」高誘注：「火不可以熯井，淮不可以灌山，而以用之，非其道，故謂之有爲也。此皆因其宜用之，故曰非吾所謂爲，言無爲。」

〔四〕羣書治要引：「聖人不耻身之賤，惡道之不行，不憂命之短，憂百姓之窮也。故常虚而無爲，抱素見樸，不與物雜。」此言聖人勞形盡慮，汲汲於行道，非以私志貪禄慕位，常與道合，此也無爲也。老子曰「見素抱樸」，莊子刻意曰：「故素也者，謂其無所與雜也。」

慧定案：以上第九章。

杜道堅纘義：「無爲者，非木石其心而不動也，聖人應物不先物，因其自然之勢曲成萬物，夫何爲焉。」

老子〔文子〕曰：古之立帝王者，非以奉養其欲也，聖人踐位者，非以逸樂其身也〔一〕；爲天下之民强陵弱，衆暴寡，詐者欺愚，勇者侵怯〔二〕；又爲其懷智詐不以相教，積財不以相分，故立天子以齊一之〔三〕。爲一人之明，不能遍照海内，故立三公九卿以輔翼之〔四〕。爲絶國殊俗，不得彼澤，故立諸侯以教誨之〔五〕。是以天地四時無不應也，官無隱事，國無遺利，所以衣寒食飢，養老弱，息勞倦，無不以也〔六〕。神農形悴〔七〕，堯瘦臞〔八〕，舜黧黑〔九〕，禹胼胝〔一〇〕，伊尹負鼎而干湯〔一一〕，呂望鼓刀而入周〔一二〕，百里奚傳賣〔一三〕，管仲束縛〔一四〕，孔子無黔突〔一五〕，墨子無煖席〔一六〕，非以貪禄慕位，將欲事起天下之利，除萬民之害也〔一七〕。自天子至於庶人，四體不勤，思慮不困，於事求贍者，未之聞也〔一八〕。

〔一〕羣書治要引：「聖人」下有「之」字。淮南子修務句首有「且」字。高誘注：「逸，安也。」

〔二〕纘義本「陵」作「凌」。羣書治要引「陵」作「掩」。淮南子同此。修務作：「爲天下强掩弱，衆暴寡，詐欺愚，勇侵怯。」「陵」通「凌」，怯，膽小。

〔三〕羣書治要引「積財」下有「貨」字。淮南子修務「懷知而不以相教，積財而不以相分，故立天子以齊一之。」慧定案：懷智詐不以相教，「詐」爲衍字，當删。纘義無「詐」字。俞樾讀文子曰：「詐，衍字也。懷智不以相教，與下積財不以相分，相對成文，若詐則本非可以爲教者也，衍此字於文義難通。淮南子修務篇無詐字。」

〔四〕羣書治要引作「爲一人明」，無「之」字。「遍」作「徧」，相通也。淮南子修務作「爲一人聰明，而不足以徧照海内，故立三公九卿以輔翼之」。高誘注：「輔，正也。翼，佐也。」遍照海内，天下都看到。三公，輔助國君掌握軍政大權的最高官吏。尚書周官：「立太師、太傅、太保，兹惟三公，論道經邦，燮理陰陽。」公羊傳隱公五年：「天子三公者何？天子之相也。天子之相，則何以三？自陝而東者周公主之，自陝而西者召公主之，一相處乎内。」此三公之一説。西漢以大司馬、大司徒、大司空爲三公。九卿，古代中央政府的九個高級官員。周代以少師、少傅、少保，冢宰、司徒、宗伯、司馬、司寇、司空爲九卿，秦代以奉常、郎中令、衛尉、大僕、廷尉、典客、宗正、治粟内史、少府爲九卿。輔翼，輔助。

〔五〕羣書治要引同。絶國殊俗，邊遠不同風俗的國家。文選别賦注引「爲絶國殊俗，立諸侯以教誨之」。淮南子修務：「絶國殊俗，僻遠幽閑之處，不能被德承澤，故立諸侯以教誨之。」

〔六〕羣書治要引「是以地無不任，時無不應，官無隱事，國無遺利，所以衣寒食飢，養老弱，息勞倦，無不以也。」淮南子修務作「是以地無不任，時無不應」，末句「無不以也」無。隱事，指壞事或失職之事。無不以也，無不由也。以，故也，即根據，原由。

杜道堅纘義：「帝王者，天地之心乎！土地之廣，人民之衆，無君以主之，則强凌弱，衆暴寡，智詐欺愚，民不安處，故立天子，設三公，作民父母，撫之育之。易曰：后以財成，天地之道輔相天地之宜，以左右民，則天地之心可見矣。」

〔七〕羣書治要引「神農形悴，堯瘦癯，舜梨黑，禹胼胝」。神農，古帝名，古史又稱炎帝。相傳始教民耕種。形悴，容貌憔悴。

〔八〕堯，唐堯。癯，瘦也。

〔九〕舜，虞舜。黧，黑黄色。

〔一〇〕禹，夏禹。胼胝，手掌脚底因長期勞動而生老繭。淮南子修務：「蓋聞傳書曰：神農憔悴，堯瘦臞，舜黴黑，禹胼胝，由此觀之，則聖人之憂勞百姓甚矣。」

〔一一〕羣書治要引「伊尹負鼎而干湯，吕望鼓刀而入周，百里奚傳賣，管仲束縛，孔子無黔突，墨子無煖席」。伊尹，商湯的大臣。鼎，烹具。干，求取。湯，指商湯。傳説伊尹善烹調，曾背鼎求見湯王而進用。

〔一二〕吕望，即吕尚，周文王師，姜姓，吕氏，尚名，號太公望，即姜太公。鼓刀，屠宰時敲擊其刀有聲，故稱鼓刀。此謂是一個屠夫。周，周朝。楚辭離騷：「吕望之鼓刀兮，遭周文而得舉。」文選聖主得賢臣頌注引「伊尹負鼎而干湯，吕望鼓刀而入周」。

〔一三〕百里奚，春秋時秦穆公之賢相。原爲虞國大夫，晉獻公滅虞，奚被虜，以爲秦穆公夫人陪嫁之臣，奚以爲恥，逃往宛，被楚人所執，秦穆公聞其賢，用五羖羊皮贖之，後委以國政，稱爲五羖大夫。

〔一四〕管仲，春秋時齊桓公相。名夷吾，字仲。管仲初事齊公子糾，不死子糾之難，而奔魯。被束縛以歸，齊桓公用之相國，助桓公九合諸侯，一霸天下。

〔一五〕孔子，儒家創始人。名丘，字仲尼。黔突，黔言其突竈不至於黑。謂孔子汲汲行道，不常在家用炊，故烟囱不黑。

〔一六〕墨子，墨家創始人。姓墨名翟。無煖席，言墨子歷行諸國，坐席不至暖。煖，即「暖」。

〔一七〕羣書治要引「非以貪禄慕位，將欲起天下之利，除萬民之害也。」事起，纘義無「事」字。叢刊本起下有「於」字。文選答賓賦注引「墨子無黔突，孔子無煖席，非以貪禄慕位，欲起天下之利，除萬民之害也」。上自神農至墨子，皆勞形盡慮，非貪禄求位於民上，自取尊志，而欲興利除害，不恥身之賤，而惡道之不行也。淮南子修務：「若以布衣徒步之人觀之，則伊尹負鼎而干湯，吕望鼓刀而入周，百里奚轉鬻，管仲束縛，孔子無黔突，墨子無煖席。是以聖人不高山不廣河，蒙恥辱以干世主，非以貪禄慕位，欲事起天下利，而除萬民之害。」

〔一八〕羣書治要引「自天子至於庶人，四體不勤，思慮不用，於事贍者，未之聞也」。思慮不困，謂不盡心竭慮痛苦地思考。贍，滿足。

慧定案：以上第十章。

杜道堅纘義：「古之聖人，耳目口鼻與人同，飢飡渴飲與人同，其所不同者，心也。爲天下萬世生民立極，凡在聖人之列者，鮮不勞其心志，而後成其功，功成復不自有其功，此所以爲聖也。」

老子〔文子〕曰：所謂天子者，有天道以立天下也〔一〕。立天下之道，執一以爲保，反本無爲，虛静無有，忽恍無際，遠無所止，視之無形，聽之無聲，是謂大道之經〔二〕。

〔一〕慧定案：「立天下」，「立」讀爲「位」。涖臨也。此章續上章，明所以爲天子。天子，禮記曲禮：「君天下曰天子。」董仲舒曰：「受命之君，天意之所予也，故號爲天子。」天子以天道立天下，與此君權神授思想不同。

〔二〕保，保真。執一以爲保，即執道守静也。反本，指執道無爲。忽恍，即惚恍。無際，無界限，指無形。止，止境，遠無所止，指無限。經，常也。

慧定案：以上第十一章。

杜道堅纘義：「天地者，人之大父母也，凡有血氣者，皆天之所子，而君爲之長，代天作子焉，故稱天子。天子視民猶赤子，不廢所與養，則天視天聽，此感彼應，夫是之謂大道之經。」

老子〔文子〕曰：夫道者，體圓而法方，背陰而抱陽，左柔而右剛，履幽而載明，變化無常，得一之原，以應無方，是謂神明〔一〕。天圓而無端，故不得觀其形，地方而無涯，故莫窺其門，天化遂無形狀，地生長無計量〔二〕。夫物有勝，唯道無勝，所以無勝者，以其無常形勢也，輪轉無窮，象日月之運行，若春秋之代謝，日月之晝夜，終而復始，明而復晦〔三〕，制形而無形，故功可成，物物而不物，故勝而不屈〔四〕。廟戰者帝，神化者王〔五〕，廟戰者法天道，神化者明四時，修正於境内，而遠方懷德，制勝於未戰，而諸侯賓服也〔六〕。古之得道者，靜而法天地，動而順日月，喜怒合四時，號令比雷霆，音氣不戾八風，詘伸不獲五度〔七〕。因民之欲，乘民之力，爲之去殘除害，夫同利者相死，同情者相成，同行者相助，循己而動，天下爲鬥〔八〕。故善用兵者，用其自爲用，不能用兵者，用其爲己用，用其自爲用，天下莫不可用，用其爲己用，無一人之可用也〔九〕。

〔一〕體，領悟，體現。法，效法。體圓而法方，謂體天道法地德。因道無體，神無方，故下文曰：「天圓而無端，地方而無涯。」履，脚踏。幽，深遠。載，戴也，指天覆蓋於頭上。履幽而載明，謂天地之間也。得一之原，得道之本，一者無形也，萬物之本也。無方，無窮。淮南子兵畧：「所謂道者，體圓而法方，背陰而抱陽，左柔而右剛，履幽而戴明，變化無常，得一之原，以應無方，是謂神明。」

〔二〕無涯，無邊際。莫窺其門，纘義作「莫能窺其門」。御覽卷三十六引「地方而無涯，故莫能窺其門」。化遂，化育，化成。無形狀，謂化成萬物而莫見其形。無計量，謂莫知其數也。不得觀其形，謂人能觀天而不能知其形，莫能窺其門，類之。淮南子兵略：「夫圓者天也，方者地也，天圓而無端，故不可得而觀，地方而無垠，故莫能窺其門，天化育而無形象，地生長而無計量。」

〔三〕物有勝，勝，極也，謂物有極，道無極。淮南子兵略作「物有朕」。作「朕」，與義爲長。朕，兆跡也。晦，闇也。文選勸進表注引「春秋之代謝，日月之晝夜」。淮南子兵略：「凡物有朕，唯道無朕，所以無朕者，以其無常形勢也，輪轉而無窮，象日月之運行，若春秋有代謝，若日月有晝夜，終而復始，明而復晦，莫能得其紀。」

〔四〕制形而無形，裁斷有形者而是無形者，謂有形出於無形也。物物而不物，產生物的而不是具體的物。物物者，造物者，產生物的而不是具體的物，即道。莊子在宥：「明乎物物者之非物也，豈獨治天下百姓而已哉！」不屈，不窮也。淮南子兵略同。

杜道堅纘義：「道生天地，天地生人，猶祖生父，而父生子，氣神感化形萬殊，而道一焉，道無形，身有形。夫制形者，無形，役物者不物，其神矣夫。」

〔五〕本書微明：「習於行陣之事者，不知廟戰之權。」（六章）精誠二章云：「與天地合德，不下堂而行四海，變易習俗，民化遷善，能神化者也。」神化，以道德養化。

〔六〕淮南子兵略：「故廟戰者帝，神化者王。所謂廟戰者，法天道也，神化者，法四時也。修政於境內，而遠方慕其德，制勝於未戰，而諸侯服其威，內政治也。」修正，修政。正通「政」。賓服，歸服。

〔七〕號令比雷霆，喻號令威而速也。戾，違反。八風，八方之風。呂氏春秋有始：「何謂八風？東北曰炎風，東方曰滔風，東南曰熏風，南方曰巨風，西南曰淒風，西方曰飂風，西北曰厲風，北方曰寒風。」淮南子地形：「何謂八風，東北曰炎風，東方曰條風，東南曰景風，南方曰巨風，西南曰涼風，西北（方）曰飂風，西北曰麗風，北方曰寒風。」詘伸，纘義本作「詘申」，「不獲」作「不變」，叢刊本作「不違」。獲，出獵而得，作「獲」義不可通。五度，五行也。淮南子兵畧：「古得道者，静而法天地，動而順日月，喜怒而合四時，叫呼而比雷霆，音氣不戾八風，詘伸不獲五度。」

〔八〕同行者，淮南子兵畧作「同欲者」。循己而動，謂不同利、同情、同行而動，即爲己之利欲而動，故曰天下爲鬥。淮南子兵畧作「順道而動，天下爲嚮，因民而慮，天下爲鬥」。誤也。

〔九〕淮南子兵畧：「故善用兵者，用其自爲用也，不能用兵者，用其爲己用也。用其自爲用，則天下莫不可用也，用其爲己用，所得者鮮矣。」用其自爲用，因民所欲，用其自爲，則天下自爲我用。用其爲己用，非民所欲，用其爲我，雖則一人，不可爲我用。

慧定案：以上第十二章。

杜道堅纘義：「日月奪明則蝕，陰陽失和則戰，戰則物必傷焉，廟戰者帝，垂衣裳而天下治也；神化者王，班師振旅而苗民格也。使桀受修德，則牧野鳴條何得，因民之欲，用民之力，而故其主哉。惟民有皆亡之心，故不曰弑君，而曰去殘除害也，悲夫！」

文子校釋卷第九

下德[一]

老子［文子］曰：治身，太上養神，其次養形，神清意平，百節皆寧，養生之本也[二]；肥肌膚，充腹腸，供嗜欲，養生之末也[三]。治國，太上養化，其次正法，民交讓争處卑，財利争受少，事力争就勞，日化上而遷善，不知其所以然，治之本也[四]；利賞而勸善，畏刑而不敢爲非，法令正於上，百姓服於下，治之末也[五]。上世養本，而下世事末[六]。

［一］徐靈府曰：「時有澆醨，故德有上下。不世之君，以顯有德，非謂至德，故曰下德也。」

杜道堅曰：「下德，執德也。」

慧定案：執德以顯有德，非至德也，德之下者也。老子曰：「上德不德。是以有德，下德不失德，是以無德。上德無爲，而無以爲，下德爲之，而有以爲。」

［二］羣書治要引同。太上，最上的，最主要的，養神，養精神，即養心。養形，養形體。百節，原指肢體。上德曰：

「主者國之心也，心治則百節安，心擾即百節亂。」神志清平，肢體皆安，養生之本也。

〔三〕羣書治要引作「開嗜好」，纘義供嗜欲作「開嗜欲」。肥肌膚，長養得胖。充腹腸，吃飽吃好。供嗜欲，滿足嗜欲。此皆養生之末也。莊子養生主郭注曰：「夫生以養存，則養生者，理之極也，若乃養過其極，以養傷生，非養生之主也。」淮南子泰族：「治身，太上養神，其次養形。治國，太上養化，其次正法。神清志平，百節皆寧，養性之本也；肥肌膚，充腸腹，供嗜欲，養生之末也。」

〔四〕羣書治要引同。本書精誠十二章：「太上神化，其次使不得爲非，其下賞善而罰暴。」又二章：「大人與天地合德，與日月合明，與鬼神合靈，與四時合信，懷天心，抱地氣，執沖含和，不下堂而行四海，變易習俗，民化遷善，若出諸己，能以神化者也。」養化，即神化。謂以道德教化，歸之自然。精誠十二章曰：「太上神化。」正法，謂立法以制，使不得爲非。民交讓争處卑，人民相互謙讓而争處卑下，謂謙卑也。日化上而遷善，謂逐漸爲上感化而變好，故曰不知其所以然也。孟子盡心上：「民日遷善而不知爲之者。」趙岐注：「使日遷善，亦不能覺知誰爲之者，言化大也。」淮南子泰族：「民交讓争處卑，委利争受寡，力事争就勞，日化上遷善，而不知其所以然，此治之上也。」

〔五〕羣書治要引同。勸善，勉厲爲好。賞罰之法正於上，則下從令也。淮南子泰族：「利賞而勸善，畏刑而不爲非，法令正於上，而百姓服於下，此治之末也。」

〔六〕羣書治要引同。本、末，指治身、治國之本末。淮南子泰族：「上世養本，而下世事末，此太平之所以不起也。」

慧定案：以上第一章。

杜道堅纘義：「下德，執德也。太上養神，治身之本也；其次養形，治身之末也。太上養化，治國之本也；其次正法，治國之末也。降此而下，則又下德之下者也。」

老子［文子］曰：欲治之主不世出，可與治之臣不萬一，以不世出求不萬一，此至治所以千歲不一也［一］。蓋霸王之功不世立也，順其善意，防其邪心，與民同出一道，則民可善，風俗可美［二］。所貴聖人者，非貴其隨罪而作刑也，貴其知亂之所生也［三］。若開其銳端，而縱之放僻淫佚，而棄之以法，隨之以刑，雖殘賊天下不能禁其奸矣［四］。

〔一〕文選三國名臣序贊注引：「欲治之主不世出，可與之臣不萬一，以不世出求不萬一，此至化所以千載不一也。」又求自試表注引「欲治之主不世出」。羣書治要引同，「也」作「至」。欲治之主，指聖明之主。不世出，不是世代都有。漢書王吉傳：「欲治之主不世出。」師古注：言有時遇也不常也。可與治之臣，指賢臣。不萬一，萬人中難有一個。至治，治理得最好。此言以千載偶一之君，遇萬一之臣，明良會合，千載難逢，故至治之所以難也。淮南子泰族：「夫欲治之主不世出，而可與興治之臣不萬一，以萬一求不世出，此所以千歲不一會也。」此「可與興治」之「興」，衍也。檢高誘注呂氏春秋觀世引「淮南記曰：欲治之君不世出，可與治之臣不萬一，以不萬一待不世出，何由遇哉，故曰……」

〔二〕羣書治要引：「霸王之功不世立也，順其善意，防其邪心，與民同出一道，則民性可善，風俗可美矣。」蓋霸王，纘義無「蓋」字。霸王之功業也非世世皆立，故治世少而亂世多，雖至治之難，然霸業也可，與民同出一道，民善俗美，霸也善也。此與孟子異矣。淮南子泰族作：「誠決其善志，防其邪心，啓其善道，塞其奸路，與同出一道，則民性可善，而風俗可美也。」

〔三〕羣書治要引同。刑罰者，懲其已然，隨罪作刑，非防其未然，聖人知亂之所由，絶惡於未萌，此所貴也。淮南子泰族：「所以貴扁鵲者，非貴其隨病而調藥，貴其擪息脈血知病之所從生也；所以貴聖人者，非貴隨罪而鑒刑也，貴其知亂之所由起也。」

〔四〕羣書治要引：「若縱之放僻淫逸，而禁之以法，隨之以刑，雖殘天下，不能禁其奸矣。」淮南子泰族：「若不修其風俗，而縱之淫辟，乃隨之以刑，繩之以法，法雖殘賊，天下弗能禁也。」慧定案：鋭端，指奸邪之原。放僻淫佚，放肆邪惡。棄之以法，俞樾讀文子曰：「棄乃乘字之誤，乘之以法，隨之以刑，兩句意義相稱，作棄者，字之誤也。」此説甚是，治要作「禁之以法，隨之以刑」。淮南子泰族作「隨之以刑，繩之以法」。殘賊，猶殘害。此言不知亂之所生，雖刑法殘害百姓，奸終不止也。

以上第二章。

杜道堅纘義：「明良會合，千載一逢。夫明君不世出，良臣不萬一，以不世之君，得萬一之臣。唐虞而下，若成湯之於伊尹，文王之於呂望，世不多見；如齊桓之管仲，亦不世立。是以治日少，而亂日多，仰由君子少而小人多歟！」

老子〔文子〕曰：身處江海之上，心在魏闕之下，即重生，重生即輕利矣〔一〕。猶不能自勝，即從之，神無所害也〔二〕；不能自勝，而强不從，是謂重傷，重傷之人，無壽類矣〔三〕。故曰：「知和曰常，知常曰明，益生曰祥，心使氣曰强，是謂玄同，用其光，復歸其明。」〔四〕

〔一〕藝文類聚卷六十二引：「身在江海之上，心在魏闕之下。」纘義本作「江湖」。身處江海之上，謂隱居遁世也。魏闕，古代宫門外的闕門，爲古代懸佈法令教象的地方，後作爲朝庭的代稱。重生，貴生。此言身隱而心貪，則重生之道，重生則輕利，不以利傷生。

慧定案：莊子讓王：「中山公子牟謂瞻子曰：『身在江海之上，心居乎魏闕之下，奈何？』瞻子曰：『重生，重生則利輕。』中山公子牟曰：『雖知之，未能勝也。』瞻子曰：『不能自勝則從，神無惡乎！不能自勝，而强不從者，此之謂重傷，重傷之人，無壽類矣。』」釋文：「公子牟，司馬云：『魏之公子，封中山，名牟。』瞻子，賢人也。淮南作詹。魏闕，淮南作魏，司馬本同，云：魏讀曰魏。象魏，觀闕，人君門也。言心存榮貴。許慎云：『天子兩觀也。』重生，李云：『重存生之道者，則名利輕，輕則易絶矣。此人居江海，心貪榮利，故以此戒之。』」成玄英疏云：「身在江海上而隱遁，心思魏闕下之榮華。」

呂氏春秋審爲有與莊子相同記載。高誘注曰：「身在江海之上，言志放也。魏闕，心下巨闕也。心下巨闕，言神内守也。一説：魏闕，象魏也，懸教象之法，浹日而收之，魏魏高大，故曰魏闕。言身雖在江海之上，心存王室，故在天子門闕之下也。重生則輕利，言不以利傷生也。」畢沅認爲「後一説得本意」。

淮南子道應也有同樣記載。注曰：「江海之上，言志在於己，身心之魏闕也，言内守。重生，己之性也。」又俶真：「是故身處江海之上，而神遊魏闕之下。」注曰：「魏闕，王者門外闕，所以縣教象之書於魏闕也。巍巍高大，故曰魏闕。言真人雖在遠方，心存王也。一曰：心下巨闕，神内守也。」

〔二〕猶，若也。自勝，謂重生之理而不能勝利欲之心。從之，縱之。莊子釋文云，從，直用反，下同。故從讀爲縱。呂氏春秋審爲作「不能自勝則縱之」。此言既不能自勝利欲，則縱之以利，無害於神，寧神以保生。呂氏春秋高誘注:「言人不能自勝其情欲則放之,放之,神無所憎惡,言當寧神以保性也。」淮南子注曰:「言不勝己之情欲,則當縱心意,則己神無怨也。」

〔三〕重傷,再傷。無壽,謂短命。不能自勝其心則已傷,而又强制之不使之縱,是再傷也,重傷之人,自然夭折,無以與壽儕類矣。呂氏春秋高誘注:「言人不能自勝其情欲,而不放之,則重傷其神也,神傷則夭殞札瘥,故曰無壽類也。重,讀重複之重。」畢沅認爲「重,當從莊子釋文音直用反」。

〔四〕慧定案:老子五十五章:「知和曰常,知常曰明,益生曰祥,心使氣曰强。」又五十六章:「和其光,同其生,是謂玄同。」又五十二章:「見小曰明,守柔曰强,用其光,復歸其明,無遺身殃,是謂襲常。」

以上第三章。

杜道堅纘義:「人有仕隱,道無屈伸。夫身江湖而心魏闕,畎畝不忘也。是故有道之士隱,以此道,任以此道,時止則止,時行則行,夫是之謂玄同。」

老子〔文子〕曰:天下莫易於爲善,莫難於爲不善〔一〕。所謂爲善者,靜而無爲,適情辭餘,無所誘惑,循性保真,無變於己,故曰爲善易也〔二〕。所謂爲不善難者,篡弑矯詐躁而多欲,非人之性也,故曰爲不善難也〔三〕。今之以爲大患者,由無常厭度量生也,故利害之地,禍福之際,不可不察〔四〕。聖人無欲也,無避也,事或欲之,適足以失之,事或避之,適足以就之,志有所欲,即忘其所爲,是以聖人審動靜之變,而適受與之度,理好憎之情,和喜怒之節〔五〕。夫動静得即患不侵也，受與適即罪不累也，理好憎即憂不近也，和喜怒即怨不犯也〔六〕。

體道之人，不苟得，不讓禍，其有不棄，非其有不制，恒滿而不溢，常虚而易贍〔七〕。故自當以道術度量，即食充虚，衣圉寒，足以温飽七尺之形〔八〕，無道術度量，而以自要尊貴，即萬乘之勢不足以爲快，天下之富不足以爲樂〔九〕，故聖人心平志易，精神内守，物不能惑〔一〇〕。

〔一〕善惡異跡，同出於心，利害同門，禍福倚伏，事不必得，故難分也。淮南子氾論：「天下莫易於爲善，而莫難於爲不善也。」高誘注：「爲善，静身無欲，信仁而已，順其天性，故易；爲不善，貪欲無厭，毁人自成，戾其天性，故難也。」

〔二〕所謂爲善者，據下文脱「易」字。纘義作「所謂爲善易者」是。不變於己，不改變自己的本性。淮南子氾論：「所謂爲善者，静而無爲也。所謂爲不善者，躁而多欲也。適情辭餘，無所誘惑，循性保真，無變於己，故曰爲善易。越城郭，踰險塞，奸符節，盗管金，篡弑矯誣，非人之性也，故曰爲不善難。」高誘注：「奸，私，亦盗也。符節，誠信也，而盗取之。管，壯，籥也。金，印封，亦所以爲信也，固閉藏也。篡弑，下謀上也。矯，擅作君命。誣，以惡復人也。皆非人本所受天之善性也。」

〔三〕篡殺，用强力殺君奪取權位。矯詐，纘義作「驕淫」是。淮南子氾論作「矯誣」也誤。文子認爲篡殺驕淫多欲非人之本性，故曰爲之難也。

〔四〕無常厭度量，貪得無厭而無度量。此承上文，人本易於爲善，然由貪得無厭，不循度量，故爲大患，所以利害禍福不可不察。淮南子氾論：「今人之所以犯囹圄之罪，而陷於刑戮之患者，由嗜欲無厭，不循度量之故也。何以知其然……故利害之反，禍福之接，不可不審也。」本書微明曰：「是故智慮者，禍福之門户也；動静者，利害之樞機也，不可不慎察也。」（八章）又：「故禍福之門，利害之反，不可不察也。」（十四章）

〔五〕無避，謂不避禍福，即下文「不讓禍」。符言十章曰：「不能使禍無至，信己之不迎也，不能使福必來，信己之不讓也。」微明十四章：「事或欲利之，適足以害之，或欲害之，乃足以利之。」受與之度，猶取捨之度。此言聖人要審察取與好惡喜怒之度。淮南子氾論：「事或欲之，適足以失之，或避之，適足以就之。楚人有乘船而遇大風者，波至而自投於水，非不貪生而畏死也，惑於恐死而反忘生也。故人之嗜欲，亦猶此也。齊人有盗金者，當市繁之時，至掇而走，勒問其故，曰：『而盗金於市中何也？』對曰：『吾不見人，徒見金耳。』志所欲則忘其爲矣。是故聖人審動静之變，而適受與之度，理好憎之情，和喜怒之節。」吕氏春秋去宥、列子説符均記有齊人盗金事。

〔六〕累，通「縲」，拘縛罪人的繩索，此謂動静得理，取與適度，喜怒好惡和理，則憂患不侵，罪怨不犯也。淮南子氾論：「夫動静得，則患弗過也；受與適，則罪弗累也；好憎理，則憂弗近也；喜怒節，則怨弗犯也。」慧定案：杜道堅纘義：「善惡異跡，同出於心，天下莫易於爲善，莫難於爲不善，禍福之階，事不可必，欲得而反失之，欲避而反就之。是以聖人審動静之變，和喜怒之節，事無不善，何憂怨之有。」

〔七〕不苟得，即上文「無欲」。不讓禍，即上文「無避」。其有不棄，謂不苟所得，不棄所有，禍不幸免，福不妄就。制，制作。淮南子氾論作「索」。淮南子氾論作「故達道之人」，「不讓禍」誤爲「不讓福」，「不」作「弗」，「制」作「索」，

「恒」作「常」，「常」作「恒」。高誘注：「虛，無欲也。」

〔八〕道術，認識事物及處理事的道路和方法。精誠七章：「是故聖人内修道術，而不外飾仁義。」又微明八章：「發一號，散無竟，總一管，謂之心；見本而知末，執一而應萬，謂之術；居知所以，行知所之，事知所乘，動知所止，謂之道。」度量，量詞動用。圂，通「禦」。足以温飽，纘義無「以」字。七尺之形，指人之形體。此言知足也。淮南子氾論「温飽」作「養」。

〔九〕自要，自求。此言無道術度量，不知足也。淮南子氾論：「若無道術度量，而以自儉約，則萬乘之勢不足以爲尊，天下之富不足以爲樂矣。」高誘注：「論若桀與紂無道術度量，不得爲匹夫，何尊樂之有乎？」

〔一〇〕心平志易，謂見素抱樸。此言見素抱樸同於道，不爲物欲所累也。淮南子氾論：「孫叔敖三去令尹而無憂色，爵禄不能累也。荆佽非兩蛟夾繞其船，而志不動，怪物不能驚也。聖人心平志易，精神内守，物莫足以惑之。」高誘注：「爵禄不能累，不以爵禄累其身也。怪物不能驚，勇而不惑。」

慧定案：以上第四章。

杜道堅纘義：「修身有道，處世有術。夫體道之人，守其天常，安其命義，食止充虛，衣止禦寒，不苟所得，不棄所有，禍不倖免，福不妄就，達不自驕，窮不易操，樂乎天真與道同久。」

老子曰：「勝人者有力，自勝者强。」〔一〕能强者，必用人力者也，能用人力者，必得人心者也，能得人心者，必自得者也，未有得己而失人者也，未有失己而得人者也〔二〕。故爲治之本，務在安人，安人之本，在於足用，足用之本，在於不奪時，不奪時之本，在於省事，省事之本，在於節用，節用之本，在於去驕，去驕之本，在於虛無〔三〕，故知生之情者，不務生之所無以爲，知命之情者，不憂命之所無奈何〔四〕。目悅五色，口惟滋味，耳淫五聲，七竅交争，以害一性，日引邪欲竭其天和，身且不能治，奈治天下何〔五〕！

所謂得天下者，非謂其履勢位，稱尊號，言其運天下心，得天下力也〔六〕；有南面之名，無一人之譽，此失天下也〔七〕；故桀紂不爲王，湯武不爲放〔八〕。故天下得道，守在四夷，天下失道，守在諸侯〔九〕；諸侯得道，守在四境，諸侯失道，守在左右〔一〇〕。故曰無恃其不吾奪也，恃吾不可奪也，行可奪之道，而非篡殺之行，無益於持天下矣〔一一〕。

〔一〕老子三十三章：「知人者智，自知者明。勝人者有力，自勝者强。」王弼注曰：「知人者，智而已矣，未若自知者，超智之上也。勝人者，有力而已矣，未若自勝者，無物以損其力，用其智與人，未若用其智於己也，用其力於人，未若用其力於己也，明用於己則物無避焉，力用於己則物無改焉。」慧定案：王注「無改」，疑「改」爲「攻」字之誤。韓非子喻老：「自勝之謂强。」吕氏春秋先己：「故欲勝人者，必先自勝，欲論人者，必先自論，欲知人者，必先自知。」此引老子三十三章語。以下文子釋此語。

〔二〕失已而得人，纘義作「得人而失已」。自得者，必柔弱者，以柔勝人，以弱勝强。本書符言末章：「能强者，必用人力者也，能用人力者，必得人心者也，能得人心者，必自得者也，自得者，必柔弱者。」淮南子泰族：「能强者，必用人力者也，能用人力者，必得人心者也，能得人心者，必自得者也。故心者身之本也，身者國之本也，未有得己而失人者也，未有失己而得人者也。」

〔三〕驕，指驕淫而多欲。此言爲治之本在於虚無。管子心術：「心安是國安也，心治是國治也，治也者心也，安也者心也。」此之謂也。纘義人作「民」。淮南子泰族：「故爲治之本，務在寧民，寧民之本，在於足用，足用之本，在於勿奪時，勿奪時之本，在於省事，省事之本，在於節用，節用之本，在於反性。未有能摇其本而静其末，濁其源而清其流者也。」

〔四〕知生之情，纘義知作「達」。生，通「性」。淮南子泰族作「性」。不憂命，纘義作「不務知」。性，天就之也，故曰無以爲，命，無可奈何也，故不憂。莊子達生：「達生之情者，不務生之所無以爲，達命之情者，不務知之所無奈何。」郭注：「生之所無以爲者，分外物也。知之所無奈何者，命表事也。」淮南子泰族同。

〔五〕羣書治要引：「目悦五色，口欲滋味，耳淫五聲，七竅交争，以害一性，日引邪欲，竭其天和，身且不能治，奈天下何！」目悦五色，纘義悦作「説」，相通也。惟，當爲「嗺」之誤，本書符言誤爲「推於滋味」。「嗺」、「嚼」也。「嗺」壞爲「唯」，而易爲「惟」，誤爲「推」。竭，窮盡。天和，謂性和。九守守易曰：「不便於生者，不以滑和。」心之在體，猶君之在位，心者身之本，身不能治，奈何治天下。淮南子泰族：「今目悦五色，口嚼滋味，耳淫五聲，七竅交争以害其性，日引邪欲而澆其身，夫調身弗能治，奈天下何！」

〔六〕羣書治要引：「所謂得天下者，非謂其履勢稱尊號也，言其運天下心，得天下力也。」脱「位」字，「號」下有「也」字。履勢位，踐君位。運天下心，謂運用天下人之心。淮南子泰族：「所謂有天下者，非謂其履勢位，受傳籍，稱尊號也，言運天下之力，而得天下之心。」

慧定案：杜道堅纘義：「將勝乎人，先勝乎己，未有己不勝而能勝人者也。勝人者有力，欲勝理也，自勝者强，理勝欲也，理勝則得人之心，人將自用其力，欲勝則用人之力，人將先離其心，天理人欲之異，宜有間然。」

〔七〕羣書治要引：「有南面之名，無一人之譽，此失天下者也。」有「者」字。南面，指君王。古以坐北朝南爲尊位，故天子國君見羣臣，皆南面而坐。易説卦：「聖人南面而聽天下。」無一人之譽，謂不得人心也。淮南子泰族：「紂之地，左東海，右流沙，前交趾，後幽都，師起容關，至浦水，士億有餘萬，然皆倒矢而射，傍戟而戰，武王左操黄鉞，右執白旄以麾之，則瓦解而走，遂土崩而下，紂有南面之名，而無一人之德，此失天下也。」

〔八〕羣書治要引句末有「也」字。王，天下歸往曰王。放，放逐。桀紂爲君，有南面之名，而失天下之心，湯武不爲臣，取而代之，故桀紂不爲王，湯武不爲放。淮南子泰族同。

〔九〕羣書治要引：「天下得道，守在四夷，天下失道，守在左右。」無守在諸侯及諸侯守四境等句。四夷，古代對華夏以外的邊域民族的通稱。即東夷，西戎，南蠻，北狄。淮南子泰族：「故天子得道，守在四夷，天子失道，守在諸侯。」

〔一〇〕左右，指近臣。淮南子泰族「四境」作「四鄰」，「左右」作「四境」。

〔一一〕羣書治要引同，「無恃其不吾奪」句下，無「也」字。不吾奪，指勢位尊號。不可奪，指得民心。行可奪之道，指失民心。非篡殺之行，非議篡位殺君的行爲。持天下，掌握天下。淮南子泰族同，「恃吾不可奪也」無「也」字。

慧定案：以上第五章。

杜道堅纘義：「撫我則后，虐我則仇。聖人運天下心，得天下力，而天下治。若夫桀紂之爲君，有南面之名，無一人之譽，此湯武之所以不爲之臣，天下失道，諸侯爲守，誰之過歟！」

老子〔文子〕曰：善治國者，不變其故，不易其常〔一〕。夫怒者逆德也，兵者凶器也，争者人之所亂也，陰謀逆德，好用凶器，治人之亂，逆之至也〔二〕。非禍人不能成禍，不如挫其鋭，解其紛，和其光，同其塵〔三〕。人之性情皆願賢己而疾不及人，願賢己則争心生，疾不及人則怨争生，怨争生則心亂而氣逆，故古之聖王退争怨，争怨不生則心治而氣順〔四〕。故曰「不尚賢，使民不争。」〔五〕

〔一〕本書道原曰：「聖人一度循軌，不變其故，不易其常，放準循繩，曲因其常。」説苑指武：「吴起爲苑守，行縣適息，問屈宜臼曰：……屈公不對。居一年，王以爲令尹，行縣適息，問屈宜臼曰：『起問先生，先生不教。今王不知起不肖，以爲令尹，先生試觀起爲之也。』屈公曰：『子將奈何？』吴起曰：『將均楚國之爵而平其禄；損其有餘而繼其不足；厲甲兵以時争於天下。』屈公曰：『吾聞昔善治國家者，不變故，不易常。今子將均楚國之爵而平其禄，損其有餘而繼其不足，是變其故而易其常也。且吾聞兵者凶器也，争者逆德也，今子陰謀逆德，好用凶器，殆人所棄，逆之至也，淫泆之事也，行者不利。且子用魯兵，不宜得志於齊，而得志焉；子用魏兵，不宜得志於秦，而得志焉。吾聞之曰：非禍人不能成禍。』」淮南子道應：「屈子曰：宜若聞之，昔善治國家者，不變其故，不易其常。」

〔二〕怒，指怒而用兵。道家認爲，喜怒之所生，皆生於氣，怒則氣上，喜則氣下，怒氣上則傷陰，喜氣下則傷陽，道原曰：「大怒破陰，大喜破陽。」莊子刻意曰：「悲樂者德之邪，喜怒者道之過，好惡者德之失。」故怒者逆德也。陰謀，指兵謀。怒而兵謀爲逆德。國語越語：「夫勇者逆德也，兵者凶器也，争者事之末也，陰謀逆德，好用凶器，始於人者，人之所卒也。」淮南子道應同，前有「宜若聞之曰」句。

〔三〕禍人，禍害於人，加害於人。成禍，謂成己之禍。言欲禍人者，乃所以自禍也。下引老子五十六章語，言不如含德守質，除争紛之願，和光同塵。淮南子道應：「宜若聞之，非禍人不能成禍。……子不若敦愛而篤行之。老子曰：『挫其鋭，解其紛，和其光，同其塵。』」

〔四〕賢己，自己好。疾不及人，嫉妒不如人。退争怨，謂去争心和怨恨。争怨不生則心治氣順而國治矣。

〔五〕慧定案：此引老子三章語。以上第六章。杜道堅纘義：「争之不足，讓之有餘，人己兩全之道也。夫怒逆德，兵凶器，争者人之所亂，陰謀逆德，好用凶器，治人之亂，逆之至也。文子以其言而授之范蠡，越欲伐吴，蠡引以爲諫，勾踐不聽，敗於夫椒，則知欲禍人者，乃所以自禍也，賢者肯如是乎？」

老子〔文子〕曰：治物者，不以物以和，治和者，不以和以人，治人者，不以人以君，治君者，不以君以欲，治欲者，不以欲以性，治性者，不以性以德，治德者，不以德以道〔一〕。以道本人之性無邪穢，久湛於物即忘其本，即合於若性。衣食禮俗者，非人之性也，所受於外也〔二〕，故人性欲平，嗜欲害之，唯有道者能遺物反己〔三〕。有以自鑒，則不失物之情，無以自鑒，則動而惑營〔四〕。夫縱欲失性，動未嘗正，以治生則失身，以治國則亂人，故不聞道者，無以反性〔五〕。古者聖人得諸己，故令行禁止。凡舉事者，必先平意清神，神清意平，物乃可正〔六〕。聽失於非譽，目淫於采色，而欲得事正即難矣，是以貴虚〔七〕。故水激則波起，氣亂則智昏，昏智不可以爲正，波水不可以爲平，故聖王執一，以理物之情性〔八〕。夫一者，至貴無適於天下，聖王託於無適，故爲天下命〔九〕。

〔一〕治物，治事。和，和樂。道原云，聖人忘乎治人而在乎自理。貴治身而賤治人，不以物滑和，不以欲亂情，爲無爲事無事，君以治人，先明己之性，方能通德而明道，則治人和樂而事治。吕氏春秋貴當：「治物者，不於物，於人；治人者，不於事，於君；治君者，不於君，於天子；治天子者，不於天子，於欲；治欲者，不於欲，於性。性者，萬物之本也，不可長，不可短，因其固然而然之，此天地之數也。」高誘注：「治，飭也。君，侯也。欲，貪欲也。不貪欲則天子安樂也。」淮南子齊俗：「凡以物治物者，不以物以睦；治睦者，不以睦，以人；治人者，不以人，以君；治君者，不以君，以欲；治欲者，不以欲，以性；治性者，不以性，以德；治德者，不以德，以道。」

〔二〕本書道原七章：「原人之性無邪穢，久湛於物即易，易而忘其本，即合於其若性。」以道本人之性，以道原人之性，纘義無「人」字。則此句應讀「以道本之，性無邪穢」。邪穢，邪惡污濁。湛，浸漬，通「漸」。即合於若性，纘義即作「而」。則，而也。若性，謂他性也，自若本性。衣食禮俗，淮南子齊俗作「衣服禮俗」，與義較長。吕氏春秋爲欲：「三王不能革，不能革而成功者，順其天也。桀紂不能離，不能離而國亡者，逆其天也。逆而不知其逆也，湛於俗也，久湛而不去。則若性。」淮南子齊俗：「原人之性，蕪穢而不得清明者，物或堁之也。……今三月嬰兒生而徙國，則不能知其故俗。由此觀之，衣服禮俗者，非人之性也，所受於外也。……人之性無邪，久湛於俗則易，易而忘本，合於若性。」注：「若性，合於它性，自若本性也。」

〔三〕本書道原七章：「人之性欲平，嗜欲害之，唯聖人能遺物反己。」文選養生論注引「人之性欲平」。遺物，棄物。

反己，復己之本性。淮南子齊俗：「人性欲平，嗜欲害之，惟聖人能遺物而反己。」

〔四〕自鑒，謂保持心性的平静。上德曰：「莫鑒於流潦而鑒於止水，以其内保之止而不外蕩。」惑營，昏惑迷亂。淮南子齊俗：「夫乘舟而惑者，不知東西，見斗極則寤矣。夫性亦人之斗極也，有以自見也，則不失物之情，無以自見，則動而惑營，譬若隴西之遊，愈躁愈沈。」

〔五〕淮南子齊俗：「夫縱欲而失性，動未嘗正也，以治身則危，以治國則亂，以入軍則破，是故不聞道者，無以反性。」病起於欲，縱欲則失性，不聞道者不能遺物，故不能復性。呂氏春秋爲欲：「性異非性，不可不熟。不聞道者，何以去非性哉？無以去非性，則欲未嘗正矣，欲不正，以治身則夭，以治國則亡。故古之聖王，審順其天而以行欲，則民無不令矣，功無不立矣。」

慧定案：杜道堅纘義：「性與欲固有間矣，人皆然，君惟甚。夫治物不以物以和者，先明己之性，而後明物之性；明物之性，則可以贊化育，參天地矣。」

〔六〕得諸己，謂得己之性。性平易清静，故能自鑒，物乃可正。聖人反性，法令雷厲風行，天下莫不承命矣。淮南子齊俗：「故古之聖王能得諸己，故令行禁止，名傳後世，德施四海。是故凡將舉事，必先平意清神，神清意平物乃可正，若璽之抑埴，正與之正，傾與之傾。」注：「璽，印也。埴，泥也。印正，而封亦正。」

〔七〕采色，彩色。纘義作「彩色」。此言淫惑於物，失性不平，欲事正則難，虚者心無載也，嗜欲無載則平易，故曰貴虚。淮南子齊俗：「聽失於誹譽，而目淫於采色，而欲得事正，則難矣。夫載哀者聞歌聲而泣，載樂者見哭者而笑，哀可樂者，笑可哀者，載使然也，是故貴虚。」注：「虚者，心無所載於哀樂也。」

〔八〕纘義本「智昏」作「志昏」。激，阻遏水勢。昏，昧也。執一，謂執道也。理物之情性，治理物之本性，此謂修養本性。淮南子齊俗：「故水激則波興，氣亂則智昏，智昏不可以爲政，波水不可以爲平，故聖王執一而勿失，萬物之情既矣，四夷九州服矣。」呂氏春秋爲欲：「聖王執一，四夷皆至者，其此之謂也。」

〔九〕纘義本「適」作「敵」。道德八章曰：「君執一即治，無常即亂……一也者，無適之道也，萬物之本也。」故聖王貴一，天下莫不承命。呂氏春秋爲欲：「執一者至貴也，至貴者無敵，聖王託於無敵，故民命敵焉。」淮南子齊俗：「夫一者至貴，無適於天下，聖人託於無適，故民命繫矣。」

慧定案：老子曰：「道之尊德之貴，夫莫之命常自然。」故文子曰「故爲天下命」。徐靈府曰：「人皆反性，而天下莫不承令也。」杜道堅曰：「得萬物之情，而命令行於天下矣。」呂氏春秋作「民命敵焉」，誤也。若與淮南子作「民命繫矣」，「敵」作「繫」，則爲一説矣。

以上第七章。

杜道堅纘義：「古之學者爲己，爲己之道立，而後爲人之道行，聖人得諸己，故清明在躬，無遠弗燭，得萬物之情，而命令行於天下矣。」

老子〔文子〕曰：陰陽陶冶萬物，皆乘一氣而生〔一〕。上下離心，氣乃上蒸，君臣不和，五穀不登，春肅秋榮，冬雷夏霜，皆賊氣之所生也〔二〕。天地之間，一人之身也，六合之内，一人之形也〔三〕，故明於性者，天地不能脅也，審於符者，怪物不能惑也〔四〕。聖人由近以知遠，以萬里爲一同〔五〕，氣蒸乎天地，禮義廉恥不設，萬民莫不相侵暴虐，由在乎混冥之中也〔六〕。廉恥陵遲，及至世之衰，用多而財寡，事力勞而養不足，民貧苦而忿争生，是以貴仁〔七〕。人鄙不齊，比周朋黨，各推其與，懷機械巧詐之心，是以貴義〔八〕。男女羣居，雜而無别，是以貴禮〔九〕。性命之情，淫而相迫於不得已，則不和，是以貴樂〔一〇〕。故仁義禮樂者，所以救敗也，非通治之道也〔一一〕。誠能使神明定於天下，而心反其初，則民性善，〔一二〕民性善則天地陰陽從而包之，則財足而人贍，貪鄙忿争之心不得生焉〔一三〕。仁義不用，而道德定於天下，而民不淫於采色，故德衰然後飾仁義，和失然後謂〔調〕聲，禮淫然後飾容〔一四〕。故知道德，然後知仁義不足行也，知仁義，然後知禮樂不足修也〔一五〕。

〔一〕陶冶，化育。文選鸚鵡賦注引文子同。乘，因也。淮南子本經作「天地之合和，陰陽之陶化萬物，皆乘人氣者也。」高誘注：「天地合和其氣，故生陰陽，陶化萬物。」作「乘人氣」，誤。本書微明四章云：「道者，所謂無狀之狀，無物之象也，天地之間，可以陶冶而變化也。」

〔二〕離，散而不和也。蒸，氣上升。登，成熟。淮南子本經作「五穀不爲」高注：不爲，不成也。肅，萎縮，死也。榮，繁盛。春榮秋肅自然也，春肅秋榮反常也。賊氣，邪氣，氣逆也。

〔三〕六合，謂天地四方。六合之内，天地之内。淮南子本經作「天地宇宙，一人之身也，六合之内，一人之制也」。「制」爲「刑」誤，而與「形」古通。

〔四〕脅，脅迫，恐也。符，驗也。怪物，異常之物。非常之物，常人所惑也。淮南子本經同。高誘注：「脅，恐也。審，明也。符，驗也。怪物非常，人所疑惑也。」

〔五〕纘義本「由近知遠」，無「以」字。「萬里」作「萬異」。文選贈劉琨注引文子「聖人由近知遠，以萬異爲一同也。」由近知遠，由己身知天地。荀子非相：「以近知遠，以一知萬，以微知明。」萬里，疑「里」爲「理」之壞字。「萬理爲一同」與「萬異爲一同」義相比。淮南子本經作「萬殊」，注：「殊，異也。」

〔六〕禮義廉恥，國之四維。管子牧民：「國有四維，……一曰禮，二曰義，三曰廉，四曰恥。禮不逾節，義不自進，廉不蔽惡，恥不從枉，故不逾節則上位安，不自進則民無巧詐，不蔽惡則行自全，不縱枉則邪事不生。」莫不相侵暴虐，纘義無「莫」字。是也。淮南子本經無「不」字，侵下有「欺」字。俞樾讀文子曰：「侵下脱欺字，當據淮南子本經篇補。」由在，猶在，由、猶，聲同義一。或作「由」，或作「猶」，淮南子作「猶」。混冥之中，猶言道之中也。淮南子本經：「故聖人者，由近知遠，而萬殊爲一，古之人同氣於天地，與一世而優遊，當此之時，無慶賀之利，刑罰之威，禮義廉恥不設，毀譽仁鄙不立，而萬民莫相侵欺暴虐，猶在於混冥之中。」文有衍脱。「古之人」三字衍，讀「萬殊爲一同」，「氣」下脱「蒸」字。高誘注：「優遊，猶委從也。混，大也。大冥之中，謂道也。」莊子天地：「萬物復情，此之謂混冥。」郭注：「情復而混冥無跡也。」成玄英疏：「混沌無分而冥同一道也。」

〔七〕淮南子本經：「逮至衰世，人衆財寡，事力勞而養不足，於是忿爭生，是以貴仁。」陵遲，衰落。

〔八〕鄙，古代行政區劃單位。周禮地官遂人：「五家爲鄰，五鄰爲里，四里爲酇，五酇爲鄙。」比周朋黨，結黨營私。各推其與，各推其相與好者。義，正也。淮南子本經：「仁鄙不齊，比周朋黨，設詐諝，懷機械巧故之心，而性失矣，是以貴義。」老子云：失道而後德，失德而後仁，失仁而後義，及至衰世，道德喪失，廉恥陵遲，故貴仁義禮樂，以救其弊。上言貴仁，此言貴義，談何「仁」與「鄙」。「仁」「鄙」常對言，於此不適合也。

〔九〕禮，敬也。以別男女尊卑。淮南子本經：「陰陽之情，莫不有血氣之感，男女羣居雜處而無別，是以貴禮。」高誘

注：「禮以別也。」

〔一〇〕性命，謂人的生命。淫而相迫，亂而相害。淮南子本經：「性命之情，淫而相脅，以不得已，則不和，是以貴樂。」高誘注：「脅，迫。樂以和之。」

〔一一〕救敗，纘義作「救殘」。非通治之道，不是普遍、一般的治道。淮南子本經：「是故仁義禮樂者，可以救敗，而非通治之至也。」

慧定案：杜道堅纘義：「天地一身，天下一氣，陽變陰化，陶冶萬物，皆乘一氣而生，聖人愛養萬民，視爲一家，故天下和平也。若乃用多而財寡，事力勞而養不足，則民貧苦而忿争生，非通治之道矣。」

〔一二〕定，正也。心反其初，謂反其本性。初，始也。初未有情欲，故曰善也。淮南子本經：「夫仁者，所以救争也；義者，所以救失也；禮者，所以救淫也；樂者，所以救憂也。神明定於天下，而心反其初，心反其初，而民性善。」高誘注：「初者，始也，未有情也。未有情欲，故性善也。」

〔一三〕纘義本「天地」作「天下」，贍，足也。纘義作「是以財足而人贍」。淮南子本經：「民性善而天地陰陽從而包之，則財足而人澹矣，貪鄙忿争不得生焉。」

〔一四〕采色，彩色。俞樾讀文子云，道德定於天下，定字無義，乃足字之誤，淮南本經篇亦作定，誤與此同。俞説非是。此言道德正於天下而民純樸，則民不淫於彩色。「和失然後謂聲」，「謂」字誤，當爲「調」字。纘義本作「調聲」，今正之。調聲，謂飾樂也。容，容貌。淮南子本經：「由此觀之，則仁義不用矣。道德定於天下而民純樸，則目不營於色，耳不淫於聲，坐俳而歌謡，被髮而浮遊，雖有毛嬙西施之色，不知説也；掉羽武象，不知樂也；淫泆無別不得生焉。由此觀之，禮樂不用也。是故德衰然後仁生，行沮然後義立，和失然後聲調，禮淫然後容飾。」高誘注：「詟，惑。不知説也，言尚德也。掉羽，羽舞也。武象，周武王樂也。沮，敗也。」

〔一五〕德衰而飾仁義，禮樂又次之。淮南子本經：「是故知神明，然後知道德之不足爲也，知道德，然後知仁義之不足行也，知仁義，然後知禮樂之不足修也。」高誘注：「道德本，仁義末。仁義大，禮樂小也。」

慧定案：以上第八章。

徐靈府注云：「仁以安之，義以斷之，禮以正之，樂以節之。道德者，天下之大無不包也，故有道者，兼仁義禮樂，備而有之。或者謂絶滅四者，而曰有道，非通論也。夫聖王憫世之衰，而無道德，故貴仁義禮樂，制節其性，和樂其情，全其節度，崇其敬讓，使不敢踰越，以復道德也。」

杜道堅纘義：「聖人誠而明之，反其性初，民復於善。民性善，則天地陰陽從而包之，財足人贍，貪鄙不生，忿争乃息，仁義不用，而道德定於天下矣。」

老子〔文子〕曰：清静之治者，和順以寂寞，質真而素樸，閑静而不躁，在内而合乎道，出外而合乎義〔一〕；其言略而循理，其行悦而順情，其心和而不僞，其事素而不飾〔二〕；不謀所始，不議所終，安即留，激則行，通體乎天地，同精乎陽陰，一和乎四時，明朗乎日月，與道化者爲人，機巧詐僞莫載乎心〔三〕。是以天覆以德，地載以樂，四時不失序，風雨不爲虐，日月清静而揚光，五星不失其行，此清静之所明也〔四〕。

〔一〕清静之治，即無爲之治。和順以寂寞，謂不逆天暴物，寂寞恬惔而不憂民則和順。閑静，謂無欲無事。躁，擾動也。在內，謂心也。出外，謂踐行也。義，疑爲「德」之誤。淮南子本經高注曰：義，或作德。淮南子本經：「太清之始也，和順以寂漠，質真而素樸，閑靜而不躁，推而無故，在內而合乎道，出外而調於義。」高誘注：「清，靜也。太清，無爲之始者，謂三皇之時，和順不逆天暴物也。寂漠，不擾民。質，性也。真，不變也。素樸，精不散也。閑靜，言無欲也。不躁擾，故常也。在內者，志在心。平欲，故能合於道。出於外者，身所履行也。行不越規矩，故能調義。義，或作德也。」

慧定案：據文子，淮南子「太清之始」，「始」當作「治」。高誘注也當作「太清，無爲之治也」。文選東都賦：「監於太清，以變子之惑志。」注引淮南子曰：「太清之化也，和順以寂漠，質直以素樸。」高誘曰：「太清，無爲之化。」「治」作「化」，避高宗「治」諱也。

〔二〕纘義本「悅」作「説」。畧，簡要。悅，莊子天地：「四海之內，共利之之謂悅，共給之之謂安。」郭注曰：無自私之懷也。僞，虛詐也。素而不飾，樸素而不巧飾。淮南子本經：「發動而成於文，行快而便於物，其言畧而循理，其行悅而順情，其心愉而不僞，其事素而不飾。」高誘注：「發，作也。動，行也。文，文章也。便，利也。物，事也。畧，約要也。悅，簡易也。悅讀射，悅取不覺之悅。愉，和也。僞，虛詐也。素，樸也。飾，巧也。」

〔三〕激，謂不安也。與道化者爲人，人與道合，任之自化。俞樾讀文子曰：「當作與道爲友，與化爲人，道德篇是其證。」淮南子本經：「是以不擇時日，不占卦兆，不謀所始，不議所終，安則止，激則行，通體於天地，同精於陰陽，一和於四時，明照於日月，與造化者相雌雄。」高誘注：「一，同也。造化，天地也。雌雄，猶和適也。」

〔四〕淮南子本經：「是以天覆以德，地載以樂，四時不失其叙，風雨不降其虐，日月淑清而揚光，五星循軌而不失其行。」高誘注：「樂，生也。光，明也。五星，熒惑、大白、鎮、辰、歲星也。軌，道也。循，順也。」

慧定案：天清地静，故能長久，以清静爲治，法天地也。以上第九章。皆明清静之治也。

杜道堅纘義：「天清地静，故能長久。聖人以清静爲治者，法天地也。心清則内合乎道，體静則外同乎人，是以不出户而化行。」

老子［文子］曰：治世之職易守也，其事易爲也，其禮易行也，其責易償也〔一〕。是以人不兼官，官不兼士〔二〕，士農工商，鄉别州異〔三〕，故農與農言藏，士與士言行，工與工言巧，商與商言數〔四〕。是以士無遺行，工無苦事，農無廢功，商無折貨，各安其性〔五〕。異形殊類，易事而不悖，失業而賤，得志而貴〔六〕。夫先知遠見之人，才之盛也，而治世不以責於人〔七〕，博聞强志，口辯辭給，人知之溢也，而明主不求於下〔八〕；敖世賤物，不從流俗，士之伉行也，而治世不以爲化民〔九〕。故高不可及者，不以爲人量，行不可逮者，不可爲國俗，故人才不可專用，而度量道術可世傳也〔一〇〕。故國治可與愚守也，而軍旅可以法同也，不待古之英俊，而人自足者，因其所有而并用之〔一一〕。末世之法，高爲量而罪不及也，重爲任而罰不勝也，危爲其難而誅不敢也〔一二〕，民困於三責，即飾智而詐上，犯邪而行危，雖峻法嚴刑，不能禁其奸〔一三〕。獸窮即觸，鳥窮即啄，人窮即詐，此之謂也〔一四〕。

〔一〕「償」原作「嘗」，纘義本作「償」。羣書治要引同，也作「償」。據改。職，分内應執掌之事，即職務。責，責任。

償，報答，塞責。淮南子齊俗：「職」作「體」，誤也。纘義本、羣書治要作「職」是也。淮南子下文「萇弘師曠先知禍福，言無遺策，而不可與衆同職也」，是其證。

〔二〕羣書治要引同，「士」作「事」。淮南子齊俗也作「事」。慧定案：士，事也，官不兼士，纘義作「官不兼事」。古時世守一官，官守一事，荀子富國：「人不能兼官」。慎子威德：「古者，工不兼事，士不兼官。」韓非子難一：「明王之道，一人不兼官，一官不兼事。」

〔三〕纘義本作「農士工商」。羣書治要引作：「農士商工，鄉別州異。」淮南子同文子。慧定案：按下列説序，治要作「農士商工」是。士農工商，古之四民。穀梁傳成公元年：「古者有四民：有士民，有商民，有農民，有工民。」鄉別州異，指四民各有所居，不相雜處。管子小匡：「士農工商四民者，國之石民也，不可使雜處，雜處則其言哤，其事亂，是故聖王之處士必於閑燕，處農必就田野，處工必就官府，處商必就市井。」

〔四〕羣書治要引同。農與農言藏，謂農民聚居田野，朝夕相處，從事於農，審四時權季節，談的是春耕夏耨，秋收冬藏。士言行，士人説的都是孝義敬愛等道德行爲。巧，指技能。數，計算。淮南子齊俗作「是故農與農言力」。

〔五〕纘義本「苦事」作「苦窳」。羣書治要引同，末有「也」字。淮南子齊俗：「是以士無遺行，農無廢功，工無苦事，商無折貨，各安其性，不得相干。」遺行，遺失之行。苦事，指粗製濫造的東西。管子小匡云，工「辨其功苦」注：功謂堅美，苦謂濫惡。廢功，没有收成。折貨，虧本。各安其性，謂士農工商，各安其業，不見異思遷。荀子修身「良賈不爲折閲不市」楊倞注：「折，損也。閲，賣也。謂折損所閲賣之物價也。」

〔六〕羣書治要無此四句。此言根據不同人的不同特點，從事於他易於做的事而不亂，得其所宜則貴，失其所業則賤。淮南子齊俗：「胡人便於馬，越人便於舟，異形殊類，易事而悖，失處而賤，得勢而貴。」慧定案：杜道堅纘義：「古人世守一官，官守一事，故治世之臣職易守，事易爲，後世兼官共事之法行，官益冗而吏益繁，政出多門，反致害治。」

〔七〕羣書治要引：「夫先知遠見，人材之盛也，而治世不以責於民。」纘義本「人」作「民」，與治要同。不以責於人，不責成於人。此言才不可勝德，言不可過行，才盛而有先知之見者，治世不責成於人也。淮南子齊俗：「夫先知遠見，達視千里。人才之隆也，而治世不以責於民。」注：「言民不以己求備於下也。」

〔八〕羣書治要引「博聞强志，口辨辭給，人智之溢也，而明主不以求於下」，「辯」作「辨」，「知」作「智」，「不求」作「不以求」。纘義本「聞」作「文」，强志，强記。口辯辭給，言語便捷而善辯，即能言善辯。溢，滿，此謂美過。下，指在下位的人。淮南子齊俗作「博聞强志，口辯辭給，人智之美也，而明主不以求於下」。

〔九〕羣書治要引：「傲世賤物，不污於俗，士之伉行也，而治世不以爲民化。」敖世，高傲輕世。敖，通「傲」。不從流俗，不與俗同流。伉行，高傲的品行。不以爲化民，不以這樣的人教化人民，即不可以爲儀表。文選嘯賦注引「傲世賤物不污於俗。」薦禰衡表注引「傲士賤物，士之抗行也」。淮南子齊俗同治要所引。

〔一〇〕羣書治要引「不可爲」作「不以爲」。纘義本作「不以爲」。量，度量，標準。逮，及也。此言才不可勝德，言不可過行，高言高行者，人不可及也，不可用來作爲標準，人才不可專持，察其才而用之，而用人的標準方法則是不變的。淮南子齊俗：「……故高不可及者，不可以爲人量，行不可逮者，不可以爲國俗，夫挈輕重不失銖兩，聖人弗用，而縣之乎銓衡，視高下不差尺寸，明主弗任，而求之乎浣準。何則？人才不可專用，而度量可世傳也。」

〔一一〕纘義本「國治」作「國法」，句末有「也」字。羣書治要引「法同」作「性同」，「所有」上缺「因其」二字。軍旅可以法同，軍隊可以用法制統一。英俊，才智傑出的人物。上禮三章曰：「智過萬人者謂之英，千人者謂之俊。」因其所有而并用之，因其所長，量其所能而兼用之，則自足，何待英俊哉。淮南子齊俗：「故國治可與愚守也，而軍制可與權用也，夫待騕褭飛兔而駕之，則世莫乘車，待西施毛嬙而爲配，則終身不家矣。然非待古之英俊而人自足者，因所有而并用之。」

〔一二〕羣書治要引同。無三「也」字，「危爲難」，無「其」字。淮南子齊俗：「亂世之法，高爲量而罪不及，重爲任而罰不勝，危爲禁而誅不敢。」

慧定案：高爲量而罪不及，以高標準來責罪不及此標準者。重，指重任。纘義無「其」字。危，猶高也。淮南子作「危爲禁」，誤矣。此言高爲艱難之事而責之以必能。如見難而不敢爲則誅之，與上兩句意同，改「難」爲「禁」，正欲其敢，怎麼反誅之呢？呂氏春秋適威曰：「煩爲教而過不識，數爲令而非不從，巨爲危而罪不敢，重爲任而罰不勝。」莊子則陽曰：「匿爲物而愚不識，大爲難而罪不敢，重爲任而罰不勝，遠其塗而誅不至。」

〔一三〕羣書治要引同。三責，責任衆多。人不兼官，官不兼事，兼則困矣。困於衆責則言詐行危而奸，雖嚴刑峻法不能禁也。淮南子齊俗：「民困於三責，則飾智而詐上，犯邪而干免，故雖峭法嚴刑，不能禁其奸，何者？力不足也。」

〔一四〕羣書治要引同。觸，用角觸人，謂反抗也。人窮，人困。淮南子齊俗：「故諺曰：鳥窮則噣，獸窮則觸，人窮則詐，此之謂也。」荀子哀公：「顔淵對曰：『臣聞之，鳥窮則啄，獸窮則攫，人窮則詐』。」

慧定案：以上第十章。

杜道堅纘義：「才不可以勝德，言不可以過行，才盛而有先知之見者，治世不以責於人，聞博而有辯口之佞者，明主不以求於下，傲世伉行，責人以重難，强人以不能者，惡免人窮之詐哉！」

老子〔文子〕曰：雷庭之聲可以鍾鼓象也，風雨之變可以音律知也〔一〕。大可睹者，可得而量也，明可見者，可得而弊也，聲可聞者，可得而調也，色可察者，可得而別也〔二〕。夫至大，天地不能函也，至微，神明不能見也〔三〕；及至建律曆，別五色，異清濁，味甘苦，即樸散而爲器矣〔四〕。立仁義，修禮樂，即道德遷而爲僞矣〔五〕。民飾智以驚愚，設詐以攻上，天下有能持之，而未能有治之者也〔六〕。夫智能彌多，而德滋衰，是以至人淳樸而不散〔七〕。夫至人之治〔八〕，虛無寂寞，不見可欲，心與神處，形與性調，静而體德，動而理通，循自然之道，緣不得已矣〔九〕。漠然無爲而天下和，淡然無欲而民自樸，不忿争而財足，施者不得，受者不讓，德反歸焉，而莫之惠〔一〇〕。不言之辯，不道之道，若或通焉，謂之天府〔一一〕。取焉而不損，酌焉而不竭，莫知其所求由出，謂之摇光，摇光者，資糧萬物者也〔一二〕。

〔一〕象，通「像」，仿效。音律，五音六律。指音樂。淮南子本經：「雷震之聲，可以鼓鐘寫也；風雨之變，可以音律知也。」高誘注：「寫，猶放斆也。律知陰陽。」

〔二〕睹，見也。弊，裁斷。纘義作「蔽」，誤也。淮南子本經作「蔽」，高誘注曰：蔽或作察。調，調和，調節。別，分辨也。淮南子本經：「是故大可覩者，可得而量也；明可見者，可得而蔽也；聲可聞者，可得而調也；色可察者，可得而別也。」

〔三〕函，包容。至大無外，故天地不能包；至微無内，故不能見。纘義作「神明不能領也」。淮南子本經：「夫至大，天地弗能含也；至微，神明弗能領也。」高誘注：「領，理也。」

〔四〕律曆，樂律和曆法。疑「音律」之誤。清濁，指音的清濁。味，口味，此作動詞用。樸散而爲器，語本老子二十八章。王弼注曰：「樸，真也，真散則百行出，殊類生，若器也。」樸，謂道，器，謂萬物，言道散而爲萬物。上文言道，天地不能容，神明不能察，此言道散而爲器，事建而失本，道無形，物可量也。淮南子本經：「及至建律曆，別五色，異清濁，味甘苦，則樸散而爲器矣。」高誘注：「清，商；濁，宫。」

〔五〕修，飾也。遷，離散也。爲僞，行爲假。淮南子本經：「立仁義，修禮樂，則德遷而爲僞矣。」高誘注：「修，設也。遷，移也。」

〔六〕攻上，指欺上。淮南子本經作「巧上」。有能持之，指人民。有治之者，指君主。莊子山木：「子其意者，飾知以驚愚，修身以明汙。」成疏：「裝飾才智驚異愚俗。」又達生：「今汝飾知以驚愚，修身以明汙。」成疏：「光飾心智，驚動愚俗。」淮南子本經：「及僞之生也，飾智以驚愚，設詐以巧上，天下有能持之者，有能治之者也。」高誘注：「巧，欺上也。有能持之者，桀紂之民；有能治之者，湯武之君也。」淮南子及高注，作「有能治之者」均誤，此言詐僞之生，天下有能以法持之者，而未能有以道治之者，其能治之者，下文所云至人之治也。

〔七〕彌多，愈多。滋，益。滋衰，愈加衰失。淳樸而不散，謂抱道守德。淮南子本經：「昔者蒼頡作書，而天雨粟，鬼夜哭；伯益作井，而龍登玄雲，神棲崑崙；能愈多而德愈薄矣。故周鼎著倕，使銜其指，以明大巧之不可爲也。」

慧定案：杜道堅纘義：「聖人剖大樸，法天地，觀象以製器，若雷霆之於鐘鼓，風雨之於音律，皆得象而爲之。至若天地之大、神明之微，則有所不能盡究也。惟至人淳樸不散，而可以爲萬世之師。」

〔八〕夫至人之治，纘義上有「老子曰」三字，并起行。此也足見冠「老子曰」爲後人篡改也。

〔九〕纘義本「静而體德」，「德」作「得」。此謂心與神處，漠然無爲，體德通理，隨自然之性，緣不得已而化治。上文云：「道德遷而爲僞矣」，莊子庚桑楚曰：「爲之僞，謂之失。知者接也，知者謨也，知者之所不知，猶睨也。動以不得已之謂德。……欲静則平氣，欲神則順心，有爲也，欲當則緣於不得已，不得已之類，聖人之道。」郭注：「若得已而動，則爲强動者，所以失也。平氣，則静理足；順心，則神功至。緣於不得已，則所爲皆當，故聖人以斯爲道，豈求無爲於恍惚之外哉！」成疏云：「夫迫而後動，和而不唱，不得已而用之，可謂盛德也。」淮南子本經：「故至人之治也，心與神處，形與性調，静而體德，動而理通，隨自然之性，而緣不得已之化。」

〔一〇〕施者不得，纘義得作「德」。得與「德」通，作「德」是。謂施者不以爲恩德。德反歸焉，疑「反」爲「交」之誤。老子六十章曰：「夫兩不相傷，故德交歸焉。」老子言天下有道，神與聖兩不相傷，故德交歸於民。韓非子解老曰：「故曰兩不相傷，則德交歸焉，言其德上下交盛而俱歸於民也。」文子言至人之治，無爲無欲，天下和樂，而民自樸，施者不德，受者不讓，至人與民，德交歸焉。淮南子本經作：「洞然無爲而天下自和，憺然無欲而民自樸，無禨祥，而民不夭，不忿争，而養足，兼包海内，澤及後世，不知爲之者誰何？是故生無號，死無謚，實不聚而名不立，施者不德，受者不讓，德交歸焉，而莫之充忍也。」高誘注：「道無姓名，自當然也，故曰不知誰何也。實，財也。道不名，故名不立。施者不以爲恩德，振不足而已。受者不讓之，則受之不飾辭讓也。忍，不忍也。」

〔一一〕天府，府者，藏物之所也，天府，謂物聚自然，富非人力也。戰國策秦策：「蘇秦始將連横，説秦惠王曰：大王之國……此謂天府，天下之雄國也。」文子此言能通乎自然者，謂之天府。故下文云，取之不損，與之不盡。文選答賓賦注引「不言之師，不道之道，若或通焉，謂之天符」。莊子齊物論：「孰知不言之辯，不道之道，若有能知，此之謂天府。」郭注：「浩然都任之也。」成玄英疏：「孰，誰也。天，自然也。誰知言不言之言，道不道之道，以此積辯，用兹通物者，可謂合於自然之符藏也。」又徐无鬼：「彼之謂不道之道，此之謂不言之辯。」成疏：「不道而道，言非道，非不道也。不言而言，非言，非不言也。」

〔一二〕纘義本「莫知其所求由出」，無「求」字。文選頭陁寺碑文注引「取焉而不損，酌焉而不竭，莫知其所由也」。莊子齊物論：「注焉而不滿，酌焉而不竭，而不知其所由來，此之謂葆光。」郭注：「至人之心若鏡，應而不藏，故曠然無盈虚之變也。至理之來，自然無跡。任其自明，故其光不敝也。」釋文：「葆光，音保。崔云：若有若無，謂之葆光。」成玄英疏：「葆，蔽也。至忘而照，即照而忘，故能韜蔽其光，其光彌朗。此結以前天府之義。」又知北遊：「運量萬物而不匱，則君子之道彼其外與，萬物皆往資焉而不匱，此其道與。」郭注：「用物而不役己，故不匱也。彼其外與，各取於身而足。還用物，故我不匱。此明道之贍物，在於不贍，不贍而物自得，故曰此其道與。言至道之無功，無功乃足稱道也。」酌，原爲酒杯，引伸爲取，給與。竭，窮盡。摇光，星名，亦作「瑶光」，又名「招遥」，北斗的第七星。徐靈府注曰：「摇光，斗標之望，揭運於中，制以四方，萬物主之以爲資。」

慧定案：以上第十一章。

杜道堅纘義：「北辰，天之尊帝也，端居天心，而衆星拱之。至人取法爲治，心與神處，漠然無爲，而天下和。摇光居北斗之杓，資糧萬物，隨天左旋，日轉一周，斗不降禄，生民罔食，舜察璇璣，以齊七政，其知天矣乎！」

老子〔文子〕曰：天愛其精，地愛其平，人愛其情，天之精，日月星辰、雷霆風雨也，地之平，水火金木土也，人之情，思慮聰明喜怒也〔一〕，故閉四關，止五道，即與道淪〔二〕。神明藏於無形，精氣反於真，目明而不以視，耳聰而不以聽，口當而不以言，心條通而不以思慮，委而不爲，知而不矜，直性命之情，而知故不得害〔三〕。精存於目即其視明，存於耳即其聽聰，留於口即其言當，集於心即其慮通，故閉四關即終身無患，四肢九竅莫死莫生，是謂真人〔四〕。地之生財，大本不過五行，聖人節五行，即治不荒〔五〕。

〔一〕太平御覽卷二引文子同。淮南子本經同，「雷霆」作「雷電」。高誘注：「精，光明也。平，正也。情，性也。」尚書大禹謨「地平天成」傳曰：「水土治曰平，五行叙曰成。」又詩經黍苗「原隰既平」，毛傳曰：「土治曰平。」

〔二〕纘義本「止」作「正」。徐靈府注：「天之四關，日月星辰；五道，五行也。言四時有節，五行有度，則天地清明，民物豐泰，人之四關，心口耳目，五道，謂五臟也。」淪，渾淪。與道淪，與道渾淪一體而不相離。淮南子本經：「故閉四關，止五遁，則與道淪。」高誘注：「四關，耳目心口。遁，逸也。淪，入也。」吕氏春秋貴生：「夫耳目鼻口，生之役也，耳雖欲聲，目雖欲色，鼻雖欲芬香，口雖欲滋味，害於生，則止在四官者。」高誘注：「四官，耳、目、鼻、口也。」可見「四關」即「四官」。

〔三〕條通，通順。委而不爲，順任自然而不爲。直性命之情，順生命之情。知故，即智故，巧詐也。淮南子本經：

「是故神明藏於無形，精神反於至真，則目明而不以視，耳聰而不以聽，心條達而不以思慮，委而弗爲，和而弗矜，冥性命之情，而智故不得襍焉。」高誘注：「真，身也。矜，自大也。襍，糅也。」

〔四〕莊子大宗師：「古之真人不逆寡，不雄成，不謨士……其寢不夢，其覺無憂，其食不甘，其息深深……古之真人，不知説生，不知惡死，其出不訢，其入不距，翛然而往，翛然而來而已矣。不忘其所始，不求其所終，受而喜之，忘而復之，是之謂不以心損道，不以人助天，是之謂真人。」郭注：「人生而静，天之性也，感物而動，性之欲也，物之感人無窮，人之逐欲無節，則天理滅矣，真人知用心則背道，助天則傷生，故不爲也。」精存者則四關不妄動，視聽言動無缺，禍害不及於身，死生不繫於懷，是真人性合於道。淮南子本經：「精泄於目則其視明，在於耳則其聽聰，留於口則其言當，集於心則其慮通。故閉四關則身無患，百節莫苑，莫死莫生，莫虚莫盈，是謂真人。」高誘注：「泄，猶通也。當，合也。苑，病也。莫死莫生……，言守其常也。」

〔五〕大本，最根本。五行，水火金木土。左傳昭公二十五年：「則天之明，因地之性，生其六氣，用其五行。」土與金木水火雜以生百物，故曰地生之財，大本不過五行也。節五行，謂五行常運，聖人節之。不荒，不迷亂，尚書五子之歌：「内作色荒，外作禽荒。」逸周書謚法：「外内從亂曰荒，好樂怠政曰荒。」淮南子本經：「夫天地之生財也，本不過五，聖人節五行，則治不荒。」高誘注：「本不過五，不過五行之數。五行，金、木、水、火、土也。水屬陰行，火爲陽行，木爲燠行，金爲寒行，土爲風行，五氣常行，故曰五行。」

慧定案：以上第十二章。

杜道堅纘義：「人有五性，應天五星，應地五行。五性動而七情出，身可不知愛乎！夫神藏於心，精藏於腎，魂藏於肝，魄藏於肺，意藏於脾，神明藏於無形，莫生莫死，是謂真人。」

老子[文子]曰：衡之於左右，無私輕重，故可以爲平；繩之於内外，無私曲直，故可以爲正；人主之於法，無私好憎，故可以爲令；德無所立，怨無所藏，是任道而合人心者也〔一〕。故爲治者，知不與焉，水戾破舟，木擊折軸，不怨木石而罪巧拙者，智不載也〔二〕；故道有智則亂，德有心則險，心有眼則眩〔三〕。夫權衡規矩，一定而不易，常一而不邪，方行而不留，一日形之，萬世傳之，無爲之爲也〔四〕。一者無爲也，百王用之，萬世傳之，爲而不易也〔五〕。

〔一〕衡，量器。俗謂秤。繩，正曲直之具。此言人有私心則害道，無私則平正令行，不見德於外，不藏怨於内，是任道而合人心者也。淮南子主術：「衡之於左右，無私輕重，故可以爲平；繩之於内外，無私曲直，故可以爲正；人主之於用法，無私好憎，故可以爲命；夫權輕重不差蚉首，扶撥枉橈，不失鍼鋒，直施矯邪，不私辟險，奸不能枉，讒不能亂，德無所立，怨無所藏，是任術而釋人心者也。」高誘注：「衡，銓衡也。蚉首，猶細微也。立，見。」

〔二〕知不與焉，知，通「智」。爲治者在道不在智，故不與。水戾，水勢逆而勁疾。木擊，指木輪遭石之擊。此言舟之浮於水，車之運於陸，水戾破舟，木擊折軸，此自然之勢也，非木石有巧詐，故曰智不載也，是爲舟輿之巧拙耳，故不怨木石而罪過巧拙者。此明以智治國，國之賊也。淮南子主術：「故爲治者不與焉，夫舟浮於水，車轉於陸，此勢之自然也，木擊折轊，水戾破舟，不怨木石而罪巧拙者，知故不載焉。」高誘注：「治在道，不在智，故曰不與。罪御者，刺舟者之巧拙也。言木石無巧詐，故不怨也。」

〔三〕德有心，有心於德。險，邪惡。心有眼，謂機智。眩，迷亂。此言應無私也。莊子列禦寇：「賊莫大乎德有心，而心有睫，及其有睫也而內視，內視而敗矣。」郭注：「有心於爲德，非真德也，夫真德者，忽然自得，而不知所以德也。率心爲德，猶之可耳，役心於眉睫之間，則僞已甚矣。乃欲探射幽隱，以深爲事，則心與事俱敗矣。」淮南子主術：「是故道有智則惑，德有心則險，心有目則眩。」高誘注：「言道智則惑也。眩，眩於物也。」

〔四〕方行而不留，方行，謂正直的行爲。留，通「流」。莊子天地：「留動而生物。」釋文曰：「留，或作流。」淮南子主術作「方行而不流」。一日形之，一旦形成。無爲之爲，謂以無爲爲之準繩也，無爲，權衡規矩一定而不易，之爲，指常用而不邪。淮南子主術：「今夫權衡規矩，一定而不易，不爲秦楚變節，不爲胡越改容，常一而不邪，方行而不流，一日刑之，萬世傳之，而以無爲爲之。」高誘注：「言無所爲爲之，爲自爲之。」

〔五〕爲而不易，權衡規矩不變也，即道不易也。

慧定案：以上第十三章。

杜道堅纘義：「人有私心，罔不害道，人主無私，故法一而令行，是故德有心則險，心有眼則眩，知權衡規矩，一定而不易，則知一者，無爲之爲，百王用之，萬世傳之。」

老子〔文子〕曰〔一〕：人之言曰：國有亡主，世亡亡道，人有窮而理無不通，故無爲者，道之宗也〔二〕。得道之宗，并應無窮，故不因道理之數，而專己之能，其窮不遠也〔三〕。夫人君不出户，以知天下者，因物以識物，因人以知人，故積力之所舉，即無不勝也，衆智之所爲，即無不成也〔四〕。千人之衆無絶糧，萬人之羣無廢功〔五〕，工無異伎，士無兼官，各守其職，不得相干，人得所宜，物得所安〔六〕，是以器械不惡，職事不慢也〔七〕。夫債少易償也，職寡易守也，任輕易勸也〔八〕，上操約少之分，下效易爲之功，是以君臣久而不相厭也〔九〕。

〔一〕叢刊本無此句，并不提行。

〔二〕羣書治要引作：「國有亡主，世無亡道，人有窮而理無不通也。」無「人之言曰」和「故無爲者，道之宗也」，蓋摘引也。世亡亡道，世無亡道。亡，無也。纘義作「世無亡道」。理，道理。宗，本也。俞樾讀文子曰：「此本作國有亡而世無亡道，國有亡，人有窮，相對成文，衍主字，脱而字，與下句不律，且國亡即主亡，不必言主也。」淮南子主術：「故國有亡主，而世無廢道，人有困窮而理無不通。由此觀之，無爲者，道之宗。」高誘注：「亡主，桀紂是也。湯武以其民王，故曰無廢道也。理，道。宗，本。」

〔三〕羣書治要引「故不因道理之數，而專己之能，其窮不遠矣」。無「得道之宗，并應無窮」句。其窮不遠，謂其困立見也。淮南子主術：「故得道之宗，應物無窮，任人之才，難以至治。湯武，聖主也，而不能與越人乘幹舟而浮於江湖；伊尹，賢相也，而不能與胡人騎騵馬而服騊駼；孔墨博通，而不能與山居者入榛薄險阻也。由此觀之，則人知之於物也淺矣，而欲以偏照海内，存萬方，不因道之數，而專己之能，則其窮不遠矣。」

〔四〕羣書治要引「夫君人者，不出户以知天下者，因物以識物，因人以知人也，故積力之所舉，既無不勝也，衆智之所爲，即無不成也」。纘義本「積力」誤作「即力」。淮南子主術：「……而君人者，不下廟堂之上，而知四海之外者，因物以識物，因人以知人也，故積力之所舉，則無不勝也，衆智之所爲，則無不成也。」慧定案：自然八章曰：「聖人舉事，未嘗不因其資而用之也。」人君不出户以知天下者，無他，以天下之目視，以天下之耳聽，以天下之智慮，以天下之力争，秉衆人之智，則無不任也，用衆人之力，則無不勝也。韓非子難三：「且夫物衆而智寡，寡不勝衆，智不足以徧知物，故因物以治物。下衆而上寡，寡不勝衆者，言君不足以徧知臣也，故因人以知人，是以形體不勞而事治，智慮不用而奸得。」吕氏春秋用衆曰：「夫以衆者，此君人之大寶也。」高誘注：「淮南記曰：萬人之衆無廢功，千人之衆無絶良（糧），故人君以衆爲大寶也。」

〔五〕無絶糧，指舉農民之衆則糧足。無廢功，指工人。

〔六〕羣書治要引「工無二技，士不兼官，人得所宜，物得所安」。上文十章曰：「人不兼官，官不兼士……各安其性，異形殊類，易事而不悖。」此言因人而舉衆。慎子威德：「古者，工不兼事，士不兼官，工不兼事則事省，事省則易勝；士不兼官，則職寡，職寡則易守。故士位可世，工事可常，百工之子，不學而能者，非生巧也，言有常事也。」淮南子主術同此，「異技」作「二技」，「干」作「奸」。

〔七〕羣書治要引同，兩句間有「而」字連。文選景福殿賦注引文子同。但無「是以」二字。器械，用具的總稱。惡，即上文「工無苦事」，參見十章注五。器械不惡，謂器具盡其用而無廢功。淮南子主術作「器械不苦」。「慢」作「嫚」。慢，緩怠也。

〔八〕羣書治要引同。「債」作「責」，「少」作「小」。債少易償，債，疑爲「責」之誤。上文十章「責易償也」是其證。淮南子主術也作「責」。「債」「責」古通。勸，勉力。淮南子主術作「權」。誤也。

〔九〕不相厭，不相欺。纘義作「是以君臣不相厭也。」無「久而」二字。俞樾讀文子曰：「厭上脱不字」。不知俞説所本。羣書治要引同。淮南子主術「約」下有「省」字，「久」前有「彌」，無「也」字。

慧定案：以上第十四章。

杜道堅纘義：「天不自天，有爲天者，地不自地，有爲地者，爲者其誰耶？　國有亡主，世無亡道，伊尹五就桀而不用，是專己之能而不知因人之道也，故伊尹不爲夏，而爲湯矣，夏其有不亡，湯其有不興乎？」

老子〔文子〕曰：帝者體太一，王者法陰陽，霸者則四時，君者用六律〔一〕。體太一者，明於天地之情，通於道德之倫〔二〕，聰明照於日月，精神通於萬物，動静調於陰陽，喜怒和於四時，覆露皆道，溥洽而無私〔三〕，蜎飛蠕動，莫不依德而生，德流方外，名聲傳於後世〔四〕。法陰陽者，承天地之和，德與天地參〔五〕，光明與日月并照，精神與鬼神齊靈，戴圓履方，抱表寢繩，内能理身，外得人心，發施號令，天下從風〔六〕。則四時者，春生夏長，秋收冬藏，取與有節，出入有量，喜怒剛柔，不離其理，柔而不脆，剛而不折，寬而不肆，肅而不悖，優遊委順，以養羣類，其德含愚而容不肖，無所私愛也〔七〕。用六律者，生之與殺也，賞之與罰也，與之與奪也，非此無道也〔八〕，伐亂禁暴，興賢良，廢不肖，匡邪以爲正，攘險以爲平，矯枉以爲直，明於施舍，開塞之道，乘時因勢，以服役人心者也〔九〕。帝者不體陰陽即侵，王者不法四時即削，霸者不用六律即辱，君者失準繩即廢，故小而行大即窮塞而不親，大而行小即狹隘而不容〔一〇〕。

〔一〕淮南子本經同。太一，即道，指形成天地萬物的元氣。六律，律爲定音器，樂律有十二，陰陽各六，陽爲律，陰爲吕，樂器的音調都以它爲準。此謂法則。

〔二〕淮南子本經前有「是故」二字。倫，類。此謂道理。

〔三〕覆露，謂蔭庇沾潤。國語晉語：「智子之道善矣，是先主覆露子也。」注：露，潤也。道，通「導」。淮南子本經作「照導」。溥洽，普遍沾潤。纘義作「并貺」，并賜也。淮南子本經作「普氾」，高誘注：普，太也，氾，衆也，無私愛憎，言皆公也。各解其義相近。淮南子本經：「秉太一者，牢籠天地，彈壓山川，含吐陰陽，伸曳四時，紀綱八極，經緯六合，覆露照導，普氾無私，蠉飛蝡動，莫不仰德而生。……是故體太一者，明於天地之情，通於道德之倫，聰明耀於日月，精神通於萬物，動静調於陰陽，喜怒和於四時，德澤施於方外，名聲傳於後世。」高誘注：「施，延，延於遠方之外。後世傳聞之也。」

〔四〕依德而生，纘義作「仰德而生」。淮南子同纘義。方外，遠方之外，指轄域之外。以上謂帝者以道治天下。

〔五〕參，參與。德與天地參，謂德參與天地，人可與天地相比也。荀子天論：「天有其時，地有其財，人有其治，夫是之謂能參。」淮南子本經：「陰陽者，承天地之和，形萬殊之體，含氣化物，以成埒類，贏縮卷舒，淪於不測，終始虚滿，轉於無原。……法陰陽者，德與天地參，明與日月並，精於鬼神總，戴圓履方，抱表懷繩，内能治身，外能得人，發號施令，天下莫不從風。」高誘注：「埒，形也。贏，長也。縮，短也。卷，屈也。舒，散也。淪，入也。測，深也。入於不可測盡之深。轉於無原，轉化歸於無窮之原本也。總，合也。圓，天也。方，地也。表，正也。繩，直也。外能得人，能得人之歡心。風，化也。」

〔六〕圓，指天，方，指地，戴圓履方，戴天踏地，謂人在天地之間。表，儀也。繩，準也。抱表寢繩，謂隱懷準則。淮南子本經寢作「懷」。以上言王者以德化。

〔七〕剛而不折，纘義折作「壯」，誤也。寬而不肆，寬容而不放縱。優遊，悠閑自得。纘義作「優柔」，淮南子同纘義。以上言霸者用仁。淮南子本經：「四時者，春生夏長，秋收冬藏，取予有節，出入有時，開闔張歙，不失其叙，喜怒剛柔，不離其理。……則四時者，柔而不脆，剛而不鞼，寬而不肆，肅而不悖，優柔委從，以養羣類，其德含愚而容不肖，無所私愛。」高誘注：「歙，讀脅。叙，次也。理，道也。鞼，折也。肆，緩，雖寬不緩，過齊非也。肅，急也，雖急不促悖。類，物類也。私，邪也。」出入有時，「時」誤，當作「量」。

〔八〕淮南子本經：「六律者，生之與殺也，賞之與罰也，予之與奪也，非此無道也。故謹於權衡準繩，審乎輕重，足以治其境内矣。……用六律者，伐亂禁暴，進賢而退不肖，扶撥以爲正，壞險以爲平，矯枉以爲直，明於禁舍開閉之道，乘時因勢，以服役人心也。」高誘注：「予，布施也。奪，取收也。則四時，用六律之君，非用此上事，其餘無他道也。撥，任也。扶，治也。矯，正也。枉，曲也。役，使也。」非此無道，謂以生殺、賞罰、取與爲道也。黄帝四經經法六分：「主上者，執六分以生殺，以賞罰，以必伐。」

〔九〕黄帝四經十大經本伐：「世兵道三：有爲利者，有爲義者，有爲忿者。……所謂爲義者，伐亂禁暴，起賢廢不肖，所謂義也。」開塞，開閉。開塞之道，是戰國時富國强兵之道。謂制之以法，使民知所行止。此句疑爲「明於禁舍開塞之道」。尉繚子制談「不明乎禁舍開塞也」。兵談「明乎禁舍開塞，其取天下若化」。商君書有開塞篇。以上言君者以義治天下。

〔一〇〕慧定案：不體，不法，不用，此三「不」字衍。帝者體太一，王者法陰陽，如帝者體陰陽，王者則四時，即下文説「大而行小，即狹隘而不容」，故曰侵害；如王者體太一，霸者法陰陽，即下文曰「小而行大即窮塞而不親。」故有「不」字，則與義不通。叢刊本無三「不」字。淮南子本經同叢刊本。此言失道而後德，失德而後仁，失仁而後義，道德仁義，各有體，大行大，小行小，大小不失其體，亦能爲治也。

以上第十五章。

杜道堅纘義：「不曰皇，而曰帝、曰王、曰霸、曰君何哉？ 尊皇也。 帝者失道而後德，王者失德而後仁，霸者失仁而後義，君者失義而後禮。 大者立則小者在焉，小者立則大者失矣。」

老子〔文子〕曰：地廣民衆，不足以爲强，甲堅兵利，不可以持勝，城高池深，不足以爲固，嚴刑峻法，不足以爲威〔一〕。 爲存政者，雖小必存焉，爲亡政者，雖大必亡焉〔二〕。 故善守者，無與禦，善戰者，無與鬥，乘時勢，因民欲，而天下服〔三〕。 故善爲政者，積其德，善用兵者，畜其怒，德積而民可用者，怒畜而威可立也〔四〕。 故文之所加者深，則權之所服者大〔五〕，德之所施者博，則威之所制者廣，廣即我强而適弱〔六〕。 善用兵者，先弱敵而後戰，故費不半而功十倍〔七〕。 故千乘之國，行文德者王，萬乘之國，好用兵者亡〔八〕，王兵先勝而後戰，敗兵先戰而後求勝，此不明於道也〔九〕。

〔一〕羣書治要引「强」、「勝」、「固」、「威」下，皆有「也」字。「峻法」作「利殺」。淮南子兵略：「民」作「人」，作「堅甲利兵」、「高城深池」、「嚴令繁刑」。

慧定案：荀子議兵曰：「堅甲利兵，不足以爲勝，高城深池，不足以爲固，嚴令繁刑，不足以爲威，由其道則行，不由其道則廢。」荀子謂由其道者，是用其「禮」也，文子所言，由道行德也。

〔二〕羣書治要引二「雖」字作「無」，末無「焉」字。爲存政，爲存國之政，指行文德者。爲亡政，指好用兵。符言三十章曰：「天下雖大，好用兵者亡。」纘義本無「焉」字。淮南子兵畧同，末無「焉」字。

〔三〕羣書治要引「禦」作「御」，末句作「而取天下也」。纘義本末句作「而取天下」。禦，抗拒。自然十二章曰：「因民之欲，乘民之力，爲之去殘除害。夫同利者相死，同情者相成，同行者相助，循己而動，天下爲鬥，故善用兵者，用其自爲用。」淮南子兵畧：「是故善守者無與禦，而善戰者無與鬥，明於禁舍開塞之道，乘時勢，因民欲，而取天下。」

〔四〕羣書治要引「可用者」作「可用也」。纘義本「積其德」作「積有德」。淮南子兵畧「民可用者」無「者」字。畜其怒，藏其怒，怒而不發也。民可用者，纘義作「民可用也」，是。

〔五〕羣書治要引「故材之所加者淺，即權之所服者大」，漢書刑法志：「文之所加者深，則武之所服者大；德之所施者博，則威之所制者廣。」文，德也。與「武」相對。加，施與。權，威勢。淮南子兵畧作：「故文之所加者淺，則勢之所勝者小」。

〔六〕羣書治要引同。適弱，敵弱。適，通「敵」。纘義作「敵」。淮南子兵畧：「德之所施者博，而威之所制者廣，威之所制者廣，則我强而敵弱矣。」又繆稱：「是故德之所施者博，則威之所行者遠；義之所加者淺，則武之所制者小。」

〔七〕羣書治要引同。先弱敵，先使敵變弱。老子曰：「將欲弱之，必固强之。」費不半而功十倍，謂事半功倍也。淮南子兵畧：「故善用兵者，先弱敵而後戰者也，故費不半而功自倍也。」

〔八〕羣書治要引同。千乘之國，指小國，戰國時小者稱千乘，大者稱萬乘，乘謂兵車。此言國雖小，用德而王，雖大用兵而亡。淮南子兵畧：「湯之地方七十里而王者，修德也；智伯有千里之地而亡者，窮武也。故千乘之國，行文德者王，萬乘之國，好用兵者亡。」

〔九〕羣書治要引作「兵道」。淮南子兵畧：「故全兵先勝而後戰，敗兵先戰而後求勝。」

慧定案：王兵，道德曰：誅暴救弱謂之義，義兵王。先勝，謂先自勝。老子曰：「勝人者有力，自勝者强。」敗兵，道德曰：争小故不勝其心謂之忿，忿兵敗。俞樾讀文子曰：「敗兵當作亡兵，上文言千乘之國，行文德者王，萬乘之國，好用兵者亡，此云王兵亡兵，即承上文而言也，淺人不達其旨，改亡兵作敗兵，失之矣。淮南子兵畧篇并改王兵作全兵，失之彌遠。」俞説淮南改王兵作全兵失之，是也，而説敗兵當作亡兵，不必也。亡者失敗也，上文云善用兵者畜其怒，忿怒者兵敗。此謂怒兵先戰而後求勝，不明於怒兵敗之道也。

以上第十六章。

杜道堅纘義：「行文德者，雖小必存，好用兵者，雖大必亡。夫善爲政者，積其德，善用兵者，畜其怒，惟知兵本以止亂，而不以爲亂，則民不傷而國長存。」

文子校釋卷第十

上仁〔一〕

老子［文子］曰：君子之道，静以修身，儉以養生〔二〕。静即下不擾，下不擾即民不怨，下擾即政亂，民怨即德薄，政亂賢者不爲謀，德薄勇者不爲鬥〔三〕。亂主則不然，一日有天下之富，處一主之勢，竭百姓之力，以奉耳目之欲，志專於宫室臺榭，溝池苑囿，猛獸珍怪〔四〕；貧民飢餓，虎狼厭芻豢，百姓凍寒，宫室衣綺繡〔五〕；故人主畜兹無用之物，而天下不安其性命矣〔六〕。

〔一〕徐靈府曰：「上德者，天下歸之；上仁者，海内歸之；上義者，一國歸之；上禮者，一鄉歸之。無此四者，則民不歸也。自上仁已下，不注篇首，義類此也。」

杜道堅曰：「上仁者，静以修身，儉以養民，君子之所當爲者也。」

慧定案：上篇曰：用多而財寡，事力勞而養不足，民貧苦而忿争生，是以貴仁。韓非子解老曰：「仁者，謂中心欣然愛人也，其喜人之有福，而惡人之有禍也，生心之所不能已也，非求其報也，故曰上仁爲之而無以爲也。」

上仁者，静以修身，儉以養民者也，故本篇曰，上仁者，海内歸之。

〔二〕静，清静。儉，儉約。淮南子主術：「君人之道，處静以修身，儉約以率下。」

〔三〕下不擾，指民不亂。不爲謀，不爲之謀。言政亂民怨，則賢者不爲之謀，勇者不爲死。淮南子主術：「静則下不擾矣，儉則民不怨矣。下擾則政亂，民怨則德薄，政亂則賢者不爲謀，德薄則勇者不爲死。」

〔四〕臺榭，積土高起者爲臺，臺上所蓋之屋爲榭。宫室臺榭，泛指亭臺樓閣。溝池，城壕。苑囿，畜養禽獸的園地。珍怪，金玉爲珍，詭異爲怪。淮南子主術：「衰世則不然，一日而有天下之富，處人主之勢，則竭百姓之力，以奉耳目之欲，志專在於宫室臺榭，陂池苑囿，猛獸熊羆，玩好珍怪。」纘義本「奉」作「養」。

〔五〕纘義本「涷寒」二字倒作「寒涷」。芻豢，指牛羊犬猪之類的家畜。孟子告子：「故理義之悦我心，猶芻豢之悦我口。」朱熹注：「草食曰芻，牛羊是也；穀食曰豢，犬豕是也。」綺繡，華麗的綢緞。素絲織物有花文者爲綺，五彩具備曰繡。淮南子主術：「是故貧民糟糠不接於口，而虎狼熊羆猒芻豢，百姓短褐不完，而宫室衣錦繡。」

〔六〕畜，畜養，積貯。性命，生命也。淮南子主術：「人主急兹無用之功，百姓黎民顦顇於天下，是故使天下不安其性。」

慧定案：以上第一章。

杜道堅纘義：「上仁者，静以修身，儉以養民，君子之所當爲者也。下擾，政亂、民怨、德薄，君子不爲矣。肯作無益以害有益，畜無用以蠹有用哉！」

老子〔文子〕曰：非淡漠無以明德，非寧静無以致遠，非寬大無以并覆，非正平無以制斷〔一〕。以天下之目視，以天下之耳聽，以天下之心慮，以天下之力争〔二〕，故號令能下究，而臣情得上聞，百官修達，羣臣輻湊〔三〕。喜不以賞賜，怒不以罪誅，法令察而不苛，耳目聰而不暗，善否之情，日陳於前而不逆〔四〕，故賢者盡其智，不肖者竭其力，近者安其性，遠者懷其德，得用人之道也〔五〕。夫乘輿馬者，不勞而致千里，乘舟楫者，不游而濟江海〔六〕。使言之而是，雖商夫芻蕘，猶不可棄也〔七〕，言之而非，雖在人君卿相，猶不可用也，是非之處，不可以貴賤尊卑論也〔八〕。其計可用，不羞其位，其言可行，不貴其辯〔九〕；暗主則不然，羣臣盡誠效忠者，希不用其身也，而親習邪枉，賢者不能見也，疏遠卑賤，竭力盡忠者不能聞也〔一〇〕。有言者，窮之以辭，有諫者，誅之以罪，如此而欲安海内，存萬方，其離聰明亦以遠矣〔一一〕。

〔一〕纘義本作「非寬大無以制斷」，無「并覆，非正平無以」七字。羣書治要引：「非漠真無以明德，非寧静無以致遠，非寬大無以并覆，非平正無以制斷。」淡漠、寧静、寬大、正平，皆上仁之事也。并覆，包容。制斷，裁決。淮南子主術：「人主之居也，如日月之明也，天下之所同側目而視，側耳而聽，延頸舉踵而望也。是故非澹薄無以明德，非寧静無以致遠，非寬大無以兼覆，非慈厚無以懷衆，非平正無以制斷。」

〔二〕羣書治要引「心」作「智」。下德十四章曰：「人君不出户以知天下者，因物以識物，因人以知人，故積力之所舉即無不勝也，衆智之所爲則無不成也。」纘義本「心」作「智」。淮南子主術「心慮」作「智慮」。

〔三〕羣書治要引「修達」作「修通」。究，到底。聞，達也。百官修達，疑爲「百官條達」。修，爲「條」之誤。百官條達，與下句羣臣輻湊，相對成文，叢刊本作「條達」是。淮南子主術作「修同」，失之彌遠。此言，下究上聞，百事通順，羣臣歸君。淮南子主術：「是故號令能下究，而臣情得上聞，百官修同，羣臣輻湊。」

〔四〕羣書治要引「聽」作「通」。纘義「罪誅」作「誅罪」，「聽」作「通」。察而不苛，謂昭著而不煩刻。耳目聰，耳聽目明。既舉耳目，聽不盡言，善否之情，善不善之情，即善惡之情。淮南子主術：「喜不以賞賜，怒不以罪誅，是故威立而不廢，聰明先而不蔽，法令察而不苛，耳目達而不闇，善否之情，日陳於前而無所逆。」高誘注：「喜不以賞賜，怒不以罪誅，懼失當也。蔽，闇也。察，明也。苛，煩也。」

〔五〕羣書治要引無「故」字，「用人之道」前無「得」字。懷其德，歸其德。用人之道，因資乘勢，不專己任。淮南子主術：「是故賢者盡其智，而不肖者竭其力，德澤兼覆而不偏，羣臣勸務而不怠，近者安其性，遠者懷其德，所以然者何也？得用人之道，而不任己之才者也。」高誘注：「性，生也。懷，歸也。怠，解也。」

〔六〕羣書治要引「不游」作「不能游」，衍「能」字。輿，車。濟，渡也。此言假於物也。淮南子主術：「故假輿馬者，足不勞而致千里，乘舟檝者，不能游而絶江海。」高誘注：「假，或作駕。絶，猶過也。」説苑談叢：「乘輿馬不勞致千里，乘船楫不游絶江海。」荀子勸學：「假輿馬者，非利足也，而致千里；假舟楫者，非能水也，而絶江海。」

〔七〕羣書治要引「商夫」作「匹夫」。芻蕘，指割草打柴的人，割草叫芻，打柴叫蕘。引伸爲草野之人。淮南子主術：「使言之而是，雖在褐夫芻蕘，猶不可棄也。」高誘注：「言雖賤，當也，故曰不可棄也。」

〔八〕羣書治要引無「猶」字。猶，均也。是非之處，是非之所在。論，評定。淮南子主術：「使言之而非也，雖在卿相人君，揄策於廟堂之上，未必可用，是非之所在，不可以貴賤尊卑論也。」

〔九〕羣書治要引「位」下、「辯」下各有「矣」字。不羞其位，謂不羞其位卑。貴，俞樾讀文子曰：「貴當作責，淮南子主術篇正作不責其辯。」淮南子主術：「是明主之聽於羣臣，其計乃可用，不羞其位，其言可行，而不責其辯。」

〔一〇〕纘義本「暗」作「闇」，同也。「希」作「稀」，同。「不能見」，下無「也」字。希不用其身，疑「不用」有誤，或衍「不」字，或用當爲「困」之誤。淮南子主術作「希不困其身」。俞樾讀文子曰：「希不用其身也，當作希用其身也。」不能見，謂不能見進也。聞，上達也。淮南子主術：「闇主則不然，所愛習親近者，雖邪枉不正，不見能也，疏遠卑賤者，竭力盡忠，不能知也。」

〔一一〕窮之以辭，究之以辭。諫，勸說。耳目聽塞，故離聰明遠矣。淮南子主術：「有言者窮之以辭，有諫者誅之以罪，如此而欲照海內，存萬方……其離聰明則亦遠矣。」

慧定案：以上第二章。

杜道堅纘義：「造物假我則有奪我，則無假之爲用大矣哉。夫輿馬之代步，舟檝之濟，涉千里可不勞而至者，假得其力也。君假臣以爲治，臣假君以行志，失假借之用，獨夫而已，惟明君而後足以與此。」

老子〔文子〕曰：能尊生，雖富貴不以養傷身，雖貧賤不以利累形〔一〕。今受先祖之遺爵，必重失之，生之所由來久矣，而輕失之，豈不惑哉〔二〕：「貴以身治天下，可以寄天下，愛以身治天下，所以託天下〔三〕。」

〔一〕纘義本「尊生」下有「者」字。尊生，貴生。養，給養。指飲食之類。形，指身體。莊子讓王：「夫大王亶父可謂能尊生矣。能尊生，雖富貴不以養傷身，雖貧賤不以利累形。」呂氏春秋審爲有同樣記載。淮南子道應作：「大王亶父可謂能保生矣，雖富貴不以養傷身，雖貧賤不以利累形。」

〔二〕纘義本作：「今受先祖之遺爵，必重生之所由來久矣，而輕失之，豈不惑哉。」叢刊本同纘義本，而「久」爲「之」字之誤。呂氏春秋審爲：「今受其先人之爵禄，則必重失之，生之所自來者久矣，而輕失之，豈不惑哉！」高誘注：「言今人重失其先人之爵禄，争土地而失其生命，故曰豈不惑哉。」淮南子同此。爵，爵位，此泛指名位利禄。重，不輕易。淮南子道應作「則必重失之，所自來者久矣」。而莊子讓王作：「能尊生者，雖富不以養傷身，雖貧賤不以利累形，今世之人，居高官尊爵者，皆重失之，見利輕亡其身，豈不惑哉！」按下句「而輕失之」此當爲「必重失之」。

〔三〕老子十三章：「故貴以身爲天下，若可寄天下，愛以身爲天下，若可託天下。」慧定案：纘義本後「治」作「爲」，「所以」作「乃可以」。此引老子十三章語。纘義在引語前有「故」字。是也。此言不以天下而傷其生。莊子在宥：「故君子不得已而臨莅天下，莫若無爲。無爲也，而後安其性命之情。故貴以身於爲天下，則可以託天下；愛以身於爲天下，則可以寄天下。」

以上第三章。

杜道堅纘義：「人莫重於生，而曰尊生。尊生者，無嗜欲殺身之害也。人受父祖之澤，而不自保守，過有求於所養，反至喪身傾家之禍者，惑滋甚矣。」

文子〔平王〕問治國之本。老子〔文子〕曰：本在於治身，未嘗聞身治而國亂者也，身亂而國治者，未有也〔一〕，故曰「修之身，其德乃真」〔二〕。道之所以至妙者，父不能以教子，子亦不能受之於父〔三〕，故「道可道，非常道也，名可名，非常名也」〔四〕。

〔一〕纘義作「未嘗聞身治而國亂，身亂而國治也」。列子說符：「楚莊王問詹何曰：『治國奈何？』詹何對曰：『臣明於治身，而不明於治國也。』楚莊王曰：『寡人得奉宗廟社稷，願學所以守之。』詹何對曰：『臣未嘗聞身治而國亂者也，又未嘗聞身亂而國治者也。故本在身，不敢對以末。』楚王曰：『善。』」淮南子道應承襲之，而字有誤。

〔二〕此引老子五十四章語。

〔三〕至妙，極微妙。本書自然二章：「父不能以教子，子亦不能受之於父，此不傳之道也。」

〔四〕慧定案：此引老子一章語。

以上第四章。

杜道堅纘義：「國之本在家，家之本在身。文子問治國之本，老子語以本在治身，則是身治而後家治，家治而後國治矣。身猶國也，國猶身也。詩云：『執柯伐柯，其則不遠。』」

文子〔平王〕問曰：何行而民親其上〔一〕？老子〔文子〕曰：使之以時而敬慎之〔二〕，如臨深淵，如履薄冰。天地之間，善即吾畜也，不善即吾仇也，昔者夏商之臣，反仇桀紂，而臣湯武，宿沙之民，自攻其君，歸神農氏〔三〕，故曰「人之所畏，不可不畏也」〔四〕。

〔一〕羣書治要引同。行，行爲，德行。上，指君主。淮南子道應：「成王問政於尹佚曰：『吾何德之行而民親其上？』對曰：『使之時而敬順之。』王曰：『其度安在？』曰：『如臨深淵，如履薄冰。』王曰：『懼哉！王人乎？』尹佚曰：『天地之間，四海之内，善之則吾畜也，不善則吾讎也。昔夏商之臣反讎桀紂而臣湯武，宿沙之民皆自攻其君而歸神農，此世之所明知也，如何其無懼也。』故老子曰：『人之所畏，不可不畏也。』」高誘注：「尹佚，史佚也。伏羲神農之間，有共工宿沙，霸天下者也。」

〔二〕羣書治要引同。使之以時，使民以時。敬慎，恭敬謹慎。詩經大雅：「敬慎威儀，維民之則。」淮南子道應作「敬順」。説苑理政有同樣記載。

〔三〕羣書治要引「昔者」作「昔日」，「宿沙」下有「氏」字，「歸神農氏」作「而歸神農氏」。畜，積也。仇，匹敵。謂吾與不善不兩存。夏商之臣，指夏桀商紂之臣民。宿沙，淮南子高注曰：「伏羲神農之間，有共工宿沙，霸天下者也。」清張澍補注世本作篇云：「北堂書鈔引世本作夙沙，黄帝臣；路史注引宋衷注作夙沙氏，炎帝之諸侯。」神農，古帝名。吕氏春秋慎大：「周書曰：『若臨深淵，若履薄冰。』以言慎事也。」高誘注：「周書者，周文公所作也。若臨深淵，恐隕墜也。如履薄冰，恐陷没也。故曰以言慎事。」又適威：「周書曰：『民善之則畜也，不善則仇也。』」高誘注：「周書，周公所作。畜，好。」又用民：「夙沙之民，自攻其君，而歸神農。」高誘注：「夙沙，大庭氏之末世也，其君無道，故曰自攻之。神農，炎帝。」

〔四〕慧定案：此引老子二十章語。

以上第五章。

杜道堅纘義：「舜有善行，天下慕之，文子問何行而民親其上？老子語以使之以時而敬慎之，善即吾畜，不善即吾讎，則是君之視臣如犬馬，臣之視君如寇讎矣，民能戴君，能覆君，斯可畏也。」

老子[文子]曰：治大者，道不可以小，地廣者，制不可以狹，位高者，事不可以煩，民衆者，教不可以苛。事煩難治，法苛難行，求多難贍〔一〕，寸而度之，至丈必差，銖而稱之，至石必過，石稱丈量，徑而寡失，大較易爲智，曲辯難爲慧〔二〕。故無益於治，有益於亂者，聖人不爲也，無益於用者，有益於費者，智者不行也〔三〕。故功不厭約，事不厭省，求不厭寡〔四〕，功約易成，事省易治，求寡易贍，任於衆人則易〔五〕。故小辯害義，小義破道，道小必不通，通必簡〔六〕。河以逶迤故能遠，山以陵遲故能高，道以優遊故能化〔七〕。夫通於一伎，審於一事，察於一能，可以曲說，不可以廣應也〔八〕。夫調音者，小絃急，大絃緩，立事者，賤者勞，貴者佚〔九〕。道之言曰，芒芒昧昧，因天之威，與天同氣，同氣者帝，同義者王，同功者霸，無一焉者亡〔一〇〕。故不言而信，不施而仁，不怒而威，是以天心動化者也〔一一〕。施而仁，言而信，怒而威，是以精誠爲之者也〔一二〕；施而不仁，言而不信，怒而不威，是以外貌爲之者也〔一三〕。故有道以理之，法雖少，足以治，無道以理之，法雖衆，足以亂〔一四〕。

〔一〕羣書治要引同。事煩難治，纘義作「事煩難理」。治，理也。難贍，難滿足。淮南子泰族：「治大者，道不可以小；地廣者，制不可以狹；位高者，事不可以煩；民衆者，教不可以苛。夫事碎難治也，法煩難行也，求多難澹也。」作「澹」，誤也。

〔二〕羣書治要引同。「慧」作「惠」。文選枚乘上書諫吴王：「夫銖銖而稱之，至石必差；寸寸而度之，至丈必過。石稱丈量，徑而寡失。」李善注引文子曰：「夫事煩難治也，法苛難行也，多求難贍也。寸而度之，至丈必差，銖而稱之，至石必過。石稱丈量，徑而寡失。故大較易爲智，曲辯難爲惠也。」徑，直也。寸，長度單位，十分爲寸，十寸爲尺，十尺爲丈。銖，衡量單位，其説不一。劉向説苑辨物曰：「十六黍爲一豆，六豆爲一銖，二十四銖重一兩。」則銖爲二十四分之一兩。石，重量單位。一百二十斤爲石。石，即「担」。徑，直也。大較，大法。史記律書：「豈與世儒暗於大較，不權輕重。」索隱曰：「大較，大法也。」此爲大的度量標準。曲辯，片面的辯説。慧，通「惠」。文選上書諫吴王注引文子同，慧作「惠」。説苑談叢：「寸而度之，至丈必差；銖而稱之，至石必過。石稱丈量，徑而寡失。……故大較易爲智，曲辯難爲慧。」又正諫：「夫銖銖而稱之，至石必差；寸寸而度之，至丈必過。石稱丈量，徑而寡失。」淮南子泰族：「寸而度之，至丈必差；銖而稱之，至石必過。石稱丈量，徑而寡失。簡絲數米，煩而不察，故大較易爲智，曲辯難爲慧。」

〔三〕羣書治要引同，「無益於用者」無「者」字。無益於用者，纘義無「者」字。淮南子泰族：「故無益於治，而有益於煩者，聖人不爲；無益於用，而有益於費者，智者弗行也。」

〔四〕羣書治要引「事」下脱「不厭省，求」四字。厭，憎惡，抛棄。約，簡。淮南子泰族同此。

〔五〕羣書治要引：「功約易成，事省易治，求寡易贍。」無「任於衆人則易」句。任於衆人，事治，求贍，任於衆人，則易成功。淮南子泰族：「功約易成也，事省易治也，求寡易澹也。衆易之，於以任人易矣。」

〔六〕簡，爾雅釋詁：「簡，大也。」寬大之治。簡則易行，故論語雍也曰：「居敬而行簡，以臨其民，不亦可乎？」淮南子泰族：「孔子曰：『小辯破言，小利破義，小藝破道，小見不達，必簡。』」禮記小辨：「子曰：『辨而不小，夫小辨破言，小言破義，小義破道。道小不通，通道必簡。』」

慧定案：杜道堅纘義：「量有寬狹，智有淺深，地廣民衆，非淺智狹量所能理，況任高治大，其可以叢脞猥惰爲哉；小辯害義，小義害道，此小人之事也，君子不爲矣。」

〔七〕逶迤，彎曲而延續不斷。陵遲，緩延的斜坡。優遊，悠閑自得。説苑談叢：「河以逶蛇故能遠，山以陵遲故能高，道以優遊故能化，德以純厚故能豪。」淮南子泰族：「河以逶蛇故能遠，山以陵遲故能高，陰陽無爲故能和，道以優遊故能化。」

〔八〕伎，通「技」，才能，技巧。曲説，片面之説，一曲之説。纘義作「可曲説，不可廣應也」。無二「以」字。淮南子泰族：「夫徹於一事，察於一辭，審於一技，可以曲説，而未可廣應也。」

〔九〕羣書治要引：「夫調音者，小絃急，大絃緩。立事者，賤者勞，貴者逸。」佚，通「逸」。調音者有緩有急，大弦緩，小弦急，緩急和，在大小適中。立事者有勞有逸，貴賤各當。淮南子泰族：「故張瑟者，小絃急而大絃緩。立事者，賤者勞而貴者逸。」

〔一〇〕羣書治要引：「道之言曰：芒芒昧昧，與天同氣，同氣者帝，同義者王，同功者霸，無一焉者亡。」芒芒昧昧，深遠暗昧。與天同氣，同氣者帝，纘義作「與天同氣者帝」。徐靈府注曰：同氣者天德而稱，同義者救時之危，同功者與民同利，無一於此，以至危亡也。

慧定案：本書符言：「道曰：芒芒昧昧，從天之威，與天同氣。」呂氏春秋應同作「黄帝曰」，淮南子泰族和繆稱均作「黄帝曰」。

〔一一〕羣書治要引同。尸子神明：「是故不言而信，不怒而威，不施而仁。」淮南子泰族同。天心動化，與天同心萬物感化。此指與天同氣者帝，帝者自然無爲。俞樾曰：「天心動化，本作無心動化，因『無』字作『无』，故誤爲『天』耳。文子上仁篇亦作『天心』，誤與此同。而精誠篇曰：『一言而大動天下，是以無心動化者也。』『無』字不誤，可據以訂上仁篇，即可以正淮南子矣。」此一説也。

〔一二〕羣書治要引同。淮南子泰族「爲之者」作「感之者」。精誠爲之，謂精誠感化，此指同於義者王，王者德化。

〔一三〕羣書治要引同。淮南子泰族同。外貌爲之，非精誠所感，而是動而應者。此指同功者霸，霸者以力。

〔一四〕羣書治要引：「故有道以理之，法雖少足以治矣，無道以臨之，命雖衆足以亂矣。」纘義本二「理」字作「治」。理，治也。理之，治之。此言治在道，不在法。

慧定案：以上第六章。

杜道堅纘義：「小器易盈，必不可久；大器晚成，必得其壽。與天同氣者帝，同義者王，同功者霸，無一者亡，故有道以理之，則法簡而易治，無道以理之，則法煩而易亂。」

老子〔文子〕曰：鯨魚失水，則制於螻蟻〔一〕，人君舍其所守，而與臣爭事，則制於有司〔二〕。以無爲持位，守職者以聽從取容，臣下藏智而不用，反以事專其上〔三〕。人君者，不任能而好自爲，則智日困而自負責〔四〕，數窮於下，則不能申理〔五〕，行墮於位，則不能持制〔六〕，智不足以爲治，威不足以行刑，則無以與天下交矣〔七〕。喜怒形於心，嗜欲見於外，則守職者離正而阿上，有司枉法而從風〔八〕，賞不當功，誅不應罪，則上下乖心〔九〕，君臣相怨，百官煩亂而智不能解，非譽萌生而明不能照，非己之失而反自責，則人主愈勞，人臣愈佚，是代大匠斲〔一〇〕，「夫代大匠斲者，希有不傷其手矣。」〔一一〕與馬逐走，筋絶不能及也，上車攝轡，馬死衡下〔一二〕，伯樂相之，王良御之，明主乘之，無御相之勞而致千里，善乘人之資也〔一三〕。人君之道，無爲而有就也，有立而無好也〔一四〕；有爲即議，有好即諛，議即可奪，諛即可誘〔一五〕。夫以建而制於人者，不能持國，故「善建者不拔」，言建之無形也〔一六〕，唯神化者，物莫能勝〔一七〕。中欲不出謂之扃，外邪不入謂之閉，中扃外閉，何事不節，外閉中扃，何事不成〔一八〕。故不用之，不爲之，而有用之，而有爲之〔一九〕。不伐之言，不奪之事，循名責實，使自有司〔二〇〕，以不知爲道，以禁苛爲主，如此，則百官之事，各有所考〔二一〕。

〔一〕羣書治要引「則」作「而」。鯨魚，指大魚。淮南子主術作「吞舟之魚」，高注曰：魚能吞舟，言其大也。螻蟻，螻蛄螞蟻。言其小也。纘義即作「螻螘」。蟻同螘。魚不能離水，離水則失其所處，鯨魚雖大，離水則爲螻蟻所制。淮南子主術：「吞舟之魚，蕩而失水，則制於螻蟻，離其居也。」

〔二〕羣書治要引同。所守，指君道。有司，官吏。古代設官分職，事各有專司，故曰有司。淮南子主術：「君人者釋所守而與臣下争，則有司以無爲持位。」高誘注：「無所爲以持其位也。」此有誤，「争」下當有「事」字，與臣下争事，方與下文「人臣藏智而弗用」文義相承。

〔三〕羣書治要引同，「不」作「弗」。以無爲持位，據下文「人君者不能任能而好自爲」，此「無爲」當作「自爲」。纘義作「自爲」，是也。以自爲持位，則舍其所守。以聽從取容，謂隨君之欲，以取媚容於君上。專，獨自，專擅。淮南子主術作「轉」。此言臣不用智贊助君上，反以事專擅其君。淮南子主術：「守職者以從君取容，是以人臣藏智而弗用，反以事轉任其上矣。」高誘注：「隨君之欲，以取容媚。不用智謀贊佐其上也。賢臣見其不肯爲謀，故轉任其上，令自制之。」由高注可知「以自爲恃位」是。

〔四〕羣書治要引作：「君人者，不任能而好自爲，則智日困，而數窮於下。」自負責，自己負擔責任。淮南子主術：「……君人者，不任能而好自爲之，則智日困，而自負其責也。」

〔五〕纘義本「申」作「伸」。數，術。申理，治理。淮南子主術：「數窮於下，則不能伸理。」

〔六〕行墮於位，行失於位。纘義位作「仁」，刻誤也。淮南子主術作「國」。持制，執成法和君命。淮南子作「專制」。

〔七〕羣書治要引：「智不足以爲治，威不足以行刑，即無以與下交矣。」行刑，爲刑。纘義作「爲刑」。行，爲也。交，相合也。淮南子主術「刑」作「誅」，「下」作「天下」。

〔八〕羣書治要引同，末有「矣」字。阿上，曲從、迎合君上。從風，風從也，謂跟隨得快。淮南子主術：「喜怒形於心者，欲見於外，則守職者離正而阿上，有司枉法而從風。」

〔九〕羣書治要引同。淮南子主術同。乖心，背心，離心。

〔一〇〕羣書治要引「怨」下有「矣」字，「佚」作「逸」，通，下有「矣」字。「是代大匠斲」，脱「代大匠斲」四字。解，曉悟，見識。非己之失，不是自己的過錯。此言失君道而自爲之，猶拙工代大匠砍木，必傷其手矣。淮南子主術：「而君臣相怨也，是以執政阿主，而有過則無以責之，有罪而不誅，百官煩亂，智弗能解也。毁譽萌生，而明不能照也。不正本而反自然，則人主逾勞，人臣逾逸，是猶代庖宰剥牲，而爲大匠斲也。」

〔一一〕羣書治要引同。老子七十四章：「夫代司殺者殺，是謂代大匠斲。夫代大匠斲者，希有不傷其手矣。」慧定案：杜道堅纘義：「人主失道，受制於臣，猶鯨魚失水，爲蟻所制也。夫爲君之道，在乎命賢擇相而已。相得其賢，百官未有不正，天下未有不治；一失所守，而與臣下争能者，不待下之所制，將自困矣。」

〔一二〕羣書治要引：「與馬逐遠，筋絶不能及也，上車攝轡，馬服銜下。」纘義本「死」作「使」。逐走，競跑。筋絶，筋斷。言與馬競跑，跑斷了筋骨也不及馬，比喻君與臣角力。攝轡，把握馬繮，謂駕御馬車。銜，車轅前端的横木。此言任臣以成治，君逸臣勞。淮南子主術：「與馬競走，筋絶而弗能及，上車執轡，則馬死於銜下。」

〔一三〕羣書治要引同。伯樂，秦穆公時人，以善相馬著稱。相，觀察。王良，春秋時晉國之善御馬車者，文選七發注引文子「伯樂相之，王良御之」。「無御相之勞，而致千里也」。無御相之勞，指没有相馬和駕御馬之勞苦，而登車致遠。乘，因，假也。淮南子主術：「故伯樂相之，王良御之，明主乘之，無御相之勞而致千里者，乘於人資以爲羽翼也。」高誘注：「資，才也。」

〔一四〕就，留，歸。有就，謂有守也。立，建也。有立，謂立事建制。無好，没有私好。淮南子主術：「是故君人者，無爲而有守也，有爲而無好也。」高誘注：「無所私好。」

〔一五〕議，評論是非，指非議。諛，諂媚，奉承拍馬。奪，剥奪，指權力削減。誘，引誘，誘惑。淮南子主術：「有爲則讒生，有好則諛起。」高誘注：「讒諛之人，乘志而起。」

〔一六〕淮南子主術：「昔者，齊桓公好味，而易牙烹其首子而餌之；虞君好寶，而晉獻以璧馬釣之；胡王好音，而秦穆公以女樂誘之。是皆以利見制於人也，故善建者不拔。」高誘注：「言建之無形也。」

慧定案：以建而制於人，謂好自爲事被人所制。善建者不拔，語引老子五十四章：「善建者不拔，善抱者不脱。」韓非子解老曰：「一建其趨舍，雖見所好之物不能引，不能引之謂不拔，一於其情，雖有可欲之類，神不爲動，神不爲動之謂不脱。」文子對此解曰：「言建之無形也。」此解甚切，無形則不拔。淮南子主術襲文子作「故善建者不拔」。而無「言建之無形也」句，高誘注：「言建之無形也。」可見淮南子抄襲脱誤，高氏作注據文子以補其脱。

〔一七〕本書精誠二章：「能以神化者也。」十二章：「故太上神化。」神化，自然之化。制人而不制於人，是善建不拔，建之無形而神化，故曰物莫能勝。淮南子主術：「唯造化者，物莫能勝也。」

〔一八〕中欲，指内欲，心欲。扃，自外關閉門户用的門栓。外邪，指外物的誘惑。節，制也。吕氏春秋君守曰：「故曰中欲不出謂之扃，外欲不入謂之閉。」高誘注曰：「二語見文子上仁篇，淮南主術訓。」然淮南子閉作「塞」則誤。清莊逵吉校刊曰：「據下中扃外閉云云，則此句疑當如吕覽。」此見淮南子襲文子之誤也。

〔一九〕無用而有用，無爲而無不爲也。淮南子主術：「弗用而後能用之，弗爲而後能爲之。」

〔二〇〕不伐之言，指無好之言。不奪之事，指無爲之事。循名責實，就其名而求其實，就其言而督其行，考察是否名實相符。有司，見本章注二，輯要本誤作「有可」。「可」字誤。淮南子主術：「故有道之主，滅想去意，清虚以待，不伐之言，不奪之事，循名責實，使有司任而弗詔。」

〔二一〕以不知爲道，道常無名，故不知。以禁苛爲主，以虚静不煩刻爲守。考，稽察也。淮南子主術：「任而弗詔，責而弗教，以不知爲道，以奈何爲寶。如此，則百官之事，各有所守矣。」高誘注：「道常，未知。道貴無形，無形不可奈何，道之所以爲貴也。有所守，言不離扃也。」

杜道堅纘義：「夫與馬逐走，是君與臣角力也，登車致遠，是任臣以成治也。有爲即議，有好即諛，唯神化者，凡用可節，私謁不行，官盡職而事有考矣。」

慧定案：以上第七章。

老子［文子］曰：食者民之本也，民者國之基也，故人君者，上因天時，下盡地理，中用人力〔一〕。是以羣生以長，萬物蕃殖，春伐枯槁，夏收百果，秋畜蔬食，冬取薪蒸，以爲民資，生無乏用，死無傳尸〔二〕。先王之法，不掩羣而取䴠䴵，不涸澤而漁，不焚林而獵〔三〕，豺未祭獸，罝罘不得通於野，獺未祭魚，網罟不得入於水〔四〕，鷹隼未擊，羅網不得張於皋〔五〕，草木未落，斤斧不得入於山林，昆蟲未蟄，不得以火田〔六〕，育孕不殺，𪄻卵不探〔七〕，魚不長尺不得取，犬豖不期年不得食，是故萬物之發生若蒸氣出〔八〕。先王之所以應時修備，富國利民之道也〔九〕，非目見而足行之也，欲利民不忘乎心，則民自備矣〔一〇〕。

〔一〕基，本，基礎。地理，山川土地的環境形勢。盡地理，謂盡地之利。淮南子主術：「食者民之本也，民者國之本也，國者君之本也。是故人君者，上因天時，下盡地財，中用人力。」

〔二〕羣生，一切生物。蕃殖，繁殖。春伐枯槁，謂耕種也。蔬食，菜蔬穀食。薪蒸，柴草。大者曰薪，小者曰蒸。資，材也。傳尸，棄尸。淮南子主術：「是以羣生遂長，五穀蕃殖，教民養育六畜，以時種樹，務修田疇，滋植桑麻，肥墝高下，各因其宜。邱陵阪險不生五穀者，以樹竹木，春伐枯槁，夏取果蓏，秋畜蔬食，冬伐薪蒸，以爲民資。是故生無乏用，死無轉尸。」高誘注：「有核曰果，無核曰蓏。菜蔬曰蔬，穀食曰食。大者曰薪，小者曰蒸。資，用。轉，棄也。」

〔三〕掩羣，偷襲捕取獸羣。禮記曲禮：「國君春田不圍澤，大夫不掩羣。」疏：「羣謂禽獸共聚也，羣聚則多，不可掩取之。」跃跳，生長的樣子。謂正在生長的禽獸。不涸澤而漁，不把池水戽盡而捕取魚。焚林，燒樹林。淮南子主術：「故先王之法，畋不掩羣，不取麛夭，不涸澤而漁，不焚林而獵。」高誘注：「掩，猶盡也。鹿子曰麛，麋子曰夭。涸澤，漉池也。不焚林而獵，爲盡物也。」

〔四〕豺，亦作「犲」，野獸名，形如犬，猛如狼。祭獸，豺於深秋時，多捕殺他獸以備冬，陳於四周，有似人之陳物而祭，因稱「祭獸」。下文「祭魚」，義類此。禮記王制：「獺祭魚，然後虞人入澤梁，豺祭獸，然後田獵。」罝罘，捕獸的網。獺，水獺。網罟，捕魚的網。淮南子主術：「豺未祭獸，罝罦不得布於野，獺未祭魚，網罟不得入於水。」高誘注：「十月之時，豺殺獸，四面陳之，世謂之祭獸也。未祭獸，罝罦不得施也。獺，猵也。明堂月令：孟春之月，獺祭魚。取鯉四面陳之水邊也，世謂之祭魚，未祭，不得捕也。」呂氏春秋季秋記：「豺則祭獸戮禽。」高誘注：「豺，獸也，似狗而長毛，其色黄，於是月殺獸，四圍陳之，世所謂祭獸。戮者，殺也。」呂氏春秋孟春記：「獺祭魚。」高誘注：「魚，鯉鮒之屬也，應陽而動，上負冰。獺，猵，水禽也，取鯉魚置水邊，四面陳之，世謂之祭魚，爲時侯者。」

〔五〕鷹隼，鷹和鶻，皆猛禽。擊，撲擊飛鳥，皋，高也。纘義作「谷」。義更切。文選魏都賦注引作「谷」。淮南子主術：「鷹隼未摯，羅網不得張於谿谷。」高誘注：「立秋，鷹摯矣，未立秋，不得施也。」

〔六〕草木未落，指草木之葉未脱落。草木未落，謂正在生長也。斤斧，斧頭，指砍割木草的工具。蟄，昆蟲伏藏。火田，即火耕，以火燒草木後墾成的耕地。淮南子主術：「草木未落，斤斧不得入山林，昆蟲未蟄，不得以火燒田。」九月，草木節解，未解，不得伐山林也。十月，蟄備藏，未蟄，不得用火燒田也。

〔七〕育孕，懷胎育生。鷇，待母哺食的幼鳥。鷇卵，指正在乳化幼鳥的卵。國語魯語：「鳥翼鷇卵，蟲舍蚳蝝。」注：生哺曰鷇，未乳曰卵。探，索取。淮南子主術：「孕育不得殺，鷇卵不得探。」

〔八〕犬豕，狗和猪。期年，一周年。如蒸氣出，喻萬物發育生長，不可妄害也。淮南子主術：「魚不長尺不得取，彘不期年不得食。是故草木之發若蒸氣。」

慧定案：詩經小雅魚麗毛傳：「古者，不風不暴不行火，草木不折不操斧斤入山林，豺祭獸然後殺，獺祭魚然後漁，鷹隼擊然後罻羅設。是以天子不合圍，諸侯不掩羣，大夫不麛不卵，士不隱塞，庶人不數罟，罟必四寸，然後入澤梁。故山不童，澤不竭，鳥獸魚鼈皆得其所然。」

〔九〕應時修備，謂養之有宜，取之以時。此乃富國利民之道。淮南子主術：「先王之所以應時修備，富國利民，實曠來遠者，其道備矣。」高誘注：「實，滿也。曠，空也。」

〔一〇〕利民之道非目見足行也，是謂利民之心不忘，如此，則民養自備矣。淮南子主術：「非能目見而足行之也，欲利之也，欲利之也不忘於心，則官自備矣。」

慧定案：以上第八章。

杜道堅纘義：「富國者民，養民者食，基本之論也。因天時，盡地利，用人力，三才之道備，然後羣生遂長，萬物蕃植，民賴以食，國藉以富，豈不謂生財有大道者乎！」

老子〔文子〕曰：古之明君，取下有節，自養有度，必計歲而收，量民積聚，知有餘不足之數，然後取奉〔一〕，如此，即得承所受於天地，而離於飢寒之患〔二〕。其慘怛於民也，國有飢者，食不重味，民有寒者，冬不被裘，與民同苦樂，即天下無哀民〔三〕。闇主即不然，取民不裁其力，求下不量其積，男女不得耕織之業，以供上求，力勤財盡，有旦無暮，君臣相疾〔四〕。且人之爲生也，一人蹠耒而耕，不益十畝，中田之收不過四石〔五〕，妻子老弱仰之而食，或時有災害之患，無以供上求，即人主憫之矣〔六〕。貪主暴君，涸漁其下，以適無極之欲，則百姓不被天和履地德矣〔七〕。

〔一〕計歲而收，計歲之收。而，陪從連詞，用與「之」同。量民積聚，計量人民積聚有多少。奉，奉上之養。淮南子主術：「人主租斂於民也，必先計歲收，量民積聚，知饑饉有餘不足之數，然後取車輿衣食，供養其欲。」「故有仁君明主，其取下有節，自養有度，則得承受於天地，而不離飢寒之患矣。」

〔二〕得承，德承。謂承受天和地殖之德。離，纘義作「罹」，淮南子主術作「不離」，皆誤。

〔三〕慘怛，憂傷痛苦。裘，毛皮衣。哀民，悲傷之民。御覽卷二七引自「國有飢者……」以下同文子。淮南子主術：

「故古之君人者，其慘怛於民也，國有飢者，食不重味，民有寒者，而冬不被裘。歲登民豐，乃始縣鐘鼓，陳干戚，君臣上下同心而樂之，國無哀人。」高誘注：「登，成也。年穀豐熟也。」

〔四〕裁，判斷。耕織之業，謂男耕女織之事。有旦無暮，謂有早餐無晚餐。相疾，相互仇恨。淮南子主術：「及至亂主，取民則不裁其力，求於下則不量其積，男女不得事耕織之業，以供上之求，力勤財匱，君臣相疾也。」

〔五〕蹠，踩，踐也。耒，原始的翻土工具。不益十畝，不過十畝。中田，中等的土地。四石，四担。淮南子主術：「夫民之爲生也，一人蹠耒而耕，不過十畝，中田之獲，卒年之收，不過畝四石。」高誘注：「蹠，蹈。」

〔六〕仰，依靠。憫，哀憐。淮南子主術：「妻子老弱仰而食之，時有涔旱災害之患，無以給上之徵賦車馬兵革之費。由此觀之，則人之生憫矣。」高誘注：「涔，久而水潦也。憫，憂無樂。」

〔七〕涸漁，即涸澤而漁。涸漁其下，謂竭盡民有，盡量收斂。以適無極之欲，用來宜於無窮的欲望。不被，承受不到。淮南子主術：「若貪主暴君，撓於其下，侵漁其民，以適無窮之欲，則百姓無以被天和而履地德矣。」高誘注：「天和，氣也。地德，所生植也。」

慧定案：以上第九章。

杜道堅纘義：「堯之爲君視民猶己，取下有節，自奉有度，故人無惡逆比屋可封，是以明君之治，必計歲豐歉，量民虛實，然後取奉，民無怨咨，天亦無譴焉。」

老子〔文子〕曰：天地之氣，莫大於和〔一〕，和者，陰陽調，日夜分〔二〕，故萬物春分而生，秋分而成，生與成，必得和之精〔三〕。故積陰不生，積陽不化，陰陽交接，乃能成和〔四〕。是以聖人之道，寬而栗，嚴而温，柔而直，猛而仁〔五〕。夫太剛則折，太柔則卷，道正在於剛柔之間〔六〕。夫繩之爲度也，可卷而懷也，引而申之，可直而布也〔七〕，長而不横，短而不窮，直而不剛，故聖人體之〔八〕。夫恩推即懦，懦即不威，嚴推即猛，猛即不和，愛推即縱，縱即不令，刑推即禍，禍即無親，是以貴和也〔九〕。

〔一〕天地之氣，也即陰陽之氣。大，敬詞。和，陰陽沖和之氣。老子曰：「萬物負陰而抱陽，沖氣以爲和。」荀子天論曰：「萬物各得其和以生。」淮南子氾論：「天地之氣，莫大於和。」高誘注：「和，故能生萬物。」

〔二〕陰陽調，陰陽調和。賈誼道術：「剛柔得適謂之和。」分，與「和」相對。指一半。淮南子氾論：「和者，陰陽調，日夜分。」

〔三〕春分，季節名。農曆二十四節氣之一，在公曆三月二十或二十一日，是日晝夜長短平均，正當春季九十日之半。秋分，季節名。農曆二十四節氣之一，在公曆九月二十三或二十四日，是日晝夜長短平均。精，精氣。管子内業：「精也者，氣之精者也。」淮南子氾論：「而生物春分而生，秋分而成，生之與成，必得和之精。」高誘注：「精，氣。」「而生物」有誤，當從文子作「而萬物」。

〔四〕太平御覽卷二五引文子同。積，聚集。交接，交通，相互會合。此言只是陰氣的聚集或陽氣的聚集，不能生化萬物，只有陰陽互相作用，才能沖和，和生萬物。九守曰：「剛柔相成，萬物乃生。」淮南子氾論：「積陰則沈，積陽則飛，陰陽相接，乃能成和。」

〔五〕寬而栗，寬容而嚴肅。栗，通「慄」。纘義作「慓」。此言剛柔寬猛相濟。淮南子氾論：「故聖人之道，寬而栗，嚴而温，柔而直，猛而仁。」高誘注：「言剛柔寬猛相濟也。」

〔六〕物極必反，正在相反而相成。剛柔之間，謂剛柔得適之和也。淮南子氾論：「太剛則折，太柔則卷，聖人正在剛柔之間，乃得道之本。」高誘注：「本，原也。」

〔七〕太平御覽卷七六六引文子同。懷，懷藏。布，展也。纘義二虛詞「也」作「之」。淮南子氾論懷作「伸」，布作「睎」。言繩之爲物，可曲可直也。淮南子氾論：「夫繩之爲度也，可卷而伸也，引而伸之，可直而睎。」高誘注：「睎，望也。」

〔八〕太平御覽卷七六六引文子同。橫，間斷。長而不橫，長而不斷也。體之，行之也。淮南子氾論：「故聖人以身體之，夫脩而不橫，短而不窮，直而不剛，久而不忘者，其唯繩乎？」

〔九〕恩推，施恩惠於他人。懦，軟弱。也作「偄」，纘義作「偄」。縱，通，從，順從也。禍，虐害。貴和，論語學而：「仁之用，和爲貴。」禮記中庸：「和也者，天下之達道也。」淮南子氾論：「故恩推則懦，懦則不威；嚴推則猛，猛則不和；愛推則縱，縱則不令；刑推則虐，虐則無親。」

慧定案：以上第十章。

杜道堅纘義：「氣以和爲主，天地和而萬象明，陰陽和而百物生，君臣和而朝廷治，父子和而家道成，上下和而人事濟，榮衛和而身康寧，和之義大矣哉！」

老子〔文子〕曰：國之所以存者，得道也，所以亡者，理塞也，故聖人見化以觀其徵〔一〕。德有昌衰，風爲先萌，故得生道者，雖小必大，有亡徵者，雖成必敗〔二〕。國之亡也，大不足恃，道之行也，小不可輕，故存在得道，不在於小，亡在失道，不在於大〔三〕。故亂國之主，務於地廣，而不務於仁義，務在高位，而不務於道德，是舍其所以存，造其所以亡也〔四〕。若上亂三光之明，下失萬民之心，孰不能承，故審其己者，不備諸人也〔五〕。古之爲君者，深行之謂之道德，淺行之謂之仁義，薄行之謂之禮智，此六者，國之綱維也〔六〕。深行之則厚得福，淺行之則薄得福，盡行之天下服。古者修道德即正天下，修仁義即正一國，修禮智即正一鄉，德厚者大，德薄者小〔七〕。故道不以雄武立，不以堅強勝，不以貪競得，立在天下推己，勝在天下自服，得在天下與之，不在於自取，故雌牝即立，柔弱即勝，仁義即得〔八〕，不爭即莫能與之爭，故道之在於天下也，譬猶江海也〔九〕。天之道，爲者敗之，執者失之，夫欲名之大而求之爭之，吾見其不得已，而雖執而得之，不留也〔一〇〕。夫名不可求而得也，在天下與之，與之者歸之，天下所歸者，德也〔一一〕，故云上德者天下歸之，上仁者海内歸之，上義者一國歸之，上禮者一鄉歸之，無此四者，民不歸也〔一二〕。不歸用兵，即危道也〔一三〕，故曰「兵者，不祥之器，不得已而用之。」〔一四〕殺傷人勝而勿美〔一五〕，故曰「死地，荆棘生焉，以悲哀泣之，以喪禮居之。」〔一六〕是以君子務於道德，不重用兵也〔一七〕。

〔一〕羣書治要引：「國之所以存者，得道也，所以亡者，理塞也。」理塞，道塞也。徵，跡象，徵兆。見化而觀其徵，從變化中看見國之存亡的跡象。淮南子氾論：「國之所以存者，道德也，家之所以亡者，理塞也。堯無百户之郭，舜無置錐之地，以有天下；禹無十人之衆，湯無七里之分，以王諸侯；文王處岐周之間也，地方不過百里，而立爲天子者，有王道也。夏桀殷紂之盛也，人跡所至，舟車所通，莫不爲郡縣，然而身死人手，而爲天下笑者，有亡形也。故聖人見化以觀其徵。」高誘注：「道德施行，民悦其化，故國存也。理，道也。堯舜禹湯文王，皆王有天下，孟子曰：『以德行仁者王，王不待大是也。』孟子曰：『惡死亡樂不仁，不仁必死亡，故曰有亡形也。』徵，成也。」

〔二〕羣書治要引：「故得生道者，雖小必大，有亡徵者，雖成必敗。」昌衰，興衰。風爲先萌，社會風氣的好壞是存亡的萌芽。生道，指存國之道。雖小必大，指國雖小能强大。雖成必敗，指國雖立但必失。淮南子氾論：「德有盛衰，風先萌焉，故得王道者，雖小必大，有亡形者，雖成必敗。夫夏之將亡，太史令終古先奔於商，三年而桀乃亡。殷之將敗也，太史令向藝先歸文王，期年而紂乃亡。故聖人之見存亡之迹，成敗之際也，非待鳴條之野，甲子之日也。」

〔三〕羣書治要引同。輕，輕視。此言國之存亡，不在大小，在於道之得失也。淮南子氾論：「故國之亡也，雖大不足恃，道之行也，雖小不可輕。由此觀之，存在得道，而不在於大也，亡在失道，而不在於小也。」

〔四〕羣書治要引「地廣」作「廣地」，「造」字前有「而」字。所以存，指道德。造，成就。所以亡，指失道德。淮南子氾論：「故亂國之君，務廣其地，而不務仁義；務高其位，而不務道德；是釋其所以存，而造其所以亡也。」

〔五〕三光，指日月星。此謂人主的視聽神明。承，受，承繼。孰不能承，謂上亂而失民心，誰不能繼承上位呢！審，審慎。此言審慎己之道德，而不備於人之奪也。淮南子氾論：「若上亂三光之明，下失萬民之心，雖微湯武孰弗能奪也，今不審其在己者，而反備之於人。」高誘注：「三光，日、月、星辰也。失萬民之心，施民所惡也。言遭人能奪之，不必湯武也。言不慎行己之德，而反備天下之人來誅也。」

慧定案：杜道堅纘義：「天下通行之謂道，萬古不易之謂理，故道理最大。自古有國家者，得道則昌，失理則亡。夫務高位地廣，而不務道德仁義，猶木之無根，槁仆可俟也。」

〔六〕慧定案：古之爲君者，叢刊本作「古之爲道者」。綱維，維繫的總綱。引伸爲法度。道德、仁義、禮智，皆爲道也，行之有深淺，施之有厚薄，程度之不同，作用有大小，而此六者，皆維繫國家之綱紀也。老子三十八章：「故失道而後德，失德而後仁，失仁而後義，失義而後禮。夫禮者，忠信之薄，而亂之首。」莊子知北遊：「道不可致，德不可至，仁可爲也，義可虧也，禮相僞也。故曰失道而後德，失德而後仁，失仁而後義，失義而後禮。禮者，道之華而亂之首也，故曰爲道日損。」雖皆言世之日衰，爲道日損，然文子與老莊有別矣。

〔七〕天下服，纘義作「天下勝」。此言道德、仁義、禮智的作用大小不同。

〔八〕道不以雄武立，子匯本作「位不以雄武立」。立在，勝在，得在，纘義在下均有「於」字。此言不在於自取，道歸之也。

〔九〕老子曰：「江海所以能爲百谷王者，以其善下之……以其不争，故天下莫能與之争」。此明不在於自取，而在於歸之。纘義本無「於」字。

慧定案：老子曰：「夫唯不争，故天下莫能與之争。知止可以不殆，譬道之在天下，猶川谷之於江海。」文子闡述老子不爭之道。

杜道堅纘義：「道德仁義禮智根於心者一，夫行之有淺深，施之有厚薄，名從實立，六者分焉。雖然同一善也，上者善，則下者莫敢不善，後世不修道德，專以勢力爲治，而國危矣。」

〔一〇〕而雖執而得之，前「而」字衍，纘義無此「而」字。老子曰，將欲取天下而爲之，吾見其不得已，天下神器，不可爲也，爲者敗之，執者失之。此之謂也。

〔一一〕德，得也，謂天下歸德。

〔一二〕此言德、仁、義、禮，爲道者行之深淺也，所得者也異耳。管子形勢：「道之所言者一也，而用之者異。有聞道而好爲家者，一家之人也；有聞道而好爲鄉者，一鄉之人也；有聞道而好爲國者，一國之人也；有聞道而好爲天下者，天下之人也；有聞道而好定萬物者，天下之配也。」

〔一三〕不歸用兵，謂不行德而用兵。危道，危亡之道。纘義作「不歸即用兵，用兵即危道也」。

〔一四〕此引老子三十一章語。纘義器下有「也」字。老子三十一章：「兵者，不祥之器，非君子之器，不得已而用之。恬淡爲上，勝而不美，而美之者，是樂殺人，夫樂殺人者，則不可以得志於天下矣。」

〔一五〕殺傷人勝而勿美，此句有誤。纘義承上句作「用之殺傷人，勝而勿美」。其義可通。老子承上引爲「恬淡爲上，勝而不美，而美之者，是樂殺人」。

〔一六〕此引老子三十、三十一章語。死地，謂用兵之地。老子曰：「師之所處，荆棘生焉。」荆棘，有刺的叢生灌木，言用兵是凶害之物，無有所濟，必有所傷，傷害人民，殘荒田畝，故曰死地荆棘生焉。老子曰：「殺人之衆，以哀悲泣之，戰勝以喪禮處之。」

〔一七〕不重用兵，不貴兵也。纘義本作「不用重兵」，誤矣。兵者不祥之器，非君子之器也，不得已而用之，道德不可忘，凶器不宜動也。

慧定案：以上第十一章。

杜道堅纘義：「天道自然，有爲則失，名者實之賓，名之大莫如君，君有德，則名不待求而天下與之，與之者，歸之也，此二帝三王之所以優，而五霸七雄之所以劣，不用道德，而務用兵者，去天道遠矣。」

文子〔平王〕問仁義禮何以爲薄於道德也〔一〕？老子〔文子〕曰：爲仁者，必以哀樂論之，爲義者，必以取與明之〔二〕，四海之内，哀樂不能遍，竭府庫之財貨，不足以贍萬民〔三〕，故知不如修道而行德，因天地之性，萬物自正而天下贍，仁義因附〔四〕，「是以大丈夫居其厚，不居其薄。」〔五〕夫禮者，實之文也，仁者，恩之效也〔六〕，故禮因人情而制，不過其實，仁不溢恩，悲哀抱於情，送死稱於仁〔七〕。夫養生不强人所不能及，不絶人所不能已，度量不失其適，非譽無由生矣〔八〕，故制樂足以合歡，不出於和，明於死生之分，通於侈儉之適也〔九〕。末世即不然，言與行相悖，情與貌相反，禮飾以煩，樂擾以淫，風俗溺於世，非譽萃於朝，故至人廢而不用也〔一〇〕。與驥逐走，即人不勝驥，託於車上，即驥不勝人〔一一〕，故善用道者，乘人之資以立功，以其所能，託其所不能也〔一二〕。主與之以時，民報之以財，主遇之以禮，民報之以死，故有危國無安君，有憂主無樂臣〔一三〕。德過其位者尊，禄過其德者凶，德貴無高，義取無多，不以德貴者，竊位也，不以義取者，盜財也〔一四〕。聖人安貧樂道，不以欲傷生，不以利累己，故不違義而妄取〔一五〕。古者無德不尊，無能不官，無功不賞，無罪不誅，其進人也以禮，其退人也以義〔一六〕；小人之世，其進人也若上之天，其退人若内之淵；言古者以疾今也〔一七〕。　相馬失之瘦，選士失之貧，豚肥充厨，骨骴不官〔一八〕。　君子察實，無信讒言，君過而不諫，非忠臣也〔一九〕，諫而不聽，君不明也，民沉溺而不憂，非賢君也〔二〇〕，故守節死難，人臣之職也，衣寒食飢，慈父之恩也〔二一〕。　以大事小謂之變人，以小犯大謂之逆天，前雖登天，後必入淵〔二二〕，故鄉里以齒，老窮不遺，朝廷以爵，尊卑有差〔二三〕。　夫崇貴者，爲其近君也，尊老者，謂其近親也，敬長者，謂其近兄也〔二四〕。　生而貴者驕，生而富者奢，故富貴不以明道自鑒，而能無爲非者寡矣〔二五〕。　學而不厭，所以治身也，教而不倦，所以治民也，賢師良友，舍而爲非者寡矣〔二六〕。　知賢之謂智，愛賢之謂仁，尊仁之謂義，敬賢之謂禮，樂賢之謂樂〔二七〕。　古之善爲天下者，無爲而無不爲也，故爲天下有容〔二八〕，能得其容，無爲而有功，不得其容，動作必凶。　爲天下有容者，「豫兮其若冬涉大川，猶兮其若畏四鄰，儼兮其若容，渙兮其若冰之液，敦兮其若樸，混兮其若濁，廣兮其若谷，」此爲天下容〔二九〕。　豫兮其若冬涉大川者，不敢行也，猶兮其若畏四鄰者，恐四傷也〔三〇〕，儼兮其若容者，謙恭敬也〔三一〕，渙兮其若冰之液者，不敢積藏也，敦兮其若樸者，不敢廉成也〔三二〕，混兮其若濁者，不敢明清也〔三三〕，廣兮其若谷者，不敢盛盈也。　進不敢行者，退不敢先也〔三四〕，恐自傷者，守柔弱不敢矜也，謙恭敬者，自卑下尊敬人也〔三五〕，不敢積藏者，自損弊不敢堅也，不敢廉成者，自虧缺不敢全也〔三六〕，不敢清明者，處濁辱不敢新鮮也，不敢盛盈者，見不足而不敢自賢也。夫道，退故能先，守柔弱故能矜〔三七〕，自卑下故能高人，自損弊故實堅，自虧缺故盛全，處濁辱故新鮮，見不足故能賢，道無爲而無不爲也〔三八〕。

〔一〕纘義作「問仁義禮智何以爲薄於道德也」。衍「智」字。下文未言及「智」，且杜道堅纘義曰：「問仁義禮」，無「智」字，故正文「智」字衍也。

〔二〕論之，辯之。取與，收受和給與。淮南子齊俗「與」作「予」。

〔三〕遍，通「徧」，周徧，纘義作「徧」。竭，盡也。贍，滿足。纘義本「財貨」二字倒爲「貨財」。淮南子齊俗：「目所見不過十里，而欲徧照海内之民，哀樂弗能給也；無天下之委財，而欲徧贍萬民，利不能足也。」

〔四〕因附，依附。

〔五〕老子三十八章：「夫禮者，忠信之薄，而亂之首；前識者，道之華而愚之始。是以大丈夫處其厚，不居其薄，處其實，不居其華。」厚，指道德。薄，指仁義。上文云，因天地之性，屬於無爲，哀樂取與，涉於有爲，九守守真曰：「誠達性命之情，仁義因附。」故大丈夫居厚不居薄。

〔六〕實之文，指哀樂取與仁義之實的節文。孟子離婁曰：「禮之實，節文斯二者(仁義)也。」管子心術曰：「禮者，因人之情，緣義之理，而爲之節文者也。」故下文曰：「禮因人情而制，不過其實。」效，驗也。微明十三章曰：「仁者，積恩之證也。」故下文云：「悲哀抱於情，送死稱於仁。」淮南子齊俗無「夫」字。

〔七〕仁不溢恩，仁不過恩也。溢，滿而外流。意爲過分。淮南子齊俗：「故禮因人情而爲之節文，而仁發併以見容，禮不過實，仁不溢恩也，治世之道也。夫三年之喪，是强人所不及也，而以僞輔情也，三月之服，是絶哀而迫切之性也。夫儒墨不原人情之終始，而務以行相反之，制五縗之服，悲哀抱於情，葬薶稱於養。」

慧定案：杜道堅纘義：「文子問仁義禮何以薄於道德，老子語以爲仁者必以哀樂論之，爲義者必以取與明之。夫哀樂取與，涉於有爲，海宇之民，可哀者衆，可樂者寡，府庫之財，取之有限，與之易竭，道德無爲，任萬物之自正，而天下贍足。」

〔八〕不能已，不能止。謂必需。言養生不勉强人所不能達到的，也不絶人所必需的，而在於度量適宜。非譽無由生者，合於仁義也。淮南子齊俗：「不强人之所不能爲，不絶人之所能已，度量不失於適，誹譽無所由生。」

〔九〕不出於和，不超過和。言制樂在於和適，足以合歡而已。淮南子齊俗：「制樂足以合歡，宣意而已，喜不羡於音……明乎生死之分，通乎侈儉之適者也。」

〔一〇〕相悖，相背。貌，容貌。荀子大畧：「文貌情用，相爲内外表裏。」情内貌外，情與貌相反，表裏不一也。禮飾以煩，禮者實之文，制過其實則煩，成爲繁文縟禮。樂擾以淫，樂淫變節而擾亂。溺，纘義作「濁」。作「溺」與義爲長。萃，草叢生的樣子。引申爲聚集。叢刊本作「華」，淮南子齊俗作「萌」。義皆次「萃」。淮南子齊俗：「亂國則不然，言與行相悖，情與貌相反，禮飾以煩，樂優以淫，崇死以害生，久喪以招行，是以風俗濁於世，而誹譽萌於朝，是故聖人廢而不用也。」

〔一一〕本篇七章：「與馬逐走，筋絶不能及也，上車攝轡，馬死衡下。」吕氏春秋審分：「人與驥俱走，則人不勝驥矣，居於車上而任驥，則驥不勝人矣。人主好治人官之事，則是與驥俱走也，必多所不及矣。」高誘注：「言人君好爲人臣之官事，是謂與驥俱走，無以勝之也。必多所不及者，言力不贍也。好自治人臣之所官事，亦如之。」淮南子主術和道應均有「以人驥逐走明善用道者，乘人之資」。

〔一二〕以其所能，指人所能的。託其所不能，指人乘物。

〔一三〕羣書治要引：「主與之以時，民報之以財，主遇之以禮，民報之以死。」主與之以時，指人主使民以時。遇，待遇，禮遇。

〔一四〕德貴無高，德高而位不高，謂德貴者不在位高，無德而貴者凶。義取者不多，以義取而不多取。謂非義而取者盜。

〔一五〕不因貧而違義妄取，不因欲而累己傷生，安貧樂道。

慧定案：杜道堅纘義：「天下之生久矣，得其養則生益著，故賢君不强人所不能及，亦不絶人所不能已，使民均得其養，是故安貧樂道，不以欲傷生，不違義而取，其可多欲乎？」

〔一六〕進人，指進用人做官。與「退人」相對。言古者用人以德，不苟進，不妄退。

〔一七〕纘義本，「上」刻誤爲「土」。小人之世，指不以德用人之世。内之淵，入之淵。内，入也。古，指上文「古者」，今，指上文「小人之世。」疾，非，過也。此言古者用人以德，今者用人以好惡，進者唯恐不高，退之唯恐不深，言古者非今也。

〔一八〕瘦，纘義作「瘦」。瘦爲「瘦」字之刻誤，即「瘦」之本字。貧，纘義誤作「貿」。豚，小猪。背，骨之尚有肉者。周禮秋官：「掌除骴」注：「謂死人之骨也……骨之尚有肉者及禽獸之骨皆是。」背，即「骴」，亦作「胔」，禮記月令：「掩骼埋胔。」釋文：「胔，亦作骴。」骨背，骨瘦如柴。此言馬之優劣不在肥瘦，而在能否致遠，士之好壞，不在貧富，而在能任，骨瘦如柴的人不能做官，選士之失也。

〔一九〕讒言，説别人的壞話。君過，君主的過失。諫，直言規勸。

〔二〇〕沉弱，指陷於困厄痛苦之中。

〔二一〕守節死難，信守名分，保持節操，死於國難。慈父之恩，指君主對臣民如慈父恩子。

〔二二〕變人，變，非常也，變人，謂亂人。淵，纘義作「困」，淵之古字也。此謂小人之世，進若上之天，退若入之淵，爬得愈高，跌得愈深。

〔二三〕齒，指年齡。有差，有等。

慧定案：孟子公孫丑下：「天下有達尊三：爵一，齒一，德一。朝廷莫如爵，鄉黨莫如齒，輔世官民莫如德。」杜道堅纘義：「選士之法，如德行、言語、政事、文學，有一於是，宜可仕也。四無一焉，則是沐猴而冠矣。古者無德不尊，無能不官，無功不貴，無罪不誅，故官不失人，人不失用。」

〔二四〕近，親近。徐靈府注：因君以崇貴，因親而敬老，因禮而敬長也。

〔二五〕鑒，照見。無爲非者，不做壞事的。此言驕奢爲非。

〔二六〕孔子曰：「學而不厭，誨人不倦，何有於我哉。」古之學者，修己以安人，學而不厭，修己也，教而不倦，安人也。禮記學記曰：「安其學而親其師，樂其友而信其道，師也者，所以學爲君也，故擇師不可不慎也，獨學而無友，則孤陋而寡聞，故賢師道導，良友琢磨，蓬生麻中，不扶而直，爲非者鮮矣。」説苑談叢：「學問不倦，所以治己也，教誨不厭，所以治人也，所以貴虚無者，得以應變而合時也。」又：「賢師良友在其側，詩書禮樂陳於前，棄而爲不善者，鮮矣。」尸子勸學：「學不倦，所以治己也，教不厭，所以治人也。」此乃古語，孔子、文子、尸子等，皆述古也。

〔二七〕尊仁之謂義，纘義作「尊賢之謂義」。是也。
慧定案：杜道堅纘義：「父子主恩，君臣主義，知恩義而忠孝之太立，能崇貴尊老，敬長，可謂知本矣。能知賢、愛賢、尊賢、敬賢、樂賢，則求賢、養賢、用賢之道得矣。」

〔二八〕容，指道之容貌。下文有釋。

〔二九〕此引老子十五章語：「古之善爲道者，微妙玄達，深不可志，夫唯不可志，故强爲之容曰：豫兮若冬涉水，猶兮若畏四鄰，儼兮其若客，渙兮其若凌釋，沌兮其若樸，湷兮其若濁，湛兮其若谷。」纘義大川無「大」字，若容作「若客」，是也。此爲天下容，作「此爲天下之容也」。

〔三〇〕恐四傷，據下文「恐自傷者」，此「四」字當爲「自」字之誤，纘義和叢刊本均作「自」，是其證。

〔三一〕儼兮其若容者，容，當作「客」，見注二九。謙恭敬者，纘義作「謹爲恭敬者」。

〔三二〕廉成，不苟取成功。

〔三三〕明清，據下文「不敢清明者」。當爲「清明」，纘義作「清明」是證。

〔三四〕兩句疑爲「不敢行者，進退不敢先也」。

〔三五〕謙恭敬者，纘義作「謹爲恭敬者」。

〔三六〕不敢全，不敢自滿。全，完滿也。

〔三七〕能矜，能莊重。

〔三八〕以上「不敢者」，無爲也，「故能」者，無不爲也。故曰道，無爲而無不爲。言無爲之功也。
慧定案：以上文子對老子十五章又注又疏，詳解之。道原三章曰：「故道者，虚無、平易、清静、柔弱、純粹素樸，此五者，道之形象也。」是形容道、人能得此五者，即得道之用，可與言御民之道矣。此形容無爲而無不爲也。

以上第十二章。

杜道堅纘義：「孔德之容，惟道是從。古之善爲天下者，無爲而無不爲，天下之大、民物之衆，無不容矣。此無爲之功所以大，而天下之民所以戴之而不重也。」

文子校釋卷第十一

上義[一]

老子[文子]曰：凡學者，能明於天人之分，通於治亂之本[二]，澄心清意以存之，見其終始，反於虛無，可謂達矣[三]。治之本，仁義也，其末，法度也[四]。人之所生者，本也，其所不生者，末也[五]；本末一體也，其兩愛之，性也[六]；先本後末，謂之君子，先末後本，謂之小人[七]。法之生也，以輔義，重法棄義，是貴其冠履而忘其首足也[八]。仁義者，廣崇也，不益其厚而張其廣者毁，不廣其基而增其高者覆[九]，故不大其棟，不能任重，任重莫若棟，任國莫若德[一〇]。人主之有民，猶城中之有基，木之有根，根深即本固，基厚即上安[一一]。故事不本於道德者，不可以爲經，言不合於先王者，不可以爲道，便説掇取一行，一切之術，非天下通道也[一二]。

〔一〕慧定案：上篇曰：「上義者一國歸之。」上義者，明於天人之分，通於治亂之本，治國家，理境内，行仁義，布德施惠，立正法，塞邪道，義足以懷國内之民，事足以當境内之急，選舉足以得賢士之心，謀慮足以決輕重之權，此上義之道也。治有本末，知所先後，則近於道德，故韓非子解老曰：「義者，謂其宜也，宜而爲之，故曰上義爲之而有以爲也。」

〔二〕羣書治要引：「凡學者，能明於天人之分，通於治亂之本，見其終始，可謂達矣。」分，職分。天人之分，天和人各有職分，即自然和人爲也，荀子天論：「故明於天人之分，則可謂至人矣。不爲而成，不求而得，夫是之謂天職，如是者，雖深，其人不加慮焉，雖大，不加能焉，雖精，不加察焉，夫是之謂不與天争職。」本，根本。與「末」相對。淮南子泰族：「凡學者，能明於天人之分，通于治亂之本，澄心清意以存之，見其終始，可謂知略矣。」

〔三〕澄心清意，心意清静。言清静虚無，能明於天人之分，達於治亂之本，見始知終。文選甘泉賦注引「澄心清意，言儲畜精神，冀神垂恩也」。

〔四〕羣書治要引：「治之本仁義也，其末法度也。」法度，法令制度。淮南子泰族：「治之所以爲本者，仁義也，所以爲末者，法度也。凡人之所以事生者，本也，其所以事死者，末也。」

〔五〕所生者，指養生者，下德曰：「治身，太上養神，其次養形，神清意平，百節皆寧，養生之本也，肥肌膚，充腹腸，供嗜欲，養生之末也。」故此本，指神，末，指形。淮南子泰族作「人之所以事生者本也，其所以事死者末也」。

〔六〕本末一體，謂形神一體。兩愛之，謂神清體和，形神相濟。性，莊子天地曰：「形體保神，各有儀則，謂之性。」淮南子泰族：「本末一體也，其兩愛之，一性也。」淮南子衍「一」字。

〔七〕羣書治要引「先本後末，謂之君子；先末後本，謂之小人」。君子神清意平，主養神，小人恣其嗜欲，主養形，本末主次不同，故有君子小人之别。淮南子泰族：「先本後末謂之君子，以末害本謂之小人。君子與小人之性非異也，所在先後而已矣。」

〔八〕羣書治要引同，「首」作「頭」。冠履，帽子和鞋子。貴其冠履而忘其首足，謂貴重冠履而不知冠是戴在頭上，而鞋是穿在脚上。故重法棄義，是本末倒置。淮南子泰族：「……且法之生也，以輔仁義，今重法而棄義，是貴其冠履而忘其頭足也。」

〔九〕羣書治要引同。廣崇，高大。益其厚，增加其厚度。張其廣，擴張其大。覆，傾倒。淮南子泰族：「故仁義者，爲厚基者也，不益其厚而張其廣者毁，不廣其基而增基高者覆。」

〔一〇〕羣書治要引：「故不大其棟，不能任重，重莫若國，棟莫若德。」棟，屋之正梁。德，即下文道德。淮南子泰族：「趙政不增其德而累其高故滅，智伯不行仁義，而務廣地，故亡其國，語曰：不大其棟，不能任重，重莫若國，棟莫若德。」

慧定案：淮南子謂「語曰」，國語魯語上曰：「子叔聲伯……對曰：吾聞之：不厚其棟，不能任重，重莫如國，棟莫如德。」韋昭注：「言國至重，非德不任國棟。」

〔一一〕羣書治要引無「中」字。纘義本作「猶城之有基」與治要同，無「中」字。淮南子泰族：「國主之有民也，猶城之有基，木之有根，根深則本固，基美則上寧。」

慧定案：城，古代王朝領地和諸侯封地等，都以有城垣的都邑爲中心，皆稱城。此指所轄的範圍内。城中之有基，疑衍「中」字。纘義無「中」字。文選晉紀總論和六代論注引文子，均無「中」字。根、基，皆謂本。説苑談叢：「本傷者枝槁，根深者末厚。」

〔一二〕羣書治要引：「故事不本於道德者，不可以爲經，言不合於先王者，不可以爲道。」經，常道。便說，因利乘便之巧說也。掇取，拾取。一切之術，權宜之計。淮南子泰族：「五帝三王之道，天下之綱紀，治之儀表也。今商鞅之啓塞，申子之三符，韓非之孤憤，張儀、蘇秦之縱橫，皆掇取之權，一切之術也，非治之大本。事之恒常，可博聞而世傳者也。……故五子之言，所以便說掇取也，非天下之通義也。」

慧定案：以上第一章。

杜道堅纘義：「上義者，明於天人之分，通於治亂之本，治有本末，知所先後，則近於道德矣，術其可以治天下乎？」

老子〔文子〕曰：治人之道，其猶造父之御駟馬也〔一〕，齊輯之乎轡銜，正度之乎胸膺，内得於中心，外合乎馬志〔二〕，故能取道致遠，氣力有餘，進退還曲，莫不如意，誠得其術也〔三〕。今夫權勢者，人主之車輿也，大臣者，人主之駟馬也，身不可離車輿之安，手不可失駟馬之心，故駟馬不調，造父不能以取道，君臣不和，聖人不能以爲治〔四〕。執道以御之，中才可盡，明分以示之，奸邪可止〔五〕，物至而觀其變，事來而應其化，近者不亂即遠者治矣，不用適然之教，而得自然之道，萬舉而不失矣〔六〕。

〔一〕羣書治要引：「治人之道，其猶造父之御馬也，内得於中心，外合乎馬志，故能取道致遠，氣力有餘，進退還曲，莫不如意，誠得其術也。」造父，周時之善御者。據史記趙世家說，造父曾取駿馬以獻周穆王，王賜造父以趙城，由此而爲趙氏。駟馬，四匹馬駕的馬車。

〔二〕輯，泛指車輿。轡銜，繮繩和銜勒。胸膺，心胸。言造父善御駟馬，得車之齊整在於轡銜，掌握轡銜之緩急在於心中。故曰内得於中心，外合乎馬志。淮南子主術：「聖主之治也，其猶造父之御，齊輯之於轡銜之際，而急緩之於唇吻之和，正度於胸臆之中，而執節於掌握之間，内得於心中，外合於馬志。是故能進退履繩，而旋曲中規，取道致遠，而氣力有餘，誠得其術也。」高誘注：「節，策也。繩，直正也。曲，屈。規，圓。」

〔三〕還曲，旋曲。纘義曰：「還，音旋。」此言御駟之術，得手應心，喻人主之治，得臣之術則安。慧定案：莊子達生：「東野稷以御見莊公，進退中繩，左右旋中規。」吕氏春秋：「大進退中繩，左右旋中規，造父之御，無從過焉。」列子湯問：「造父之師曰泰豆氏……嘆曰：『子何其敏也，得之捷乎？』凡所御者亦如此也，曩汝之行，得之於足，應之於心，推於御也，齊輯乎轡銜之際，而急緩乎唇吻之和，正度乎胸臆之中，而執節乎掌握之間，内得於中心，而外合於馬志，是故能進退履繩，而旋曲中規矩，取道致遠，而氣力有餘，誠得其術也。」張堪注：「此言造父善御，得車輿之齊整在於轡銜之際，喻人君得民心，則國安矣。」

〔四〕羣書治要引二「不可」下有「以」字，「駟馬不調」作「輿馬不調」。纘義本末有「也」字。權勢，權柄和勢力。此言御駟之術，得手應心，喻人主之治，猶乘輿御駟，得其術則治。淮南子主術：「是故權勢者，人主之車輿也，大臣者，人主之駟馬也，體離車輿之安，而手失駟馬之心，而能不危者，古今未有也。是故輿馬不調，王良不足以取道，君臣不和，唐虞不能以爲治，執術而御之，則管晏之智盡矣，明分以示之，則蹠蹻之姦止矣。」

〔五〕羣書治要引同。中，符合。中才可盡，謂人盡其才。明分，明確職分。

〔六〕羣書治要引「而得」作「而行」。近者，指身。遠者，指人。適然，偶然。韓非子顯學：「故有術之君，不隨適然之善，而行必然之道。」萬舉，謂萬事也。淮南子主術：「夫據幹而窺井底，雖達視猶不能見其睛，借明於鑑以照之，則寸分可得而察也。是故明主之耳目不勞，精神不竭，物至而觀其象，事來而應其化，近者不亂，遠者治也。是故不用適然之數，而行必然之道，故萬舉而無遺策矣。」

慧定案：尸子發蒙曰：「形至而觀，聲至而聽，事至而應，近者不過，則遠者治矣，明者不失，則微者敬矣。」以上第二章。

杜道堅纘義：「天地一馬，萬物一指，聖人格物之至，而以車輿譬乎權勢，駟馬譬乎大臣，人主因而乘之，不煩智力，無遠不服。是乃治之方也，安得執御者而與之言乎？」

老子〔文子〕曰：凡爲道者，塞邪隧，防未然，不貴其自是也，貴其不得爲非也〔一〕，故曰勿使可欲，無日不求，勿使可奪，無日不争，如此則人欲釋，而公道行矣〔二〕。有餘者止於度，不足者逮於用，故天下可一人也〔三〕。夫釋職事而聽非譽，棄功勞而用朋黨，即奇伎天長〔四〕，守職不進，民俗亂於國，功臣争於朝〔五〕，故有道以御人，無道則制於人矣〔六〕。

〔一〕隧，地道。纘義曰：「隧，音遂，暗路。」叢刊本作「道」。未然，事情形成之前。淮南子主術：「故治者不貴其自是，而貴其不得爲非也。」

〔二〕無日，疑兩句「無日」皆爲「無曰」之誤。不使可欲則無求，不使可奪則無争，此貴其不得爲非也，若使可欲可奪，而曰不求不争，此貴其自是也。故「無曰」義通，「無日」則不可解。淮南子主術作「毋曰」。人欲釋，去人欲。淮南子主術「人欲釋」作「人材釋」。

〔三〕逮，及也。一人，纘義、叢刊本無「人」字。淮南子主術作：「美者正於度，而不足者建於用，故海内可一也。」

慧定案：無「人」字是。人主有一定之法，才有餘者止於法度之中而不過，其不足者，也可逮於用而不患其不及。淮南子「美」疑爲「羡」誤，「羡」謂有餘，與「不足」相對，「正」爲「止」誤，「建」爲「逮」誤。

〔四〕朋黨，爲私利而勾結的同類。奇伎，怪巧。天長，疑爲「夭長」之誤。夭，盛貌。尚書禹貢：「厥草惟夭，厥本惟喬。」釋文：「夭，于嬌反。」漢書地理誌：「草夭木喬。」注：「夭，盛貌也。」夭長，盛長。纘義誤作「逃亡」，淮南子主術作「則奇材佻長而干次。」高誘注：「奇材，非常之材。佻長，卒非純賢也。故曰干次也。」佻，疾也，故夭佻音義相近。

〔五〕不進，不進用。奇伎夭長，故民俗亂，功勞不顯，故争於朝。淮南子主術：「守官者雍遏而不進，如此則民俗亂於國，而功臣争於朝。」高誘注：「奇材佻長之人，干超其次，功勞之臣，反不顯烈，故争於朝。」

〔六〕御人，制人也。有道則制人，無道則爲人所制。淮南子主術：「故法律度量者，人主之所以執下，釋之而不用，是猶無轡銜而馳也，羣臣百姓，反弄其上。是故有術則制人，無術則制於人。」高誘注：「執，制。釋之而不用，不用法律度量也。制於人，爲人所禽制也。」

慧定案：以上第三章。

杜道堅纘義：「良醫不治已病，治未病，爲道者，塞邪隧，治未然，其亦良醫之謂歟！故不貴自是，貴不爲非，則無可欲之求，可奪之争矣。故有道則可以御人，無道則受制於人。」

老子〔文子〕曰：治國有常而利民爲本，政教有道而令行爲古〔一〕，苟利於民，不必法古，苟周於事，不必循俗〔二〕。故聖人法與時變，禮與俗化，衣服器械，各便其用，法度制令，各因其宜，故變古未可非，而循俗未足多也〔三〕。誦先王之書，不若聞其言，聞其言，不若得其所以言，得其所以言者，言不能言也〔四〕，故「道可道，非常道也，名可名，非常名也。」〔五〕故聖人所由曰道，〔所爲曰事，道〕猶金石也，一調不可更，事猶琴瑟也，曲終改調〔六〕。法制禮樂者，治之具也，非所以爲治也〔七〕，故曲士不可與論至道者，訊寤於俗而束於教也〔八〕。

〔一〕羣書治要引「治國有常，而利民爲本，政教有道，而令行爲右。」本書精誠：「故聖人在上，則民樂其治，在下，則民慕其意，志不忘乎欲利人也。」「聖人之心，日夜不忘乎欲利人。」慧定案：國之本在民，故聖人之治，利民爲本。韓非子心度曰：「聖人之治民度於本，不從其欲，期於利民而已。」戰國策趙策：「夫治國有常，而利民爲本，從政有經，而令行爲上。」古，疑爲「右」字之誤。古以右爲尊，故稱所重者爲「右」。纘義作「右」，是其證。俞樾讀文子曰：「古字涉下文不必法古而誤，淮南子氾論篇作令行爲上。」右，上也。

〔二〕羣書治要引同。苟，假如，如果。連詞也。周於事，合宜於事。循俗，順從世俗。淮南子氾論：「俗」作「舊」。高誘注：「舊，常也。傳曰：『舊不必良。』舊，或作咎也。」

〔三〕羣書治要引同，無「也」字。衣服器械，指服飾器具。多，贊許。史記商君列傳：「治世不一道，便國不法古，故湯武不循古而王，夏殷不易禮而亡，反古者不可非，而循禮者不足多。」戰國策趙策：「王曰，古今不同俗，何古之法？帝王不相襲，何禮之循？宓戲、神農，教而不誅；黄帝、堯舜，誅而不怒。及至三王，觀時而制法，因事而制禮，法度制令，各順其宜；衣服器械，各便其用。故禮世不必一其道，便國不必法古，聖人之興也，不相襲而王，夏殷之衰也，不易禮而滅。然則反古未可非，而循禮未足多也。」淮南子氾論：「夫夏商之衰也，不變法而亡；三代之起也，不相襲而王。故聖人法與時變，禮與俗化，衣服器械，各便其用，法度制令，各因其宜。故變古未可非，而循俗未足多也。」

〔四〕羣書治要引同，「不能言」作「弗能言」。本書精誠：「著於竹帛，鏤於金石，可傳於人者，皆其粗也。」所以言，指言之所由的根本之「道」。道原六章曰：「書者，言之所生也，言出於智，智者不知，非常道也。」微明一章曰：「道不可言，言而非也。」故曰得其所以言者，言不能言也。淮南子氾論：「誦先王之詩書，不若聞得其言；聞得其言，不若得其所以言。得其所以言者，言弗能言也。」

〔五〕此引老子一章語。莊子知北遊：「道不可聞，聞而非也；道不可見，見而非也；道不可言，言而非也，知形形之不形乎？道不當名。」成玄英疏：「道無聲，不可以耳聞，耳聞非道也；道無色，不可以眼見，眼見非道也；道無名，不可以言説，言説非道也。」

〔六〕羣書治要引「故聖人所由曰道，所爲曰事，道由金石，壹調不可更，事由琴瑟，每終改調」。淮南子氾論亦如此，「不」下無「可」字。治要「猶」誤爲「由」。

慧定案：聖人所由曰道，下脱「所爲曰事，道」五字。據下文「事猶琴瑟也」，則此應有曰事。又文選從遊京口北固應詔注引文子：「聖人所由曰道，所爲曰事。」今據補。金石，鐘磬之類的樂器。此指音律已定的樂器。琴瑟，樂器名。此指音律需隨樂曲節奏調正的樂器。徐靈府注云，音律已定，不可更也。曲節既殊，故宜變易。

〔七〕羣書治要引前有「故」字。治之具，治國的工具。謂「所事」。所以爲治，治國的根本，謂「所由」。董仲舒本傳：「道者，所繇適於治之路也，仁義禮樂，皆其具也。」淮南子氾論有「故」字，「治之具」作「治人之具」，「非」前有「而」字。

〔八〕曲士，寡聞陋見的人。論至道，纘義作「言至道」。文選吳都賦注引作「曲士不可言至道」。訊寤，聞悟。訊寤於俗，猶言染於習俗。束於教，束縛於政教。莊子秋水：「曲士不可以語與道者，束於教也。」釋文：「鄉曲之士也。」

慧定案：以上第四章。

杜道堅纘義：「道乃法之體，法乃道之用，夫治國有常，而利民爲本者，道也；政教有道，而令行爲右者，法也。聖人法與時變，禮與俗化，法度制令，各因其宜，故曲士不可與論至道，爲其束於教耳。」

老子〔文子〕曰：天下幾有常法哉〔一〕！當於世事，得於人理，順於天地，詳於鬼神，即可以正治矣〔二〕。昔者三皇無制令而民從，五帝有制令而無刑罰〔三〕，夏后氏不負言，殷人誓，周人盟〔四〕。末世之衰也，忍垢而輕辱，貪得而寡羞〔五〕，故法度制令者，論民俗而節緩急，器械者，因時變而制宜適〔六〕。夫制於法者，不可與達舉，拘禮之人，不可使應變〔七〕，必有獨見之明，獨聞之聰，然後能擅道而行〔八〕。夫知法之所由生者，即應時而變，不知治道之源者，雖循終亂〔九〕；今爲學者，循先襲業，握篇籍，守文法，欲以爲治，非此不治〔一〇〕，猶持方柄而内圓鑿也，欲得宜適亦難矣〔一一〕。夫存危治亂，非智不能，道先稱古，雖愚有餘〔一二〕，故不用之法，聖人不行也，不驗之言，明主不聽也〔一三〕。

〔一〕幾有，豈有。幾，反問副詞，與「豈」同。荀子榮辱：「幾直夫，芻豢稻粱之縣糟糠爾哉！」楊倞注：幾，讀爲豈。淮南子氾論作「豈」。常法，恒常不變之法。

〔二〕當於世事，合於世事。詳，通「祥」。順也。正治，猶整治。黄帝四經十大經前道：「聖人舉事也，闔於天地，順於民，祥於鬼神。」淮南子氾論：「當於世事，得於人理，順於天地，祥於鬼神，則可以正治矣。」

〔三〕三皇，五帝，見精誠十四章注。淮南子氾論：「昔者神農無制令而民從，唐虞有制令而無刑罰。」高誘注：「無制令，結繩以治也；有制令，焕乎有其文章也。其政常仁義，民無犯法干誅，故曰無刑罰也。」

〔四〕夏后氏，指夏禹王。不負言，言而信也，即不背言。鹽鐵論詔聖：「夏后氏不倍言。」殷人，指商湯王。誓，互以言約束爲信。周人，指周文王周武王。盟，有事而會，殺牲歃血爲信。此言無爲而治易，有爲而治難，及至約信盟誓，則刑戮隨之矣。慎子佚文：「孔子云：有虞氏不賞不罰，夏后氏賞而不罰，殷人罰而不賞，周人賞且罰。罰，禁也；賞，使也。」

〔五〕忍垢，忍受恥辱。亦作「忍訽」、「忍詬」。淮南子氾論作「忍訽」。寡羞，鮮恥，即不知羞恥。

〔六〕節緩急，調節輕重緩急。器械，泛指工具。因時變而制宜適，因時制宜。淮南子氾論：「由此觀之，法度者，所以論民俗而節緩急也，器械者，因時變而制宜適也。」

〔七〕達舉，纘義、叢刊本作「遠舉」。徐靈府注：拘法守禮者，動用乖滯。淮南子氾論：「夫聖人作法，而萬物制焉；賢者立禮，而不肖者拘焉。制法之民，不可與遠舉；拘禮之人，不可使應變。」高誘注：「制，猶從也。拘，猶檢也。」商君書更法：「故知者作法，而愚者制焉；賢者更禮，而不肖者拘焉。拘禮之人，不足與言事；制法之人，不足以論變。」

〔八〕擅道而行，專道而行，即行不離道。文選三國名臣序贊注引文子：「必有獨見之明，然後能擅道而行」。淮南子氾論：「耳不知清濁之分者，不可令調音；心不知治亂之源者，不可令制法。必有獨聞之耳，獨見之明，然後能擅道而行矣。」獨聞之耳，作「耳」誤，「聰」「明」對文，應作「聰」。

〔九〕知法之所由生者，則法與時變，禮與俗化，不法古循俗，反之，則制於法，雖循法而終亂。淮南子氾論：「夫殷變夏，周變殷，春秋變周，三代之禮不同，何古之從，大人作而弟子循，知法治所由生，則應時而變，不知法治之源，雖循古終亂今。」

〔一〇〕循先襲業，因順先王之事業。握篇籍，抱守先王的典籍。守文法，死守已成文的法律條文。非此不治，纘義無此四字。淮南子氾論作「以爲非此不治」。淮南子氾論：「世之法籍與時變，禮義與俗易。爲學者循先襲業，據籍守舊，教以爲非此不治。」

慧定案：「欲以爲治」，疑「治」字衍，「欲以爲非此不治」句。則淮南子「教」當作「欲」。纘義無「非此不治」，作「欲以爲治」，其義不確。

〔一一〕方柄，纘義作「方枘」。叢刊本及淮南子也作「枘」。枘，榫頭，即筍頭。內，入也。圓鑿，鑿成的圓孔。方枘圓鑿，兩者不相合也，故曰欲得宜適亦難矣。莊子在宥：「仁義之不爲桎梏鑿枘也。」釋文：「枘，人鋭反，向本作

『内』，音同。三蒼云：柱頭枘也。鑿頭則木如柱頭枘。」淮南子氾論：「是猶持方枘而周員鑿也，欲得宜適致固焉，則難矣。」

〔一二〕存危治亂，存危國治亂世，道先稱古，稱道古之先王。雖愚有餘，謂愚者也足以勝任。淮南子氾論：「夫存危治亂，非智不能，道而先稱古，雖愚有餘。」

〔一三〕不驗之言，謂與事實無效的話。聽，受也。淮南子氾論：「故不用之法，聖王弗行，不驗之言，聖王弗聽。」高誘注：「聽，受。」

慧定案：不用之法，猶無用之法；不驗之言，無稽之言也。荀子正名：「無稽之言，不見之行，不聞之謀，君子慎之。」楊倞注：「無稽之言，言無考驗者也。」論衡死僞：「無實之言，不驗之語也。」以上第五章。

杜道堅纘義：「聖人立法，本爲禁奸惡，平冤抑，保人民也。三皇無制令而從，五帝而下，所制法令賞罰，代各不同者，時變故也，明主其可不究乎！」

文子〔平王〕問曰：法安所主〔一〕？老子〔文子〕曰：法生於義，義生於衆適，衆適合乎人心，此治之要也〔二〕。法非從天下也，非從地出也，發乎人間，反己自正〔三〕。誠達其本，不亂於末〔四〕，知其要，不惑於疑〔五〕，有諸己，不非於人，無諸己，不責於所立〔六〕，立於下者不廢於上，禁於民者不行於身〔七〕，故人主之制法也，先以自爲檢式，故禁勝於身，即令行於民〔八〕。夫法者，天下之準繩也，人主之度量也〔九〕，懸法也，法不法也，法定之後，中繩者賞，缺繩者誅，雖尊貴者不輕其賞，卑賤者不重其刑〔一〇〕；犯法者，雖賢必誅，中度者，雖不肖無罪，是故公道而行，私欲塞也〔一一〕。古之置有司也，所以禁民使不得恣也〔一二〕，其立君也，所以制有司使不得專行也〔一三〕，法度道術，所以禁君使無得横斷也〔一四〕。人莫得恣即道勝而理得矣，故反樸無爲〔一五〕。無爲者，非謂其不動也，言其從己出也〔一六〕。

〔一〕主，本也。據下文「法生於義」，主字當爲「生」字之誤。纘義和叢刊本作「法安所生」。御覽卷六三八引作「法安所生」。此平王問法之所生。

〔二〕上禮五章曰：「義者，所以和君臣父子兄弟夫婦人道之際也。」故曰「義生於衆適」。法是根據這種人與人之間的關係，用强制的辦法維護人道之際的「和」，故曰「法生於義」。合乎人心，非謂一般之人心，而是謂處於不同地位的人心。管子心術：「君臣父子人間之事謂之義……簡物小大一道，殺戮禁誅謂之法。」「法者，所以同出，不得不然者也。」御覽卷六三八引文子同。淮南子主術：「法生於義，義生於衆適，衆適合於人心，此治之要也。」高誘注：「要，約也。」

〔三〕羣書治要引「天下」「地出」後無「也」字，句末「自正」後有「也」字。非從天下，不是從天上落下來的。地出，地裏生出來的。發乎人間，反己自正，是人們根據人道之際的關係制定，反過來又由法來强制自己。御覽卷八三六引文子同。天下作「天生」。淮南子主術：「法者，非天墮，非地生，發於人間，而反以自正。」高誘注：「反，還。」慎子佚文：「法非從天下，非從地出，發乎人間，合乎人心而已。」

〔四〕羣書治要引同。本，指法之所生，即義。末，指法。淮南子主術：「故通於本者，不亂於末。」

〔五〕羣書治要引同。要，指治之要。即法。疑，亂也。淮南子主術：「覩於要者，不惑於詳。」高誘注：「惑，眩。」

〔六〕羣書治要引：「有諸己，不非諸人，無諸己，不責於下。」不以己之有無而非人責求人，人各自正而已。淮南子主術不責於所立作「不求諸人」。

〔七〕羣書治要引作「所禁於民者，不行於身」。人主立法禁民，亦修之不廢以自正，以法爲正，正己以正人。俞樾讀文子曰：「不責於所立，立於下者不廢於上，不責於下脱人字，所立於下者，衍一立字。」此謂立法於下，上也正之，禁於民者，自己也禁之。淮南子主術：「所立於下者，不廢於上，所禁於民者，不行於身。」高誘注：「人主所立法禁於民，亦自修之，不廢於上，言以法也。不正之事，不獨行之於身，言其正己以正人也。」

〔八〕羣書治要引「檢式」作「檢戒」。檢式，法度，法式。荀子儒效：「禮者，人主之所以爲羣臣寸尺尋丈檢式也。」楊倞注：「檢，束也。式，法也，度也。」先以自爲檢式，謂人主制法，首先自己要做守法的模範。禁勝於身，謂人主能以法自正。孔子曰：「其身正，不令而行，其身不正，雖令不從。」淮南子主術：「是故人主之立法，先自爲檢式儀表，故令行於天下。孔子曰：其身正，不令而行；其身不正，雖令不從。故禁勝於身，則令行於民矣。」高誘注：「表，正。禁勝於身，不敢自犯禁也，故耐令行於民也。」

慧定案：杜道堅纘義：「文子問法安所生？老子語以法生於義，義者，宜也，先王立法務適衆情，故先以身爲檢式，所禁於民者，不敢犯於身，是故令行而天下從之。」

〔九〕羣書治要引同。準繩，標準，法則。度量，法度。謂依準繩而度量之。淮南子主術：「法者，天下之度量，而人主之準繩也。」

〔一〇〕羣書治要引同。韓非子難一：「中程者賞，弗中程者誅。」荀子致仕：「程者，物之準也。」楊倞注：「程者，度量之總名也。」鄧析子轉辭也記曰：「明君立法之後，中程者賞，缺繩者誅。」懸法，公佈法令。古代公佈法令，皆懸於闕下，使民周知，故稱頒訂法令爲懸法。法不法，刑罰不守法者。前「法」字作動詞用。中繩，謂符合法。與「缺繩」相對。刑，罰也。此言一之以法，無分尊貴卑賤。淮南子主術：「縣法者，法不法也；設賞者，賞當賞也。法定之後，中程者賞，缺繩者誅。尊貴者不輕其罰，而卑賤者不重其刑。」高誘注：「言平也。」

〔一一〕公道而行，纘義作「公道行而私欲塞也」。是。羣書治要引同纘義本。淮南子主術：「犯法者，雖賢必誅，中度者，雖不肖必無罪，是故公道通而私道塞矣。」高誘注：「公，正也。私，邪也。塞，閉也。」

〔一二〕羣書治要引同。置，設立。有司，見上仁七章注二。恣，恣意，放肆。此言設置官吏是用來禁止人民不得放肆。淮南子主術「恣」作「自恣」。高誘注：「有司，蓋有理官士也。恣，放恣也。」

〔一三〕羣書治要引同。纘義本無「得」字。言立君是爲了使官吏不得專横獨行。淮南子主術作「其立君也，所以剬有司，使無專行也」。高誘注：「專，擅。」剬，即「制」。

〔一四〕羣書治要引同。法度道術，謂所立之法和行法之術。上文云，人主制法，先以自爲檢式，身正以正人，此言法度道術，也是用來禁止君主不得恣意專斷。淮南子主術：「法籍禮義者，所以禁君使無擅斷也。」

〔一五〕羣書治要引「樸」作「於」。纘義本同治要，「樸」爲「於」字。人莫得恣，指人主和人民不能放肆。言上守正術，下無枉法，則道勝理得，無爲而無不治矣。淮南子主術：「人莫得自恣則道勝，道勝而理達矣，故反於無爲。」

〔一六〕羣書治要引末句，作「言其莫從己出也」。淮南子主術：「無爲者，非謂其凝滯而不動也，以其言莫從己出也。」慧定案：無爲，不是不做事，而是一之以法，上下各以法自正，而不是從自己好惡出發，故「言其莫從己出也」是。道藏十二卷徐注本及纘義本均脱「莫」字。

以上第六章。

杜道堅纘義：「法者，人主示度量爲天下準繩也。法定之後，不二所施，夫犯法者，雖尊貴必誅；中度者，雖卑賤無罪。故私欲塞，而公道行矣。古之置有司，立人君，制禮法，三者不廢，天下無怨民，世可反樸，法令何庸哉！」

老子〔文子〕曰：善賞者，費少而勸多，善罰者，刑省而奸禁，善與者，用約而爲德，善取者，入多而無怨〔一〕。故聖人因民之所喜以勸善，因民之所憎以禁奸，賞一人而天下趨之，罰一人而天下畏之〔二〕。是以至賞不費，至刑不濫，聖人守約而治廣，此之謂也〔三〕。

〔一〕羣書治要引同。費少，指獎賞之費少。勸多，勸勉人爲善的多。言賞罰取與，人主之柄，要在得民之心，故每事要盡善。御覽卷六三三引作「善賞者費少而勸多，故聖人賞一人而天下趨之，是以至賞不費」。此獨引善賞也。淮南子氾論：「古之善賞者，費少而勸衆；善罰者，刑省而奸禁；善予者，用約而爲德；善取者，入多而無怨。」

〔二〕羣書治要引「喜」作「善」。疑治要引作「善」爲「喜」之誤寫。趨，趨向，歸向。此言賞，民之所喜，罰，民之所惡，因民之喜惡而行賞罰，則賞雖一人，而天下向善，罰雖一人，而天下畏於爲奸。淮南子氾論：「故聖人因民之所喜而勸善，因民之所惡而禁奸，故賞一人而天下譽之，罰一人而天下畏之。」

〔三〕羣書治要引無「是以」二字。至賞，最高的獎賞。至賞不費，賞者當賞，雖至賞而不爲費。濫，過度。至刑不濫，刑者當刑，雖重刑而不過度。守約，謂執法簡要。治廣，指治之功大。淮南子氾論：「故至賞不費，至刑不濫，孔子誅少正卯而魯國之邪塞，子產誅鄧析而鄭國之奸禁，以近喻遠，以小知大也。故聖人守約而治廣者，此之謂也。」高誘注：「賞當賞，不虛費；刑當刑，不傷善。濫，讀收斂之斂。少正，官，卯，其名也。」慧定案：荀子致仕：「賞不欲僭，刑不欲濫。賞僭則利及小人，刑濫則害及君子，若不幸而過，寧僭無濫，與其害善，不若利淫。」以上第七章。

杜道堅纘義：「生長殺藏，天之道也；賞罰取與，人之道也。聖人上法天道，下因民心，而爲平治之本。夫有天下者，能於四者之柄，每事盡善，故賞一人而天下趨之，罰一人而天下畏之。」

老子〔文子〕曰：臣道者，論是處當，爲事先唱，守職明分，以立成功〔一〕，故君臣異道即治，同道即亂，各得其宜，處有其當，即上下有以相使也〔二〕。故枝不得大於幹，末不得强於本，言輕重大小有以相制也〔三〕。夫得威勢者，所持甚小，所在甚大，所守甚約，所制甚廣〔四〕；十圍之木，持千鈞之屋，得所勢也，五寸之關，能制開闔，所居要也〔五〕。下必行之令，順之者利，逆之者凶〔六〕，天下莫不聽從者，順也，發號令行禁止者，以衆爲勢也〔七〕。義者，非能盡利於天下之民也，利一人而天下從之；暴者，非能盡害於海内也，害一人而天下叛之，故舉措廢置，不可不審也〔八〕。

〔一〕爲事先唱，爲事先倡導。唱，通「倡」。明，明職分。立成功，立功成業。此言臣道有爲。淮南子主術：「主道員者，運轉而無端，化育如神，虚無因循，常後而不先也；臣道員者，運轉而無方，論是而處當，爲事先倡，守職分明，以立成功也。」主道員者，臣道員者，恐有誤。從文義看，主道員者，説明主道無爲，臣道應爲「方」，臣道方者，以明臣道有爲。

〔二〕羣書治要引「君臣異道即治，同道即亂，各得其宜，處其當，即上下有以相使也」。此言君道無爲，常後而不先，臣道有爲，爲事先倡，各得其宜，上下易道即同道，則國不治，上下異道，故有以相使也。韓非子揚權曰：「君臣不同道，下以名禱，君操其名，臣效其形，形名參同，上下和調也。」莊子天道：「上無爲也，下亦無爲也，是下與上同德，下與上同德則不臣。下有爲也，上亦有爲也，是上與下同道，上與下同道則不主。」郭注：「主代臣事，則非主矣，臣秉主用，則非臣矣。故各司其任，則上下咸得，而無爲之理至矣。」淮南子主術：「是故君臣異道則治，同道則亂，各得其宜，處其當，則上下有以相使也。」高誘注：「君臣異道則治，不易奪，言相和。同道則亂，君所謂可，臣亦曰可，君所謂否，臣亦曰否，是同也。莫相匡弼，故曰亂也。君得君道，臣得臣道，故曰得其宜也。」

〔三〕羣書治要引同。幹，樹幹，即本也。相制，相制約。枝幹、本末，言君臣異道，各得其宜。輕重大小，言地位權勢。淮南子主術「言」作「則」。

〔四〕羣書治要引「所在甚大」「在」作「任」。威勢，威力和權勢。管子明法解：「人主之所以制臣下者，威勢也。」韓非子人主：「萬乘之主，千乘之君，所以制天下而征諸侯者，以其威勢也。」甚小，纘義作「甚少」。所在甚大，疑「在」爲「任」之刻誤。纘義、叢刊本作「所任」，是。淮南子主術：「是故得勢之利者，所持甚小，其存甚大，所守甚約，所制甚廣。」高誘注：「約，要也，少也。」

〔五〕羣書治要引同，「得所勢也」，無「所」字。十圍之木，指粗木。千鈞，三十斤爲鈞，千鈞即三萬斤，此形容器物之重。得所勢，纘義作「所得勢」，關，門栓。五寸之關，形容門栓小。開闔，開合，開關。要，樞要。説苑談叢：「一圍之木，持千鈞之屋；五寸之鍵，制開闔之門，豈材足任哉？蓋所居要也。」淮南子主術：「故十圍之木，持千鈞之屋；五寸之鍵，制開闔之門，豈其材之巨小足哉？所居要也。」

〔六〕羣書治要引「順」作「從」，「凶」作「害」。凶，纘義作「害」。淮南子主術「順」作「從」。

〔七〕羣書治要引：「天下莫不聽從者，順也。」言必行之令，令行禁止，以衆爲勢，顯君威勢。淮南子主術：「天子發號，令行禁止，以衆爲勢也。」

〔八〕羣書治要引「從之」、「叛之」，無二「之」字；作「盡害海内」，無「於」字。義者，正也，義非遍賞盡利，賞一人而天下趨之，暴非遍罰盡害，罰一人而天下畏之，故賞善懲暴，所持威勢，舉措廢置，有關治亂，不可不慎。淮南子主術：「故義者，非能徧利天下之民也，利一人而天下從風；暴者，非盡害海内之衆也，害一人而天下離叛。故桓公三舉而九合諸侯，紂再舉而不得爲匹夫，故舉錯不可不審。」高誘注：「三舉，去食肉之獸，食粟之鳥，係置之網，再舉，殺比干，斮朝涉之脛也。」

慧定案：以上第八章。

杜道堅纘義：「君依臣而立，臣依君而行，君無爲乎上，臣有爲乎下，論是處當，守職明分，臣之事也。君臣各得其宜，即上下有以相使，小大有以相制。故異道即治，舉措廢置，有關於治亂，爲君者不可不審也。」

老子〔文子〕曰：屈寸而申尺，小枉而大直，聖人爲之〔一〕；今人君之論臣也，不計其大功，總其略行，而求其小善，即失賢之道也〔二〕；故人有厚德，無間其小節，人有大譽，無疵其小故〔三〕。夫人情莫不有所短，成其大略是也，雖有小過，不以爲累也〔四〕；成其大略非也，閭里之行，未足多也〔五〕。故小謹者無成功，訾行者不容衆，體大者節疏，度巨者譽遠，論臣之道也〔六〕。

〔一〕羣書治要引同。淮南子氾論：「詘寸而伸尺，聖人爲之；小枉而大直，君子行之。」高誘注：「寸，小。尺，大。枉，曲也。直，直其道也。」

慧定案：孟子滕文公下：「且志曰：『枉尺而直尋，宜若可爲也。』」鹽鐵論論儒：「故小枉大直，君子爲之。」尸子：「孔子曰：『詘寸而信尺，小枉而大直，吾爲之也。』」此乃古語，言屈寸伸尺，小枉大直，則大賢可得，故聖人爲之。

〔二〕羣書治要引「略」作「細」，「小」作「不」。今人君，輯要本今誤作「令」。總其略行，要其大行。即失賢之道，輯要作「此失賢之道」。淮南子氾論：「今人君論其臣也，不計其大功，總其略行，而求其小善，則失賢之數也。」高誘注：「略，大也。小善，忠也。數，術也。」

〔三〕羣書治要引「間」作「問」。無間，不嫌隙。纘義、子匯本作「無問」。淮南子氾論同纘義。無疵其小故，不挑剔其小毛病。

〔四〕羣書治要引「成」作「誠」，「不以爲累」作「不足以爲累」，無「也」字。大略，遠大的行爲。不以爲累，纘義作「不足以爲累」。淮南子氾論：「成」作「誠」，「不以爲累也」作「不足以爲累」。高誘注：「誠其實，畧其行。」

〔五〕羣書治要引同，「成」作「誠」。閭里，鄉里，泛指民間。多，贊美。此言其大畧既非，雖行美於鄉里，也不足以贊美。淮南子氾論：「若其大畧非也，雖有閭里之行，未足大舉。」高誘注：「舉，用。」疑「舉」爲「譽」，孟子公孫丑上「要譽於鄉黨朋友」，未足大譽，不足以贊譽也。

〔六〕小謹，謹小慎微。訾行，放縱之行。訾，通「恣」。纘義作「疵行」。節疏，節長。體大者節疏，此以物喻人，謂識大體者無間其小節，指體大者行也美。此論用臣之道，人無完人，才無全能，取其所長，舍其所短，則事成功濟。淮南子氾論：「故小謹者無成功，訾行者不容於衆，體大者節疏，蹠距者舉遠。」高誘注：「好揚人之善，揚人之短，訾毁人行，自獨卑藏，衆人所疾，而不容之也。一曰：訾，毁也。行有毁缺者，不爲衆人所容。疏，長。蹠，足。距，大也。」

慧定案：以上第九章。

杜道堅纘義：「世之全材難得，自古皆然。夫工師之求棟梁能不拘小節，故大材可得。人主之論臣佐，知屈寸而伸尺，則大賢可得矣。蓋人無十全，事無盡美，捨小取大，何功不成，捨短從長，何事不濟。」

老子〔文子〕曰：自古及今，未有能全其行者也，故君子不責備於一人〔一〕。方而不割，廉而不劌，直而不肆〔二〕，博達而不訾〔三〕，道德文武，不責備於人以力，自修以道，而不責於人，易賞也，自修以道，則無病矣〔四〕，夫夏后氏之璜，不能無瑕，明月之珠，不能無穢，然天下寶之者，不以小惡妨大美〔五〕。今志人之所短，忘人之所長，而欲求賢於天下，即難矣〔六〕。

夫衆人之見，位之卑，身之賤，事之污辱，而不知其大畧〔七〕，故論人之道，貴即觀其所舉，富即觀其所施，窮即觀其所受，賤即觀其所爲〔八〕，視其所患難，以知其所勇〔九〕，動以喜樂，以觀其守〔一〇〕，委以貨財，以觀其仁〔一一〕，振以恐懼，以觀其節，如此，則人情可得矣〔一二〕。

〔一〕羣書治要引同。全其行，德行完備的人。責備於一人，以盡善盡美責求於一人具備。淮南子氾論：「自古及今，五帝三王，未有能全其行者也。……是故君子不責備於一人。」

〔二〕此三句語見老子五十八章。方而不割，正直而不損害。廉而不劌，品行端正而不傷人。廉棱角，鋒利。劌，利傷也。直而不肆，正直而不恣意。淮南子氾論：「方正而不以割，廉直而不以切，博通而不以訾，文武而不以責，求於一人，則任以人力。」高誘注：「文武備具，而不責備於人也。任其力所能任也。」

〔三〕博達，通達。訾，通「恣」。荀子非十二子：「以不俗爲俗，離縱而跂訾者也。」楊倞注：「訾，讀爲恣。」淮南子作「博通而不以訾」。

〔四〕不責備於人以力，纘義無「以」字。子匯以作「而」，則句爲：「不責備於人，而力自修以道。」淮南子氾論作「文武不以責，求於一人，則任人以力，自修則以道德，責人以人力，易償也，自修以道德，難爲也，難爲則行高矣，易償則求澹矣」。故此有誤，大意謂責於己以道自修，不責備於人也。吕氏春秋舉難：「以全舉人固難，物之情也。人傷堯以不慈之名，舜以卑父之號，禹以貪位之意，湯武以放弒之謀，五伯以侵奪之事。由此觀之，物豈可全哉！故君子責人則以人，自責則以義，責人以人則易足，易足則得人，自責以義則難爲非，難爲非則行飾。」高誘注：「物，事，事難全也。傷，毀也。飾，讀曰勑。勑，正也。」此也律己責人之義。

〔五〕羣書治要引同，末有「也」字。夏后氏，即夏禹。璜，璧的一半爲璜，古代的玉質禮器或佩飾。瑕，玉的斑點。泛指疵病。御覽卷八〇七引作「夏后之璜，不能無纇」。明月之珠，即夜明珠。寶之，貴重之。小惡，小的疵病。淮南子氾論：「夫夏后氏之璜，不能無攷，明月之珠，不能無纇，然而天下寶之者，何也？其小惡不足妨大美也。」高誘注：「半璧曰璜，夏后氏之珍玉也。攷，瑕釁也。夜光之珠，有似月光，故曰明月。纇，磬若絲之結纇也。」説文解字：「王，朽玉也。從王有點，讀若畜牧之畜。」段玉裁注：「淮南書：『夏后之璜，不能無攷。』『考』、『朽』古音同。」説文解字：「纇，絲節也。」

〔六〕羣書治要引同，「短」與「忘」間有連詞「而」字。志，記也。夏后之璜，明月之珠，尚有瑕穢，賢人君子，豈能盡善盡美，取人之短，棄人之長，欲求賢人，誠難也。淮南子氾論作「今志人之所短，而忘人之所脩，而求得其賢於天下，則難矣」。

〔七〕羣書治要引：「夫衆人見位卑賤，事之洿辱，而不知其大畧也。」纘義作「衆人之見位卑身賤……」無「夫」及二「之」字。此言一般人祇知身之賤，位之卑，事之辱，而不知大畧也。淮南子氾論：「夫百里奚之飯牛，伊尹之負鼎，太公之鼓刀，甯戚之商歌，其美有存焉者矣。衆人見其位之卑賤，事之洿辱，而不知其大畧，以爲不肖。」

〔八〕羣書治要引「所受」、「所爲」作「所不受」、「所不爲」。纘義所受、所爲，均作「所不受」、「所不爲」。淮南子氾論同纘義。

〔九〕羣書治要引無後「其」字。患難，纘義作「處難」。古時國家和君主有難，臣下應勇於死難而不苟活，故曰視其所患難，則知其勇。淮南子氾論：「視其更難，以知其勇。」

〔一〇〕羣書治要引同。守，持節。喜樂有度，不得逾濫。淮南子氾論同。

〔一一〕羣書治要引同。委，託付。淮南子氾論：「委以財貨，以論其仁。」

〔一二〕羣書治要引無「可」字。振，震動。通「震」。節，節操。此言見小識大，觀小節而識大體。淮南子氾論：「振以恐懼，以知其節，則人情備矣。」

慧定案：以上第十章。

杜道堅纘義：「自恕者不改過，責人者不全交。夫君子不責備於人者知人非，堯舜不能每事盡善也。人有大材，詎可以小節而棄之乎？」

老子〔文子〕曰：屈者所以求申也，枉者所以求直也，屈寸申尺，小枉大直，君子爲之〔一〕。百川并流，不注海者不爲谷，趨行殊方，不歸善者不爲君子〔二〕。善言貴乎可行，善行貴乎仁義〔三〕，君子之過，猶日月之蝕，不害於明〔四〕，故智者不妄爲，勇者不妄殺，擇是而爲之，計禮而行之〔五〕。故事成而功足恃也，身死而名足稱也〔六〕，雖有智能，必以仁義爲本而後立〔七〕，智能并行，聖人一以仁義爲準繩，中繩者謂之君子，不中繩者謂之小人〔八〕。君子雖死亡，其名不滅，小人雖得勢，其罪不除〔九〕。左手據天下之圖，而右手刎其喉，雖愚者不爲，身貴於天下也〔一〇〕。死君親之難者，視死如歸，義重於身也〔一一〕。故天下大利也，比之身即小，身之所重也，比之仁義即輕，此以仁義爲準繩者也〔一二〕。

〔一〕纘義本「申」作「伸」。前第九章：「屈寸而申尺，小枉而大直，聖人爲之。」見其注一。淮南子泰族：「夫聖人之屈者，以求伸也，枉者以求直也。故雖出邪辟之道，行幽昧之塗，將欲以直大道，成大功，猶出林之中，不得直道，拯溺之人，不得不濡足也。」

〔二〕并流，合流。注，流入。趨行殊方，行爲不同。淮南子泰族：「故百川並流，不注海者不爲川谷；趨行踳馳，不歸善者不爲君子。」

〔三〕可行之言，善言，仁義之行，善行。淮南子泰族：「故善言歸乎可行，善行歸乎仁義。」

〔四〕過，過失，過錯。上章云，自古及今，未有能全其行者也。雖君子，非完人，亦有過，然君子知過必改，人皆仰之，如日月之蝕，不害日月之明也。淮南子泰族：「故君子之過也，猶日月之蝕，何害於明。」論語子張：「君子之過也，如日月之食焉，過也，人皆見之，更也，人皆仰之。」

〔五〕擇是，選擇對的。計禮而行之，核禮而行，即以禮而行。淮南子泰族作「計義而行之」。淮南子泰族：「夫知者不妄發，擇善而爲之，計義而行之。」

〔六〕身死而名稱，謂身雖亡而名足稱於後世。叢刊本身死作「身立」。則身立而名相稱。據下文，作「立」切。淮南子泰族：「故事成而功足賴也，身死而名足稱也。」

〔七〕立，成就。言智能待仁義仍可成就。淮南子泰族：「雖有知能，必以仁義爲之本，然後可立也。」

〔八〕羣書治要引「聖人以仁義爲準繩，中繩者，謂之君子；弗中者，謂之小人。」藝文類聚卷二十引：「聖人以仁義爲準繩，中繩之謂君子，不中繩之謂小人。」準繩，標準。中繩，謂符合仁義標準。言智能中仁義者爲君子，不中者爲小人。此一以仁義爲準繩也。御覽卷四〇一引作「聖人以仁義爲繩，中繩之謂君子，不中繩之謂小人」。

〔九〕淮南子泰族：「知能蹐馳，百事並行，聖人一以仁義爲之準繩，中之者謂之君子，弗中者謂之小人。」君子雖死，其名不滅，小人雖得勢，其罪不除。」其罪不除，謂小人之惡名不去。淮南子泰族同。

〔一〇〕羣書治要引同。五行大義卷五引文子曰：「中繩謂之君子，不中繩謂之小人。」

〔一一〕羣書治要引無「雖」字，「於」作「乎」。文選演連珠注引文子同。愚者上無「雖」字，身貴於作「身貴乎」。據，掌握。圖，地圖。據天下之圖，指掌握天下權力的一種象徵。戰國策秦策：「據九鼎，按圖籍，挾天子以令天下。」既握天下，又刎其喉，愚者不爲，豈君子哉！身貴於天下也。故老子曰：貴以身爲天下，若可寄天下，愛以身爲天下，若可託天下。淮南子泰族：「使人左據天下之圖而右刎喉，愚者不爲也，身貴於天下也。」

〔一二〕羣書治要引「如」作「若」，「也」前有「故」作「故也」。文選演連珠注引文子同。死君親無「親」字，義重於身也，「身」字下有「故」字。此孔子所謂殺身以成仁，孟子所謂捨生以取義也。淮南子泰族無「者」字，「如」作「若」。

〔一三〕羣書治要引「天下大利，比身即小，身所重也，比義即輕，此以仁義爲準繩者也。」文選演連珠注引文子作「天下大利也，比身則小，身所重也。比義則輕」。利輕於身，身輕於仁義，仁義爲本，君子小人以此有別，君子死義，小人死利，此即一以仁義爲準繩者也。淮南子泰族：「天下大利也，比之身則小，身之重也，比之義則輕，義所全也。」

慧定案：以上第十一章。

杜道堅纘義：「屈伸相感之道，君子小枉而大直，猶龍蛇之蟄奮，善言善行，潤澤羣生，皆自屈身養德中來。聖人以仁義爲準繩，知身重於天下，義重於身，故能死君親之難，是以君子身死而名不亡。」

老子[文子]曰：道德之備猶日月也，夷狄蠻貊不能易其指[一]，趣舍同即非譽在俗，意行均即窮達在時[二]，事周於世即功成，務合於時即名立[三]。是故立功名之人，簡於世而謹於時，時之至也，即間不容息[四]。古之用兵者，非利土地而貪寶賂也，將以存亡平亂爲民除害也[五]，貪饕多欲之人，殘賊天下，萬民騷動，莫寧其所[六]。有聖人勃然而起，討强暴，平亂世，爲天下除害，以濁爲清，以危爲寧，故不得不中絶[七]。赤帝爲火災，故黄帝擒之，共工爲水害，故顓頊誅之[八]。教人以道，導之以德而不聽，即臨之以威武，臨之不從，則制之以兵革[九]。殺無罪之民，養不義之主，害莫大也；聚天下之財，贍一人之欲，禍莫深焉；肆一人之欲，而長海内之患，此天倫所不取也[一〇]。所爲立君者，以禁暴亂也，今乘萬民之力，反爲殘賊，是以虎傅翼，何謂不除[一一]，夫畜魚者，必去其蝙獺，養禽獸者，必除其豺狼，又況牧民乎！是故兵革之所爲起也[一二]。

[一] 道德之備，纘義作「道德之倫」。作「倫」是，作「備」誤也。淮南子齊俗作「論」。倫，道理，次序。夷狄蠻貊，古時對邊域民族的貶稱。指，指向，趣向。道德之倫，如日月明照，雖落後之邦行之。淮南子齊俗：「道德之論，譬猶日月也，江南河北不能易其指，馳騖千里不能易其處。」

[二] 趣舍，趨向或舍棄，即舉止。非譽，毁譽。意行均，思想和行動相同。此言趣舍在己，非譽在人，行不行在己，通不通在時。淮南子齊俗：「趨舍禮俗，猶室宅之居也，東家謂之西家，西家謂之東家，雖皋陶爲之理，不能定

其處。故趨舍同，誹譽在俗，意行鈞，窮達在時。」

〔三〕周於世，合於世。務，事也。淮南子齊俗：「……夫武王先武而後文，非意變也，以應時也。周公放兄誅弟，非不仁也，以匡亂也。故事周於世則功成，務合於時則名立。」

〔四〕簡於世，選擇、分別不同的世。間不容息，喻時間短促而迫切。淮南子齊俗：「是故立功之人，簡於行而謹於時。」纘義本作「間於容息」。説苑談叢：「時乎時乎，間不及謀；至時之極，間不容息。」本書道原九章：「時之變，則間不容息。」

〔五〕寶賂，寶貨。存亡平亂，存亡國平亂世。淮南子兵畧：「古之用兵者，非利土壤之廣而貪金玉之畧，將以存亡繼絶，平天下之亂，而除萬民之害也。」注：「畧，獲得也。」

〔六〕貪饕，貪婪。纘義本作「貪叨」。殘賊，殘害。騷動，謂動亂不安。莫寧其所，不能安寧其處。淮南子兵畧：「貪昧饕餮之人，殘賊天下，萬人搔動，莫寧其所。」

〔七〕勃然，興起的樣子。中絶，中斷，指一個朝代中斷。淮南子兵畧：「有聖人勃然而起，乃討强暴，平亂世，夷險除穢，以濁爲清，以危爲寧，故不得不中絶。」注：「中絶，謂若殷王中相絶滅。」案：史記律書曰：「兵者，聖人所以討强暴，平亂世，夷險阻，救危殆。」古之聖人勃起，存亡繼絶，故此上「不」字似衍。杜道堅纘義：「人之道德，天之日月也；人之五性，天之五星也。雖夷狄蠻貊，無以易之。夫趨繫在己，非譽在人，用不用關於時，行不行繫乎命，是以君子得時行道，間不容息。」

〔八〕淮南子兵畧：「兵之所由來者遠矣！黄帝嘗與炎帝戰矣，顓頊嘗與共工争矣……夫兵者，所以禁暴討亂也。炎帝爲火災，故黄帝擒之；共工爲水害，故顓頊誅之。教之以道，導之以德，而不聽，則臨之以威武；臨之以威武而不從，則制之以兵革。」赤帝，即炎帝。黄帝，相傳中華民族的祖先。御覽卷七八引文子同。共工，古代傳説中的天神。淮南子天文：「昔者共工與顓頊争爲帝，怒而觸不周之山，天柱折，地維絶，天傾西北，故日月星辰移焉，地不滿東南，故水潦塵埃歸焉。」顓頊，古帝名。

〔九〕教人以道，纘義作「教之以道」。臨之，制之。兵革，武器軍備，此指戰争。

〔一〇〕天倫，天理也。即自然之理。莊子刻意：「一之精通，合於天倫。」天倫不取，謂凡此三者，天亡之也，故不取。淮南子兵畧：「殺無罪之民，而養無義之君，害莫大焉，殫天下之財，而澹一人之欲，禍莫深焉。……肆一人之邪，而長海内之禍，此大倫之所不取也。」

〔一一〕以虎傅翼，以，爲也，傅，附着。通「附」。翼，鳥蟲的肢膀。謂爲虎添加肢膀，喻更惡也。何謂，爲何。謂，通「爲」。文選四子講德論注引文子作「所爲立君者，以禁暴亂也，夫養禽獸者，必除豺狼」。御覽卷四九二引作「今采萬民之力，反爲殘賊，是爲虎翼，何爲不除」。淮南子兵畧：「所爲立君者，以禁暴討亂也，今乘萬民之力，而反爲殘賊，是爲虎傅翼，曷爲弗除。」韓非子難勢：「故周書曰：『無虎傅翼，將飛入邑，擇人而食之。』夫乘不肖人於勢，是爲虎傅翼也。」

〔一二〕畜魚，養魚。猵獺，水獺。食魚動物。纘義本作「猵獺」，是。牧民，治民。此言兵革之所起，仍失德也。淮南子兵畧：「夫畜池魚者，必去猵獺，養禽獸者，必去豺狼，又況治人乎？」

慧定案：以上第十二章。

杜道堅纘義：「國家五運，其來久矣！赤帝火運，君失其德，火乃爲災。共工水運，君失其德，水乃爲災。以知人君失德，隨運爲災，此兵革之所爲起也。凡有土之君，其可失德致災，而不知儆悟乎？」

老子〔文子〕曰：爲國之道，上無苛令，官無煩治，士無僞行，工無淫巧，其事任而不擾，其器完而不飾〔一〕。亂世即不然，爲行者相揭以高，爲禮者相矜以僞，車輿極於雕琢，器用遂於刻鏤〔二〕，求貨者争難得以爲寶，詆文者逐煩撓以爲急〔三〕，事爲詭辯，久稽而不決，無益於治，有益於亂〔四〕，工爲奇器，歷歲而後成，不周於用〔五〕。故神農之法曰：丈夫丁壯不耕，天下有受其飢者，婦人當年不織，天下有受其寒者〔六〕。故身親耕，妻親織，以爲天下先〔七〕，其導民也，不貴難得之貨，不重無用之物。是故耕者不强，無以養生〔八〕，織者不力，無以衣形〔九〕，有餘不足，各歸其身，衣食饒裕，奸邪不生，安樂無事，天下和平，智者無所施其策，勇者無所錯其威〔一〇〕。

〔一〕淮南子齊俗：「治國之道，上無苛令，官無煩治，士無僞行，工無淫巧，其事經而不擾，其器完而不飾。」爲國之道，即治國之道。苛令，苛刻的法令。不擾，不亂。完而不飾，完美而不華飾。

〔二〕相揭，相互抬舉。揭，高舉。相矜，相誇。極於雕琢，極，甚也，狀態形容詞。謂極力裝飾。遂於刻鏤，窮究於雕刻。纘義作「邃於刻鏤」。輯要本作「逐」。淮南子齊俗同輯要本。

〔三〕争難得，指争難得之貨。詆文，誣蔑，毁謗的流言飛文。逐煩撓以爲急，淮南子作「處煩撓以爲慧」。疑「急」爲「慧」誤，作「慧」是。

〔四〕事爲詭辯，用似是而非或顛倒事實的言論進行辯論。纘義作「事爲僞辯」，淮南子齊俗作「争爲佹辯」。佹，同

「詭」。久稽，長久的争論。漢書賈誼傳：「婦姑不相説，則反唇相稽。」言凡此皆無益於治而有益於亂也。淮南子無「有益於亂」句。

〔五〕淮南子齊俗同。歷歲，歷年，謂時間長。不周於用，不合於用。

〔六〕故神農之法曰，纘義故作「夫」。丈夫，成年男子的通稱。丁壯，少壯的男子。御覽卷四八六引「神農之法，丈夫丁壯不耕，天下有受其餓者」。當年，謂壯年，成年。即合應織之年。御覽卷三四引「婦人當年不織，天下有受其寒者」。淮南子齊俗「不耕」、「不織」前有「而」字相連。商君書、算地、開塞并作：「神農教耕，而王天下，師其知也。」畫册云：「神農之世，男耕而食，婦織而衣。」孟子滕文公則爲：「有爲神農之言者……賢者與民并耕而食。」吕氏春秋愛類曰：「神農之教曰：『士有當年而不耕者，則天下或受其飢矣。女有當年而不績者，則天下或受其寒矣。』」高誘注：「神農，炎帝也。當其丁壯之年，故不耕植，則穀不豐，故有受其飢者也。詩云：『不績其麻。』市也。婆娑衣服不供，有受其寒者。」

〔七〕身親耕，指國君親耕。先，倡導。淮南子齊俗同。

〔八〕御覽卷八二二引「其耕不强者，無以養生」。淮南子齊俗「重」作「器」，「耕者」作「其耕」，「强」下有「者」字。

〔九〕衣，蔽護，覆蓋。衣形，蔽體。淮南子齊俗：「其織不强者，無以揜形。」

〔一〇〕饒裕，富裕。錯，邪行爲錯。纘義本作「措」。徐靈府注曰：智以救危，勇以止暴，危暴不作，何用之有。淮南子齊俗：「饒裕」作「饒溢」，「和平」作「均平」，「智者」作「故孔丘曾參」，「策」作「善」，「勇者」作「孟賁成荆」，「錯」作「行」。

慧定案：以上第十三章。

杜道堅纘義：「古今爲國，其道不同者，俗變故也。古人淳樸，上無苛令，官無煩治，士無僞行，工無淫巧，是故人心易足，爲治不難。後世俗變風移，上行下效，奢侈相尚，貪欲無厭，是以人心難足，爲治不易。」

老子〔文子〕曰：霸王之道，以謀慮之，以策圖之〔一〕，挾義而動，非以圖存也，將以存亡也〔二〕。故聞敵國之君，有暴虐其民者，即舉兵而臨其境，責以不義，刺以過行〔三〕。兵至其郊，令軍帥曰：無伐樹木，無掘墳墓，無敗五穀，無焚積聚，無捕民虜，無聚六畜〔四〕；乃發號施令曰：其國之君，逆天地，侮鬼神，決獄不平〔五〕，殺戮無罪，天之所誅，民之所仇也〔六〕；兵之來也，以廢不義而授有德也，有敢逆天道，亂民之賊者，身死族滅〔七〕，以家聽者禄以家，以里聽者賞以里，以鄉聽者封以鄉，以縣聽者侯其縣〔八〕。剋其國不及其民，廢其君易其政〔九〕，尊其秀士，顯其賢良，振其孤寡，恤其貧窮，出其囹圄，賞其有功〔一〇〕，百姓開户而内之，漬米而儲之，唯恐其不來也〔一一〕。義兵至於境，不戰而止，不義之兵，至於伏尸流血，相交以前〔一二〕，故爲地戰者，不能成其王，爲身求者，不能立其功〔一三〕，舉事以爲人者，衆助之，以自爲者，衆去之，衆之所助，雖弱必强，衆之所去，雖大必亡〔一四〕。

〔一〕淮南子兵略：「故霸王之兵，以論慮之，以策圖之，以義扶之，非以亡存也，將以存亡也。」以策圖之，用謀畧取之。

〔二〕挾義，挾持義，即假義也。非以圖存，不是爲圖取存國。將以存亡，是爲了存亡國。孟子公孫丑曰：「以力假仁者霸。」故霸王之道，挾義而行。然文子與孟子不同，并不非霸，而是先皇後霸，故精誠六章云，舉大功，顯令名，體君臣，正上下，明親疏，存危國，繼絶世，立無後者，義也。

〔三〕淮南子兵畧：「故聞敵國之君有加虐於民者，則舉兵而臨其境，責之以不義，刺之以過行。」責以不義，以不義問罪。刺，指責。道藏、輯要、纘義皆刻誤爲「刺」。淮南子兵畧作「刺」是。過行，行爲過失。

〔四〕淮南子兵畧「令」前有「乃」字，「掘」作「抉」，「敗」作「燓」，「聚」作「收」。軍帥，軍隊的將領。無敗五穀，不要毁壞五穀。無焚積聚，指不要燒毁糧草。無聚六畜，指不要取集人民的牛馬羊豕鷄犬。

〔五〕侮，怠慢。決獄，判決獄訟，即斷案。淮南子兵畧：「乃發號施令曰：其國之君，傲天侮鬼，決獄不辜，殺戮無罪，此天之所以誅也，民之所以仇也。」

〔六〕天之所誅，謂天要懲罰。民之所仇，謂人民的仇敵。

〔七〕授有德，纘義作「受其德」。受，通「授」，作「授」是。族滅，整個家族被誅滅。淮南子兵畧：「兵之來也，以廢不義而復有德也，有逆天之道，帥民之賊者，身死族滅，以家聽者禄以家，以里聽者賞以里，以鄉聽者封以鄉，以縣聽者侯以縣。」

〔八〕以家聽者禄以家，以整個家聽從者，俸禄其家。禄，謂奉給。禮記王制：「位定，然後禄之」。注：與之以常食。封以鄉，纘義作「侯以鄉」。侯其縣，侯爲州牧，此指州縣之長官。纘義本無此句。

〔九〕尅，取勝。通「克」，纘義作「克」。此言戰勝其國不禍及其民，廢其君主改變其政。淮南子兵畧：「尅國不及其民，廢其君而易其政。」

〔一〇〕秀士，謂德才優異的人。振其孤寡，救濟其孤兒寡婦。振，通「賑」。恤，救濟安置。囹圄，牢獄。淮南子兵畧：「尊其秀士而顯其賢良，振其孤寡，恤其貧窮，出其囹圄，賞其有功，百姓開門而待之，淅米而儲之，唯恐其不來也。」注：「淅，漬也。」

〔一一〕開户内之，開門接納之。内，「納」之本字。纘義作「納」。漬米，淘米，此謂燒飯的乾净米。唯恐，纘義作「唯患」。此言百姓歡迎義兵之來。以上與呂氏春秋懷寵相近。

〔一二〕伏尸，倒在地上的尸體。謂尸體遍地。相交以前，謂兩軍對峙。淮南子兵畧作：「故義兵之至也，至於不戰而止，晚世之兵，君雖無道，莫不設渠塹，傅堞而守，攻者非以禁暴除害也，欲以侵地廣壤也。是故至於伏尸流血，相支以日，而霸王之功不世出者，自爲之故也。」

〔一三〕上十二章曰：「古之用兵者，非利土地而貪賂也。」爲身求者，即貪賂者也，爲地貪賂而戰，功不成，王不就。淮南子兵畧：「夫爲地戰者，不能成其王，爲身戰者，不能立其功，舉事以爲人者，衆助之，舉事以自爲者，衆去之，衆之所助，雖弱必强，衆之所去，雖大必亡。」

〔一四〕舉事以爲人，指用兵討强暴平亂世，爲天下除害。自爲者，指爲自己的貪求。衆之所動，疑「動」爲「助」，纘義作「助」是。自然十二章曰：「善用兵者，用其自爲用，不能用兵者，用其爲己用。」爲人者，則能用其自爲用，故衆助之，爲己者，用其爲己用，故衆去之，助之與去，强弱别矣。

慧定案：以上第十四章。

杜道堅纘義：「文子十二篇，三而四之先皇後霸，帝王在焉，霸之世時之秋歟，觀其非以圖存，將以存亡之語，則興廢繼絶之風，藹然在目，視後世不義之舉遠矣。」

老子[文子]曰：上義者，治國家，理境內，行仁義，布德施惠，立正法，塞邪道，羣臣親附，百姓和輯〔一〕，上下一心，羣臣同力，諸侯服其威，四方懷其德，修正廟堂之上，折衝千里之外〔二〕，發號行令而天下響應，此其上也〔三〕。地廣民衆，主賢將良，國富兵强，約束信〔四〕，號令明，兩敵相當，未交兵接刃，而敵人奔亡，此其次也〔五〕。知土地之宜，習險隘之利，明苛政之變〔六〕，察行陣之事，白刃合，流矢接，輿死扶傷，流血千里，暴骸滿野，義之下也〔七〕。兵之勝敗皆在於政〔八〕，政勝其民，下附其上，即兵强，民勝其政，下叛其上，即兵弱〔九〕。義足以懷天下之民，事業足以當天下之急，選舉足以得賢士之心，謀慮足以決輕重之權，此上義之道也〔一〇〕。

〔一〕理，治也。和輯，和睦協調。黄帝四經經法六分：「萬民和輯而樂爲其主上用。」淮南子兵畧：「故善用兵者，用其自爲用也，不能用兵者，用其爲己用也，用其自爲用，則天下莫不可用也，用其爲己用，所得者鮮矣。兵有三詆：治國家，理境內，行仁義，布德惠，立正法，塞邪隧，羣臣親附，百姓和輯，上下一心，君臣同力，諸侯服其威，而四方懷其德。修政廟堂之上，而折衝千里之外。拱揖指撝，而天下響應，此用兵之上也。」注：「詆，要事也。」

〔二〕淮南子「羣臣」作「君臣」。修正，修政。正，通「政」。纘義作「政」。廟堂，宗廟明堂，指朝庭。古代帝王凡遇大事，告於宗廟，議於明堂。吕氏春秋召類：「夫修之於廟堂之上，而折衝乎千里之外者，其司城子罕之謂乎！」

折衝，使敵人的戰車後撤，即擊敗敵軍。這裏非指軍事行動，據上文是謂政治好，可不戰而勝。

〔三〕此其上也，此義之上也。謂舉義爲上。淮南子謂「兵之上也」。

〔四〕羣書治要引同。約束信，規約守信。

〔五〕未交兵接刃，謂未動刀槍。此謂兩軍對陣，但未動刀槍而勝者，此義之次也。羣書治要引無「交兵」二字。淮南子兵略：「地廣民衆，主賢將忠，國富兵强，約束信，號令明，兩軍相當，鼓錞相望，未至兵交接刃，而敵人奔亡，此用兵之次也。」注：「錞，錞于，大鐘也。」

〔六〕苛政，苛爲「奇」字之誤，政，通「正」。羣書治要引作「奇正」。俞樾讀文子云，按苛政當作奇正，字之誤也，淮南子兵略篇正作明奇正之變。淮南子兵略：「知土地之宜，習險隘之利，明奇正之變，察行陳解贖之數，維枹綰而鼓之，白刃合，流矢接，涉血屬腸，輿死扶傷，流血千里，暴骸盈場，乃以決勝，此用兵之下也。」注：「綰，貫。枹繫於臂以擊鼓也。」

〔七〕羣書治要引同。行陣，軍隊行列。亦作「行陳」。白刃，鋒利的刀槍。白刃合，謂交戰也。流矢，射來的亂箭。輿死扶傷，謂以輿載死人和傷員。暴骸，尸體暴露。暴骸滿野，謂尸體遍野。此謂戰爭是義之最下也。

〔八〕皆在於政，叢刊本作「習在於政」。淮南子兵略作「本在於政」。商君書戰法：「凡戰法，必本於政勝。」

〔九〕政勝其民，指政治好。民勝其政，指政治不好。此明兵之强弱勝敗，在於政。商君書說民：「民勝其政，國弱；政勝其民，兵强。……民勝法，國亂；法勝民，兵强。」又畫策：「昔之能制天下者，必先制其民者也，能勝强敵者，必先勝其民者也，故勝民之本在制民。」淮南子兵略：「兵之勝敗本在於政，政勝其民，下附其上，則兵强矣。民勝其政，下畔其上，則兵弱矣。」

〔一〇〕纘義本「輕重」脱「重」字。淮南子兵畧：「故德義足以懷天下之民，事業足以當天下之急，選舉足以得賢士之心，謀慮足以知强弱之勢，此必勝之本也。」上義之道，謂舉義政。

慧定案：以上第十五章。

杜道堅纘義：「兵法，先舉者爲主，應敵者爲客。用兵有言，吾不敢爲主而爲客，謂兵不可輕舉也。夫不得已而用之，則義舉爲上，敵奔次之，戰斯下矣。」

老子〔文子〕曰：國之所以强者必死也〔一〕，所以必死者義也，義之所以行者威也〔二〕，是故令之以文，齊之以武，是謂必取〔三〕；威義并行，是謂必强〔四〕。白刃交接，矢石若雨，而士争先者，賞信而罰明也〔五〕。上視下如子，下事上如父，上視下如弟，下事上如兄〔六〕，上視下如子，必王四海，下事上如父，必政天下〔七〕，上視下如弟，即必難爲之死，下事上如兄，即必難爲之亡〔八〕，故父子兄弟之寇，不可與之鬥〔九〕。是故義君内修其政，以積其德，外塞於邪，以明其勢，察其勞佚，以知飢飽，戰期有日，視死若歸，恩之加也〔一〇〕。

〔一〕羣書治要引同。必死，指人民爲國視死如歸。淮南子兵畧：「兵之所以强者民也。」

〔二〕羣書治要引同。必死者義也，人民所以視死如歸者，舍身取義也。纘義作「所以死者必義也」。威，畏懼。威，通「畏」。道德三章曰：「義者，民之所畏也。」淮南子兵畧：「民之所以必死者，義也，義之所以能行者，威也。」

〔三〕令之以文，指義政。齊之以武，指武備。言文經武緯也。必取，謂一定取得民心爲之必死。淮南子兵畧：「是故合之以文，齊之以武，是謂必取。」

〔四〕羣書治要引同。威義并行，謂文武并行。必强，纘義作「之强」。淮南子兵略：「威儀并行，是謂至强。」

〔五〕羣書治要引同。矢石，箭與石。古代作戰，發箭拋石以打擊敵人。士争先，士卒争先殺敵。白刃交接，矢石如雨，有殺身之危，然而士卒視死如歸，争先恐後者，賞罰信而明也。淮南子兵略：「夫人之所樂者生也，而所憎者死也。然而高城深池，矢石若雨，平原廣澤，白刃交接，而卒争先合者，彼非輕死而樂傷也，爲其賞信而罰明也。」

〔六〕羣書治要引「下事上如兄」作「下視上如兄」。下事上如兄，輯要本作「下視上如兄」，誤也。淮南子兵略「上」誤刻爲「士」，「事」、「視」均作「視」。

〔七〕羣書治要「事」作「視」，「政」作「正」。王四海，王天下。政天下，治天下。淮南子兵略：「事」作「視」，「政」作「正」，「必正天下」前有「則」字。

〔八〕羣書治要引「必」作「不」，下同。「事」作「視」。必難爲之死，必爲之死難。難，災難，指國難，君難。纘義兩「必」字作「不」字。俞樾讀文子曰：「兩難字皆衍文，言必爲之死，必爲之亡也。淮南子兵略篇作不難爲之死，不難爲之亡，文異而義同，乃淺人據淮南而增此文，作必難爲之死，必難爲之亡，則於義不通矣。」俞説非必。

〔九〕羣書治要引「父子」二字倒爲「子父」。寇，敵也。君有難，臣必爲之死難，兄有患，弟不吝其生，故父子兄弟之敵，視死如歸，不可與之鬥也。淮南子兵略句末有「者」字。

〔一〇〕羣書治要引「外塞於邪」，「於」作「其」。義君，謂上義之君。戰期有日，謂戰争時間不長，很快取勝。此言上義之君，其政本於仁義，政勝民而兵强，信義懷德，恩威治遠。明兵之勝敗，皆在於政。淮南子兵略作：「是故内修其政，以積其德，外塞其醜，以服其威，察其勞佚，以知其飽飢，故戰日有期，視死若歸，故將必與卒同甘苦，俟饑寒，故其死可得而盡也。」

慧定案：以上第十六章。

杜道堅纘義：「治天下有道，奚以兵爲哉？不得已也。强國之兵必死者，義迫之也。然則，有道之主，忍以强國而置民於死地乎？上視下如子，下事上如父，是故義君修政積德，國將自强，世固有之矣。」

文子校釋卷第十二

上禮〔一〕

老子〔文子〕曰：上古真人，呼吸陰陽，而羣生莫不仰其德以和順〔二〕，當此之時，領理隱密自成純樸，純樸未散，而萬物大優〔三〕。及世之衰也，至伏羲氏，昧昧懋懋，皆欲離其童蒙之心，而覺悟乎天地之間，其德煩而不一〔四〕。及至神農、黄帝，覈領天下〔五〕，紀綱四時，和調陰陽，於是萬民莫不竦身而思，戴聽而視，故治而不和〔六〕。下至夏、殷之世，嗜欲達於物，聰明誘於外，性命失其真〔七〕。施及周室，澆醇散樸〔八〕，離道以爲僞，險德以爲行，智巧萌生〔九〕，狙學以擬聖〔一〇〕，華誣以脅衆〔一一〕，琢飾詩書，以賈名譽〔一二〕，各欲以行其智僞，以容於世，而失大宗之本〔一三〕，故世有喪性命，衰漸所由來久矣〔一四〕。是故至人之學也，欲以反性於無，遊心於虛〔一五〕；世俗之學，擢德攓性，内愁五藏，暴行越知，以譊名聲於世，此至人所不爲也〔一六〕。擢德自見也，攓性絶生也〔一七〕，若夫至人定乎死生之意，通乎榮辱之理，舉世譽之而不益勸，舉世非之而不加沮，得至道之要也〔一八〕。

〔一〕慧定案：義者，所以和君臣父子兄弟夫婦人道之際也；禮者，義之文，所以貌情者也，目雖欲之禁以度，心雖樂之節以禮，遏情閉欲，以義自守。故上禮者，所以別尊卑貴賤者也。

〔二〕真人，徐靈府曰：「玄古之君也。」莊子天地「玄古之君」成玄英疏：「玄，遠也。古之君，謂三皇已前帝王也。」本書道原：「真人體之以虚無、平易、清静、柔弱、純粹素樸，不與物雜，至德天地之道，故謂之真人。」參見道原四章注八。呼吸陰陽，謂德合陰陽。羣生，一切生物。漢書董仲舒傳：「是以陰陽調而風雨時，羣生和而萬民殖。」此之謂羣生莫不仰其德以和順也。

〔三〕徐靈府注曰：「内韜明德，外和萬物，天下無事，各乃遂其性，無相侵害，故并優遊也。」纘義作「莫不領理隱密自成，純樸未散而萬物大優」。淮南子俶真：「是故聖人呼吸陰陽之氣，而羣生莫不顒顒然仰其德以和順。當此之時，莫之領理决離，隱密而自成，渾渾蒼蒼，純樸未散，旁薄爲一，而萬物大優。」高誘注：「渾渾蒼蒼，混沌大貌。故曰純樸未散也。優，饒也。」

〔四〕伏羲，參見精誠五章注七。昧昧，純厚的樣子。懋懋，美盛。淮南子俶真作「昧昧晽晽」。高誘注曰：「昧昧，欲明而未也，晽晽，欲所知之貌也。」王念孫讀書雜志説，淮南内篇晽爲楙字之形誤。童蒙之心，愚昧之心。見道原十章注二十二。淮南子俶真：「及世之衰也，至伏羲氏，其道昧昧芒芒然，吟德懷和，被施頗烈，而知乃始，昧昧晽晽，皆欲離其童蒙之心，而覺視於天地之間，是故其德煩而不能一。」高誘注：「昧昧，純厚也。芒芒，廣大貌也。煩，多也。一，齊也。」

〔五〕覈領，審理。淮南子俶真：「及至神農、黄帝，剖判大宗，竅領天地，襲九窾，重九熱，提挈陰陽，嫥捖剛柔，枝解葉貫，萬物百族，使各有經紀條貫。於此，萬民睢睢盱盱然，莫不竦身而載聽視，是故治而不能和下。」高誘注：「竅，通也。領，理也。襲，因也。竅，法也。埶，形也。言因九天九地之形，法以通理也。」

〔六〕竦身，聳身。竦，伸頸舉足。戴聽而視，俞樾讀文子曰：「戴聽而視，義不可通，淮南子俶真篇作莫不竦身而載視聽（按：作「聽視」），亦似有誤。疑本作竦耳而聽，載目而視，今作竦身者，身乃耳之誤也，載目即側目，載側一聲之轉，詩七月湛露諸篇，鄭箋并云，載之言側也，是其例也，淮南作載，尚得其字，此變作戴，於義更難曉矣。」纘義作「竦身而思戴視聽」。不和，作「不能和」。

〔七〕夏殷之世，夏代和殷代。嗜欲達於物，纘義達作「連」。淮南子同纘義。聰明誘於外，謂聽視爲外物所誘惑。失其真，謂失其本性。淮南子俶真：「棲遲至於昆吾夏后之世，嗜欲連於物，聰明誘於外，而性命失其得。」高誘注：「昆吾，夏伯，桀世也。性命失其得，性命之本。」

〔八〕淮南子俶真：「施及周室之衰，澆淳散樸。」施及周室，延續到周代。淮南子高注：「施，讀難易之易。」莊子在宥：「施及三王，而天下大駭矣。」澆醇散樸，醇樸的風俗變浮薄了。澆，減薄，浮薄。多指社會風氣而言。

〔九〕淮南子俶真：「雜道以僞，儉德以行，而巧故萌生。」高誘注：「雜，粗。巧古萌生，巧言爲詐。」慧定案：淮南作「雜道」，誤；「雜」當爲「離」，文子是。莊子繕性：「德又下衰，及唐虞始爲天下，興治化之流，澆淳散樸，離道以善，險德以行，然後去性而從於心。」郭注：「離道以善，善者過於適之稱，故有善而道不全。」成疏：「夫虛通之道，善惡兩忘，今乃捨己効人，矜名企善，善既乖於理，所以稱離也。」郭注：「險德以行，行者違性而行之，故行立而德不夷。」成疏：「險，危阻也。不能率性任真，晦其蹤跡，乃矯情立行以取聲名，實由外行聲名浮僞，故令內德危險，何清夷之有哉！」儉、險，古通。荀子富國：「誅賞而不類，則下疑俗儉而百姓不一。」楊倞注：「不類，不以其類，謂賞不當功，罰不當罪。儉，當爲險，險謂徼幸免罪、苟且求賞也。」王先謙集解：「羣書治要『儉』作『險』，與楊注合。」文子二「爲」字衍。

〔一〇〕狙，獸名。屬猿猴類。此指窺伺，小察。狙學，一曲之學，如猿猴學人的動作一樣。管子七臣七主：「從狙而好小察。」擬聖，模彷聖人。淮南子俶真作「博學以疑聖」。莊子天地：「子非夫博學以擬聖，於于以蓋衆，獨弦哀歌，以賣名聲於天下者乎？」成玄英疏：「於于，佞媚之謂也。言汝博學贍聞擬似聖人，諂曲佞媚以蓋羣物，獨坐弦歌，仰揚哀嘆，執斯聖跡，賣彼名聲，歷聘諸國，偏行天下。」淮南子本此。

〔一一〕華誣以脅衆，淮南子高注：「設虛華之言以誣聖人，劫脅徒衆也。」纘義作「華誕以脅衆」。華誕，虛浮也。逸周書官人曰：「少知而不大決，少能而不大成，規小而知大倫，曰華誕者也。」淮南子俶真：「周室衰而王道廢，儒墨乃始列道而議，分徒而訟，於是博學以疑聖，華誣以脅衆，弦歌鼓舞，緣飾詩書，以買名譽於天下。」

〔一二〕琢飾，雕琢文飾。賈，謂坐商，此謂謀求。以賈名譽，沽名釣譽也。

〔一三〕以容於世，以容貌於世。容，指人的儀節有一定的法度，故稱容貌法度爲容。大宗之本，大根本。此言各欲以智巧僞行，以容貌法度於世，則失根本。淮南子俶真：「於是萬民乃始慲觟離跂，各欲行其知僞，以求鑿枘於世，而錯擇名利。是故百姓曼衍於淫荒之陂，而失其大宗之本。」高誘注：「陂，或作野。」

〔一四〕言世代喪敗，性命漸衰，來源久矣。淮南子俶真：「夫世之所以喪性命，有衰漸以然，所由來者久矣。」

〔一五〕言至人之學，反性遊心於虛無，即反於道也。淮南子俶真：「是故聖人之學也，欲以返性於初，而遊心於虛也。」高誘注：「人受天地之中以生，孟子曰『性無不善』，而情欲害之，故聖人能返其性於初也。遊心於虛，言無欲也。」

慧定案：孟子主性善説，高誘注爲孟子曰：「公都子曰：『告子曰：「性無善，無不善也。」或曰：「性可以爲善，可以爲不善。」』」此方與文子、淮南合。

〔一六〕纘義本「擢」作「耀」。下同。擢德攓性，拔取德性。擢，拔也。攓，取也。方言：「撏，攓，摭，挺，取也，南楚曰攓。」攓，同「搴」，廣雅，搴，取也。愁，束也。同「揫」。下文曰：「外束其形，内愁其德。」越智，揚智，謂揚其巧詐之智。譊，喧呼，喧鬧嘈雜。淮南子俶真：「達人之學也，欲以通性於遼廓，而覺於寂漠也。若夫世俗之學也，則不然，擢德攓性，内愁五藏，外勞耳目，乃始招蟯振繾物之豪芒，摇消掉捎仁義禮樂，暴行越智於天下，以招號名聲於世，此我所羞而不爲也。」高誘注：「擢，取也。攓，縮也。皆不循其理，故愁其思慮也。耳妄聽，目妄視，淫故勞也。摇消掉捎，仁義禮樂，未之能行也。越，揚也。暴，卒也。越揚其詐譎之智，以取聲名也。」

〔一七〕自見，自我表現。絶生，害生。

〔一八〕至人，至德之人。莊子天下：「不離於真，謂之至人。」逍遥遊：「至人無己。」郭注：「無己故順物，順物而至矣。」成玄英疏：「至言其體，神言其用，聖言其名，故就體而語至，就用語神，就名語聖，其實一也。」定乎死生之意，九守守無曰：「齊生死則意不懾。」此謂意定乎齊生死。纘義死生作「生死」。不益，不加。沮，沮喪。不加勸，不加沮，謂自得也，故曰得至道之要也。莊子逍遥遊説宋榮子「舉世而譽之而不加勸，舉世非之而不加沮，定乎内外之分，辯乎榮辱之境」。郭注：「内我而外物，榮己而辱人。」成疏：「舉，皆也。勸，勵勉也。沮，怨喪也。」纘義作「舉世而譽之」「舉世而非之」。

淮南子俶真：「是故與其有天下也，不若有説也；與其有説也，不若尚羊物之終始也，而條達有無之際。是故舉世而譽之不加勸，舉世而非之不加沮，定於死生之境，而通於榮辱之理。」

慧定案：以上第一章。

杜道堅纘義：「上禮者，吉凶軍賓嘉五禮之謂歟！上古真人，則玄古之君也，當時羣生純樸，萬物大優，自虙犧氏逮於神農、黄帝，施及三王，治各不同，禮亦隨變，至五伯戰國，而大宗之本失矣。」

老子〔文子〕曰：古者被髮而無卷領，以王天下〔一〕，其德生而不殺，與而不奪，天下非其服，同懷其德〔二〕；當此之時，陰陽和平，萬物蕃息，飛鳥之巢，可俯而探也，走獸可繫而從也〔三〕。及其衰也，鳥獸蟲蛇，皆爲民害，故鑄鐵煅刃，以禦其難〔四〕，故民迫其難則求其便，因其患則操其備〔五〕，各以其智，去其所害，就其所利〔六〕，常故不可循，器械不可因，故先王之法度，有變易者也〔七〕，故曰「名可名，非常名也。」〔八〕五帝異道而德覆天下，三王殊事而名後世，因時而變者也〔九〕。譬猶師曠之調五音也，所推移上下，無常尺寸以度，而靡不中者〔一〇〕，故通於樂之情者能作，音有本主於中，而知規矩鈎繩之所用者能治人〔一一〕，故先王之制，不宜即廢之，末世之事，善即著之〔一二〕。故聖人之制禮樂者，而不制於禮樂，制物者，不制於物，制法者，不制於法〔一三〕，故曰「道可道，非常道也。」〔一四〕

〔一〕被髮，散髮。卷領，領翻於外叫卷領。古人認爲這是原始的服式。亦作「攣領」。晏子春秋諫第十四「且古者嘗有紩衣攣領而王天下者」，張純一注引盧云：「攣領即卷領。」淮南子氾論作「有鍪而綣領」，高注曰：「鍪，頭著兜鍪帽，言未知製冠也。綣領，皮衣屈而紩之，如今胡家韋襲反褶以爲領也。一説鍪，放髮也，綣統頸而已皆無飾。」俞樾讀文子曰：「而無卷領，本作無而卷領，無讀爲幠，荀子禮論篇『無帾絲歶縷翣』，楊注：無讀爲幠，是其例也。幠乃冠名，儀禮士冠禮注曰，㝵名出於帾，帾覆也，言所以自覆飾也。淮南子氾論篇作『古者有鍪而綣領』，注曰鍪，頭著兜鍪帽，彼言鍪，此言幠，文異而義同。荀子禮論篇『薦器則冠有鍪而毋縰』，注曰，鍪之言蒙也，冒也，所以冒首是幠者覆也，鍪者冒也，覆冒一也。淺人不知無爲幠之假字，移無字於而字下。失之甚矣。」荀子哀公：「古之王者，有務而拘領者矣。」楊倞注：「務，讀爲冒。拘，與句同，曲領也。言雖冠衣拙樸，而行仁政也。尚書大傳曰：『古之人，衣上有冒而句領者。』鄭康成注云：『言在德不在服也。古之人，三皇時也。冒，覆項也。句領，繞頸也。禮，正服方領也。』」

〔二〕淮南子氾論：「古者有鍪而綣領，以王天下者矣。其德生而不辱，予而不奪，天下不非其服，同懷其德。」高誘注：「不辱，刑措不用也。予，予民財也。不奪，無所徵求於民也。非，猶譏呵也。懷，歸也。」天下非其服，天下非議其服式。纘義作「天下不非其服」。淮南子氾論同纘義。高誘注曰：「非猶譏呵也；懷，歸也。」晏子春秋作「且古者嘗有紩衣攣領而王天下者，其政好生而惡殺，節上而羨下，天下不朝其服，而共歸其義。」張純一注：「孫云：『説文：紩，縫也。攣，繫也。』盧云：『攣領，即卷領。亦云句領。』紩衣上，據上下文審校，當有『服』字。」

〔三〕蕃息，繁殖增長。俛，屈身低頭。探，索取。纘義作「俛」。同「俯」。末無「也」字。繫，牽也。此言當此之時，陰陽調和，風雨時節，萬物繁殖，人無害物之心，物無畏人之慮，鳥巢探之而不驚，走獸繫之而不懼，德之至也。莊子馬蹄曰：「故至德之世，其行填填，其視顛顛，當是時也，山無蹊隧，澤無舟梁，萬物羣生，連屬其鄉，禽獸成羣，草木遂長，是故禽獸可繫羈而遊，鳥鵲之巢可攀援而闚。」淮南子氾論：「當此之時，陰陽和平，風雨時節，萬物蕃息，烏鵲之巢，可俯而探也，禽獸可羈而從也。」高誘注：「萬物蕃息，政不虐生，無夭折也。從，猶牽也。」

〔四〕鑄鐵煅刃，熔煉鐵錘製刀。以禦其難，用來抗禦鳥獸蟲蛇的患難。淮南子氾論：「爲鷙禽猛獸之害傷人，而無以禁禦也，而作爲之鑄金鍛鐵以爲兵刃，猛獸不能爲害。」高誘注：「以兵刃備之，故不得爲人害也。」

〔五〕故民，纘義作「夫民」。便，宜適。操其備，掌握刀器之具。纘義操作「造」。淮南子氾論：「故民迫其難，則求其便，因其患，則造其備，人各以其所知，去其所害，就其所利，常故不可循，器械不可因也。則先王之法度，有移易者矣。」

〔六〕此言各以其智，趨利避害。

〔七〕常故，固定的成例。循，因隨。器械，泛指工具。因，因襲。變易，變更。言法度無常，隨時而變。淮南子高誘注：「循，隨也。當時之可改則改之，故曰不可也。」

〔八〕此引老子一章語。

〔九〕名後世，名傳於後代，纘義作「名立後世」。因時而變，上有「此」字。淮南子氾論：「故五帝異道，而德覆天下；三王殊事，而名施後世。此皆因時變而制禮樂者。」

〔一〇〕師曠，古之樂師。推移上下，指調音節。無常尺寸以度，謂無常法。靡不中者，無不符合。疑「者」爲「音」誤。淮南子氾論：「譬猶師曠之施瑟柱也，所推移上下者，無寸尺之度，而靡不中音。」

〔一一〕疑「音」爲「言」之誤。主於中，謂主於心。規矩鈎繩，謂法度。淮南子氾論：「故通於禮樂之情者能作，音有本主於中，而以知榘彠之所周者也。」高誘注：「榘，方也。彠，度法也。」

〔一二〕末世，謂後世。著，明也。淮南子氾論：「先王之制，不宜則廢之，末世之事，善則著之。」

〔一三〕制禮樂，制定禮樂，謂制法度。而不制於禮樂，而不爲禮樂所制。纘義無「而」字。此言禮樂法度無常也。淮南子氾論：「是故禮樂未始有常也，故聖人制禮樂，而不制於禮樂。」高誘注：「聖人能作禮樂，不爲禮樂所制。」

〔一四〕慧定案：此引老子一章語。以上第二章。

杜道堅纘義：「天道靡常，世變愈下。古者之君，被髮而無卷領，天下不非其服者，民物蕃息，同懷其德矣。及其衰也，鳥獸蟲蛇，皆爲人害，法度器械，因時而變，由是兵革興焉。」

老子〔文子〕曰：昔者之聖王，仰取象於天，俯取度於地，中取法於人，調陰陽之氣，和四時之節，察陵陸水澤肥墽高下之宜〔一〕，以立事生財，除飢寒之患，辟疾疢之災〔二〕，中受人事，以制禮樂，行仁義之道，以治人倫〔三〕。列金木水火土之性，以立父子之親而成家〔四〕；聽五音清濁六律相生之數，以立君臣之義而成國〔五〕；察四時孟仲季之序，以立長幼之節而成官〔六〕；列地而州之，分國而治之，立大學以教之，此治之綱紀也〔七〕。得道則舉，失道則廢〔八〕。夫物未嘗有張而不弛，盛而不敗者也，唯聖人可盛而不敗〔九〕。聖人初作樂也，以歸神杜淫，反其天心〔一〇〕；至其衰也，流而不反，淫而好色，不顧正法，流及後世，至於亡國〔一一〕；其作書也，以領理百事，愚者以不忘，智者以記事〔一二〕；及其衰也，爲奸僞，以解有罪，而殺不辜〔一三〕。其作囿也，以成宗廟之具，簡士卒，以戒不虞〔一四〕；及其衰也，馳騁弋獵以奪民時，以罷民力〔一五〕。其上賢也，以平教化，正獄訟，賢者在位，能者在職，澤施於下，萬民懷德〔一六〕；至其衰也，朋黨比周，各推其所與，廢公趣私，外内相舉，奸人在位，賢者隱處〔一七〕。

天地之道，極則反，益則損〔一八〕，故聖人治弊而改制，事終而更爲，其美在和，其失在權〔一九〕。聖人之道曰，非修禮義，廉恥不立，民無廉恥，不可以治，不知禮義，法不能正〔二〇〕；非崇善廢醜，不嚮禮義，無法不可以爲治，不知禮義，不可以行法〔二一〕；法能殺不孝者，不能使人孝，能刑盜者，不能使人廉〔二二〕。聖王在上，明好惡以示人，經非譽以導之，親而進之，賤不肖而退之，刑錯而不用，禮義修而任賢德也〔二三〕。故天下之高，以爲三公，一州之高，以爲九卿，一國之高，以爲二十七大夫，一鄉之高，以爲八十一元士〔二四〕。智過萬人者謂之英，千人者謂之俊，百人者謂之傑，十人者謂之豪〔二五〕。明於天地之道，通於人情之理，大足以容衆，惠足以懷遠，智足以知權，人英也〔二六〕。德足以教化，行足以隱義，信足以得衆，明足以照下，人俊也〔二七〕。行可以爲儀表，智足以決嫌疑，信可以守約，廉可以使分財，作事可法，出言可道，人傑也〔二八〕。守職不廢，處義不比，見難不苟免，見利不苟得，人豪也〔二九〕。英俊豪傑，各以大小之材處其位，由本流末，以重制輕，上唱下和，四海之內，一心同歸，背貪鄙，嚮仁義，其於化民，若風之靡草〔三〇〕。今使不肖臨賢，雖嚴刑不能禁其奸，小不能制大，弱不能使强，天地之性也〔三一〕。故聖人舉賢以立功，不肖之主舉其所與同〔三二〕，觀其所舉，治亂分矣，察其黨與，賢不肖可論也〔三三〕。

〔一〕羣書治要引：「昔之聖王，仰取象於天，俯取度於地，中取法於人，調陰陽之氣，和四時之節，察高下之宜，除飢寒之患，行仁義之道，以治人倫。」纘義本作「昔者聖王」，無「之」字，「俯」作「俛」，同「俯」。陵陸，高地土山。肥墽，肥瘠。墽，同「磽」、「墝」。淮南子泰族：「昔者五帝三王之蒞政施教，必用參五。何謂參五？仰取象於天，俯取度於地，中取法於人，乃立明堂之朝，行明堂之令，以調陰陽之氣，以和四時之節，以辟疾病之災，俯視地理，以制度量，察陵陸水澤肥墽高下之宜，立事生財，以除飢寒之患。」

〔二〕辟疾疢之災，排除疾病之災。疢，熱病，泛稱病。淮南子作「疾病」，誤矣。史記貨殖列傳正義引：「淮南子云：『古者民食蠃蛖之肉，多疹毒之患』也。」淮南子修務：「古者民茹草飲水，采樹木之實，食蠃蛖之肉，時多疾病毒傷之害。」莊逵吉疏：「太平御覽『蛖』引作『蚌』，『疾』作『疹』。」呂氏春秋長見高誘注云：「臧武仲曰：『季孫之愛我疾疹也，孟孫之惡我藥石也，美疹不如惡石也。』」左傳襄公二十三年「美疢不如惡石」，是「疢」即「疹」字。

〔三〕人倫，指社會中人與人的關係，即等級關係。淮南子泰族：「中考乎人德，以制禮樂，行仁義之道，以治人倫。」

〔四〕董仲舒云，天有五行，是故父之所生，其子長之，父之所長，其子養之，父之所養，其子成之，故五行者，五行也，由此觀之，父授之，子受之，乃天之道也，故曰夫孝者，天之經也，五行者，孝子忠臣之行也。此言父子之親，法五行之道。淮南子泰族：「乃澄列金木水火土之性，故立父子之親而成家。」

〔五〕五音，五聲。宫商角徵羽。六律，黄鐘、太蔟、姑洗、蕤賓、夷則，無射。淮南子泰族：「别清濁五音六律相生之數，以立君臣之義而成國。」

〔六〕四時孟仲季之序，一年四季各三月，每季頭一個月爲孟，第二個月爲仲，第三個月爲季。纘義本「序」作「叙」。淮南子泰族：「察四時季孟之序，以立長幼之禮而成官。此之謂參。」

〔七〕羣書治要引：「列地而州之，分職而治之，立大學而教之，此其治之綱紀也。」列地而州之，分地而編户。州爲地方行政單位，周代民户編制，五黨爲州，每州兩千五百家。分國，分封諸侯國。纘義作「分職」。大學，即太學。古代貴族子弟讀書的處所。淮南子泰族：「制君臣之義，父子之親，夫婦之辨，長幼之序，朋友之際，此之謂五。乃裂地而州之，分職而治之，築城而居之，割宅而異之，分財而衣食之，立大學而教誨之，夙興夜寐而勞力之，此治之綱紀也。」

〔八〕羣書治要引：「得道即舉，失道即廢。」纘義同治要「則」作「即」。舉，興也。廢，衰敗。淮南子泰族：「然得其人則舉，失其人則廢。」

〔九〕羣書治要引「敗」作「衰」。張而不弛，緊張而不鬆弛。開弓曰張，鬆弓曰弛。比喻事物之興衰，起落，成敗。聖人可盛而不敗，纘義作「聖人可成而不衰」。淮南子泰族：「夫物未嘗有張而不弛，成而不毁者也，惟聖人能盛而不衰，盈而不虧。」

慧定案：杜道堅纘義：「天地一元之理，人身一生之理乎？知生之始即開物之初，則知生之前乃開物之前矣。

人之幼而壯，即元之會而運，壯而老即運而世也。知少化即壯，壯化即老，老化即死，則開物之後可知矣。若夫化化而不化者，其唯聖人乎！」

〔一〇〕羣書治要引同。歸神，歸於神和。杜淫，杜塞淫亂。天心，自然之心。本書道原「包(抱)天心」，精誠「懷天心」。淮南子泰族：「神農之初作琴也以歸神，及其淫也，反其天心。」淮南襲誤，當作「以歸神杜淫，反其天心」。淫、心爲韻。

〔一一〕羣書治要引：「至其衰也，流而不反，淫而好色，至以亡國。」流而不反，謂淫流而不反天心。正法，政治法度。淮南子泰族作「政治」。疑「不顧正法，流及後世」八字誤衍，或爲後人所加，治要無此八字，「色」、「國」爲韻，正對上文「淫」、「心」爲韻，「流而不反」，正對上文「反其天心」，「淫而好色」正對上文「杜淫」。

〔一二〕羣書治要引同。纘義本「以不忘」作「不以忘」。書，記載。此爲尚書的簡稱。莊子天下：「書以道事」。荀子勸學：「書者，政事之記也。」淮南子泰族曰：「蒼頡之初作書。」則書爲文字。故下文曰愚者不忘，智者記事。淮南子泰族：「蒼頡之初作書，以辯治百官，領理萬事，愚者得以不忘，智者得以志遠。」

〔一三〕羣書治要引同。解，解脱，解放。殺不辜，殺無罪。纘義作「以殺不辜」。淮南子泰族：「至其衰也，爲奸刻僞書，以解有罪，以殺不辜。」

〔一四〕羣書治要引：「其作囿也，以奉宗廟之具，簡士卒，戒不虞。」「成」作「奉」，無「以」字。囿，有圍墻的園地。據下文，當指畜養禽獸的地方。宗廟，祭祀祖先的地方。以成宗廟之具，纘義作「以奉宗廟之具」。簡士卒，檢閱士兵。不虞，不測。淮南子泰族：「湯之初作囿也，以奉宗廟鮮犒之具，簡士卒，習射御，以戒不虞。」

〔一五〕羣書治要引：「及其衰也，馳騁弋獵，以奪民時。」無「以罷民力」四字。馳騁，馳馬，指田獵。弋獵，以繩繫箭而射獵。罷民力，疲勞民力。罷，通「疲」。淮南子泰族：「及至其衰也，馳騁獵射以奪民時，罷民之力。」

〔一六〕羣書治要引同。上賢，尚賢，纘義作「尚賢」。正獄訟，正確判決訟事。淮南子泰族：「堯之舉禹、契、后稷、皋陶，政教平，姦宄息，獄訟止而衣食足，賢者勸善而不肖者懷其德。」

〔一七〕羣書治要引「各推其所與」，無「所」字；「趣」作「趍」。纘義本作「趨」。「趣」、「趨」通，「趍」同「趨」。朋黨比周，結黨營私。所與，所同盟者。淮南子泰族：「及至其末，朋黨比周，各推其與，廢公趨利，内外相推舉，奸人在朝，而賢者隱處。」

慧定案：杜道堅纘義：「文子之書，萬世之龜鑑也。聖人建事之初意，樂則歸神杜淫，書以領理百事，囿以成宗廟之具，尚賢以平教化，正獄訟之情。及其衰也，樂則淫色，書則奸僞，囿則弋獵，賢則朋黨，奸人在位，賢者隱處，宜矣。」

〔一八〕羣書治要引二「則」字作「即」。物極必反，增益則減損。淮南子泰族「益」作「盈」。

〔一九〕羣書治要引：「故聖人治弊而改制，事終而更爲矣。」治弊而改制，整治弊病而改制度。漢書董仲舒傳：「弊者，道之失也。」更爲，改變做法。權，權衡，通變。淮南子泰族：「故聖人事窮而更爲，法弊而改制。……其美在調，其失在權。」

〔二〇〕羣書治要引作：「聖人之道，非修禮義，廉恥不立，民無廉恥，不可治也，不知禮義，不可以行法。」聖人之道曰，聖人説道。下德八章曰：「禮義廉恥不設，萬民莫不相侵虐。」禮義廉恥，國之四維也。淮南子泰族：「民無廉恥，不可治也，非修禮義，廉恥不立，民不知禮義，法弗能正也。」

〔二一〕醜，惡。嚮，方嚮。淮南子泰族：「非崇善廢醜，不向禮義，無法不可以爲治也，不知禮義，不可以行法。」

〔一二二〕羣書治要引：「法能教不孝，不能使人孝，能刑盜者，不能使人廉恥。」刑法可懲盜和不孝者，而不能使人孝廉，須禮義教化也。賈誼治安策曰：「夫禮者，禁於將然之前，而法者，禁於已然之後。」此之謂也。治要引「殺」作「教」，誤也。淮南子泰族：「法能殺不孝者，而不能使人爲孔曾之行；法能刑竊盜者，而不能使人爲伯夷之廉。」

〔一二三〕羣書治要引同，有「賢」字，作「視賢」。淮南子泰族亦作「親賢」。據此，親而進之，及據下文「賤不肖」，此當作「親賢而進之」。纘義作「親賢而進之」是。經非譽，度量毀譽。刑錯，即刑措。刑措而不用，刑置而不用。

〔一二四〕高，指最高的官員。三公，輔助國君掌握軍政大權的最高官吏。尚書周官：「立太師、太傅、太保，兹惟三公，論道經邦，燮理陰陽。」九卿，古時中央政府的九個高級官員。大夫，官名。殷周有大夫，卿大夫，遂大夫，朝大夫，冢大夫等，三代時職官等級分卿、大夫、士三等，大夫又分上中下三級。元士，官名。禮記王制「天子之元士視附庸」疏：「按周禮注，天子之士所以稱元者，異於諸侯之士也。」一州之高以爲九卿，一國之高以爲二十七大夫，疑「一州之高」與「一國之高」相互倒置。淮南子泰族：「故舉天下之高以爲三公，一國之高以爲九卿，一縣之高以爲二十七大夫，一鄉之高以爲八十一元士。」尚書大誓傳：「天子三公：司徒公，司馬公，司空公。每一公三卿佐之，每一卿三大夫佐之，每一大夫三元士佐之，故有三公、九卿、二十七大夫、八十一元士，所與爲天下者，若此而已。」

慧定案：杜道堅纘義：「天地之大，非人不立，帝王之尊，非民何戴，四方之衆，非禮義廉恥不能爲治。是以聖人革弊更制，必以禮義廉恥爲之四維，賢者在職，禮義修而刑錯不用矣。」

〔一二五〕俊，纘義作「雋」。萬人者，千人者，無二「者」字。文選西都賦注引「智過萬人謂之英，千人謂之俊」，「智過百人謂之傑，十人謂之豪」。御覽卷三六〇引作「智出於萬人者謂之俊，百人者謂之傑，十人者謂之豪」。淮南子泰族：「故智過萬人者謂之英，千人者謂之俊，百人者謂之豪，十人者謂之傑。」

〔二六〕容衆，包衆。知權，知變也。人英，人之英明也。淮南子泰族：「明於天道，察於地理，通於人情，大足以容衆，德足以懷遠，信足以一異，知足以知變者，人之英也。」

〔二七〕禮記少儀鄭注：「隱，意也，思也。」隱義，倚義。照下，察見下。淮南子泰族：「德足以教化，行足以隱義，仁足以得衆，明足以照下者，人之俊也。」

〔二八〕出言可道，説了能行。淮南子泰族：「行足以爲儀表，知足以決嫌疑，廉足以分財，信可使守約，作事可法，出言可道者，人之豪也。」孝經：「君子則不然，言思可道，行思可樂，德義可尊，作事可法，容止可觀，進退可度，以臨其民。」

〔二九〕不比，不偏私。不苟免，不苟且避免，即不貪生怕死。論語里仁：「義之與比。」邢疏：「比，親也。」淮南子泰族：「守職而不廢，處義而不比，見難不苟免，見利不苟得者，人之傑也。」

〔三〇〕風之靡草，風吹草倒。論語顔淵：「君子之德風，小人之德草，草上之風，必偃。」淮南子泰族：「英俊豪傑，各以小大之材，處其位，得其宜，由本流末，以重制輕，上唱而民和，上動而下隨，四海之内，一心同歸，背貪鄙而嚮義理，其於化民也，若風之摇草木，無之而不靡。」

〔三一〕不肖臨賢，不賢者統管賢者。淮南子泰族：「今使愚教知，使不肖臨賢，雖嚴刑罰，民弗從也，小不能制大，弱不能使强也。」

〔三二〕舉其所與同，舉其同類者。淮南子泰族：「故聖主者舉賢以立功，不肖主舉其所與同。」

〔三三〕黨與，同黨的人。論，辨也。淮南子泰族：「故觀其所舉，而治亂可見也；察其黨與，而賢不肖可論也。」

慧定案：以上第三章。

杜道堅纘義：「古者選士之法，道德爲上，仁義禮樂次之，書數法度又次之，英俊豪傑，乃以智取之，豈戰國之法歟！夫天下之理，小不足以制大，弱不足以制强，從衡捭闔之論，雖嚴刑不能禁其奸矣。」

老子〔文子〕曰：爲禮者，雕琢人性，矯拂其情〔一〕，目雖欲之禁以度，心雖樂之節以禮〔二〕，趣翔周旋，屈節卑拜〔三〕，肉凝而不食，酒澂而不飲〔四〕，外束其形，內愁其德〔五〕，鉗陰陽之和而迫性命之情，故終身爲哀〔六〕。人何則不本其所以欲，而禁其所欲，不原其所以樂，而防其所樂〔七〕，是猶圈獸而不塞其垣，禁其野心，決江河之流而壅之以手〔八〕，故曰「開其兑，濟其事，終身不救。」〔九〕夫禮者，遏情閉欲，以義自防〔一〇〕，雖情心咽噎，形性飢渴，以不得已自强，故莫能終其天年〔一一〕。禮者，非能使人不欲也，而能止之，樂者，非能使人勿樂也，而能防之〔一二〕。夫使天下畏刑而不敢盜竊，豈若使無有盜心哉〔一三〕！故知其無所用，雖貪者皆辭之，不知其所用，廉者不能讓之〔一四〕。夫人之所以亡社稷，身死人手，爲天下笑者，未嘗非欲也，知冬日之扇，夏日之裘，無用於已，萬物變爲塵垢矣〔一五〕！故揚湯止沸，沸乃益甚，知其本者，去火而已〔一六〕。

〔一〕拂，逆也。禮非人之本性，乃是矯飾違逆人之性情。淮南子精神：「衰世湊學，不知原心反本，直雕琢其性，矯拂其情，以與世交。」高誘注：「湊，趨也。趨其末，不修稽古之典，苟徼名號耳，故曰不知原心反本也。直，猶但也。雕琢其天性，拂戾其本情，以合流俗，與世人交接也。」

〔二〕禁，限制。節，節制，約束。淮南子精神有「故」字，「禁」、「節」下二「之」字無。

〔三〕纘義本「趣」作「趨」，古通。趣翔周旋，趨行應酬。屈節卑拜，降身下拜，卑躬屈膝。淮南子精神：「趨翔周旋，詘節卑拜。」

〔四〕肉凝，凍結的肉。指肉堅硬。澂，同「澄」。即澄酒，一種不醇的淡酒。淮南子精神同。

〔五〕束，束縛，約束。愁，同「揫」。説文揫，束也。纘義作「内愁其意」。此謂外束縛其身，内約束其德。淮南子精神作「内總其德」，誤矣。

〔六〕鉗，緘禁，鉗制。説文：「鉗，以鐵有所劫束也。」迫，逼迫。終身爲哀，終身悲哀。御覽卷五二三引作「爲禮者，雕琢人性，矯拂其情，目雖欲之棄以法，心雖樂之節以禮，趨翔周旋，屈節卑拜，肉凝而弗食，久敗而不淫，外束其形，中愁其意，汩陰陽之和，而迫性命之情」。淮南子精神：「鉗陰陽之和，而迫性命之情，故終身爲悲人。」高誘注：「悲，哀也。謂衰世之學。」

〔七〕人何則，人爲什麽？本其所以欲，原欲之因。謂人本無欲也。此言不本無欲無樂之性，而禁欲防樂，則欲不可止，樂不可禁。淮南子精神：「今夫儒者，不本其所以欲，而禁其所欲，不原其所以樂，而閉其所樂，是猶決江河之源，而障之以手也。」高誘注：「本所以欲，謂正性恬漠也。所欲，謂情欲驕奢權勢也。障，蔽也。言不能掩也。」

〔八〕圈獸，畜欄野獸。垣，欄墻。謂畜欄野獸不杜塞其欄墻。纘義作「是猶圂獸不塞其垣而禁其野心」。決，打開缺口。壅，堵塞。雍之以手，用手堵塞。此言開圈縱獸，決河止流，不原其本而救其末也。淮南子精神：「是猶決江河之源，而障之以手也。夫牧民者，猶畜禽獸也，不塞其囿垣，使有野心，繫絆其足以禁其動，而欲修生壽終，豈可得乎？」

〔九〕老子五十二章：「塞其兑，閉其門，終身不勤。開其兑，濟其事，終身不救。」王弼注：「兑，事欲之所由生。門，事欲之所由從。」謂不閉其原而濟事，終身不救。明舍本求末也。

〔一〇〕遏情閉欲，禁止情欲。纘義本「閉」作「閇」。以義自防，用義來提防。淮南子精神：「直宜迫性閉欲，以義自防也。」高誘注：「直，猶但也。」

〔一一〕咽，要吐的様子。纘義作「咽」，此「咽」之僞字。噎，食塞咽喉。情心咽噎，食物堵塞咽喉欲吐不出的心情。形性飢渴，身性又要飲食。自强，自己勉强。天年，自然壽年。此言强爲禮義，不終天年。淮南子精神：「雖情心鬱殪，形性屈竭，猶不得已自强也，故莫能終其天年。」高誘注：「義以自防，故情心鬱殪不通，形性屈竭也。以不得止而自勉强，故無能終其天年之命。」

〔一二〕禮樂能使人止欲，不能使人不欲，不開嗜欲，何防之有。言禮樂防止人欲，末也。淮南子精神：「故儒者非能使人弗欲，而能止之，非能使人勿樂，而能禁之。」高誘注：「言不能使人無情欲也，己雖欲之，能以義自已也。言不能使人無樂富貴，能以禮自禁止之。」

慧定案：杜道堅纘義：「禮者檢身之式，防邪之具，天下之通道也。如顏子之視聽言動，以禮存心，則非禮者自不能入矣。夫禮之用，以和爲貴，君子之心，滿腔是禮誠於中，形於外，而自然之和，盎乎天地，人情以之洽，陰陽以之和，萬物以之育。」

〔一三〕羣書治要引同。豈若，寧如，毋寧。纘義在畏刑上有「同」字。淮南子精神無「竊」字，「豈若」後有「能」字，作「能使」。

〔一四〕羣書治要引：「故知其無所用，雖貪者皆辭之，不知其無所用，廉者不能讓。」辭，不受，推讓。不知其所用，纘義作「不知其無所用」是。道藏、輯要本脱「無」字。淮南子精神有「無」字。淮南子精神「皆」作「能」，「讓之」作「讓也」。

〔一五〕羣書治要引末句作「則萬物之變爲塵垢」。知冬日之扇，子匯作「如冬日之扇」。裘，皮衣。塵垢，污塵。子匯作「塵埃」。纘義作「則萬物變爲塵垢矣」。淮南子精神：「夫人主之所以殘亡其國家，損棄其社稷，身死於人手，爲天下笑，未嘗非爲非欲也。……知冬日之箑，夏日之裘，無用於己，則萬物之變爲塵埃矣。」高誘注：「箑，扇也，楚人謂扇爲箑。」

〔一六〕揚湯止沸，播揚沸水使沸騰暫時停止。喻非治本之道也。呂氏春秋盡數：「夫以湯止沸，沸愈不止，去其火，則止矣。」羣書治要引「揚湯」作「以湯」。淮南子精神：「故以湯止沸，沸乃不止，誠知其本，則去火而已矣。」高誘注：「已，止也。」

慧定案：以上第四章。

杜道堅纘義：「盜竊之難治也久矣。竊鉤者誅，竊國者爲諸侯，是盜在上不在下。若堯之茅茨不剪，樸桷不斲，雖賞之不竊也；傾宮瑶臺瓊室玉門，桀紂之過，身死人手，悲夫！」

老子〔文子〕曰：循性而行謂之道，得其天性謂之德〔一〕，性失然後貴仁義，仁義立而道德廢〔二〕，純樸散而禮樂飾，是非形而百姓眩，珠玉貴而天下爭〔三〕。夫禮者，所以別尊卑貴賤也，義者，所以和君臣父子兄弟夫婦人道之際也〔四〕。末世之禮，恭敬而交爲，義者，布施而得〔五〕，君臣以相非，骨肉以生怨也〔六〕；故水積則生相食之蟲，土積則生自肉之狩，禮樂飾則生詐僞〔七〕。末世之爲治，不積於養生之具，澆天下之醇〔八〕，散天下之樸，滑亂萬民〔九〕，以清爲濁，性命飛揚，皆亂以營〔一〇〕，貞信熳爛，人失其性〔一一〕，法與義相背，行與利相反，貧富之相傾〔一二〕，人君之與僕虜，不足以論〔一三〕。夫有餘則讓，不足則爭，讓則禮義生，爭則暴亂起，故多欲則事不省，求贍則爭不止〔一四〕，故世治則小人守正，而利不能誘也，世亂則君子爲奸，而法不能禁也〔一五〕。

〔一〕循性，依順本性。指天性，即自然本性。道，指人道。文子推崇的真人是「性合乎道」（九守），而「人道者，全性保真，不虧其身」。（精誠）故「循性而行謂之道」與中庸「天命之謂性，率性之謂道」，説似而實異，文子認爲仁義非天性，故下文云「性失然後貴仁義」。德，得道。韓非子解老曰：「德者内也，得者外也。」得到道而成爲自己内在的本質是「德」，故德非仁義。管子心術曰：「無爲之謂道，舍之之謂德，故道之與德無間，故言之者不別也。」文子精誠四章曰：「夫道之與德，若韋之與革。」故得無爲之天性，體現爲德也無爲。淮南子齊俗：「率性而行謂之道，得其天性謂之德。」

〔二〕纘義作「性失然後貴仁，道失然後貴義，仁義立而道德廢」。輯要本作「仁義立而後德廢」。淮南子齊俗同纘義，廢字作「遷」。

〔三〕純樸，純粹素樸。道原三章曰：「純粹素樸者，道之幹也。」仁義立，禮樂飾，則道德廢而純樸散矣，下德十一章曰：「及至建律曆，別五色，異清濁，味甘苦，即樸散而爲器矣，立仁義，修禮樂，即德遷而爲僞矣。」眩，眼發花，即迷惑。珠玉，珠玉寶貨難得也，難得之貨，令人行妨，老子有言矣。淮南子齊俗：「禮樂飾則純樸散矣，是非形則百姓眩矣，珠玉尊則天下争矣。凡此四者，衰世之造也，末世之用也。」

〔四〕禮者，義之文，文以貌情，君臣父子之交，貴賤賢不肖之所別，心中懷而不逾，故疾趨卑拜以明之，故禮所以別尊卑貴賤。正者，義也，義生於適衆，君臣父子兄弟夫婦各適而正，故曰和人道之際也。淮南子齊俗：「夫禮者，所以別尊卑異貴賤；義者，所以合君臣父子兄弟夫妻朋友之際也。」

〔五〕交爲，相互爲禮。老子曰：「上禮爲之而莫之應，則攘臂而扔之。」韓非子解老曰：「上禮神而衆人貳，故不能相應，不能相應，故曰上禮爲之而莫之應，衆人雖貳，聖人之復恭敬盡手足之禮也衰，故曰攘臂而仍之。」禮尚往來，更相責望，因其禮薄，則攘臂以强引入使就於禮，此所謂「交爲」。德施不得，義施而得，故義立德廢。俞樾讀文子曰：「按淮南子齊俗篇作今世之爲禮者，恭敬而忮，爲義者，布施而德，以彼證之，文有脱誤。交與情形之誤也，得與德古通用，布施而德，言以布爲德也。」淮南子齊俗：「今世之爲禮者，恭敬而忮，爲義者，布施而德。」

〔六〕骨肉，指父子。淮南子齊俗：「君臣以相非，骨肉以生怨，則失禮義之本也，故搆而多責。」

〔七〕相食之蟲，指相互吞食的魚蟲。自肉之狩，子匯作「自肉之獸」。獸自相食，俗謂弱肉强食。詐僞，詐騙。淮南子齊俗：「夫水積則生相食之魚，土積則生自穴之獸，禮義飾則生僞匿之本。」慧定案：杜道堅纘義：「事物之用，未有久而不弊者也，雖道之可循，德之可得，苟非其時，亦不能行。君臣尚義，猶不免於相非；父子主恩，或不免於生怨。是豈人心之固有哉！」

〔八〕澆，薄也。醇，同「淳」。淳厚樸實。纘義作「淳」。淮南子齊俗：「衰世之俗，以其知巧詐僞，飾衆無用，貴遠方之貨，珍難得之財，不積於養生之具，澆天下之淳。」注：「澆，薄也。淳，厚也。」

〔九〕散，離失。滑，亂也。淮南子齊俗：「析天下之樸，牿服馬牛以爲牢，滑亂萬民，以清爲濁，性命飛揚，皆亂以營，貞信漫瀾，人失其情性。」

〔一〇〕飛揚，放縱，任性。營，惑亂。莊子天地：「趣舍滑心，使性飛揚。」成疏：「趣，取也。滑，亂也。順心則取，違情則舍，撓亂其心，使自然之性，馳競不息，輕浮躁動，故曰飛揚也。」

〔一一〕貞信，言行一致。熳爛，散亂，消失。

〔一二〕背，違逆。相傾，相互排斥。淮南子齊俗：「法與義相非，行與利相反，雖十管仲，弗能治也。……故其爲編户齊民無以異，然貧富之相去也，猶人君與僕虜，不足以論之。」

〔一三〕僕虜，奴僕。不足以論，謂兩者相反，不足以論説。疑「論」爲「倫」誤，倫，類也。

〔一四〕羣書治要引：「夫有餘則讓，不足則争，讓則禮義生，争則暴亂起，故物多則欲省，求贍則争止。」事不省，事不簡約也。求贍，求滿足。淮南子齊俗：「夫民有餘即讓，不足則争，讓則禮義生，争則暴亂起……故物豐則欲省，求澹則争止。」

〔一五〕羣書治要引同，而「誘」作「動」。守正，守義也。正者，義也。淮南子齊俗「正」作「政」。

慧定案：以上第五章。

杜道堅纘義：「人以食爲命，一日不食則飢，三日不食則病，七日不食則死。古者，國有十年之儲，故能當九年之水，七年之旱而民不死也。末世之爲治，不積養生之具，蓋由人主多欲，不能省事，上不足贍則必取於下，下不足養則必争於時，食其重矣哉！」

老子〔文子〕曰：衰世之主，鑽山石，挈金玉〔一〕，擿礲蜃〔二〕，消銅鐵，而萬物不滋〔三〕；刳胎焚郊，覆巢毁卵，鳳凰不翔，麒麟不遊〔四〕；構木爲臺，焚林而畋，竭澤而漁〔五〕，積壤而丘處〔六〕，掘地而井飲，濬川而爲池〔七〕，築城而爲固，拘獸以爲畜〔八〕；則陰陽繆戾，四時失序〔九〕，雷霆毁折，雹霜爲害，萬物焦夭，處於太半〔一〇〕，草木夏枯，三川絶而不流〔一一〕。分山川谿谷，使有壤界〔一二〕，計人衆寡，使有分數〔一三〕，設機械險阻以爲備〔一四〕，制服色，等異貴賤，差賢不肖，行賞罰〔一五〕；則兵革起而忿争生，虐殺不辜，誅罰無罪，於是興矣〔一六〕。

〔一〕鑽山石，鑽鑿山石以求金玉。挈金玉，鍥刻金石以爲器。淮南子本經：「逮至衰世，鐫山石，鍥金玉，擿蚌蜃，消銅鐵，而萬物不滋。」高誘注：「鐫，猶鑿也，求金玉也。鍥，刻金玉以爲器也。」

〔二〕擿礲蜃，剖開大蜯以求珠。擿，揭發，撥開。俞樾讀文子云：礱乃「蠪」字之誤，即「蜯」字，淮南子説林篇：蠪象之病，人之寶也，注謂大蛤中有珠，淮南子本經篇正作「擿蜯蜃」。淮南子高誘注：「擿，猶開也，開以求珠也。」

〔三〕消銅鐵，熔化銅鐵。消，通「銷」。不滋，不生長。淮南子高誘注：「萬物不滋，不滋長也，言盡物類也。」

〔四〕刳胎，剖胎。指殺幼獸。焚郊，焚燒郊野。覆巢毁卵，傾覆鳥巢毁壞鳥卵。此言根絶性的破壞，故下文曰鳳凰不翔，麒麟不遊。淮南子本經：「刳胎殺夭，麒麟不遊，覆巢毁卵，鳳凰不翔。」高誘注：「胎，獸胎也。夭，麋子也。爲類見害，故不來遊。鳥未㲉曰卵也。」吕氏春秋應同：「夫覆巢毁卵，則鳳凰不至；刳獸食胎，則麒麟不來；乾澤涸漁，則龜龍不往。」語又見説苑權謀、戰國策趙策、尸子明堂等篇。

〔五〕構木爲臺，架木爲臺。焚林而畋，焚燒樹林而獵獸。子匯林作「木」。畋，田獵。竭澤，將池水排盡。淮南子本經：「鑽燧取火，構木爲臺，焚林而田，竭澤而漁，人械不足，畜藏有餘。」高誘注：「田，獵也。竭澤，漏池也。」

〔六〕積壤而邱處，積土成丘而居。纘義邱作「丘」。淮南子本經：「積壤而邱處，糞田而種穀，掘地而井飲，疏川而爲利，築城而爲固，拘獸以爲畜。」

〔七〕濬川而爲池，疏通河流而爲城壕。池，即護城河。

〔八〕拘獸，捕獸。

〔九〕繆戾，錯亂，違背。失序，失去次序，混亂。纘義序作「叙」。淮南子本經：「則陰陽繆戾，四時失叙，雷霆毁折，雹霰降虐，氛霧霜雪不霽，而萬物燋夭。」高誘注：「霽，止也。霜雪之害不止，則萬物燋夭不繁茂也。」

〔一〇〕焦夭，乾枯早死。太半，大半。

〔一一〕三川，很多河流。絶，斷絶，堵塞。淮南子本經：「然猶未能澹人主之欲也，是以松柏箘露夏槁，江河三川絶而不流。」高誘注：「松柏根茂箘露竹筦，皆冬生難殺之木，當時，夏槁死也。刺君作事不時，陰陽失序。箘，讀似綸。露，讀南陽人言道路之路。三川，涇渭汧也，出於岐山。絶，竭也。故曰不流。國語曰：『河竭而商亡也。』」

〔一二〕此謂以山川谿谷爲土地分界。淮南子本經：「及至分山川谿谷，使有壤界，計人多少衆寡，使有分數，築城掘池，設機械險阻以爲備，飾職事，製服等，異貴賤，差賢不肖，經誹譽，行賞罰。」高誘注：「等，差也。經，書也。誹惡譽善，賞可賞，罰可罰也。」

〔一三〕此謂按人口的多少作爲分禄的高低。

〔一四〕機械，靈巧的器具，此指兵器。險阻，艱險阻塞之地。此指工事。備，守備。

〔一五〕纘義作「制服色，等異貴賤，差殊賢不肖」。

〔一六〕兵革起，戰争起。不辜，無罪。興，起也。淮南子本經：「則兵革興而分争生，民之滅抑夭隱，虐殺不辜而刑誅無罪，於是生矣。」高誘注：「抑，没也。言民有滅没夭折之痛。」

慧定案：以上第六章。

杜道堅纘義：「盈而不知止者，天地鬼神之所共譴也。夫陰陽繆戾，四時失叙，雷霆毁折，雹霜爲害，萬物焦夭，川絶不流，是皆虧盈變盈害盈之所致，不能省愆，則必有人道惡盈之禍起，是可畏也。」

老子［文子］曰：世之將喪性命，猶陰氣之所起也〔一〕，主暗昧而不明，道廢而不行，德滅而不揚，舉事戾於天，發號逆四時〔二〕，春秋縮其和，天地除其德〔三〕；人君處位而不安，大夫隱遁而不言，羣臣推上意而壞常〔四〕，疏骨肉而自容，邪人諂而陰謀遽載〔五〕，驕主而像其，亂人以成其事〔六〕；是故君臣乖而不親，骨肉疏而不附〔七〕，田無立苗，路無緩步〔八〕，金積折廉，壁襲無贏〔九〕，殼軀無腹，蓍筮日施〔一〇〕，天下不合而爲一家，諸侯制法各異習俗〔一一〕。悖拔其根而棄其本，鑿五刑，爲刻削，争於錐刀之末〔一二〕，斬刈百姓，盡其太半〔一三〕，舉兵爲難，攻城濫殺〔一四〕，覆高危安，大衝車，高重壘〔一五〕，除戰隊使陣死路〔一六〕，犯嚴敵，百往一反〔一七〕，名聲苟盛，兼國有地，伏尸數十萬，老弱飢寒而死者，不可勝計。自此之後，天下未嘗得安其性命，樂其習俗也〔一八〕。賢聖勃然而起，持以道德，輔以仁義〔一九〕，近者進其智，遠者懷其德〔二〇〕，天下混而爲一〔二一〕，子孫相代輔佐〔二二〕；黜讒佞之端，息末辯之說，除刻削之法，去煩苛之事，屏流言之跡，塞朋黨之門〔二三〕，消智能，循大常，隳枝體，黜聰明，大通混冥，萬物各復歸其根〔二四〕。夫聖人非能生時，時至而不失也，是以不得中絶〔二五〕。

〔一〕性命，生命。陰氣，指殺氣，陽生陰殺。淮南子覽冥：「逮至夏桀之時，主闇晦而不明，道瀾漫而不修，棄損五帝之恩刑，推蹶三王之法籍，是以至德滅而不揚，帝道揜而不興，舉事戾蒼天，發號逆四時。」高誘注：「仁義道不復修飾之，故曰爛漫。」

〔二〕不揚，不播揚，不傳播。戾，逆。發號，纘義作「發號令」。

〔三〕縮，藏也。縮其和，猶言和氣不復行。纘義作「縮於和」。除其德，謂去其所施。淮南子覽冥同。高誘注：「縮，藏也。言和氣不復行也。言其所施日惡，不自知也，故曰除其德也。」

〔四〕隱遁，隱居逃世。推上意，推測君主的意圖。纘義作「準上意」。壞常，疑爲「懷當」。常爲「當」字之誤。推上意而懷當，謂推測君主意圖而合之。淮南子覽冥作「仁君」、「羣臣準上意而懷當」，高誘注曰：「準，望。懷，思。當，合也。取合主意，不復以道正諫也。」

〔五〕疏骨肉而自容，離間父子之親而求自容其身。諂，奉承，獻媚。陰謀，私謀。爾雅釋詁下：「載，僞也。」郭璞注：「載者，言而不信。」淮南子覽冥：「疏骨肉而自容，邪人參耦，比周而陰謀，居君臣父子之間而競載，驕主而像其意，亂人以成其事。」高誘注：「陰謀，私謀也。像，猶隨也。」

〔六〕像其，疑句有脱誤，當或作「像意」，或作「像其意」。此謂争着擁戴驕主而隨其意。淮南子覽冥作「競載驕主而像其意」。纘義載作「戴」，假字也。亂人，謂搞亂人倫。

〔七〕乖，背逆。疏，疏遠。不附，不歸附。淮南子覽冥：「是故君臣乖而不親，骨肉疏而不附……田無立禾，路無莎薠。」高誘注：「莎，草名也。莎薠讀猿猴蹯噪之蹯。狀如葴，葴如苞也。」

〔八〕田無立苗，謂土地荒蕪。路無緩步，謂路無行人。

〔九〕璧，「璧」字之誤，纘義作「璧」，是。淮南子覽冥作「金積折廉，璧襲無理」。高注曰：「金氣積聚折其鋒廉也，璧文襲重，言用之煩數皆鈍，無復文理也。」據高誘注，疑「贏」爲「贏」之誤。

〔一〇〕殼龜，古時占卜之具。殼龜無腹，謂占卜數多不能再用以占卜。著筮，用蓍草占卜。淮南子覽冥：「磬龜無腹，蓍策日施。」高誘注：「磬，空也。象磬，數鑽以卜，故空盡無腹也。言桀爲無道，不修仁德，但數占龜，莫得吉兆也。易曰：『再三瀆，瀆則不告也。』」

〔一一〕此言天下分裂不合一家，諸侯獨立王國，各成法制習俗。淮南子覽冥：「晚世之時，七國異族，諸侯制法，各殊習俗。」高誘注：「晚世，春秋之後，戰國之末。七國，齊、楚、燕、趙、韓、魏、秦也。齊姓田，楚姓芈，燕姓姚，趙姓趙，韓姓韓，魏姓魏，秦姓嬴，故異族也。」

〔一二〕鑿五刑，使用五刑。尚書舜典「五刑有服」，以墨、劓、剕、宫、大辟爲五刑；國語魯語以甲兵、斧鉞、刀鋸、鑽笮、鞭扑爲五刑。刻削、刻薄苛嚴。錐刀，小刀，喻尖利。淮南子覽冥作「争於錐刀之末」，高注：「錐刀之末，謂尖利。言盡争之也。此言棄本争末。淮南子覽冥：「今若夫申韓商鞅之爲治也，悖拔其根，蕪棄其本，而不窮究其所由生。何以至此也，鑿五刑，爲刻削，乃背道德之本，而争於錐刀之末，斬艾百姓，殫盡太半。」高誘注：「錐刀之末，謂小利，言盡争之也。斬艾百姓，以草木喻也，不養之也。殫，病也。太半，過半也。」

〔一三〕斬刈，砍殺。如砍割草木一樣。太半，大半。

〔一四〕爲難，作難。濫殺，殺得過度，即瞎殺人。淮南子覽冥：「縱横間之，舉兵而相角，攻城濫殺，覆高危安，掘墳墓，揚人骸，大衝車，高重京，除戰道，便死路，犯嚴敵，殘不義，百往一反，名聲苟盛也。」高誘注：「衝車，大鐵著其轅端，馬被甲，車被兵，所以衝於敵城也。古者，伐不敬，取其鯨鯢，收其骸尸，聚土而瘞之，以爲京觀，故曰高。重，壘。京，觀也。百往一反，言百人行戰皆死，一人得還反也。一説，百人行伐，一反得勝爾。」

〔一五〕大衝車，很大的攻城戰車。大，狀詞。高重壘，高高的防守工事。

〔一六〕此句義不可通，疑有誤。纘義以「使陣」二字爲注，正文爲「除戰隊死路」，意爲修治軍隊走向的死路，即往死路走。淮南子覽冥作「除戰道，便死路」，即其義也。

〔一七〕嚴敵，嚴陣以待的敵軍。百往一反，即百里逃一。纘義作「百姓」誤。

〔一八〕兼國有地，兼并别國擴大了土地，伏尸，倒在地上的尸體。此言苟有名聲和擴大了土地，然戰死的人和飢寒而死的人，不計其數。淮南子覽冥：「所謂兼國有地者，伏尸數十萬，破車以千百數，傷弓弩矛戟矢石之創者，扶舉於路。……故自三代以後者，天下未嘗得安其情性，而樂其習俗。」慧定案：杜道堅纘義：「陽生陰殺，二氣更遷，國運興衰，固若有數。然則，六運交終，一陰肇始，洚水示儆，九年爲災，自非堯舜禹三聖人者出，噍類絶矣。是故興衰有數，治亂由人。」

〔一九〕勃然，突然興起的樣子。持以道德，以道德爲主。輔以仁義，以仁義爲輔佐。淮南子覽冥：「保其脩命，天而不夭於人虐也。所以然者，何也？諸侯力征，天下合而爲一家，逮至當今之時，天子在上位，持以道德，輔以仁義。」高誘注：「虐，害。」疑「合」上脱「不」字。

〔二〇〕進其智，進獻其智能。淮南子覽冥：「近者獻其智，遠者懷其德，拱揖指麾，而四海賓服，春秋冬夏，皆獻其貢職，天下混而爲一。」高誘注：「混，同。」

〔二一〕混而爲一，合同爲一。

〔二二〕相代輔佐，世代遞相輔助。淮南子覽冥：「子孫相代，此五帝之所以迎天德也。」

〔二三〕黜，廢棄。讒佞，花言巧語説別人壞話。息末辯之説，禁止膚淺而無本的辯説，即邪説也。屏，棄。朋黨，私黨。淮南子覽冥：「輔佐有能，黜讒佞之端，息巧辯之説，除刻削之法，去煩苛之事，屏流言之跡，塞朋黨之門。」

〔二四〕消智能，除智詐技巧。大常，指道。道原：「太常之道。」隳枝體，即毁廢肢體，謂離形。莊子大宗師：「墮肢體，黜聰明，離形去知，同於大通。」成玄英疏：「墮，毁廢也；黜，退除也；大通，猶大道也。道能通生萬物，故謂道爲大通也，外則離析於形體，内則除去心識，冥同大道。」淮南子覽冥：「消知能，脩太常，隳肢體，絀聰明，大通混冥，解意釋神，漠然若無魂魄，使萬物各復歸其根。」高誘注：「消知能，消除知巧之能。去其小聰明并大利欲者也。」

〔二五〕非能生時，不能選擇生時。此言聖人不能選擇生時，但能見機得時而不失，主以道德，輔以仁義，則復歸性命。明興衰有道，治亂在人也。淮南子覽冥：「夫聖人者，不能生時，時至而弗失也。」慧定案：本書上義十二章曰：「有聖人勃然而起，討强暴，平亂世，爲天下除害，以濁爲清，以危爲寧，故不得不中絶。」以上第七章。杜道堅纘義：「古人立教，三公論道燮理陰陽，存其亡，治其亂，有聖賢者起，持以道德，輔以仁義，黜邪佞之臣，去煩苛之事，屏流言之跡，塞朋黨之門，混天下爲一家，子孫相代而治。」

老子〔文子〕曰：酆水之深十仞而不受塵垢，金石在中，形見於外，非不深且清也，魚鼈蛟龍莫之歸也〔一〕。石上不生五穀，禿山不遊麋鹿，無所蔭蔽也〔二〕。故爲政以苛爲察，以切爲明，以刻下爲忠，以計多爲功〔三〕，如此者，譬猶廣革者也，大敗大裂之道也〔四〕。「其政悶悶，其民淳淳，其政察察，其民缺缺」〔五〕。

〔一〕羣書治要引「石」作「鐵」，無「蛟龍」和「也」字。酆水，水名，即「灃水」。亦作「豐水」，源出陝西秦嶺山中，北流至西安市西北，納滈水，分流注入渭水，爲關中八水之一。仞，長度單位。不受塵垢，謂水之清。此言水淺且清，魚鼈不歸，怕人捕之。淮南子道應作：「灃水之深千仞，而不受塵垢，投金鐵鍼焉，則形見於外，非不深且清也，魚鼈龍蛇莫之肯歸也。」

〔二〕羣書治要引同。秃山，渭不生長草木的石山。蔭蔽，纘義作「蔭庇」。淮南子道應：「是故石上不生五穀，秃山不遊麋鹿，無所陰蔽隱也。」

〔三〕羣書治要引同。以苛爲察，以苛刻煩瑣的法顯示精明。以切爲明，以嚴厲爲明。以刻下爲忠，以對下嚴酷爲忠君。以計多爲功，以攷核事多爲功績。計，謂出入之數，猶今之賬簿，計出入名籍等。淮南子道應：「昔趙文子問於叔向曰：『晉六將軍，其孰先亡乎？』對曰：『中行知氏。』文子曰：『何乎？』對曰：『其爲政也，以苛爲察，以切爲明，以刻下爲忠，以計多爲功。』」新序雜事記曰：「中行氏之爲政也，以苛爲察，以欺爲明，以刻爲忠，以計多爲善，以聚斂爲良。譬之其猶鞟革者也，大則大矣，裂之道也。」

〔四〕羣書治要引：「如此者，譬猶廣革者也，大即大矣，裂之道也。」廣革，把皮革强力擴大，則革必破裂。纘義作「譬猶廣革也，大即大裂之道也」。淮南子道應作「譬之猶廓革者也，廓之，大則大矣，裂之道也」。可作此注。慧定案：「廣」、「廓」、「鞟」聲同，通用。

〔五〕此引老子五十八章語。悶悶，無所欲爲。淳淳，淳樸民無所競爭。察察，嚴刻急疾。缺缺，王弼注曰：「殊類分析，民懷争競，故曰其民缺缺。」淮南子道應引老子「淳淳」作「純純」。慧定案：老子二十章：「俗人昭昭，我獨昏昏；俗人察察，我獨悶悶。」莊子在宥：「至道之精，窈窈冥冥；至道之極，昏昏默默。」

以上第八章。

杜道堅纘義：「水太清者，魚鱉不入，懼網罟之害也；山不毛者，麋鹿不遊，失蔭庇之安也。石上不生五穀，無著根之地也。末世之政，以苛爲察，以切爲明，以尅下爲忠，以計多爲功者，明主不取也。」

老子曰：「以政治國，以奇用兵。」〔一〕先爲不可勝之政，而後求勝於敵〔二〕，以未治而攻人之亂，是猶以火應火，以水應水也〔三〕。同莫足以相治，故以異爲奇〔四〕。奇，静爲躁，奇，治爲亂，奇，飽爲飢，奇，逸爲勞〔五〕，奇正之相應，若水火金木之相伐也，何往而不勝〔六〕。故德均則衆者勝寡，力敵則智者制愚，智同則有數者禽無數〔七〕。

〔一〕此引老子五十七章語。正，同「政」。纘義作「正」。下文爲文子闡述此語。

〔二〕政勝然後勝敵，上義十五章曰：「兵之勝敗皆在於政，政勝其民，下附其上，即兵强。」淮南子兵畧：「蓋聞善用兵者，必先修諸己而後求諸人，先爲不可勝而後求勝。修己於人，求勝於敵。」

〔三〕未治，謂政亂。政不勝而求勝敵，以亂政而攻人之亂，此非以奇用兵，乃是「同」也，故曰如以火應火，以水應水，則不能相勝。淮南子兵畧：「已未能治也，而攻人之亂，是猶以火救火，以水應水也，何所能制？」慧定案：莊子人間世：「是以火救火，以水救水，名之曰益多。」郭注：「適不能救，乃更足以成彼之盛。」此所謂已未能治而攻人之亂也，何所能制，反益彼也。

〔四〕同，同一，相同。同不足以相治，如以未治而攻人之亂，爲不可勝之政而求勝於敵，故以不同於己者爲「奇」。淮南子兵畧：「今使陶人化而爲埴，則不能成盆盎，工女化而爲絲，則不能織文錦，同莫足以相治也，故以異爲奇，兩爵相與鬥，未有死者也。鸇鷹至，則爲之解，以其異類也。」

〔五〕静躁、治亂、飽飢、逸勞，皆相異而爲奇，静爲躁奇，治爲亂奇，飽爲飢奇，逸爲勞奇，静、治、飽、逸，此以政治國，清静之道也；以静制躁，以治攻亂，以飽治飢，以逸待勞，此以奇用兵，權詐之術也。淮南子兵畧：「故静爲躁奇，治爲亂奇，飽爲飢奇，佚爲勞奇。奇正之相應，若水火金木之代爲雌雄也。」

〔六〕相應，相對應。相伐，相攻相克。奇正相對應，如水之攻火，金之克木，則必勝。相伐，代爲雌雄也。

〔七〕德均，德同。德同者則衆勝寡。力敵，力量相匹敵。力量相當者則智者勝愚者。有數，有術，指兵法。智同者則有術者擒無術者。禽，古「擒」字，捕捉。淮南子兵畧：「故全兵先勝而後戰，敗兵先戰而後求勝。德均則衆者勝寡，力敵則智者勝愚，智侔則有數者禽無數。」注：「侔，等也。」

慧定案：以上第九章。

杜道堅纘義：「文子之書，前以皇起，後以霸終，其皇帝王霸之書也，以正治國，以奇用兵，此古今之通論。霸者則不然，用兵以奇，治國亦以奇，則是政復爲奇，善復爲妖矣。於戲！治國失政，而以奇爲務者，尚何足以多筭云哉！」

附録

定州西漢中山懷王墓竹簡文子釋文*

○一九八　以壹異知足，以〔知權彊（强）足，以蜀立節□〕

○二○四　禍（禍）福得失之樞，而

○二○八　理事，故必仁且

○二一一　□天子執設）明堂□中□，天子□□□|

○二二二　足以□所欲，□□〔長史□□□|，足以〕

○二五一　讙（歡）愉而無憂者，

○三○○　‖積碩，生淳德。淳德與大惡之端以□

○三七九　而義可〔極〕，所必不可隨，所立不可□，□

○四五一　〔聞所□□□〕

○五六四　〔□何？」文子曰：「執一無爲。」平王曰：〕

〇五六五　之也。」文子曰：「臣聞傳曰致功之道

〇五六七　□者奈何之？」文子曰：「仁絶，義取者，

〇五六九　有道之君，天舉之，地勉之，鬼神輔

〇五七〇　□不化爲之奈何？」文子曰：「不□人

〇五七一　矣，故王道成。聞忠而陳其所□言

〇五七二　〔者〕，謂之貪〔兵。〔恃〕其國家之大，矜其人民〕

〇五七三　一道，〔矤〕其不行奈何之？」文子曰：

〇五七四　地之守也，故王者以天地爲功

〇五七五　德，則下有仁義，下有仁義則治矣

〇五七九　一人任與天下爲讎，其能久乎。此堯

〇五八一　産于有，始于弱而成于强，始于柔而

〇五八二　□爲下〔則守節，循首寬緩，窮〕

〇五八三　〔而〕民〔毋維，〕，毋多〔積，□〕，而民毋病，毋好〔味〕

〇五八四　〔輔〕細弱，公正而不以私爲已，故□

〇五八五　故象于天道？」文子曰：「天之道，高

〇五八七　□〔親〕隨，是以國家之昌而功名

〇五八八　美壹，至于此之大耶？」文子曰：「然能
〇五九〇　子有道，則天下皆服，長有
〇五九一　踰節謂之無禮。毋德者則下怨，无
〇五九三　是以聖王執一者，見小也；　无爲者，
〇五九五　觀之難事，道〔于易也；　大事，道于細也。〕
〇六〇〇　〔不嬒（慈）不愛〕，不能成遂，不正
〇六〇七　萬物」。文子曰：「萬物者，天地之謂也。
〇六一三　‖然也何失于人乎，以此觀之，道德
〇六一四　□從時也。由是觀之，人主若能脩
〇六一五　則敬愛、損退、〔辭讓、守□服之以〕
〇六一七　者□之〔實也，文之質也，□□之□也，〕
〇六一九　身，葆其親，必强大，有道則不戰
〇六二四　者必殘〔亡〕，德義在人者
〇六二五　則功成得福。是以君臣之間有道，則
〇六二九　□社稷。公侯
〇六三一　者是殆德也，

○六三三　言則分争，〔鳳〕

○六三五　反本教約而國富，故聖

○六四五　如四時之〔□受，·如風雨之〕

○六四七　是殆德也，人□□

○六五一　〔□□〕□〔洒洒〕□，〔□者〕懷〔其離心，唯〕

○六七四　□〔而〕□□□〔不生，禍亂不起，〕

○六八九　〔法〕天道。」平王曰：「人法天道奈何？

○六九四　古聖王以身先之，命曰教。」平王

○六九五　〔治矣〕，毋道而立之者則亂。故治〔亂〕

○六九六　不道始於弱細者，未之〔有也〕。百十一八字—

○六九九　百姓。百國之君，皆〔驩（歡）〕然思欲愛

○七〇七　之以德，勿視以賢，勿加以力，□以□□

○七一一　未生，知者見成

○七一二　□〔鬼，鬼〕則服矣，是謂〔王〕德。

○七一六　子曰：「君子之驕奢不施，謂之〔无德〕。

○七一七　矣。故有道者立天下，則天下治

○七二二　〔子曰：「道産之，德畜之，道有博〕
○七二三　〔亦用德，用德則不〕
○七二四　國无有賢不宵□不□□□
○七三五　〔无爲信，不足以□其心，故胃（謂）〕
○七三七　〔曰〕：「積怨成亡，積德成王，積
○七四○　乎？」文子曰：「不然，臣
○七四一　聞之傳曰道者〔博〕
○七四三　王曰：「請問
○七四七　〔者，□德則士女〕
○七四九　□□〔仁者取人，百〕
○七五三　□□聖□□子成
○七五四　□□善，致其功□□□〔功〕，不以
○七五五　□而□乎？」文子曰：「不然，〔王〕
○七五六　學在肌月（肉）；以□聽者，
○七五九　義而〔兄〕
○七六五　〔刑〕而知擇行，故聞而知之，聖也。

○七六六　此功者天道之所成，聽聖人守道□

○七七二　爲本。」平王曰：「天地之間物幾，獨人者□

○七七三　毋驕于臣，毋敬不肖，毋賢

○七七五　下正。」平王曰：「見小守静奈何？」文子曰：

○七八○　无道。」平王曰：「請問无道之過？」文子曰：

○七九二　生，侍之而成，侍

○七九八　矣。是故，帝王者不得人不成，得人□

○八○三　知也。故聖者聞＝

○八○六　也，大而不衰者所以長守□

○八○九　佳（唯）未嘗之有

○八一一　□立，謂之无道，而國不

○八一三　□曰：「何謂損有損之，下有下之？」文

○八一五　世必无患害。」平王曰：「〔請問其道。〕

○八一八　令遠者〔來〕，令□□□□□

○八二三　□曰：「〔此〕不生而喜□，不□〔而□，〕

○八二六　則民倍（背）反（叛），視之賢，則民疾静，加之以＝

〇八二九　王曰：「古者有

〇八三〇　□不能富，不能貴，□

〇八三四　知也成刑（形）者，可見而

〇八三六　純則不矜其

〇八三七　〔之權〕，欲化久亂之民，其庸能

〇八四六　〔欲〕足則貞廉，〔貞廉則无□心，无□心則〕

〇八五〇　以道王者，有以兵

〇八五二　〔＝〕：有行義者如是

〇八五六　□〔臣于〕物〔不可生知□〕

〇八六四　高而不危，高而不危者，所以長守民

〇八六五　而无諍，心亦可得耶。」文子曰：「等

〇八六八　子曰：「臣聞，道者萬物以

〇八六九　耶。平王曰：「用義何如？」文子〔曰：「君子□〕

〇八七〇　地大器也，不可執，不可爲，爲者販（敗），執者失

〇八七一　聖人法于天道，〔民者以自下〕，

〇八七三　□□□也，非君子之所聞也。」平王曰：

〇八七四　兹謂之無仁，淫

〇八七六　可以治國，不御以道，則民離散不養。

〇八七七　欲自活也，其活各有簿（薄）厚，人生亦有賢

〇八八〇　王曰：「人主唯（雖）賢，而曹（遭）淫暴之世，以一

〇八八三　□也，外各物耳。世而適過，是則不必

〇八八五　平王曰：「爲正（政）奈何？」文〔子曰：「御之以道，□〕

〇八八六　〔上位危。」平王曰：「行此四者何如？」文子〕

〇八八七　‖道。」平王曰：「此天道也。

〇八九〇　平王曰：「□□□□□□公侯之上也，吾

〇八九二　〔之〕天。王若能得其道，而勿廢，傳之后嗣—

〇八九五　〇九六〇　則下諍，无義則下暴，无禮則下亂。四

〇八九六　一一九三　知。」平王曰：「何謂聖知？」文子曰：「聞而知之，聖也。

〇八九八　則民苛兆（逃）；　民離散，則國執（勢）衰；　民倍（背）

〇八九九　下，先始于后，大始于小，多始于少。

〇九〇一　□□□□□□平王曰：「何謂□

〇九〇二　道德之力也。　夫〔宿其夜取務循之，后〕

〇九〇四　□之□而知之乎？」文子曰：「未生者可

〇九〇七　□〔則〕行下，行下則畏其威，下畏其威則不

〇九〇八　也，見小故能成其大功，守静□

〇九〇九　□經者，聖知之道也。〔王〕也不可不

〇九一二　卑、退、斂、損，所以法天也。」平王曰：

〇九一四　也，兵之門，天地之間物。

〇九一六　江海以此道爲百谷王，故能久長功。

〇九一七　平王曰：「用仁何如？」文子曰：「君子

〇九一八　□請問人道。文子

〇九一九　王曰：「王天下者，宅

〇九二〇　〔是謂用仁〕

〇九二五　盡行之。帝王之道也，

〇九二六　大者，損有損之；持高者，下有下之。

〇九二九　則帝王之功成矣。故帝者，天下之

〇九三七　□□，小行之小得福，大行之〔大得福〕。

〇九四〇　〔以〕矜其賢則□，〔則〕□〔下〕〔不〕□□〔養〕，〔養則〕

〇九五二　〔有殆德，王若知〕

〇九六二　□則息〔津湯〕下，息〔津湯〕下，耳目說（悅）□；　耳目說□，〔則〕□□□；　□□□，

〇九七六　□者。」平王曰：「〔善。好乎道，吾未嘗聞道也。〕

〇九七八　〔王〕〔嗣〕后

〇九八四　〔者，□得失之胃（謂）也，故斯人得失者，〕

〇九九〇　者，天住也，天下不適不住，〔□□〕

〇九九二　文子曰：「聖人

〇九九三　道哉乎？」文〔子曰：「其稟（稟）□不〕

一〇〇二　□□遠者。」曰：「未富□□

一〇〇七　行，道所以立

一〇一五　之王者，期〔于此矣。〕

一〇一八　子曰：「天地之間

一〇二四　道。」平王曰：「□

一〇三五　以兵王者

一〇五四　也。」文子曰：

一〇六一　□〔文〕□對曰：「〔我自有立，何下之有？〕

一〇六八　〔損〕而〔下。其君子者，□有此〕
一〇八六　王者无道，如〔此而咸□，以子之事〕
一〇九七　〔不仁者，雖立不□□其〕
一一三〇　□德□□□□□□□
一一四五　□〔王者〕以友，爲佐□□
一一五七　〔夫以文王之賢輔〕
一一七一　□□□人也。」平王曰：「諸物幾
一一七二　〇八二〇　然臣聞之，王者蓋匡邪民以爲正，振亂世以爲治，化淫敗以爲〔仆〕，□〔德〕
一一七六　〔□。平王曰「□□□□□道。」文子曰：「臣聞〕
一一七八　之高始于足下，千〔方之群始於寓强〕，
一一七九　之，道之于人也，
一一八〇　中，是胃（謂）上章下塞，忠臣死傷，萬民
一一八一　元也，百事之根
一一八二　〔□國之道也。〕
一一八四　‖□，天之道何如？」文子曰：「難言于天□
一一八八　之所〔義，唯〕

一一九四　一一九五　徒暴□，廣奢驕洫，謾裾陵降，見余
一一九六　□□富□□〔天子□〕
一一九八　□可〔以無罪矣。請問師徒之道。〕
一二〇〇　而知擇道。知者見禍福
一一七三九　〔者欲者，〕
一一七七三　兮(兮)何而德〔加〕
一一八〇三　□焉，已必〔教之，所以〕
一一八〇五　傳曰〔人主□〕
一一八一二　无道之
一一八一六　間言〔不當義行〕
一一八二七　‖〔工器左右〕□□，〔不〕□□□
一一八二八　〔□平而先，知〕人
一一八四一　所不得〔言焉〕，言而得之，則其人
一一八四三　〔不敢惡〕，所以无怨。而〔容〕□〔以〕
一一八五八　其對曰所曰脩者，
二二〇一　〔之。|文子曰：「〔用〕道德。」|平王曰：

二三〇四　用道

二三〇五　□〔言。|平王曰：「御〕

二三〇六　相畜長也，相□

二三〇八　之師也，上者下之義法也。

二三〇九　〔曰：〕不可□此言甚淺，用之甚隧，行〔之□〕

二三一〇　以一道也？」|文子曰：「古之以道王者=，

二三一一　曰：「主哉乎？是故聖王務脩道德，

二三一二　〔朝〕請不恭，而不從令，不集。」|平王

二三一三　以相生養，所以

二三一四　□」平王曰：「吾未明也。」|文〔子曰：「古□〕

二三一五　〔不敢〕者所以自□也，天子居中〔央〕者

二三一六　〔天道，德之行〕也，自天地分畔至今，未

二三一七　衆。欲見賢于適（敵）者，謂之驕〔兵〕。義〔兵〕

二三一八　道，則人民和陸（睦），長有其國。士〔庶有□〕，

二三一九　〔道。」平〕王曰：「請問天道？」|文〔子曰：「天之

二三二〇　之，以□奈何？」文子曰：

二三三六　□也，義者以之象德也而〔艱〕—

二三四〇　曰：「何謂萬物，何謂天地？」文子曰：「王者

二三四二　不敢作驕暴之人，不敢起比臣之□

二三四三　〔主〕國家〔安〕寧，其唯化也。刑罰不足

二三四六　文子曰：「一者，萬物之始也。」平王曰：「〔何〕

二三四八　道德，則下毋仁義之心，下毋仁義之

二三四九　積之乃能適之，此言多積之謂也。堯□＝

二三五二　□使桀紂脩道德，湯〔武唯（雖）賢，毋所建〕

二三五五　〔平〕王曰：「子以道德治天下，夫上世之王

二三五九　之所畏也，禮者民之所□也。此四

二三六〇　〔猷。故〕民之化教也，〔毋卑小行則君服之。甚〕

二三六二　〔王曰：「吾聞古聖立天下，以道立天下，〕

二三六五　道。」平王

二三七三　〔毋〕道以立〔天下者，□□□，故曰〕

二三七八　道也。然議兵誅〔□□□，不足禁會〕

二三八八　□□萬物也，國家

二二九三　〔有德而〕上下親矣，上下親則君‖

二三〇九　德而毋息，鄰國之兄于竟內乎。〔上有道〕

二三一〇　〔教〕化之。」平王曰：「何謂以教化之？」文子

二三一二　也，其用之也，物異。」平王曰：「其用之異何？

二三一五　天之道也，不積而成者寡矣。臣〔聞〕

二三二一　諸侯倍（背）反（叛），衆〔人□正，强〕乘弱，大陵小，以

二三二二　〔‖〕子〔自愛也，〕小人自氣也。

二三二四　□□以賢則民自足，毋加以力則民自

二三二六　未嘗不然胃（謂）之信。

二三二七　有天下，貴爲天子，富貴不離其身

二三二九　七十里舉伊尹而天下歸之，故聖人之治□

二三三一　于短而成于長，始寡而成于衆，始

二三三六　文子曰：「□

二三三九　天下者，〔有失其國者，故其所道者□〕

二三四一　〔知所〕親，不知所信。今余何脩何昭，使□

二三五三　故天〔孰〕不樂，則天下

二三五六　〔足〕佳生義，義

二三五九　□，是以聖人周徵誰舉過

二三六〇　文子曰：

二三六四　〔仁〕？」文子曰：「□夫御以道者，下之也者

二三六六　□人喜，故□者毋□毋〔行〕，〔過〕喜則〔□□〕

二三七一　□，故天刑〔形〕其物各不同，能〔文〕其□

二三七三　不〔義〕是〔胃〔謂〕〕

二三七六　觀之古之天子以〔下，至於王侯，无□□〕

二三七九　〔其失□生君〔不死，六畜不〔潘〕〔繁〕，人民不

二三八五　〔故王道唯德乎！　臣故曰一道。」平王〕

二三八九　〔□何〕謂德？」文子曰：「不然，夫〔教〕人

二三九〇　□曰：　王〔知〕者〔先〕，王行成、敗、功，謂之

二三九一　〔辭曰：　道者，先聖人之傳〕也。　天王不〔齎不□〕

二三九七　〔德。」平王曰：「不脩德〕

二四〇四　何故難言？」文子曰：「臣竊聞傳曰不

二四一九　平〔王曰：「王者〕幾道乎？」文子曰：「王者〔一道〕。

二四三六　□□是〔胃用義〕

二四三七　〔爲兵，始爲〕亂首，小人行〔之，身受大秧（殃）〕，大〔人行〕

二四三八　以養其神，故功成名遂，與天地，欸窅〓窅以致

二四三九　道産。平王曰：「道之於人也，亦有所不□〓

二四四二　之德也；　以毋道立者，天下之賊也。以〔□六曰君〕

二四四四　〔禍（禍）福。」平〕王曰：「何謂禍（禍）福。」〔曰：〕

二四四五　〔間有道，則〕慈孝。士〔庶間有道，則〕

二四四六　之道也，故命曰：

二四六一　民何如？」文子曰：

二四六二　□。弱小有道，則〔不諍得識。舉事有〕

二四六五　〔文子上經聖□明王〕

二四六六　生者道也，養□

二四六九　而生，侍之而成，

二四七〇　〔乎是。」平〕王曰：「吾不能盡〔學道，能□學人〕，

二四七二　〔非見，聽之不聞。〕

二四七五　〔於天地之間〕

二四七七　已聞道矣。請□

二四八一　毋刑（形）、毋聲，萬物□

二四八二　〔修德非一〕聽，故以耳聽〔者，學在〕皮膚；　以心聽

二四八五　〔□□〕理，則禍〔亂不起。〕

二四八六　〔不〕得〔意〕＝焉。賞則〔虛〕，〔府〕□〔毋□〕

二五〇〇　〔不深者知不遠，而不能盡其功，不能〕

二五〇一　〔平王曰：「何謂□□？」文子曰：〕

二五〇二　〔鏶龍慶〕

二五〇三　〔夫受之□之，行□□□□〕

二五〇四　〔子子可而□〕

＊一、據文物一九九五年第十二期，河北省文物研究所定州漢簡整理小組定州西漢中山懷王墓竹簡文子釋文

二、附録按竹簡編號次序録列，如一簡有兩個或兩個以上編號者，則一同列於釋文之前。

三、釋文未識的文字，保留原字形。簡文中不辨字跡者，以方框（□）表示，未能校對的簡文加方括號。

四、簡中腰有綴絲綫紋者，加二道綫（‖），簡尾完整者，加一道綫（—）。

《中華要籍集釋叢書》已出書目

論語彙校集釋(全二册)　　黄懷信主撰　周海生、孔德立參撰
文子校釋　　[戰國]文子著　李定生、徐慧君校釋
墨子集詁(全二册)　　王焕鑣撰
公孫龍子校釋　　[戰國]公孫龍著
吴毓江校釋　吴興宇標點
荀子校釋(全二册)　　[戰國]荀況著　王天海校釋
韓非子新校注(全二册)　　[戰國]韓非著　陳奇猷校注
韓非子校疏(全二册)　　張覺撰
吕氏春秋新校釋(全二册)　　[戰國]吕不韋著　陳奇猷校釋
逸周書彙校集注(修訂本)(全二册)　黄懷信、張懋鎔、田旭東撰
黄懷信修訂　李學勤審定
易林彙校集注(全三册)　　[舊題漢]焦延壽撰
徐傳武、胡真校點集注
老子指歸校箋　　[漢]嚴遵撰　樊波成校箋
戰國策箋證(全二册)　　[西漢]劉向集録
范祥雍箋證　范邦瑾協校
論衡校注　　[漢]王充著　張宗祥校注　鄭紹昌標點
金匱要略校注集解　　[漢]張仲景著　劉藹韻校注
世説新語彙校集注　　[南朝宋]劉義慶撰　[梁]劉孝標注
朱鑄禹彙校集注